21 世纪法学系列教材

国际私法

Private International Law

| 第三版 |

主　编 | 刘想树　张春良

撰稿人 | 刘想树　张春良　王贵枫
（以撰写章节先后为序） | 宋渝玲　裴　普　刘　新
刘元元　禹华英　宋继瑛
梅　傲　王晓燕　王淑君
周　童　刘梦非　徐　鹏

法律出版社
——北　京——
始创于 1954 年

好书，同好老师和好学生分享

图书在版编目(CIP)数据

国际私法 / 刘想树，张春良主编. -- 3 版. -- 北京：法律出版社，2023
ISBN 978 - 7 - 5197 - 7463 - 9

Ⅰ. ①国… Ⅱ. ①刘… ②张… Ⅲ. ①国际私法－研究 Ⅳ. ①D997

中国国家版本馆 CIP 数据核字（2023）第 000769 号

国际私法(第三版)
GUOJI SIFA(DI－SAN BAN)

刘想树　张春良 主编

责任编辑 陈　慧
装帧设计 凌点工作室

出版发行 法律出版社
编辑统筹 法律教育出版分社
责任校对 晁明慧
责任印制 刘晓伟
经　　销 新华书店

开本 787 毫米×1092 毫米　1/16
印张 20.25　**字数** 430 千
版本 2023 年 2 月第 3 版
印次 2023 年 2 月第 1 次印刷
印刷 永清县金鑫印刷有限公司

地址:北京市丰台区莲花池西里 7 号(100073)
网址:www. lawpress. com. cn
投稿邮箱:info@ lawpress. com. cn
举报盗版邮箱:jbwq@ lawpress. com. cn

销售电话:010－83938349
客服电话:010－83938350
咨询电话:010－63939796

书号:ISBN 978－7－5197－7463－9
定价:45.00 元

凡购买本社图书,如有印装错误,我社负责退换。电话:010－83938349

出版说明

法律出版社作为中国历史悠久、品牌积淀深厚的法律专业出版社，素来重视法学教育图书之出版。

原“21世纪法学规划教材”系列作为本社法学教育出版的重心，延续至今已有十余年。该系列一直以打造新世纪新经典教材为己任，遍揽名家新秀，因其卓越品质而颇受瞩目并广受肯定。当前，根据法学教育发展变化的客观需要，本社将原有教材系列调整重组，形成新编“21世纪法学系列教材”，以便更好地为法学师生服务。

中国的法学教育正面临深刻变革，未来的法学教育势必以培养高素质法律人才为目标，以知识教育与应用教育相结合、职业教育与素质教育相结合、精英教育与大众教育相结合为导向，法学教育图书的编写与出版也将由此进入变革与创新的时代。

为顺应未来法学教育的改革方向和发展趋势，本社将应时而动，为不同学科、不同层次、不同阶段、不同需求的法学师生量身打造法学教材及教学辅助用书。在教材方面，将推出课堂教学系列、实训课程系列、通识课程系列、简明本系列、双语教学系列等；在教学辅助用书方面，将推出案例教程系列、法规教程系列、练习与测验系列、法学讲座系列、专业培训系列等。或革新，或全新，以厚基础、宽口径、多元化、开放性为基调，力求从品种、内容和形式上呈现崭新风采，为法学师生提供更好教本与读本，同享教材规划之盛。

“好书，同好老师和好学生分享。”本社在法学教育图书出版上必将继往开来，以精益求精的专业态度，打造全新“21世纪法学系列教材”，传播法学知识，传承法学理念，辅拂法律教育事业，积累法律教育财富，服务万千法学师生和明日法治英才。

法律出版社

2015年1月

作者简介

（以撰写章节先后为序）

刘想树 1964 年生，男，湖北云梦人，教授，博士研究生导师，国务院政府特殊津贴获得者，重庆市学术技术带头人。曾任西南政法大学副校长、党委副书记；现任重庆警察学院院长；兼任重庆市普通高等学校法学类专业教学指导委员会副主任委员、中国国际私法学会副会长、重庆市法学会副会长、重庆仲裁委员会专家咨询委员会副主任。主要从事国际私法和国际商事仲裁法的教学、研究工作，出版个人专著 2 部，合作出版专著、教材、工具书 10 余部，并在《法学家》《法学》等刊物发表 40 余篇专业论文和教学改革论文，主持国家级、省部级科研项目多项，获重庆市教学成果一、二等奖各 1 项。

张春良 1976 年生，男，四川泸县人，法学博士，教授，博士研究生导师、博士后合作导师，先后在武汉大学国际法研究所、比利时根特大学法学院从事博士后研究，美国凯斯西储大学访问学者，重庆市首届青年骨干教师资助计划入选人员，重庆英才创新领军人才，巴渝学者（特聘教授）。现任西南政法大学争端解决国际竞争力研究中心主任；兼任中国国际私法学会常务理事，中国仲裁法学会理事，重庆、珠海等地仲裁委员会仲裁员，武汉大学国际法研究所（国家高端智库）智库专家，最高人民法院"一带一路"司法研究中心研究员，比较与国际体育法研究中心主任。出版学术专著 15 部（独著 4 部），参编教材近 10 部，在《中国法学》《法学研究》《体育科学》等刊物发表 70 余篇专业论文和教学改革论文，主持国家级、省部级科研项目 10 余项，获重庆市教学成果特等奖（重要成员）1 项，中国法学会、重庆市法学会等科研奖多项。

王贵枫 1983 年生，男，河南郸城人，法学博士。现为西南政法大学国际私法教研室教师。主要研究方向为国际私法、国际商事仲裁法等。在《武大国际法评论》《甘肃政法学院学报》等刊物发表多篇专业论文。

宋渝玲 1964 年生，女，重庆市江北区人，副教授，硕士研究生导师。现任西南政法大学国际法学院正处级组织员；兼任中国国际私法学会理事。著有《中国涉外民商法律适用》（独著）、《保险赔偿法律制度研究》（独著）、《国际私法学》（参编）、《国际私法》（参编），在《现代法学》等刊物发表论文 10 余篇。

裴　普 1964 年生，男，重庆人，副教授，硕士研究生导师。主要研究方向为国际私法、冲突法、国际商事仲裁。著有《冲突法研究》，并获得司法部"九五"优秀科研成果三等奖，在《现代法学》《法学》《重庆大学学报》等刊物发表 10 余篇专业论文和教学改革论文。

刘　新　1984年生，男，俄罗斯联邦法学博士，副教授，硕士研究生导师。现任西南政法大学俄罗斯法研究中心副主任。主要从事国际法、国际私法、国际运输法、国际航空和外空法，以及涉外侵权与合同法律实务、涉外民事诉讼程序法问题等研究。在俄罗斯联邦核心刊物以及欧洲国际学术会议上发表多篇专业论文，并出版外文专著。

刘元元　1985年生，女，湖北监利人，法学博士，硕士研究生导师，德国马克斯·普朗克比较法与国际私法研究所访问学者。现为西南政法大学国际私法教研室教师，兼任中国国际私法学会理事。主要从事国际私法、国际民商事争议解决、文化遗产法的教学研究工作，出版独著1部、合著多部，在《中国国际私法与比较法年刊》等刊物发表10余篇专业论文，主持国家级、省部级科研项目多项。

禹华英　1963年生，女，重庆人，副教授，硕士研究生导师。现为西南政法大学国际私法教研室教师。主要从事国际私法和海商法的教学研究工作，著有《出入境与国际经贸法律问题研究》《法人与公证律师事务》《中国海商法通论》《海商法学》，及多部教材（参编）；在《现代法学》等刊物发表10余篇专业论文。

宋继瑛　1982年生，女，河南新野人，武汉大学与瑞士比较法研究所联合培养博士。现为西南政法大学国际私法教研室教师。主要研究方向为国际私法、国际知识产权法。参编教材3部，在《河南师范大学学报》《郑州大学学报》等刊物发表多篇专业论文，参与省部级项目多项。

梅　傲　1981年生，男，四川达州人，法学博士，副教授，硕士生导师。现任西南政法大学国际私法教研室主任；兼任国际私法方向联合带头人，中国国际私法学会理事。主要研究方向为国际私法。在校定B类和C类等刊物发表50余篇专业论文和教学改革论文，主持国家级、省部级项目20余项，多次获得“柯泰”教书育人奖、“西政好老师”等各级各类教育嘉奖。

王晓燕　1981年生，女，安徽马鞍山人，法学博士，副教授，硕士研究生导师。现为西南政法大学国际私法教研室教师。主要研究方向为国际私法、国际商事仲裁法、国际民事诉讼法。在《武大国际法评论》《法制日报》等刊物发表多篇专业论文。

王淑君　1986年生，女，河北承德人，法学博士，副教授，硕士研究生导师。现为西南政法大学国际私法教研室教师。主要从事国际私法、国际知识产权法、国际商事仲裁法的教学、研究工作。出版个人专著1部，合作出版专著或教材3部，主持省部级以上课题3项，参与研究国家级、省部级项目10余项，在《知识产权》《学术界》《中国版权》《人民司法》等刊物发表10余篇专业论文。

周　童　1993年生，男，湖北巴东人，法学博士。现为西南政法大学国际私法教研室教师、在站博士后。主要从事国际私法、国际民事诉讼法的研究。在《中国社会科学报》等刊物发表多篇专业论文，参与国家级、省部级项目多项。

刘梦非　1990年生，女，重庆人，美国凯斯西储大学法学硕士，复旦大学法学博士，硕士研究生导师。现为西南政法大学国际私法教研室教师。主要从事国际私法、国际投资法的研究。

在《法商研究》《法学评论》《政法论坛》等刊物发表多篇专业论文，主持省部级项目 2 项，出版专著 1 部。

徐　鹏　1973 年生，男，湖北黄石人，香港大学普通法硕士，武汉大学法学博士，教授，硕士研究生导师。现为西南政法大学国际私法教研室教师；兼任中国国际私法学会理事。在《法学研究》等刊物发表 10 余篇专业论文，主持和参与国家级、省部级项目 10 余项。

第三版前言

本教材第一、二版先后于2011年、2015年由法律出版社出版。自第二版出版至今，我国国际私法的有关立法与实践发生了许多重大的变化。《中华人民共和国民法典》于2021年1月1日起正式施行，最高人民法院《关于适用〈中华人民共和国涉外民事关系法律适用法〉若干问题的解释(一)》于2020年进行了修正，《中华人民共和国民事诉讼法》和《中华人民共和国仲裁法》也经过了多次修订。与此相应，《中华人民共和国民法通则》《中华人民共和国民法总则》等多部法律失效，相关的司法解释也被废止。我国更大范围、更宽领域、更深层次的对外开放格局正在形成。

在老一辈奠定的坚实基础之上，我校国际私法课程和教材建设持续取得进步。国际私法课程先后获批2021年度重庆市"一流课程(线上)"(负责人梅傲)、2022年度重庆市"一流课程(线上线下混合)"(负责人张春良)立项建设。本教材2022年也立项为西南政法大学校级规划教材。以国际私法学为核心的课程群及其配套教材也在推进建设之中，《涉外民事诉讼法律实务》(宋渝玲主编)、《涉外民事关系法律适用实务》(裴普主编)、《中国涉外商事仲裁法律实务》(张春良主编)、《国际私法专题研究》(张春良主编)等教材业已或正在出版；全英文课程China Private International Law(刘元元主讲)已录制上线，配套教材正在编写之中。

本书第三版的修订以适时更新、适当补正、适度补充为原则，在体例、结构和内容上接续了前两版教材的精简风格，并与时俱进地更新了部分内容和教材中的延伸阅读资料。

本书由刘想树、张春良任主编，国际私法教研室全体教师参与了编写。主编负责大纲调整、统稿、定稿。王贵枫、周童协助主编校阅了初稿。各章执笔人分工如下(以编写章节为序)：

第一章　刘想树、张春良
第二章　王贵枫
第三章　宋渝玲、王贵枫
第四章　裴　普、刘　新
第五章　刘元元
第六章　禹华英、宋继瑛
第七章　宋继瑛
第八章　梅　傲
第九章　王晓燕

第十章　王淑君

第十一章　张春良、周　童

第十二章　刘梦非

第十三章　梅　傲

第十四章　禹华英、王淑君

第十五章　徐　鹏

第十六章　徐　鹏

第十七章　刘　新

第十八章　王晓燕

教材修订，尤显艰难。限于水平，本教材错误或不足之处，尚请读者诸君批评指正。

编　者

二〇二二年十一月

第二版前言

本教材第一版由法律出版社于 2011 年 8 月出版后，适逢新中国第一部单行国际私法《中华人民共和国涉外民事关系法律适用法》于 2011 年 4 月 1 日生效施行，该法传承旧则，旁鉴欧美，对我国涉外民事司法实践面临的问题作了诸多中国式回应，标志着我国国际私法立法和独立化程度迈上了一个新的台阶。为正确贯彻执行该法，统一裁判思路，最高人民法院还于 2012 年 12 月讨论通过了《关于适用〈中华人民共和国涉外民事关系法律适用法〉若干问题的解释(一)》，于 2013 年 1 月 7 日起施行。

鉴于第一版教材所处的立法和司法环境发生了重大的情势变更，适时修订教材，吐故纳新，遂为必要。第二版教材以改良而非改革为原则，在体例、结构、内容和风格上接续了第一版教材的优势经验，重点对新规则进行了介绍，并适当更新了教材推荐的延伸阅读资料。第二版教材仍然保持西南政法大学国际私法课程风格，继续弘扬学校“务实创新”和“论辩文化”两大办学特色。

西南政法大学国际法学院国际私法教研室全体教师参与了本版教材的修订。各章执笔人分工如下(以编写章节为序)：

第一章　刘想树
第二章　张春良、刘元元
第三章　宋渝玲
第四章　裴　普、刘　新
第五章　刘元元
第六章　禹华英、宋继瑛
第七章　裴　普
第八章　梅　傲
第九章　王晓燕
第十章　宋继瑛
第十一章　张春良
第十二章　宋渝玲、梅　傲
第十三章　禹华英
第十四章　徐　鹏

第十五章　徐　鹏

第十六章　刘　新

第十七章　王晓燕

教材修订,尤显艰难。限于水平,本教材错误或不足之处,尚请读者诸君批评指正。

编　者

二〇一五年六月

第一版前言

教材者,《辞海》定义为“有关讲授内容的材料,如书籍、讲义、图片、讲授提纲等”。本书是“按照教学大纲编写的为学生上课和复习用的书”,是教科书而非严格意义上的教材。这是我们编写本书的要求和追求。

西南政法大学自1978年恢复招生以来,几代学人一直致力于国际私法课程建设。1982年,袁成第先生率先在法律专业78级讲授国际私法课程,并在1984年撰写了校内印发的《国际私法》教科书,该教科书后来更名为《国际私法通论》(1986年)和《国际私法原理》(1988年),仍然在校内印刷后供法学专业学生学习国际私法课程使用。1991年,袁成第主编的《国际私法》由四川人民出版社出版;1995年,杨树明主编的《国际私法》由四川人民出版社出版;1997年和1999年,由赵生祥主编的《国际私法》和《国际私法学》分别在成都科技大学出版社和法律出版社出版;2005年,法律出版社出版了赵生祥主编的《国际私法》;2005年,刘想树主持的国际私法课程被评为重庆市精品课程;2010年,刘想树领衔的“西南政法大学国际私法教学团队”被评为重庆市教学团队。

本书是在上述教科书基础上的调整与修订,是西南政法大学国际私法精品课程建设和教学团队建设的一项重要内容。我们在保持西南政法大学国际私法课程风格的同时,力图更好地反映学校“务实创新”和“论辩文化”两大办学特色。

本书由刘想树任主编,裴普任副主编。主编负责大纲拟定、统稿、定稿,副主编承担了书稿的初审工作。徐鹏、张春良协助主编草拟了大纲。各章执笔人分工如下:

刘想树:第一章、第二章

宋渝玲:第三章、第十二章

裴　普:第四章、第七章、第十六章

禹华英:第五章、第十三章

徐　鹏:第六章、第八章、第十四章、第十五章

王晓燕:第九章、第十七章

张春良:第十章、第十一章

虽然我们努力从科学、合理的角度编排本书的体系和内容，但水平有限，全书离完善之境尚远，欢迎读者批评指正。

编　者

二〇一〇年十二月

目　　录

第一章　国际私法概论

| 内容提示 |

国际私法是一个特殊的法律学科和独立的法律部门，它通过直接调整和间接调整两种方法调整具有涉外因素的民商事关系。国际私法是一个存在较多争论的法律学科，学术界对其名称、性质、范围等方面存在不同的解说。国际私法的基本原则包括国家主权原则、平等互利原则、保护弱方当事人利益原则、信守国际条约和尊重国际惯例原则。准国际私法包括区际私法、人际私法和时际私法三种情形。

第一节　国际私法的定义

"没有限定严格的专门概念，我们便不能清楚地和理性地思考法律问题。"[1] 把握国际私法的定义是学习的基础。由于国际私法的理论和实践多在演变之中，学界对其基本概念也存在较多争议，因此，本书在梳理国际私法的对象、调整方法、范围、性质及名称的基础上，形成一个我们认为相对合理的国际私法定义。

一、国际私法的调整对象

国际私法的调整对象，是指国际私法所调整的社会关系。国际私法作为一个特殊的法律部门，调整的是具有涉外因素的民商事关系，亦称涉外、国际或跨国的民商事关系或民商事法律关系。对这一调整对象，可以从以下方面理解。

（一）涉外的民商事关系

在现代国际社会，各国相互交往是常态。由于国家之间经济、贸易关系的发展，不同国家的自然人、法人或非法人组织，甚至是国家、国际组织相互之间民商事交往日益频繁，因而产生了大量的超越一个国家领域的各种性质不同的财产关系和人身关系。从一个国家的角度来讲，这些关系被称为涉外民商事关系；从国际的角度来看，这些关系被称为国际民商事关系或

〔1〕［美］E. 博登海默：《法理学：法律哲学与法律方法》，邓正来译，中国政法大学出版社 1999 年版，第 486 页。

国际私法关系。

把握“涉外”的含义是理解国际私法调整对象的关键。“涉外”是“涉外因素”(foreign element)的简称,“涉外因素意味着与法院地法律体系之外的其他法律体系有联系”〔2〕。一般认为,经法律调整的社会关系包括主体、客体和内容(法律事实)三要素,因此,涉外民商事关系可以界定为民商事关系的三要素中,有一个或一个以上的要素与外国发生联系的民商事关系。通常来说,凡民商事关系中有下列情形之一,便构成涉外民商事关系:(1)主体涉外,即民商事关系的主体一方或双方是外国的自然人、法人或非法人组织、外国国家、国际组织,或者主体一方或双方的住所或营业所在外国。(2)客体涉外,即民商事关系的客体是位于外国的物、财产或者需要在外国实施完成的行为。(3)内容涉外,即引起当事人之间法定的权利义务产生、变更或消灭的法律事实发生在国外。

上述任一要素涉外,该民商事关系即为涉外民商事关系。有些涉外民商事关系可能只有一个涉外因素,如一个中国人与一个日本人在中国结婚;而有些涉外民商事关系可能有多种涉外因素,如中国公司购买美国公司在美国的机械设备。

需要说明的是,国际私法的调整对象也称“涉外民商事法律关系”。一般而言,法律关系与社会关系不同。法律调整的对象是社会关系,社会关系一经法律调整才是法律关系。我们认为,涉外民商事关系是多种多样的,有些是不需要法律调整的,如涉外思想关系、道德关系等,而有一些则必须由法律来调整。国际私法调整对象所涉及的诸如涉外物权关系、债权关系、身份亲属关系等,大多数国家都将其纳入法律调整,使之成为法律关系。既有的法律化了的社会关系扩大到了国际领域,才使国际私法应运而生。国际私法是对这些业已形成的法律关系在进入国际领域之后产生冲突的情况下的再调整。因此,使用“涉外民商事法律关系”来表述国际私法的调整对象,在逻辑上可以成立,在指向上也不会引起歧义。

为了准确理解涉外民商事关系,还必须确定国际私法中“国家”的含义,因为它直接关系到如何理解涉外民商事关系中的“涉外因素”和“外国”。在实践中,国际私法与国际公法上的“外国”含义可能一致,也可能不完全一致。像瑞典、意大利和新西兰这样的单一制国家,全国的法律是统一的,国际私法和国际公法意义上的国家是一致的。但有些国家,尤其是联邦制国家,国际公法和国际私法意义上是不一致的。比如,美国的纽约州和加利福尼亚州,它们不是国际公法意义上的国家,但却构成国际私法意义上的“法域”。再如,英国的国际私法所称的“外国”,也包括了苏格兰和北爱尔兰。英国学者莫里斯(Morris)就指出:“从冲突法的角度而言,苏格兰和北爱尔兰在很大程度上,但不是在一切问题上,是同法国和德国一样的外国。”〔3〕因此,国际私法上判断“涉外”的标准严格说来应该立足“法域”(jurisdiction),即有独立法律制度或法律体系的区域,国际私法中的“涉外”实际上是“涉及外法域”。在我国国际私法实践中,涉及香港特别行政区、澳门特别行政区的民事关系,也是参照涉外民事关系进行法律适用

〔2〕 J. T. C. Morris, *The Conflicts of Laws*, 8th Edition, Sweet & Maxwell, 2012, p. 2.

〔3〕 J. T. C. Morris, *The Conflicts of Laws*, 8th Edition, Sweet & Maxwell, 2012, p. 3.

的。[4]

（二）广义的民商事关系

由于有关国家民商事立法体例不同，各国所确定的民商事关系的范围也不尽相同。在英美法系的国家，通常没有民法的概念和民法典。平等主体之间的人身关系和财产关系分别由合同法、财产法、侵权行为法、婚姻家庭法等法律部门调整。大陆法系国家虽然有民法的概念和民法典，但立法体例也有所差异。有些国家采用“民商合一”的立法方式，商事关系被纳入民法调整的范围之内；有些国家采用“民商分立”的立法方式，另辟商法典单独调整商事关系。有些国家的民法典将婚姻家庭关系和劳动关系纳入其中加以规定，而有些国家将婚姻家庭法和劳动法从民法中分立出来，自成独立的法律部门。有的国家，民事关系是指平等主体之间的财产关系和与财产有关的人身关系，包括物权关系、知识产权关系、债权关系、婚姻家庭关系、继承关系等。而有的国家，公司关系、票据关系、海商关系、保险关系和破产关系等商事关系，不属于民事关系。然而，国际私法是调整国际民商事关系的法律，不能只考虑到某个或某些国家的法律规定，而应把视野放在世界各国民商法的总体上来考虑，以确定国际私法的范围。

国际私法调整的涉外民商事关系是广义的民商事关系，即平等主体之间的一切人身关系和财产关系，不仅包括涉外物权关系、涉外债权关系、涉外知识产权关系、涉外继承关系、涉外婚姻家庭关系等一般的民事关系，还包括涉外劳动关系、涉外海商关系、涉外票据关系、涉外公司关系、涉外保险关系和涉外破产关系等。

（三）涉及外国法效力的民商事关系

涉及外国法的效力，就是外国法有被适用的可能性，而并不是一定要适用外国法。涉外民商事关系与两个或两个以上国家的法律发生着联系，在各国法律对同一民商事问题的规定不同时，就不可避免地出现法律冲突，就需要依照国际私法规则确定适用的法律。在选择法律适用时，外国法就有被选择的可能。

涉外民商事关系是否涉及外国法效力，还取决于内国对外国法的态度，即内国是否承认外国法的域外效力。如果内国承认外国法的域外效力，则外国法有适用的可能性，就会涉及外国法效力；反之，则外国法没有适用的可能性，就不会涉及外国法效力。为保障国际民商事交往的正常进行，内国通常会在一定范围内承认外国法的域外效力。

综上所述，国际私法调整的是具有涉外因素的民商事关系，它的涉外性使其有别于纯粹国内的民商事关系；国际私法调整的是广义的涉外民商事关系，它的广义性使其有别于一国狭义的涉外民事或商事关系；国际私法调整的是涉及外国法效力的涉外民商事关系，它的法律冲突特质表明并非一切涉外民商事关系都属于国际私法调整的范围。

---

[4]　参见最高人民法院《关于适用〈中华人民共和国涉外民事关系法律适用法〉若干问题的解释（一）》第17条。

二、国际私法的调整方法

一个法律部门的独立存在，除了应具有特殊的调整对象外，尚需有自身的调整方法。国际私法调整对象的特殊性，决定了国际私法的调整方法也有别于其他法律部门。

(一)间接调整方法

间接调整方法亦称冲突规范调整的方法，是指通过冲突规范(conflict rules)，指明某种涉外民商事关系应适用哪一国家的法律来确定当事人权利和义务，而没有直接明确地规定当事人权利和义务的方法。例如，《涉外民事关系法律适用法》第36条规定“不动产物权，适用不动产所在地法律”，它没有规定不动产所有权关系的双方当事人的权利义务和不动产所有权的具体内容，而只是指明应当适用物之所在地的法律。这就是间接调整方法。

间接调整方法是最早被用来解决涉外民商事关系法律适用问题的方法。作为西方国际私法学说史开端的法则区别说就提出了人法适用人的住所地法、物法适用物之所在地法的法律适用规则，该规则采用的即是间接调整方法。目前所见的最早的国际私法立法——唐朝《永徽律》中的“化外人相犯”条也是间接调整方法。

间接调整方法调整涉外民商事关系要经过两个步骤：第一步是适用冲突规范，找出应该适用于涉外民商事关系的法律，即准据法；第二步是通过适用准据法来具体确定当事人的权利义务。如此情形下，适用冲突规范找出准据法，对于确定涉外民商事关系的当事人的权利和义务来说，只是一个过渡性的间接步骤，因而称为间接调整方法。间接调整方法是国际私法特有的调整方法，冲突规范也是国际私法特有的法律规范。有的学者根据冲突规范的这一特点，主张把国际私法称为“间接法”或“法中法”。

间接调整方法实际上只是就涉外民商事关系指定一个“立法管辖权”，而无论该有立法管辖权国家的法律有无规定、如何规定、规定得如何。这种调整方法只能解决具体涉外民商事关系中现实的法律冲突，而并不能从根本上避免和消除法律冲突。所以，冲突规范又被比喻为法律适用的“路标”或“走到半途的法”。

间接调整方法具有概括力强、机动灵活、能调整所有类型的涉外民商事关系的优点。但是，随着涉外民商事关系的发展，间接调整方法在实践中的局限性也凸显出来，这些局限性主要有：(1)缺乏明确性和可预见性。由于冲突规范本身不构成当事人作为或不作为的准则，不能直接确定当事人的权利和义务，根据它无法预见到法律行为的后果，因而缺乏法律适用的明确性和预见性。(2)缺乏稳定性。在适用冲突规范的过程中，形成了反致、法律规避禁止、公共秩序保留等制度，这些制度会限制甚至否定冲突规范的效力，导致法律指向的不稳定。(3)可能出现无法可依的情形。一方面，当某一争讼问题属于外国法上有而本国法上没有的概念时，如非婚生子女的准正，此时就缺乏相应的国内冲突规范进行选法。另一方面，当根据冲突规范的指定，某一涉外民商事关系应该适用某国实体法时，如果该国没有相应的立法规定，也会出现无法可依的情形。

为了克服间接调整方法的上述弊端，到19世纪末20世纪初，国际上出现了另外一种实践，形成了调整涉外民商事关系的第二种途径，这就是直接调整方法。

（二）直接调整方法

直接调整方法亦称为统一实体规范调整的方法，是指通过国际条约和国际惯例中直接规定当事人民商事权利和义务的实体规范调整涉外民商事关系的方法。直接规定当事人民商事权利和义务的实体规范通常有两种：一种是国内法中专门调整涉外民商事关系的实体规范，即国内实体规范；另一种是规定在国际条约和国际惯例中的实体规范，即统一实体规范。国际私法主要研究后一种类型的实体规范。这类实体规范很多。例如，1980年的《联合国国际货物销售合同公约》，对国际货物买卖合同的成立及形式、买卖双方的义务、风险的转移、违约责任、免责条件等均作了明确规定。又如，《国际贸易术语解释通则》（International Rules for the Interpretation of Trade Terms，INCOTERMS）和《跟单信用证统一惯例》（Uniform Customs and Practice for Documentary Credits，UCP），均是国际贸易惯例，对国际货物买卖、运输、保险和支付等作了直接规定，相关当事人可援引其规定明确彼此的权利义务。

运用统一实体规范调整涉外民商事关系，能够直接确定当事人之间的权利和义务，从而避免了法律冲突，避免了就内国法和外国法作出选择的问题。由于这种方法起着先行避免或积极预防法律冲突的作用，因此，它在本质上是避免和防止法律冲突的方法。

（三）两种方法的比较

直接调整方法较之于间接调整方法，更为明确、具体、稳定和方便，更有利于消除国际经济贸易交往关系中因各国法律差异导致的障碍。但也应当看到，在民族国家存在的时代里，由于各国的民商事法律制度存有较大差异，某些领域还不可能通过国际条约和国际惯例做出统一的规定；即使做出了统一规定，也未必能被多数国家接受。此外，在不存在统一实体规范的领域，如涉外婚姻家庭和继承领域内，有关涉外民商事关系的法律冲突也只能采用冲突规范予以解决。因此，不能夸大直接调整方法的作用甚至希望用直接调整方法来代替间接调整方法，这在实践中行不通的。事实上，直接调整方法也不可能取代间接调整方法，二者是国际私法的两种平行共存的基本调整方法。

在涉外民商事关系的调整实践中，两种方法通常是协调并用的。例如，在国际货物买卖合同中，当事各方所在国为《联合国国际货物销售合同公约》的缔约国的，缔约国法院通常便应优先适用公约的规定；公约没有规定的内容，则可适用合同中约定适用的法律。[5]

---

〔5〕 参见中化国际（新加坡）有限公司诉蒂森克虏伯冶金产品有限责任公司国际货物买卖合同纠纷案，最高人民法院指导案例107号（2019）。

三、国际私法的范围

国际私法的范围包括对象范围和内容范围两个方面:对象范围就是国际私法的调整对象,内容范围是指国际私法是由哪些规范组成。此处是指国际私法的内容范围。关于国际私法的范围,中外理论界存在较大分歧。

(一)普通法系国家的观点

普通法系国家的国际私法学者大多认为,国际私法就是冲突法,并遵循案件的处理流程从实用主义的角度主张国际私法只应解决三个问题,即涉外案件的管辖权问题(jurisdiction)、法律选择问题(choice of law)和外国法院判决的承认与执行(recognition and enforcement of foreign judgment)问题。例如:英国学者戴西(Dicey)认为,冲突法主要有两类主要问题,一是英国法院是否有管辖权。二是管辖之后适用什么法律。此外,通常还会——但并不是每个案件都会——涉及外国法院判决的承认与执行。[6] 美国学者西蒙尼德斯(Symeonides)也认为,冲突法包括三个部分:(1)管辖权,即解决相关国家法院中由哪一国家法院裁决争议的问题;(2)法律选择,即解决案件是根据法院地国实体法还是其他相关国家实体法进行裁决的问题;(3)判决的承认与执行,即解决一国法院应根据什么条件承认和执行另一国法院作出的判决的问题。[7] 也有大陆法系国家的学者持此观点。

(二)大陆法系国家的观点

在大陆法系国家中,法国及受法国法影响较大的国家的多数学者对国际私法的范围的理解较为宽泛。法国主流观点认为,国际私法包括外国人法律地位规范、法律适用规范、涉外民商事案件管辖权规范和国籍规范。[8] 但随着国际民商事交往的发展,法国学界也逐渐对国际私法的范围进行调整:第一,国籍规范和外国人法律地位规范的重要性下降,[9] 被部分学者放到国际私法的"附属"地位。[10] 第二,关于判决的承认和执行规范日益重要。[11] 第三,统一实体法逐渐被纳入法国国际私法的范围之中,尤其是在欧盟框架之下,统一实体法的地位不断上升,成为法国国际私法不可缺少的研究内容。

德国、日本的多数学者以及受德国法影响较大的国家的学者认为,国际私法的全部任务或主要目的是解决涉外民商事关系中的法律适用问题。换言之,国际私法只是解决法律冲突问

[6] See Lord Collins of Mapesbury (ed.), *Dicey, Morris and Collins on The Conflict of Laws*, 15th edition, Thomson Reuters (Professional) UK Limited, 2012, p. 4.

[7] See Symeon C. Symeonides, *Choice of Law*, Oxford University Press, 2016, p. 1.

[8] 参见[法]亨利·巴蒂福尔:《国际私法总论》,陈洪武等译,中国对外翻译出版公司 1989 年版,第 7 ~ 8 页。

[9] Bernard Haftel, *Droit international privé2e édition*, Paris: Dalloz, 2020, p. 6.

[10] Bernard Haftel, *Droit international privé 2e édition*, Paris: Dalloz, 2020, p. 2 – 8.

[11] Paul Lagarde, La méthode de la reconnaissance est – elle l' avenir du droit international privé ?, *Recueil des cour volume 371*, 2014, p. 42.

题，国际私法就是冲突规范或法律适用规范。例如，日本学者桑田三郎认为，国际私法“是为含有国际因素的私法案件指定准据法的那种法规的总和。……就以法律冲突为对象这一点而言，国际私法被称为法律冲突法（law of conflict of laws），或简称冲突法，而其作用就在于选择法律（choice of laws）”。[12]

东欧各国学者对国际私法范围的认识虽有所不同，但在理论和实践中比较一致的观点是，国际私法至少应包括冲突规范、外国人民商事法律地位规范、统一实体规范和国际民商事诉讼程序规范。也有学者主张，还应把直接规定涉外民商事关系的国内实体规范归入国际私法的范围。

（三）我国学界的观点

我国国际私法学界对国际私法的范围也有不同的主张，比较有影响的观点主要有以下几种：（1）国际私法与冲突法同义，因此国际私法只包括冲突规范。[13]（2）国际私法主要是冲突法，但除了冲突规范外，还应包括规定涉外民商事案件管辖权的规范和承认与执行外国法院判决的规范。[14]（3）国际私法的范围包括冲突规范、外国人民商事法律地位规范和国际民事诉讼程序规范。[15]（4）国际私法包括冲突规范、统一实体规范、外国人民事法律地位规范、国际民事诉讼程序与国际商事仲裁程序规范。[16]（5）国际私法除了规定外国人民事法律地位的规范、冲突规范、统一实体规范、国际民事诉讼程序与国际商事仲裁程序规范外，还应该包括国内法中专门适用于涉外民事法律关系的实体规范，即国内实体规范。[17]

由上可知，在国际私法的范围上，各国学者无一例外地将冲突规范视为国际私法最基本的规范。多数学者认为，国际私法除了冲突规范外，还应包括其他一些调整涉外民商事关系的法律规范，足见国际私法就是冲突法的传统观念已经为国际私法学界所扬弃。但是，国际私法除了包含冲突规范外，还应包括哪些规范，学者们则众说纷纭。

（四）本书的观点

我们认为，确定国际私法的范围应该遵循两条准则：一是应当与其调整对象和任务相适应；二是要有发展的眼光，着眼于国际私法的未来。据此，准确、完整地理解国际私法的范围，应包括：

第一，冲突规范和统一实体规范。由于国际私法调整的对象是涉外民商事关系，任务是消除和避免涉外民商事关系的法律冲突并进而确定涉外民商事关系当事人之间的权利和义务，

---

〔12〕 日本国际法学会编：《国际法辞典》，世界知识出版社 1985 年版，第 505 页。

〔13〕 参见《中国大百科全书·法学》，中国大百科全书出版社 1984 年版，第 228 页。

〔14〕 参见唐表明：《比较国际私法》，中山大学出版社 1987 年版，第 15～23 页。

〔15〕 参见章尚锦主编：《国际私法》，中国人民大学出版社 1992 年版，第 3～4 页。

〔16〕 参见韩德培主编：《国际私法新论》（上），武汉大学出版社 2009 年版，第 8～11 页。

〔17〕 参见姚壮主编：《国际私法理论与实务：冲突规范和程序规范部分》，法律出版社 1992 年版，第 6～7 页；李双元：《国际私法（冲突法篇）》，武汉大学出版社 2016 年版，第 39 页。

因而,国际私法最基本的规范自当是消除法律冲突的冲突规范和避免法律冲突的统一实体规范。

第二,有关外国人民商事法律地位的规范。规定外国人民商事法律地位的规范是外国人在内国取得民商事主体资格的依据,是涉外民商事关系产生的前提;没有这种规范,就不需要更不可能形成其他的国际私法规范。

第三,有关国际民商事争议解决的程序规范。这主要包括国际民事诉讼程序和国际商事仲裁程序规范。它们起着保护涉外民商事关系当事人合法权益的作用。没有这类程序规范,不仅涉外民商事关系的争议得不到解决,而且国际私法的其他规范也难得以实施。[18] 此外,2018 年联合国国际贸易法委员会第 51 届会议通过了《联合国关于调解所产生的国际和解协议公约》(United Nations Convention on International Settlement Agreements Resulting from Mediation),国际商事调解很有可能发展成为第三种国际民商事争议解决程序。此类程序规范也应纳入国际私法的范围。

第四,排除各国国内法中用于调整涉外民商事关系的实体规范。国内法中的这种实体规范大致有两类:一是"直接适用的法律"或称有关"公共秩序"的规范。它起源于国家对民商事事项的直接干预,具有强行法性质,必须直接适用于有关涉外民商事关系。这类规范散见于民商法、行政法等法律法规之中。我国《涉外民事关系法律适用法》第 4 条对此作了规定:"中华人民共和国法律对涉外民事关系有强制性规定的,直接适用该强制性规定。"最高人民法院《关于适用〈中华人民共和国涉外民事关系法律适用法〉若干问题的解释(一)》(以下简称《涉外民事关系法律适用法》司法解释)第 8 条进一步明确了六种情形的国内实体规范为直接适用的法,包括:涉及劳动者权益保护的;涉及食品或公共卫生安全的;涉及环境安全的;涉及外汇管制等金融安全的;涉及反垄断、反倾销的;应当认定为强制性规定的其他情形。二是专门用于调整涉外民商事关系的实体规范。例如,我国《外商投资法》等。这类规范的特点是在其调整涉外民商事关系时,只适用其自身的规定,而不允许考虑适用外国法的问题。

四、国际私法的名称和定义

(一)国际私法的名称

通常所称的国际私法有两种含义:一种是指国际私法规范本身,即它是一个法律部门;另一种是指一种法学理论,即它是法学的一个学科。后一种意义的国际私法,严格说起来应该称作国际私法学。

国际私法的名称向来极不统一。德国学者科恩(Franz Kahn)曾经指出,国际私法可以说是从书名的那一页起就有争论的一个法律科学。依据对国际私法的对象、性质和研究方法的理解不同,较为普遍使用的名称主要有:

---

〔18〕 参见赵生祥主编:《国际私法学》,法律出版社 1999 年版,第 9 页。

法则区别说(theory of statues)。法则区别说是国际私法最早的名称,在13、14世纪由意大利著名学者巴托鲁斯(Bartolus)最先使用后,在欧洲沿用长达500年之久。这样命名的根据是学者把处理涉外民商事关系的法规分为几类,如人法、物法、混合法等,就每一类法规之间的冲突确定一条冲突原则。

冲突法(conflicts law)或法律冲突法(the law of conflicts of laws)。1653年,荷兰学者罗登堡(Rodenburg)首先使用de conflictulegum来称呼国际私法。1684年,荷兰另一位国际私法学者尤利克·胡伯(Ulicus Huber)也使用这一名称。该名称曾经为欧美许多国家所采用,现今依然常见于英美法系国家,如美国国际私法的创始人、最高法院法官斯托里(Joseph Story)的专著即以《冲突法评论》命名。

法律适用法(the law of application of laws)。民主德国的国际私法称为《德意志民主共和国关于国际民事、家庭和劳动法律关系以及国际经济合同适用法律的条例》,我国《涉外民事关系法律适用法》已于2011年4月1日起施行。采用这一名称的理由是,一国发生涉外民商事关系后,需要一种特别的规范来确定应适用的法律,这就是"法律适用法"。

私国际法(private international law)。美国国际私法的奠基者斯托里在1834年出版的《冲突法评论》一书中首次提到过"private international law"一词,直译是"私国际法",不过他仍以法律冲突法概括自己的学说。1843年,法国学者菲利克斯(Foelix)在其著作《私国际法或冲突法》中正式使用这一名称,其法文为droit international prive,并主张内外国法律冲突即为"私国际法"。其后这一称谓被意大利、西班牙、葡萄牙等国学者所接受。目前,该名称在法国和其他拉丁语系国家依然十分流行。在英美普通法系国家,也有学者采用这一名称。

国际私法(international private law)。1841年,德国学者薛福纳(Schaeffner)在《国际私法的发展》一书中首先使用德语internationales privatrecht一词,直译为英文就是international private law。不过,薛福纳认为国际私法是国内法。后来这一名称为世界各国所广泛采用。

除以上常见的名称以外,学者们赋予国际私法的名称还有"私法关系的国际处理法""私间法""界限法""体系间法""国际民法"等。

从国际私法的立法来看,有关国家和地区制定的国际私法法典或单行法规,在名称上也不完全统一,主要有"民法施行法"(如《德国民法施行法》)、"法例"(如《日本法例》)、"冲突法"或"法律冲突法"(如《南斯拉夫法律冲突法》)、"国际私法"(如《波兰国际私法》)等名称。

(二)国际私法的定义

1.学者观点

有的学者根据国际私法调整的对象,将国际私法定义为调整涉外(国际)民事关系的规范的总称,或者调整涉外(国际)民事关系的法的部门。[19] 这类定义,虽然强调了国际私法调整

---

〔19〕 参见姚壮、任继圣:《国际私法基础》,中国社会科学出版社1981年版,第8页;韩德培:《国际私法》(修订本),武汉大学出版社1989年版,第8页。

对象的特殊性，但却未能反映出国际私法的调整方法以及国际私法的范围和性质。

有的学者从解决国际民事关系法律冲突的角度，将国际私法定义为解决涉外(国际)民事关系法律冲突的法，或者决定涉外(国际)民事关系应当适用什么法律的法。[20] 按此观点，国际私法实际上仅是冲突规范。这样的定义很容易受到其他学者的批评，因为许多学者认为，国际私法规范并不仅仅是冲突规范。

还有的学者采用列举方式给国际私法下定义。例如，英美学者就将国际私法定义为在处理国际民事案件时解决管辖权、法律适用和外国判决的承认与执行问题的规范的总和。我国也有学者采用这种方法给国际私法下定义。由于他们对国际私法的范围理解不同，其定义中列举的规范多少不一。

除此之外，学者们给国际私法下的定义还有很多，此处不再一一介绍。

2. 本书观点

我们认为，国际私法的定义应能全面、准确地反映国际私法的调整对象、调整方法以及国际私法的范围和性质。基于这一认识，本书认为，国际私法是以涉外民商事关系为调整对象，以解决和避免法律冲突为中心任务，由规定外国人民事法律地位的规范、冲突规范、统一实体规范、国际民事争议解决程序规范构成的一个独立的法律部门。该定义未必精准，但至少体现了国际私法的以下特质：

(1)强调了国际私法调整对象的特殊性。其调整的对象是涉外民商事关系，这也是国际私法区别于其他法律部门的首要标准。

(2)明确了国际私法的中心任务。其中心任务是解决法律冲突和避免法律冲突，从而使国际民商事关系当事人的权利义务能够得以确定。与此相适应，国际私法的调整方法也就既有间接调整方法，又有直接调整方法。

(3)明确了国际私法的范围。国际私法应当由规定外国人民事法律地位的规范、冲突规范、统一实体规范、主要包括国际民事诉讼和国际商事仲裁在内的国际民商事争议解决程序规范构成。

(4)强调了国际私法的独立地位。国际私法既非纯粹的国内法或国际法，亦非纯粹的实体法或程序法，而是自成一体的独立的法律部门。

第二节　国际私法的性质

一、国际私法是实体法还是程序法

国际私法是实体法还是程序法的争论，主要集中在冲突规范上。

---

〔20〕 参见《中国大百科全书·法学》，中国大百科全书出版社1984年版，第228页；董立坤：《国际私法论》，法律出版社1988年版，第23页。

有的学者认为冲突规范是程序法。理由是:实体法和程序法的区分标准是能否直接规定当事人之间的实体权利义务。凡是能够直接规定当事人权利义务的法律规范就是实体法,反之,就是程序法。冲突规范不直接规定涉外民商事法律关系当事人的权利义务,而只是就有关涉外民商事法律关系指明应该适用的法律,所以,它不是实体法,而是程序法。

有的学者认为冲突规范是实体法。理由是:冲突规范以涉外民商事法律关系为调整对象,调整民商事法律关系的法律必定是实体法;冲突规范只是间接确定涉外民商事法律关系当事人的权利义务,而不是直接确定当事人权利义务,因此它是实体法。

还有学者认为,冲突规范既非实体法,又非程序法,而是法律适用法。理由是:一方面,冲突规范不直接规定当事人的权利和义务,因而不同于严格意义上的实体法;另一方面,冲突规范不能规定诉讼程序和仲裁程序,因而有别于程序法。因此,冲突规范自成一体,是与程序法和实体法并列的一种法律——法律适用法。

区分冲突规范是程序法还是实体法的意义在于:如果属于程序法,按照"程序问题适用法院地法"的规则,法院就应适用法院地国的冲突规范。事实上,各国法院除了在接受反致的情况下,都只适用本国的冲突规范。因此,这种区分实际意义不大。

二、国际私法是国内法抑或国际法

国际私法是国际法性质的一个法律部门还是国内法性质的一个法律部门,国内外学者有国内法说、国际法说和二元论三种认识,由此形成"国际法学派"或"世界主义学派"、"国内法学派"或"民族主义学派"、"二元论学派"或"综合论学派"三大学派。

(一)国际法学派

这一学派认为,国际私法和国际公法是国际法的两大分支,国际私法是国际法性质的一个法律部门。理由是:(1)国际私法调整的社会关系超过了一国的范围,具有多国的因素或国际法特征,它与国际公法共有一些基本的原则,如主权原则、平等互利原则、国家及其财产豁免原则以及条约必须信守原则等。(2)在法律渊源上,国际私法与国际公法有相互一致的地方,如许多国际条约和国际惯例既是国际公法的渊源,又是国际私法的渊源,并且国际公法与国际私法的内容交织在一起,互相渗透,互为补充。(3)国际私法所调整的涉外民商事关系,与国家之间的关系不可分割。国际民商事关系的当事人都有其祖国作为后盾,因此,这种民商事关系的任何争执和冲突,归根结底也会演变成国家和国家之间的关系。(4)国际私法所有的规范都服务于国际合作交往关系,都涉及两个或两个以上国家的政治和法律。国际私法的作用与国际公法的作用一样,都在于划分国家主权扩及的范围。

国际法学派的代表人物有德国学者萨维尼(Karl von Savigny)和巴尔(Ludwing von Bar)、意大利学者孟西尼(Mancini)、法国学者毕耶(Pillet)和魏斯(Weiss)等。我国也有一些学者认为国际私法是国际法性质的一个法律部门。

(二)国内法学派

这一学派主张国际私法是国内法性质的一个法律部门。理由是:(1)国际私法调整的对象是涉外民商事关系,这种关系在本质上是民商事关系,只是具有“涉外因素”而已,是国内民商法的涉外部分;(2)尽管国家和国际组织有时也是国际私法的主体,但国际私法的主体主要是自然人和法人,且在国家和国际组织参加的涉外民商事关系中,它们只是一般的民商事法律关系的主体,其所承担的也仅仅是民商事法律责任而非国际法主体的责任;(3)国际私法的主要法律渊源是国内法(包括法院判例),而非国际条约和国际惯例;(4)有关国际私法之争议,通常是由一国法院或仲裁机构解决,而非以国际法上的外交途径等方式加以解决;(5)国际法规范具有普遍约束力,而国际私法规范不具有普遍约束力。即使是有关国际条约中的国际私法规范,也只是对缔约国有约束力,各缔约国还可以通过声明保留措施限制条约的约束力或是通过条约中的公共秩序保留条款来限制条约的适用。在各国立法中的国际私法规范差异极大,即令有关各国的国际私法规范相同,但因各国法律观念不同,其在具体运用中也会呈现出不同情形。因此,实践中并不存在各国一致公认和一体遵循的国际私法规范。

国内法学派的代表人物主要有法国的巴丹(Bartin)、尼波埃(Niboyet)、巴迪福尔(Batiffol),德国的沃尔夫(Wolff)、努斯鲍姆(Nussbaum),英国的戴西、莫里斯,美国的库克(Cook)、里斯(Reese),苏联的隆茨等。我国也有一些学者认为国际私法是国内法性质的一个法律部门。

(三)综合论学派

综合论学派也称“边缘法学派”,主张国际私法是兼有国际法和国内法双重性质的一个法律部门。理由是:(1)国际私法调整的对象是具有国际因素的民商事法律关系,它产生于各国参与的国际交往过程之中,既与国际法有关,又与国内法相连;(2)国际私法的主体既有国家和国际组织,又有自然人和法人;(3)国际私法的渊源既有国际条约和国际惯例,又有国内立法和法院判例;(4)国际私法争议通常由主权国家的法院和仲裁机构解决,但法院和仲裁机构在解决争议时应该遵守国际法的一些基本原则和制度。因此,国际私法既不完全是国际法,又不完全是国内法,而是国际法和国内法的综合体。

这一学派的代表人物有德国的齐特而曼(Zitelmann)和捷克的贝斯特里斯基(Bystricky)。

三、国际私法是私法还是公法

公法和私法的划分最早可以追溯到古罗马时代。古罗马法学家乌尔比安(Ulpianus)等人就把法律分为公法和私法两大类,并认为凡是有关个人利益的法律是私法,凡是有关公共利益的法律是公法。后来,公法和私法的分类方法通行于大陆法系各国,但学者们对公法私法的划分标准至今也未达一致。有的学者持“权力说”,认为凡是调整不平等的权力与服从关系,并不允许公民自由取舍的法律是公法;凡是调整平等主体关系,由公民自由取舍的法律是私法。有的学者持“主体说”,主张凡规定的主体一方或双方是国家或公法人的法律是公法;凡规定的主体为公民或法人的法律是私法。有的学者持“应用说”,认为凡是公民私人不能自主决定对其是否予以应用的法律是公法;公民私人可以自主决定对其是否予以应用的法律是私法。有的学者持“法律关系说”,主张凡是调整国家与国家、国家与公民或法人之间关系的法律是公法;凡是调整公民与公民、公民与法人、法人与法人之间关系的法律是私法。还有一些学者依然坚持“利益说”,延续古罗马法学家的划分标准。

国际私法是“公法”还是“私法”,与对其是程序法还是实体法的认识存在关联。如果认为国际私法是实体法,那么其属于“私法”则是必然的推理结论;如果认为国际私法是程序法,则得出国际私法是“公法”的结论;如果认为国际私法兼有实体法和程序法的性质,则得出国际私法兼有公私法性质的结论。在我国,有学者认为,当代国际私法既包含公法规范,也包含私法规范,简单地断定国际私法是公法还是私法是不恰当的。

我们认为,国际私法是“私法”。理由是:在公法私法划分标准的上述各种学说中,法律关系说较为科学。按照“法律关系说”,国际私法调整的是具有涉外因素的民商事法律关系,本质上依然是民商事法律关系,应该属于“私法”范畴。

第三节 国际私法的基本原则

国际私法的基本原则,是制定和实施国际私法规范、进行国际民商事交往和处理涉外民商事关系必须遵守的准则。国际私法的基本原则对国际私法的立法和实践都有指导作用,并贯穿于涉外民商事关系的一切领域,是各种具体国际私法规范能够合理调整国际民商事关系的支柱,国际私法的各种规范和制度必须受制于国际私法基本原则。

国际私法的基本原则是随着涉外民商事关系的变化而发展变化的。发展中国家在国际事务中作用的增长,构建人类命运共同体理念的提出和践行,也使国际私法的基本原则发生了重要变化,一些原有的原则注入了新的内容,而一些新的原则又逐渐形成。我们认为国际私法的基本原则主要有以下几项。

一、国家主权原则

国家主权是国家固有的基本权利,表明国家享有独立自主的处理对内对外事务的最高权力。国家主权原则既是国际公法的基本原则,又是国际私法的基本原则。由于国际私法调整的对象是涉及不同国家立法权、司法管辖权的民商事关系,因此,国际私法中必须坚持国家主权原则。

国家主权原则是现代国际私法基本原则的核心和灵魂。国家主权是平等的,国家主权原则意味着相互尊重对方国家的主权。它要求各国在处理涉外民商事法律关系时,既要维护内国的国家主权,又不能侵犯他国的国家主权,要寻找一种“两全”“兼顾”的办法。如果一国的国际私法立法或实践损害了他国的主权和利益,不仅正常的涉外民商事交往会受到破坏,而且还会引发国际责任的问题。因为国际民商事交往的主体虽多为自然人和法人,但自然人和法人的背后都有自己的国家,而这些涉外民商事法律关系的任何争议,最终都会转化成国家之间的冲突。

在国际私法中,国家主权原则的体现和要求是多方面的,主要包括:(1)各国彼此尊重对方的社会经济制度,遵守不同所有权的平权原则;(2)外国人在内国从事民商事活动时,必须遵守内国的法律、法令,尊重所在国的领土完整和对自然资源的永久主权,不得进行有损于所在国主权和独立的活动;(3)各国相互尊重国家及其财产豁免权;(4)各国独立自主地行使对涉外民商事案件的管辖权;(5)各国有权实施公共秩序保留制度而拒绝外国法的适用或者拒绝承认和执行外国判决或裁决;(6)各国有权独立自主地制定本国的国际私法规范;(7)各国有权对其缔结或者参加的国际条约中的某些国际私法规范声明保留;等等。

二、平等互利原则

国际私法上的平等互利原则是国际公法上的平等互利原则在涉外民商事关系中的体现,意指涉外民商事关系的当事人法律地位平等,彼此权利义务对等,能合法地享有各自的权益。平等互利原则在国际私法上主要有以下要求和体现:

第一,主体资格平等。涉外民商事关系的当事人双方地位平等,都具有享有民商事权利和承担民商事义务的资格,任何一方都不能以特权者的面目出现,不允许以强凌弱,以大欺小。

第二,权益上彼此有利。当事人之间确定权利义务关系的具有法律效力的文件,如契约、证书等,应是双方当事人平等协商的结果。一方不得损害另一方的利益来满足自己的要求,更不能利用经济、技术或其他方面的优势诱迫对方签订不平等协议,在一定情况下,还应该从双方具体经济条件出发,使经济力量较弱的一方确实得到相应的实惠。

第三,民商事权利的赋予上体现互惠、对等。平等互利原则要求内国赋予外国人某些民商事权利时,外国也应赋予内国人同等的权利。法律对抗是根据平等互利原则的要求引申出来的一种法律措施。当一国自然人或法人的权益受到另一国非法限制或侵害时,该国有权采用对等的报复性措施,以限制或侵害对方国家自然人或法人的权益。

第四,在法律适用上彼此承认对方国家法律的域外效力。平等互利原则要求在法律适用上,各国相互给予方便,在一定范围内承认外国法的域外效力。在涉外民商事法律关系中,既然内国公民和法人依内国法取得的合法权利希望能得到外国的承认和保护,那么,对于外国人依外国法取得的权利,只要不与国内公共秩序相抵触,也就应当予以承认和保护。虽然根据国家主权原则,一国法律并不当然地具有域外效力,但在国际民商事交往日益频繁的情势下,各国出于互利的考虑,应当承认外国法域外效力,甚至直接适用外国法。

第五,在司法协助中体现互惠。内国法院在处理涉外民商事案件时,如遇需要向在国外的当事人送达司法文书、从国外调取证据或者内国法院的判决须得到外国法院的承认和执行,通常要请求外国法院予以协助。不同国家间的司法协助须以国家间存在有关司法协助的条约为条件,而有关司法协助的条约通常是互惠的。在国家间没有司法协助的条约时,实施司法协助应以国家间存在互惠关系为条件。如果外国法院无理地拒绝内国法院的协助请求,内国法院也可以拒绝外国法院的司法协助请求。

三、保护弱方当事人利益原则

当今社会,国家之间贫富悬殊,涉外民商事关系的主体事实上也有强有弱。国际私法在处理这些涉外民商事问题时,应该贯彻保护弱方当事人利益原则。

在国家之间的关系上,保护弱方当事人利益原则要求建立和维护新的国际经济秩序。第二次世界大战以后,国际形势的一个显著变化是广大发展中国家的兴起,它们在国际政治舞台上已经成为一支举足轻重的独立力量。但是他们在国际经济关系中所处的地位,却与它们政治地位远远不相适应,其经济发展正在继续受到外部条件的阻挠。为改变这种格局,广大发展中国家在争取权利、维护本国利益的斗争中,倡导并逐步确立了建立和维护国际经济新秩序的原则。

建立和维护国际经济新秩序原则产生于20世纪70年代,其提出是基于下列事实:第二次世界大战后,大多数以初级产品出口为主的国家,贸易条件日益恶化,国际贸易逆差急剧增加。许多以制成品出口为主的发展中国家,由于受到贸易保护主义的损害,加上债务负担的加重,经济发展速度减慢。大多数发展中国家面临着严重的经济困难,发展中国家与发达国家的贫富差距正在扩大。发展中国家过去长期遭受帝国主义和殖民主义的统治和掠夺,现在又遭受不公正的、不平等的国际贸易条件的束缚,所以它们要求打破原有的国际经济秩序,建立新型的国际经济秩序以求生存和发展。在发展中国家强烈要求下,1974年联合国大会第6届特别会议通过了《建立新的国际经济秩序宣言》和《行动纲领》。同年12月,联合国大会第29届会议又通过了《各国经济权利和义务宪章》。1975年联合国大会第7届特别会议还通过了《发展和国际经济合作》的决议。这些文件对国际经济新秩序的概念、范围、规范等主要问题都作了明确具体的规定,其中心内容在于使发展中国家在国际经济交往中获得更多的利益。总的要求是在广大发展中国家和发达国家之间建立新型的合作关系,无论是私人投资、货物买卖、技术转让、金融信贷等方面都应达至公平合理和平等互利的目的。

在涉外民商事法律关系的主体一方为弱势群体,如妇女、子女、消费者、劳动者时,弱方当事人的利益更应予以人文的法律关怀。例如,我国《涉外民事关系法律适用法》第29条规定:"扶养,适用一方当事人经常居所地法律、国籍国法律或者主要财产所在地法律中有利于保护被扶养人权益的法律。"第30条规定:"监护,适用一方当事人经常居所地法律或者国籍国法律中有利于保护被监护人权益的法律。"又如,2017年修订的《奥地利联邦国际私法法规》第21条规定:"子女婚生的要件及因此而发生的争议,依该子女出生时配偶双方的属人法,如子女出生前婚姻已解除,依解除时配偶双方的属人法。配偶双方属人法不同时,依其中更有利于子女为婚生的法律。"再如,1971年英国法院在审理的一个案件中贯彻了保护弱者利益的立场。有学者评价指出,一味采用新法优于旧法原则,不利于保护弱方当事人利益。[21]

四、信守国际条约和尊重国际惯例原则

在国际私法中,信守国际条约和尊重国际惯例原则有两项基本内容:

第一,一国缔结或者参加的国际私法条约必须遵守和优先适用。根据"条约必须信守"原则,一国一旦缔结或者参加了某一国际条约,就应当承担遵守该条约的国际义务,该条约也就成为该国国际私法的有机组成部分。缔约国还需注意其本国法的规定与国际条约的规定之间的协调与衔接问题,以避免本国法与本国缔结或者参加的国际条约相互冲突。当缔约国法律的规定与其缔结或者参加的国际条约的规定不一致时,缔约国法院应该优先适用国际条约的规定,但其声明保留条款除外。

第二,一国对调整涉外民商事法律关系的国际惯例应予以尊重。国际惯例是在长期国际交往实践中形成的公认的规则,当涉外民商事法律关系的当事人依法选择某一国际惯例用以确定他们之间的权利义务时,应该确认其效力。同时,由于任何一个国家的立法以及国际条约都不可能将国际私法的所有问题毫无遗漏地作出详尽的规定,因而,需要国际惯例来弥补成文立法之不足。当一国法院处理某一涉外民商事案件时,如遇其国内立法和缔结或者参加的国际条约对有关国际私法问题没有规定的情形,也通常会尊重有关国际惯例,最终维护当事人的合法权益。

第四节 准国际私法

"准"者,类似、相当也。准国际私法就是类似于国际私法的法律部门或法律规范。20世纪30年代,陈顾远教授在《国际私法总论》中所下的定义是:"准国际私法者,谓虽非国际私法而可准用国际私法原则之法则也。换言之,即同一国家内解决法律冲突之规则也。"该定义简单明了地说明准国际私法的性质和特征。

准国际私法与国际私法的主要区别在于:准国际私法是解决一国内部法律冲突的法律,国际私法则是解决不同国家之间法律冲突的法律。一国内部的法律冲突大致可以分为区际法律冲突、人际法律冲突和时际法律冲突三种,与此对应的准国际私法也主要有区际私法、人际私法和时际私法三类。

一、区际私法

区际私法是指解决一国内部各法域之间由于民商法规定不一致而产生的法律冲突的法律。准国际私法产生的原因在于:世界上许多国家内部存在若干不同的法域,它们各自都有一

---

[21] 参见[英]莫里斯:《法律冲突法》,李东来等译,中国对外翻译出版公司1990年版,第498页。

定的立法权和司法权，实施着不同的民商法。当不同法域的自然人和法人进行跨法域的民商事交往时，就会产生法律冲突——区际法律冲突，就需要解决这类法律冲突的法律。

区际法律冲突多发生在联邦制国家。例如，美国是一个联邦制国家，共50个州和哥伦比亚特区。美国宪法第十条修正案规定："本宪法未授予合众国也未禁止各州行使之权力，一律由各州各自保留，或者人民保留之。"据此，美国各州享有相对独立的立法权和司法权，都有自己的调整民商事关系的法律。当某一民商事关系涉及不同法域的民商事法律制度时，只要有关法域的民商法对同一民商事问题的规定不同，就不可避免地产生区际法律冲突。区际法律冲突也可能发生在单一制国家。例如，英国是单一制国家，但英格兰、苏格兰、北爱尔兰各自拥有相对独立的立法权和司法权，都有自己的民商法，因而英国这三个区域的法律之间也可能发生法律冲突。例如，一个在英格兰有住所的苏格兰人与一个英格兰人结婚，该婚姻成立的实质要件和形式要件就可能会发生法律冲突。

我国是单一制国家，随着"一国两制"政策的贯彻实施，我国形成了"一国两制、三法系、四法域"的格局，[22]也面临着区际法律冲突，通过区际私法进行解决就是一种现实需求。

区际私法是用来解决一国内部不同法域间的法律冲突的。综观有关国家区际私法的立法模式，主要有两种：一种源自英美等国的实践，立法模式是不制定专门的区际私法，而将区际私法纳入国际私法的范畴。例如，在美国，区际法律冲突与国际法律冲突并无区别，均依相同的规则处理。另一种为欧陆国家所采用，立法模式是制定专门的区际私法。例如，1979年《南斯拉夫区际冲突法》第1条开宗明义，宣称："本法旨在解决一个共和国或一个自治省的法律与其他共和国或者其他自治省的法律在自然人及法人的民事地位、婚姻、亲子关系、收养、监护及继承等方面的冲突，以及解决不同共和国或自治省的主管机关之间对上述事项的管辖权的冲突。"

区际私法是与国际私法最相近似的一个法律部门，其相同点有以下几个方面：(1)国际私法解决的是不同国家法律间的冲突，区际私法解决的是一国内部不同法域间的法律冲突，二者解决的都是法律的空间冲突，协调着法律的空间效力。(2)区际私法只规定当事人之间的权利义务应该适用哪一法域的法律，而不直接规定当事人的权利义务，其所使用的间接调整方法与国际私法中的间接调整方法相同。(3)区际私法的基本原则、制度和冲突规则与国际私法大体一样，在英、美等国，区际私法和国际私法并无区分。

事实上，区际私法和国际私法仍有不同之处，只是这些不同之处不是本质的和原则的，而是细微的、程度上的。两者的区别大致有以下方面：(1)国际私法所调整的是超越一国界限的民商事关系；而区际私法则是调整在一国内部不同法域之间的民商事关系。(2)国际私法的主体主要是不同国家的自然人和法人；而区际私法的主体只能是同一国家内部不同法域的自然人和法人。(3)国际私法所指的属人法，包括当事人本国法和当事人住所地法；而区际私法所指的属人法，仅仅是指当事人住所地法。(4)在国际私法中，一国法院常会因冲突规范所指向

〔22〕 参见黄进主编：《中国的区际法律问题研究》，法律出版社2001年版，第58页。

的外国法违背法院地国的公共秩序而运用公共秩序保留制度否定该外国法的效力;而在区际私法中,因为各法域同属一国,法律的基本原则和制度相同点多,差异处少,因而实施公共秩序保留的情形相对较少。(5)国际条约是国际私法的重要渊源之一,但国际条约不是区际私法的渊源。

二、人际私法

人际私法是解决同一国家内部因对不同的人适用不同的法律而引起的法律冲突的法律。

有些国家不同的种族、民族、宗教信仰的人,受不同的民商法支配。当受不同民商法支配的人形成民商事法律关系时,若遇有关法律对同一民商事问题的规定不同,就会产生人际法律冲突。此种情况下,就需要通过人际私法加以解决。例如,在印度,关于人的身份关系、亲属关系、继承关系等,印度教徒受印度教法支配,穆斯林教徒受穆斯林法律支配,波斯教徒受波斯教法支配。假如一个穆斯林教徒与一个印度教徒因亲属关系发生争诉,印度法院就应适用印度的人际私法来决定应该适用哪种法律予以解决。

目前世界范围内存在人际法律冲突的国家很多。在亚洲有印度、印度尼西亚、伊拉克、伊朗、以色列、马来西亚、巴基斯坦、叙利亚、新加坡等。在非洲有埃及、阿尔及利亚、加纳、利比亚、摩洛哥、尼日利亚、塞内加尔、索马里、苏丹、多哥、南非联邦等。在欧洲一些国家,天主教徒与非天主教徒在婚姻缔结方式等问题上也存在人际法律冲突问题。

人际私法与国际私法有根本的不同。人际私法不是解决法律的空间冲突问题,而是解决由于人的种族、民族、宗教信仰的不同而适用不同的法律所产生的法律冲突——人际法律冲突。但两者也有共同点:它们都采用了间接调整方法,即不直接确定当事人权利义务,而仅仅指出适用什么法律确定当事人权利义务的法律适用规范。

三、时际私法

时际私法是解决一国内部前后两部民商法之间适用冲突的规则。它实际上是法律的追溯力问题,规定的是在两部民商法前后公布实施期间所造成的法律冲突,应适用哪一部民商法的问题。例如,我国在 1950 年和 1980 年分别制定了两部《婚姻法》,前者规定五代以内旁系血亲间结婚从习惯,后者禁止三代以内旁系血亲结婚。假如有一对三代以内旁系血亲的表兄妹在 1979 年年底结婚,该婚姻关系依 1950 年《婚姻法》是有效的,依 1980 年《婚姻法》则是无效婚姻。两部《婚姻法》对该婚姻关系是否有效成立的认定不同,就是时际法律冲突。解决时际法律冲突的法律,就是时际私法。只有通过时际私法,才能确定究竟应该适用哪一部婚姻法来确定该婚姻关系是否有效成立。

时际私法有两个原则:一个原则是后法优于前法,即新的民商法颁布实施后,对原有的民商事法律关系应依后法调整;另一个原则是法律不溯及既往,即新民商法颁布实施前按原来的民商法的规定形成的法律关系或造成的事实应承认其效力。

国际私法与时际私法的相同之处在于:两者都采用了间接调整的方法,仅仅指明确定当事人的权利义务应适用的法律，而不明确规定当事人的权利义务。两者的区别在于：国际私法解决的是不同国家法律之间的法律冲突，而时际私法所要解决的是一国内部民商事新、旧立法的适用冲突。

总之，准国际私法虽非国际私法，且多数国家也没有专门的立法规定，但它与国际私法有诸多相同或相似之处。国际私法既要研究和解决不同国家法律之间的冲突，也不能忽视对准国际私法中的有关问题的研究。因为一国法院在处理涉外民商事案件时，根据冲突规范的指引应适用某国法律作为准据法。若该国存在区际法律冲突、时际法律冲突或人际法律冲突时，则还需要依该国的区际私法、时际私法或人际私法来确定准据法。

思考题

一、选择题

1. 涉外因素的构成情形有(　　)。

A. 主体涉外　B. 客体涉外　C. 法律适用涉外

D. 调整方法涉外　E. 法律事实涉外　F. 选择的法律涉外

2. 英美学者认为国际私法应该包括(　　)。

A. 当事人的国籍和住所　B. 外国人的民商事法律地位

C. 法律选择　D. 涉外民商事案件管辖权

E. 外国法院判决的承认与执行

二、简答题

1. 简述涉外因素的构成情形，并举例说明。
2. 简述直接调整方法与间接调整方法的异同。
3. 结合我国实践简述准国际私法。

三、论述题

1. 试论国家主权原则在国际私法中的体现。
2. 如何理解国际私法的调整对象？
3. 试论我国的直接适用的法。

延伸阅读

1. 韩德培主编：《国际私法新论》（上），武汉大学出版社 2009 年版。
2. 李双元：《国际私法（冲突法篇）》，武汉大学出版社 2016 年版。
3. 袁成第：《国际私法原理》，法律出版社 2003 年版。
4. 赵生祥主编：《国际私法学》，法律出版社 1999 年版。

5. 刘想树:《国际私法基本问题研究》,法律出版社 2001 年版。
6. 徐鹏:《论冲突规范的任意性适用——以民事诉讼程序为视角》,载《现代法学》2008 年第 4 期。
7. 张春良:《制度型对外开放的支点:私法关系涉外性之界定及重构》,载《中国法学》2019 年第 6 期。
8. [法]亨利·巴蒂福尔:《国际私法总论》,陈洪武等译,中国对外翻译出版公司 1989 年版。
9. Symeon C. Symeonides, *Choice of Law*, Oxford University Press, 2016.

第二章 国际私法的渊源

| 内容提示 |

国际私法的渊源是指由国家制定或者认可的各种国际私法规范赖以产生法律效力的表现形式。换言之,国际私法的渊源是赋予国际私法规范以不同法律效力的各种法律文件,包括国际条约、国际惯例、国内立法和法院判例。国际私法的渊源具有两个显著的特点:一是兼有国内法性质和国际法性质。国际私法的渊源最早是国内立法,后来主要是国内立法和法院判例。随着国际私法的发展,国际条约和国际惯例也成为调整涉外民商事关系的重要依据。二是学说在国际私法的立法、司法和仲裁实践中起着重要的作用,在某些国家甚至起到了国际私法渊源的作用。国际私法的渊源,既要从形式上去理解,又要从效力上去认识。我国的国际私法渊源包括国内立法、国际条约和国际惯例。

第一节 国际私法的国内法渊源

一、国内立法

国际私法规范最早出现在国内立法中。1756年《巴伐利亚法典》被认为是西方国家中最早规定冲突规范的国内立法,后来又有1794年《普鲁士法典》、1804年《法国民法典》等。随着国际交往的发展,现在世界上大多数国家都在有关国内立法中规定了调整涉外民商事关系的国际私法规范,使国内立法成为国际私法的主要渊源。

国内立法既可以规定赋予外国人民商事法律地位的规范,又可以规定冲突规范,还可以规定国际民事诉讼与国际商事仲裁程序规范。

外国人民商事法律地位的合理规定可以促进涉外民商事关系的发展,反之,就会阻碍涉外民商事关系的发展。同样,涉外民商事关系的发展,也会促进外国人民商事法律地位的合理解决,因此,各主权国家一般都会在国内立法中规定外国人民商事权利义务。所不同的是,有的国家集中规定在外国人法律地位法中,有的国家在宪法、民法、商法、民事诉讼法、仲裁法以及其他单行法规中分别予以规定。

冲突规范即法律适用规范,是国际私法最基本的规范。自1756年《巴伐利亚法典》率先规定冲突规范以来,国内立法规定冲突规范的方式也呈现多样性。迄今为止,主要有在民法典不同篇章分别规定相关冲突规范、在民法典中列入专章或专篇较为系统规定冲突规范、以专门法典或单行法规系统规定冲突规范和在单行法规中就所涉问题规定冲突规范四种方式。

涉外民商事争议的处理仰赖一定的程序规则,各国立法中大都规定有解决涉外民商事争议的程序规范,即国际民事诉讼程序与国际商事仲裁程序规范。在立法方式上,有的国家将国际民事诉讼与国际商事仲裁程序和国际私法的其他规范结合在一起,制定专门的法典,如1982年《土耳其国际私法和国际诉讼程序法》、1987年《瑞士联邦国际私法》等;有的国家在民法典中规定国际民事诉讼程序规范,如1984年《秘鲁民法典》第二章就规定了"司法管辖权"问题;有的国家在民事诉讼法或仲裁法中专编或专章规定国际民事诉讼与国际商事仲裁程序规范,如我国《民事诉讼法》第四编"涉外民事诉讼程序的特别规定"和《仲裁法》第七章"涉外仲裁的特别规定"。

国内立法中规定国际私法规范的方式也有差异,主要有如下三种:

第一,法典(规)式。这种立法方式,是以专门法典或专门法规的形式制定系统的国际私法规范。最早采用这种方式的是德国。1896年《德国民法施行法》就是专门规定国际私法规范的国内立法,内容包括自然人权利能力和行为能力、民事法律行为方式、婚姻关系、家庭关系、继承关系等方面。1898年,日本也制定了专门的国际私法法规——《日本法例》。迄今为止,已经制定专门国际私法典或者单行法规的国家主要有德国、日本、泰国、波兰、韩国、匈牙利、奥地利、瑞士等。有关国家制定的国际私法典或者单行法规,在名称上也不统一,有的国家称为"民法施行法"、有的国家称为"法例"、有的国家称为"冲突法"、有的国家称为"国际私法"。我国称为"涉外民事关系法律适用法"。

第二,专章或专篇式。这种立法方式,是在民法典或其他法典中列入专章或专篇较为集中和系统地规定国际私法规范。例如,1972年《加蓬民法典》第四章为"外国人的地位、法律的国际冲突及外国判决在加蓬的效力"、1948年《埃及民法典》第一章第二节为"法律的适用"、1972年《塞内加尔家庭法》第二节为"法律的适用及法律的地域冲突"、1984年《秘鲁民法典》第十编为"国际私法"。

第三,散见式。这种立法方式是将国际私法规范分散规定在民(商)法典的不同篇章或某些单行法规中。例如,在民法典的物权篇中规定有关涉外物权的国际私法规范,在债权篇中规定有关涉外债权的国际私法规范,在婚姻家庭篇中规定有关涉外婚姻家庭的国际私法规范,在票据法中规定有关涉外票据的国际私法规范,在海商法中规定调整涉外海商关系的国际私法规范。最早采用散见式立法方式的国家是法国。1804年《法国民法典》在总则、权利能力、婚姻、继承等篇章中分别规定了国际私法规范。采用这种立法方式的还有1865年《意大利民法典》、1867年《葡萄牙民法典》、1881年《奥地利民法典》、1889年《西班牙民法典》、1929年《荷兰民法典》等。

当代国际私法的国内立法,无论在形式上还是内容上都有所发展,呈现一些新的特点。

首先,在立法模式上呈现出向法典式发展的趋势。法典式立法可以系统、明确地规定冲突规范,便于法官和当事人知悉、适用和执行,同时也可以增强冲突规范之间的统一与协调。一些原采用散见式立法的国家在现阶段已经或准备制定法典式国际私法,如奥地利、瑞士等。这些国家的国际私法立法已经有了总则、分则之分,结构日趋合理。

其次,国际私法的调整对象不断扩大,适用范围越来越广泛。国际私法的调整范围在传统上局限于物权、债权、婚姻、家庭、继承等领域,而现代国际私法的调整范围已经扩展到知识产权、海事关系、涉外劳动关系、环境污染、产品责任等领域。

再次,弹性连接因素在立法中被广泛采用,冲突规范的灵活性得到加强。现阶段的国际私法立法大量采用双边冲突规范和选择性冲突规范,以增强法律适用的灵活性。而且,最密切联系规则在立法中的扩展和原则化,也加强了冲突规范的灵活性。例如,1978 年《奥利地联邦国际私法》第 1 条即规定:“与外国有连结的事实,在私法上,应依与该事实有最强联系的法律裁判。本联邦法所包括的适用法律的具体规则,应认为体现了这一原则。”

最后,政策定向和结果选择的方法在法律选择中受到重视。这主要体现在对消费者、劳动者和未成年人的保护方面。瑞士、奥地利、我国的立法均有所体现。

二、法院判例

法院判例亦称判例法,即“遵循先例”或“法官造法”,意思是法院的权威性判决对下级法院具有约束力,起着法律的作用。在英美普通法系的国家中,由于法律生成的历史传统,法的渊源主要是判例。在英美法系国家,法官被誉为法的渊源的拓荒者。每一位法官在断案时,只要有可能,他首先考虑的是如何确定最适合丁该案的判决先例,并从其判决理由中引申出具有法律约束力的法律规范适用于某些案件。判例成为沟通法律与诉争事实之间的桥梁。法官的思维方式是从先例判决理由到法律规定再到具体案件。就国际私法来说,判例法也占有相当重要的地位,它是国际私法的主要渊源。在这些国家里,除个别单行法规中有一些成文的冲突规范外,大部分冲突规范的表现形式是判例,这种情况导致了两种后果:(1)在这些国家无成文的冲突规范时,最高法院判例可以被下级法院直接引用。(2)判例又成为这些国家制定成文法时冲突规范的来源。例如,英国关于合同准据法适用当事人意思自治原则的规定,一般认为是经 1760 年曼斯菲尔德(Mansfield)勋爵对“罗滨逊诉布兰德”(Robinson v. Bland)一案判决后,又经一些著名案例的支持而确立的。

第二次世界大战后,两大法系相互融合的趋势进一步加强,英美法系对制定法的重视也与日俱增。但即使在成文法高度发展和备受重视的当今,英美法系国家对判例的先天宠爱仍然蕴藏在人们深层的法律观念中。他们固守判例法是法的第一渊源的观念,认为制定法只能扮演一个对判例法拾遗补阙的角色,甚至认为制定法的精髓只能在判例中寻找。离开了判例,根本不知道制定法是什么。因此,尽管英美等国有一些零星的成文的国际私法规范,但判例依然是国际私法的主要渊源,成文法只是对判例法的补充。由于英美的判例庞杂而零乱,对其归类和整理工作通常是由学术团体或者学者个人完成的。在美国,非官方机构的美国法学会(American Law Institute)承担了冲突法的编纂工作。1934 年由比尔(Beale)任报告员出版了《冲突法第一次重述》,1971 年又由里斯任报告员出版了《冲突法第二次重述》。

在不少大陆法系国家,判例也是国际私法的渊源。法国学者巴蒂福尔认为法国的国际私法就是以《法国民法典》第3条为基础,同时采用法院判例而形成的。事实上,法国法院在"鲍富莱蒙案"(Bauffermont case)中确立的规避内国法无效原则、在"福尔果案"(Forgo case)中确立的反致制度、在"李查蒂案"(Lizardi case)中确认的当事人缔约能力适用行为地法规则等都已成为法国国际私法的先例。第二次世界大战后,由于国际私法关系的迅猛发展,涉外民商事案件大量发生,判例的质量也有很大提高,日本、德国学者对判例也日益重视。例如,在日本,由国际私法学者池原季雄精选了一百多个处理涉外民商事关系的判例编辑出版的《涉外判例百选》,也已成为法院处理涉外民商事案件的重要参考依据。池原季雄认为,判例是国际私法的"其他渊源",在日本法例没有规定或规定过于简单难以适用于某些问题时,判例是成文法的补充。

第二节 国际私法的国际法渊源

一、国际条约

国际条约是指两个或两个以上国家之间缔结的关于确立、变更或终止它们之间权利与义务的书面协定,它是国际私法的重要渊源。国际条约既可以规定冲突规范,又可以规定统一实体规范,还可以规定相互给予对方自然人和法人民商事地位的规范以及国际民事诉讼与商事仲裁程序规范。各国法院和国际商事仲裁机构在处理涉外民商事关系时,都习惯于先从国际条约中寻找依据以最终确定当事人的权利义务,其重要地位自不待言。

国际条约有双边国际条约和多边国际条约之分。双边国际条约是指两个国家之间签订的条约,因这类条约只涉及两个国家之间的利益,达成较易,所以数量较多。多边国际条约是指由两个以上国家达成的协议,由于这类条约涉及的国家较多,各国利益的冲突致使其不易达成,因而在数量上少于双边条约。然而,无论是双边条约还是多边条约,只有符合国际法的基本原则,体现主权国家之间平等互利协商一致的意志,才能作为国际私法的渊源。凡是一国或数国凭借政治、经济、军事等方面的优势强迫弱小国家签订的不平等条约,不能成为国际私法的渊源。

国际条约只对缔约国和参加国具有约束力,对非缔约国不产生拘束力,此即国际条约不约束第三国原则。但是,该原则并不意味着一些重要的国际条约对非缔约国毫无影响,事实上,这种影响是存在的,有时甚至是深远的。例如,1924年在海牙缔结的《统一提单的若干法律规则的国际公约》(以下简称《海牙规则》),迄今为止,它依然是调整海上货物运输关系最重要的国际公约之一。其明显偏重承运人的利益,参加国已达72个。"中国未参加该公约,但中国远洋运输公司的提单条款基本上与《海牙规则》的规定相一致。而国际上各航运公司也大都根据《海牙规则》的规定来制订自己的提单条款。"[1]

---

〔1〕 赵承璧编著:《国际贸易统一法》,法律出版社1998年版,第425~426页。

一般说来，国际条约作为国际私法的渊源的一个显著特点是国际条约优先于国内立法。一国缔结或参加的国际条约中规定的国际私法规范通常与其国内法中规定的国际私法规范是一致的。如果国内法的规定与国际条约的规定发生矛盾，除了缔约国声明保留的条款外，应适用国际条约的规定。

作为国际私法渊源的国际条约在各缔约国之间具有统一适用性。国际条约中规定的国际私法规范，是各缔约国调整涉外民商事关系的依据，除缔约国声明保留条款外，在各缔约国之间应该一体遵循，具有统一适用性。正因如此，国际条约中的冲突规范被称为统一冲突规范，国际条约中的实体规范被称为统一实体规范，国际条约中的国际民事诉讼与国际商事仲裁程序规范被称为统一程序规范。

国际条约作为法的一种表现形式，其本质既概括国内法律现象，也反映在国际法律现象中，如国际条约、国际惯例等。

众所周知，国际条约是各个当事国意思表示一致的结果，没有各个当事国一致的意思表示，国际条约将不能成立。英国学者劳特派特（Lauterpacht）认为国际条约与契约的相同点就是当事者双方意思表示的一致性，并指出“私法上的契约和国际法上的条约，其法律上的性质是相同的，在契约和条约中，各当事者的自治意思，都是一个法律关系的构成要件，而这个法律关系，从其产生之时，就独立于当事者一方的自由处理的意思之外。私法上的契约，是由国家的法律赋予客观的效力，而国际条约，是由国际法上的一个基本规则，即条约必须履行的规则，赋予了客观的效力”。[2] 国际条约与契约的这一相同点决定了国际条约和契约一样，不可能只体现一方当事国的意志，也不可能充分体现各当事国的意志，而是各成员国协调和妥协的共同意志。因为在缔结国际条约时，各国为了其根本利益就不得不放弃某些非根本利益，为了其整体利益就必须放弃局部利益，为了其长远利益就应该牺牲眼前利益以求得各国意志在妥协基础上的一致。从表面和局部上看，妥协了的国家意志不是国家本来和真正的意志，但从本质和整体上看，这种妥协了的意志又是国家意志的一部分。国际条约之所以对缔约国和参加国有拘束力，也正是因为各成员国经过妥协和协调的国家意志要求它们按照自己参与制定、修改和发展的国际条约来作为或不作为。

二、国际惯例

我国学者一般没有严格区分“国际惯例”（international usage）和“国际习惯”，甚至认为“国际惯例”就是“国际习惯”。在我国的立法中，几乎没有使用“国际习惯”的概念，常用的是“国际惯例”。从概念使用的严谨性考虑，对“国际惯例”和“国际习惯”进行区分是必要的。

《国际法院规约》第 38 条第 1 款的中文译本将 international custom 翻译为“国际习惯”，并定义为“作为通例（general practice）之证明而经接受的法律者”。这就是说，“国际习惯”是在长

---

〔2〕［英］劳特派特：《国际法的私法渊源和类推》，1927 年英文版，第 126 页。转引自李浩培：《条约法概论》，法律出版社 1987 年版，第 14 页。

期的国际交往中形成的具有法律拘束力的规范,它包含两个构成因素:一是物质因素,即在长期实践中重复类似行为而形成的普遍做法——“通例”;二是心理因素,即这种做法被国家和当事人认可而具有法律效力——“法律确念”(opinio juris)。

本书认为,国际惯例不仅包括“国际习惯”,而且包括不具有法律拘束力的“通例”,它概指在国际交往中经过反复实践所形成的公认的不成文的规则。也就是说,“国际惯例”的外延大于“国际习惯”,“国际惯例”由“国际习惯”和“通例”两部分组成。在国际私法中,具有法律约束力的国际惯例并不多见,大量的是不具有法律约束力的“通例”。例如,在国际经济贸易领域中,国际惯例主要是西方国家贸易实践经验的概括和提炼,其内容不仅不为发展中国家所熟知,而且免不了有维护西方国家贸易优势地位的倾向。同时,这些国际惯例又是一个内容十分庞大、发展程度参差不齐的规范单元,既有世界性惯例、区域性惯例,又有行业性惯例,甚至某些特定双方当事人之间的“交易做法”与“履约做法”,而且每项惯例的确切内容、适用范围、被接受程度等也相去甚远。[3] 正因如此,最权威的国际贸易惯例编纂机构——国际商会曾特别指出,它所制定的这些国际惯例仅仅是私人机构所制定的,只有在当事人直接或间接采用时,才对他们有拘束力。

国际私法学界通常把国际惯例划分为强制性惯例和任意性惯例两种。强制性惯例不需当事人选择或承认就对当事人具有约束力,如“国家及其财产豁免”原则。任意性惯例只有经过当事人的选择或承认,才对其具有约束力,如国际贸易中的“货交承运人(FCA)”“装运港船上交货(FOB)”等。国际私法中国际惯例大多是任意性惯例。任意性惯例一般只有在下列情况下才能得到适用:一是被当事人选择,如国际货物买卖的双方当事人选择某项国际贸易惯例来调整他们之间的合同关系时,通常应依该国际惯例确定买卖双方的权利和义务;二是作为补充原则,即法院或者其他机构在处理涉外民事法律关系的争议时,如果相关国家的法律和国际条约对有关问题没有规定的,可以适用国际惯例。

国际惯例在国际私法渊源中居于重要地位,这是因为:一方面,国际惯例具有广泛性、现实性的特点。在涉外民商事关系不可能全部由成文法调整的当今社会,它自然肩负着拾遗补阙的重要使命。另一方面,国际惯例具有灵活性。涉外民商事关系是复杂的,并且是不断变化发展的,一切成文法,包括国内立法和国际条约都因种种条件的限制具有相对的稳定性,难以适应国际交往关系发展形势的需要,而惯例立、废、改则要灵活得多。

第三节 我国国际私法的渊源

一、我国关于国际私法渊源的规定

《涉外民事关系法律适用法》没有对我国国际私法的渊源作出规定。《海商法》第 268 条规

---

〔3〕 参见单文华:《中国有关国际惯例的立法评析——兼论国际惯例的适用》,载《中国法学》1997 年第 3 期。

定:“中华人民共和国缔结或者参加的国际条约同本法有不同规定的,适用国际条约的规定;但是,中华人民共和国声明保留的条款除外。中华人民共和国法律和中华人民共和国缔结或者参加的国际条约没有规定的,可以适用国际惯例。”同此条规定类似的还有《票据法》第 95 条及《民用航空法》第 184 条。据此,我国国际私法的渊源应包括我国的国内立法、我国缔结或参加的国际条约和有关的国际惯例。学说和判例不是我国国际私法的渊源。

国内立法是我国国际私法的主要渊源。我国用于调整国际民事关系的国际私法规范在多部法律中均有涉及,在立法方式上是以法典式为基础,并综合采用了专篇专章式和散见式。具体而言,我国国际私法的国内立法既有《涉外民事关系法律适用法》的法典式,又有《海商法》第十四章等专章(专篇)式,还有《民法典》第 467 条第 2 款、第 594 条、第 1109 条等条款的散见式。

国际条约是我国国际私法的重要渊源。在适用方式上,长期以来,我国法院都是坚持条约优先,即我国缔结或参加的国际条约与我国法律有不同规定的,适用国际条约的规定,但我国声明保留的条款除外。但是,对于知识产权领域的国际条约,如果已经转化或者需要转化为国内法律的,则应转化适用。在类型上,从我国已参加或签订的国际条约看,多为有关相互赋予对方公民和法人民商事法律地位、国际民事诉讼与国际商事仲裁程序、统一实体规范的国际条约。

国际惯例在我国国际私法的渊源中起着补充作用。在适用方式上,根据司法传统以及《票据法》第 95 条第 2 款、《海商法》第 268 条第 2 款、《民用航空法》第 184 条第 2 款等法律规定,我国法院对于国际惯例采取补充适用的方式,即我国法律和我国缔结或者参加的国际条约均无规定的,才适用国际惯例。在适用的效果上,《涉外民事关系法律适用法》第 5 条仅将外国法律的适用列为公共秩序保留的对象,排除了国际惯例。

根据有关法律规定,我国国际私法的不同渊源应按以下顺序予以适用:

首先,我国缔结或参加的国际条约对所要解决的问题有明确规定时,应当适用条约的规定,但有两点例外:一是我国声明保留的条款除外;二是已经或需要转化为国内法律的知识产权领域的国际条约除外。

其次,我国缔结或参加的国际条约对所要解决的问题没有规定,或者虽有规定但已被我国提出保留,又或者是已经或需要转化适用的知识产权条约时,则应适用我国国内立法的规定。

最后,在我国的国内立法及我国缔结或者参加的国际条约对有关问题均无规定或不应适用时,可以适用国际惯例,国际惯例的适用不应被公共秩序保留或排除。

二、判例和学说在我国国际私法中的地位

尽管判例和学说不是我国国际私法的渊源,但是,判例和学说在我国国际私法中的地位并不能就此忽视。相反,我国对判例和学说的重视程度更应加强。

(一)判例

由于我国是成文法国家,不将法院判例视为法律,因此,判例不是我国国际私法的渊源。但随着香港的回归,我国在解决国际法律冲突和区际法律冲突时,不可能回避判例作为国际私法和区际私法的渊源问题。

我国法律的规定一般较为简约,这一特点在司法实践中经常会引发许多困扰我们的难题。要解决这些问题,只能采取有效的措施保证对法律条款正确统一的理解和实施。对此,除立法解释和司法解释外,判例可以起到相当重要的作用。判例是法院将先前抽象的法律适用于具体案件的产物,是将具体案件融于法律条款之中所作结论的记录,它使人们通过案件理解法律,通过法律评价案件,从而架起法律与案件之间的桥梁,为实现法律条文的操作化提供范例。较之于立法解释和司法解释,判例更能保证法律的稳定性、统一性和连续性,更有利于加强对司法机关的监督,防止法官专断和任意,更有利于保障执法的公平和正义。

随着我国法治国家建设进程的加快,在已经制定《涉外民事关系法律适用法》的情况下,如果无视法院判例,要求正确地解释和适用国际私法也是不可能的。在国际私法领域,无论成文法如何发达以及如何强调编制成文法的意义,都不能免除法院或法官造法的作用和可能性,都不能免除法院或法官的自由裁量权。之所以如此,是因为我国国际私法所涉及的领域极其广泛而复杂,并且极容易受到政治事件和经济活动的影响,立法者不可能预见到并规定一切可能发生的情况,仅仅依靠成文法根本不可能满足我国国际私法实践的需要。在必要时,不完全依靠对成文法的有权解释而以判例适当补充,有益于我国国际私法的发展。值得关注的是,最高人民法院颁布了许多涉及国际私法的指导性案例。

(二)学说

1. 学说在国际私法中的地位

学说,也有学者称为法理,是指权威的法学家在其著述中阐释的法学概念、原理和主张。它是否是国际私法的渊源,有两种截然相反的看法。

西方一些学者认为,学说应该是法(包括国际私法)的渊源。理由是无论成文法如何完备、发达、详尽,无论如何强调编制成文法的重要性,成文法都不可能把错综复杂、千变万化的社会关系毫无遗漏地加以规定,学说正好可以弥补法律规范的空隙和不足。法国著名的比较法学家达维德(R. David)就认为:“对于法具有更广泛的、在我们看来更真实的看法的人认为学说像过去一样,今天仍然是极重要的、极有生命力的法源。这个作用不仅表现在学说创造了立法者将要使用的法的词汇与概念这个事实上,它还更明显地表现在下列事实上,即学说确立了发现法、解释法律的各种方法。”“学说对立法者起作用,使他采取行动;在这里学说只是间接的法源。但在实施法律方面,学说也发挥着作用;除非歪曲事实,要对学说在这方面活动中的法源资格表示异议似乎是困难的。”[4]

也有西方学者认为，学说是毫无法律约束力的观点、思想或理论，根本不能作为处理社会关系的依据，因而不能作为法的渊源。法国学者布律尔（Bruhl）就认为：“在现代法国的法律中，它（指学说——引者注）具有十分特殊的性质。可以说，上文所粗略研究过的其他各种渊源（指判例、习惯和法令——引者注）是法律的直接渊源，而法理至多只是一种间接渊源。法学家们的观点，如他们在著作（理论或实践论著、法令或判例评论、有关某一规则的特别研究）中所表达的观点，本身并不具有任何司法效力和任何强制力。只有当它们得到法令、习惯法或判例认可时，方获得这种效力。因此，把它们视为法律的一种渊源是有点过分的。”[5]

在以判例法为主的普通法系国家，学说的国际私法渊源地位是非常确定的。普通法系国家的法院，以学说为根据，充分行使法官的自由裁量权，并通过对其援引来论证或推翻成文法的某一规定或判例所确定的法律规则，是常见之事。正如达维德所言：在英国，权威著作，如“格兰维尔、布雷克顿、利特尔顿、科克的各种著作具有这样高的威信，以致在法院中被看作是对他们时代的法的陈述，被赋予的权威可与我们这里的法律（指法国法——引者注）所具有的权威相比”。

一些国家和地区还在国内立法中明确规定学说是国际私法的渊源之一。例如，1939 年《泰国国际私法》第 3 条规定：“本法及其他泰国法未规定的法律冲突，依国际私法的一般原理。”

2. 学说在我国国际私法中的地位

学说不是我国国际私法的渊源，但重视对学说的研究是十分必要的。理由如下：

首先，学说至少是国际私法的历史渊源。有关国际私法学说，在中古时代国际私法处于萌芽状态时，对于国际私法的发展就具有重要影响。即使在现代，由于国际私法尚在较低的发展阶段，有些规则尚未定型，学说仍然起很大的作用。这一点在关于国际私法的历史发展中将有详细介绍。

其次，随着国际经济一体化趋势的强化和我国改革开放向纵深拓展，我国的对外交往将日益广泛，而与我国交往的一些国家承认学说是国际私法的渊源，这就要求我们必须重视并加强对域外法学家国际私法学说的研究工作，以便在处理涉外民商事法律问题时，更全面地掌握国际私法渊源的精确含义，更好地维护我国以及我方当事人的合法权益。

再次，法律的规范性、稳定性及其与涉外民商事关系的复杂性、多变性之间的矛盾，决定了法律的局限性，它根本不可能将所有的涉外民商事关系都纳入其调整的范围，需要包括学说在内的其他措施来弥补其不足。事实上，法学家总是站在理论和实践的前沿，不断地发现和研究涉外民商事关系中的新情况和新问题，提出和论证新的解决方案和方法。

最后，从国际私法的实践看，权威法学家理论既为立法者提供了参考资料，又能成为判词引用的依据，还能在法律规定欠缺时指导国际私法的实践。

---

[4]　[法]勒内·达维德：《当代主要法律体系》，漆竹生译，上海译文出版社 1984 年版，第 138、139 页。

[5]　[法]亨利·莱维·布律尔：《法律社会学》，许钧译，上海人民出版社 1987 年版，第 78 页。

思考题

一、选择题

1. 我国调整涉外民商事关系的法律依据是(　　)。

A. 我国缔结和参加的国际条约　　B. 法学家的学说　　C. 我国立法

D. 国际惯例　　E. 法院判例

2. 国际条约可以规定的国际私法规范是(　　)。

A. 统一冲突规范　　B. 统一实体规范

C. 外国人民商事地位规范　　D. 国际民事诉讼程序规范

E. 国际商事仲裁程序规范

二、简答题

简述国际惯例与国际习惯的关系。

三、论述题

我国国际私法的渊源有何特点?

延伸阅读

1. [法]勒内·达维德:《当代主要法律体系》,漆竹生译,上海译文出版社 1984 年版。
2. 李浩培:《条约法概论》,法律出版社 1987 年版。
3. 马汉宝:《国际私法总论》,吉丰印制有限公司 1990 年版。
4. 王铁崖:《国际法引论》,北京大学出版社 1998 年版。
5. 黄进:《宏观国际法学论》(修订版),法律出版社 2022 年版。
6. 刘想树:《国际私法基本问题研究》,法律出版社 2001 年版。

第三章　国际私法的历史发展

内容提示

国际私法是涉外民事交往发展到一定阶段的产物。在13世纪以前，虽然在东西方经济较发达的国家已出现涉外民商事交往，但因当时社会经济条件的限制，终未形成系统的国际私法学说和规范，国际私法只是处于萌芽状态。13世纪以后，随着涉外民商事交往的日益频繁和法律冲突问题的大量出现，研究法律冲突和法律适用问题的国际私法学说才相继出现。18世纪50年代后，欧洲大陆国家拉开了国际私法国内立法的序幕。19世纪末20世纪初，国际私法的国内立法和国际立法才大量出现。通过本章学习，应当了解各种国际私法学说的基本内容，对国际私法立法和实践的影响，以及我国国际私法立法的基本现状。

第一节　国际私法学说史

国际私法最初是以学说形态出现的。为了阐释涉外民事关系的法律适用问题，从13世纪起，不同时期的法学家们提出了不同的学说。

一、法则区别说时代

13～18世纪盛行的国际私法学说是法则区别说，所以有人把这一时期称为法则区别说时代。这一时期，最先有意大利的法则区别说，后来又出现了法国的法则区别说和荷兰的法则区别说。

（一）意大利法则区别说

法则区别说最早在13～14世纪产生于意大利。大约从11世纪起，意大利北部和中部的一些城市如热那亚、威尼斯、佛罗伦萨等，由于通商贸易和经济的迅速发展，逐渐演变成了独立的城市国家。这些城市国家为了规范当时的社会关系，纷纷编纂了各自的法典——法则汇编。法则汇编的内容主要是各城市国家的习惯法，同时也有一些由城市国家当局制定的法律规范。但在当时，罗马法作为普通法在这些城市国家仍然有效。由于各城市国家的法则与罗马法不同以及各城市国家的法则相互不同，因而，在民事交往中，罗马法与各城市国家的法则会产生冲突,各城市国家的法则相互之间也会产生冲突。对于城市国家的法则与罗马法之间的冲突,按照罗马法中“特别法优于普通法”的原则,可以适用城市国家的法则来解决。但对于不同城市国家之间法则的冲突如何解决,罗马法中却没有相应的规定。为了寻求解决不同城市国家之间法则冲突的途径,当时的法学家们进行了广泛的探讨。14 世纪,意大利著名法学家、后期注释法学派的杰出代表巴托鲁斯(Bartolus)结合当时的实际情况,提出了解决各城市国家之间法则冲突的学说——法则区别说。

巴托鲁斯的法则区别说又称“法则两分说”。他从法则的性质入手,将法则区分为“人法”和“物法”两类。人法是指有关人的身份和能力以及动产的法则;物法是指有关物(不动产)的法则。在此基础上,巴托鲁斯提出了人法和物法各自的适用范围:一个城市国家制定的人法,应当适用于在该城市国家内有住所的一切人,并可随人所至而适用于域外。换言之,人法具有域外效力,一个人无论身在何处,其身份关系和能力都始终应受到其住所所在城市国家的人法支配。一个城市国家的物法,只能并且必须适用于该城市国家领域内的一切物,而无论物主隶属于何国,也无论物主的住所位于何处。也就是说,物法具有严格的属地性,不动产位于哪个城市国家,就应当适用哪个城市国家的物法。

巴托鲁斯对人法和物法的划分,在今天看来是脱离现实的。因为任何一种法律,归根结底都是调整与人有关的社会关系,纯粹的关于物的法律在现实生活中并不存在。但是,巴托鲁斯的法则区别说首先提出了法律的域内、域外效力这个法律冲突的根本问题,为适用外国法提供了理论依据,这无疑是国际私法理论上的一个创造,正因如此,巴托鲁斯被后世誉为国际私法的鼻祖。

(二)法国法则区别说

16 世纪以后,法国资本主义工商业有了相当的发展,南部地中海沿岸的港口城市,与意大利、西班牙以及亚非两洲的一些国家有较为频繁的商业往来。但是在法国内部,各省仍处于封建割据状态,法律极不统一。在南部的成文法地区,罗马法和习惯法并存;在北部的习惯法地区,既有一般习惯法又有地方习惯法。因而在当时的法国,成文法和习惯法之间存在冲突,一般习惯法和地方习惯法之间以及不同地方的习惯法之间也存在冲突,适用起来极不方便。在这种情势下,法国的学者们加强了对意大利法则区别说的研究,国际私法学说的研究中心相应地转移到了法国。在当时法国众多的法学家中,杜摩兰(Charles Dumoulin)和达让特莱(D' Argentre)对国际私法学说的发展有特殊的贡献。

杜摩兰是当时巴黎的律师、图宾格大学的教授,他在《巴黎习惯法评述》一书中,赞成将法律分为人法和物法两类,但他认为,只有在不考虑当事人的自主意思而直接取决于法律的强制性时,才有必要对习惯法作这种区分。杜摩兰极力主张扩大人法的适用范围,限制物法的适用范围。为了达到限制物法适用范围的目的,杜摩兰提出了当事人“意思自治”原则。他认为,在契约关系中,当事人可以自主选择契约关系所应适用的习惯法,即使当事人在契约中未作出明示选择,法院也应推定当事人意欲适用某一习惯法来解决他们之间的契约纠纷。杜摩兰这一主张，不仅反映了当时新兴商人阶级的要求，而且对后世的国际私法理论和实践产生了重大影响。

达让特莱是法国北部布列塔尼省的贵族法官、立法者和历史学家，也是法则区别说的支持者，著有《布列塔尼的历史》和《布列塔尼习惯法释义》。他站在杜摩兰的对立面，极力推崇属地性质的地方自治。他主张扩大物法的适用范围，缩小人法的适用范围。为了达到这一目标，他提出了"法则三分说"理论，即在人法和物法的基础上，增加了"混合法"。在他看来，混合法就是既涉及人又涉及物的法则。例如，关于出卖不动产的能力的法则，便同时涉及人的能力和不动产两个方面，所以该法则属于混合法。达让特莱认为，混合法应当从属于物法，凡是既涉及人又涉及物的问题，应概依物之所在地法加以解决。达让特莱的学说，具有浓厚的属地主义色彩。该学说虽然在法国影响不大，但却为17、18世纪荷兰等国的国际私法学者所接受。

（三）荷兰法则区别说

17世纪初，代表资产阶级利益的尼德兰革命取得胜利后，成立了荷兰共和国。此后，虽然荷兰的资本主义经济和对外贸易稳步上升，国家的经济实力日益强大，但却处于封建国家的包围之中，其国际地位十分孤立。加之荷兰国内法律不甚统一，法律冲突经常发生。因此，荷兰在大力发展海外贸易的同时，面临着如何维护国家主权和独立的现实难题。此一时期，由法国人博丹（Bodin）首倡、经由荷兰人格老秀斯（Grotius）发展的"国家主权"原则给予了荷兰法学家们理论上的启示，他们从国家主权入手来探讨适用外国法的理论，从而形成了荷兰的法则区别说——国际礼让说。

国际礼让说继承了法国学者达让特莱的属地主义原则，认为一个国家并没有承认外国法律效力的义务，只是在不损害本国主权和利益的前提下，出于"国际礼让"的考虑，才破例适用外国的法律。荷兰国际私法学说的代表人物较多，主要有巴根多斯（Burgundus）、保罗·伏特（Paul Voet）、约翰·伏特（John Voet）和尤利克·胡伯。但为国际礼让说奠定重要基础的是尤利克·胡伯，他在《罗马法与现行法》的第二编"法律冲突"中提出了著名的三大原则：（1）一国法律只能在该国领域内适用，并约束在该国领域内的全体臣民，而且法律在本国领域外无效；（2）凡居住在一国领域内的人，无论其经常居住还是暂时居住，均为该国之臣民；（3）各国为了"礼让"起见，应尊重他国法律，在不妨害本国主权和臣民利益的限度内，可允许他国法律在本国领域内保持其效力，并准予适用。

在胡伯提出的三大原则中，前两项原则采用的是属地法则，实际上是达让特莱属地主义原则的翻版。但胡伯提出的第三项原则，却弥补了达让特莱的理论的缺陷，因为胡伯认为，适用外国法并不是一个国家的义务，而仅仅基于国家间的"礼让"，是一种国家间的彼此尊重，这就阐明了适用外国法的理由，从而使达让特莱学说中一方面主张法律具有属地性，另一方面又认为可以适用外国法的逻辑上的矛盾得到了解决。

胡伯等人倡导的国际礼让说把国家主权原则引入法则区别说中，把承认外国法的域外效力置于国家关系和国家利益的基础上加以考察,这无疑是适用外国法理论的发展。该理论先后传入英国和美国,对英美学者产生了重大的影响,并构成了英美国际私法学的基石。

二、近代国际私法学

19 世纪,国际私法学说蓬勃发展,形成了德国学派、法—意学派、英美学派等几个颇具特色的国际私法学派。

(一)德国学派

19 世纪以前,德国的国际私法学说基本上承袭的是法则区别说。1848 年爆发的德国资产阶级革命虽然以失败而告终,但却有力地推动了德国资本主义经济的发展,并为德国国际私法的发展创造了条件。

德国学派的代表人物是柏林大学教授、历史法学派的代表人物萨维尼。1849 年,萨维尼出版了他著名的著作《现代罗马法体系》。他在该书第八卷中,专门论述了国际私法问题。他认为,国际私法建立在各主权国家相互依赖的基础上,存在一个“相互交往的国家的国际社会”,并且存在世界各国普遍适用的各种冲突规范,这样,国际私法的案件无论在哪个国家起诉,所适用的法律应当是一致的。在此基础上,他提出了“法律关系本座说”。萨维尼认为,任何一个法律关系,总要与某一特定的地域相联系,该特定联系的地域,便是法律关系的“本座”(seat)。一个法律关系本座在什么地方,就应适用什么地方的法律。在萨维尼看来,法律关系的本座应依法律关系的性质而定,因此,一个法律关系究竟适用什么地方的法律,归根结底取决于该法律关系的性质。进而他将国际民事关系分为人、物、债、行为、诉讼等几类,分别为其确定了本座:有关人的法律关系的本座是人的住所地;有关物的法律关系的本座在物之所在地;合同之债,可以按照当事人的意思来决定其本座,如果当事人未决定其本座,则以合同履行地为其本座;侵权行为之债的本座是损害发生地;法律行为方式的本座在行为地;诉讼程序应以法院地为其本座。但在具体运用上述本座时有两种例外:一是如果依法律关系本座的指示适用的某一外国法违背国内具有绝对强制性的法律(如内国禁止重婚的规定),则在任何情况下都不得适用该外国法;二是对于内国不承认的外国制度,诸如奴隶制度以及与之有关的外国法律,内国也不得予以适用。

萨维尼的法律关系本座说是对流行了五百年的法则区别说的彻底否定。该学说不是从法律分类的角度来探讨哪种性质的法律可以适用于哪些法律关系,而是从分析法律关系的性质入手来研究各种性质的法律关系应当受到什么地方法律的支配,从而采取了一种与法则区别说截然相反的研究方法。该学说将内国法与外国法置于平等地位,开辟了制定双边冲突规范指导法律选择的道路,更新了传统的冲突法理论和研究方法。

萨维尼的法律关系本座说对其后的国际私法学说有深刻的影响,它是当今流行的“最密切联系”原则的直接理论源泉。法律关系本座说对国际私法立法的影响也是深远的,当代许多国家在制定冲突规范时,都采用“××法律关系适用××法律”这一模式,这实际上就是法律关系本座说的定位观在立法上的反映。

但也应当看到，法律关系本座说存在其自身难以克服的缺陷，因为它武断地给每一种法律关系确定一个本座，并机械地依该本座来确定所适用的法律，而不考虑具体法律关系中的特殊情况，这就很难保证在某些情况下法律适用的合理性。特别是当一个法律关系有两个本座（如双务合同就可能有两个本座）时，应当适用的法律更难以确定。

（二）法—意学派

该学派是在《法国民法典》的影响下，由意大利法学家孟西尼所创立。

自1804年《法国民法典》规定以国籍为标志确定自然人属人法后，国籍问题在国际私法中受到了重视。在当时的意大利，随着资本主义经济的发展，统一意大利的思潮日益高涨。孟西尼顺应意大利这一时期政治、经济的要求，大肆宣扬国籍的重要性。1851年，孟西尼在都灵大学发表了题为《国籍乃国际法的基础》的著名演说，把国籍问题置于十分重要的地位，提出了“国籍主义”学说。他认为，国籍、当事人和主权这三种因素的作用构成了法律选择的基础，而其中国籍的作用尤为重要，任何法律关系所适用的法律，原则上都应依当事人的国籍来确定，只有在当事人另有意思表示或者在适用外国法违反国内公共秩序时，才可以采用国籍以外的其他因素来决定适用什么法律。孟西尼的学说被后世概括为三个原则：（1）国籍原则，即人的身份、能力、亲属关系、继承关系等应当适用当事人的国籍国法；（2）主权原则，亦称公共秩序原则，是指涉及一个国家主权和公共利益的法律，应当适用于该国境内的一切人（包括本国人和外国人）；（3）自由原则，又称意思自治原则，是指尊重当事人的自由意志，有关合同的法律关系，应当适用当事人选择的法律。

以国籍原则为核心的孟西尼国籍主义学说，反映了意大利资产阶级统一国家、维护民族主权的愿望和保护居住在外国的本国移民的思想，并对欧洲大陆国家的国际私法学说和立法实践产生了深远的影响。国籍主义学说在1865年《意大利民法典》、1898年《日本法例》等法律中得到了充分体现。目前，欧洲大陆的多数国家以及日本、韩国等在立法和实践中仍然坚持以当事人的国籍国法为其属人法。

（三）英美学派

相对于大陆法系国家而言，英美法系国家的国际私法学说起步较晚。在19世纪30年代以前，英美的国际私法学说基本上是承袭欧洲大陆的属地主义学说。直到19世纪30年代中期，英美的国际私法学说才有所突破。为英美学派国际私法学说奠定基础并以其理论标志着该学派诞生的是美国最高法院法官和哈佛大学教授斯托里，而为英国国际私法学说的发展作出重大贡献并以其理论标志着英美学派进入了一个新的阶段的是英国牛津大学教授戴西。

1834年，斯托里出版了《冲突法评论》一书。在该书中，斯托里提出了解决法律冲突的三大原则：（1）每一个国家在其领土上都享有专属的主权和管辖权，因而每一个国家的法律对于在其领域内的一切人、物和行为都有约束力；（2）一个国家的法律不能直接支配在其领域外的任何人、物和行为,否则,就与所有国家的主权不容;(3)由于以上原则,因而推导出第三个原则,即一个国家的法律要在另一个国家发生效力,必须得到另一个国家法律上的明示或默示的同意。

斯托里的理论承袭的是荷兰学者的属地主义的观点,他的三大原则也只是重申了胡伯的三大原则的内容。与胡伯的国际礼让说不同的是,斯托里明确地把"国际礼让"表述为内国法上的规定,从而否定了国际礼让是国际惯例强加给国家的义务的观点。值得注意的是,尽管斯托里师承胡伯等人,其理论在内容上并无多大新意,但其研究方法上却与胡伯等人迥异。斯托里以汇编、编纂和解释判例的方法对国际私法进行分析,并按法律关系的性质,将其分为人的能力、婚姻、合同、动产、不动产、遗嘱、继承、监护、管辖权、证据、外国判决等事项来建立自己的学说体系,开创了判例分析方法之先河。斯托里的判例分析方法,奠定了英美国际私法的基础。

对于英国国际私法学说来说,戴西无疑是一个里程碑式的人物。在 1896 年出版的《法律冲突》中,戴西提出了"既得权说"。该学说从法律的严格属地性出发,认为内国法院既不能直接承认和适用外国法,也不能直接承认和执行外国法院的判决。然而,为了保障国际民事关系的稳定性,对于根据外国法有效取得的权利,内国应当予以承认和保护,但与内国公共政策、道德原则和国家主权相抵触者除外。该学说的具体内容包括:(1)在解决国际民事争议时,只有确定了法院的管辖权,才谈得上法律适用问题;(2)凡是依外国法有效取得的任何权利,只要不与英国法的规定和英国的公共政策、道德原则以及国家主权相抵触,一般都应该为英国法院所承认和执行;(3)确定某种既得权的性质,应当以产生此种权利的该外国法律为依据;(4)依照意思自治原则,当事人协议选择的法律具有支配他们之间的法律关系的效力。

客观地讲,在国际私法的发展史上,既得权说曾经起过积极的作用。因为要保证国际民事交往的顺利进行,内国就必须保护当事人依外国法有效取得的权利。但是,既得权说也有其自身的缺陷,该学说一方面坚持内国不承认外国法的域外效力,另一方面又要求内国保护根据外国法创设的权利,因而存在逻辑上的自相矛盾。正因如此,从 20 世纪中期开始,既得权说的影响逐渐减弱。在 1949 年出版的戴西的《法律冲突法》第六版中,编者就对既得权说的前述内容作了一些修改,到 1967 年该书第八版时,戴西学说的上述内容完全被删除。[1] 从戴西的学说在美国的影响来看,1934 年由比尔主持编订的美国《冲突法第一次重述》即是以既得权说为其理论基础,但 1971 年出版的由里斯任报告员的美国《冲突法第二次重述》则已放弃了既得权说的观点。

三、当代国际私法学

进入 20 世纪以来,国际私法的理论研究发生了较大的变化,大陆法系的国际私法学说趋于衰败,英美法系尤其是美国的国际私法学说日渐繁荣,一些发展中国家也逐渐形成了自己的

---

[1] 参见[英]莫里斯:《法律冲突法》,李冬来等译,中国对外翻译出版公司 1990 年版,第 515 页。

国际私法学说。由此,当代国际私法理论呈现百家争鸣、学说林立的繁荣景象。这里主要就当代欧美国家的国际私法学说予以介绍。

(一)当代美国国际私法学说

如果说20世纪50年代以前,美国的国际私法学说只是对大陆法系传统的国际私法理论的简单继承,那么,在20世纪50年代以后,美国的国际私法学说则是在对传统国际私法理论的猛烈抨击中步入了一个新的历史发展阶段。肇始于20世纪50年代初,被誉为"美国冲突法革命"的反传统思潮,在批判旧的国际私法理论的同时,建立起了一个又一个新的学说体系。其中,具有代表性的学说主要包括:

1. 本地法说

1942年,库克出版了《冲突法的逻辑与理论基础》一书。该著作在对美国《冲突法第一次重述》的理论基础——既得权说展开批判的同时,提出了更具属地主义色彩的本地法说的观点。库克认为,一国法院在处理国际民事争议时,固然有时需要考虑外国的某种实体规则,但法院这样做,只是把有关外国法中的某些规则作为自己的规则,从而将外国的法律规则合并到了本地法之中,因此,法院所承认和保护的并不是根据外国法创设的权利,而是根据本国法产生的权利,即"本地权利"。

库克的学说是对英国学者戴西的学说的否定。因为戴西认为,法院应承认和保护依外国法取得的权利,而库克却认为法院所承认和保护的只是依法院地自己的法律创设的权利。库克的理论极大地影响了英美国际私法实践,使这些国家的国际私法更趋保守。库克的学说,虽然在否定既得权说方面有积极作用,其目的也在于探讨适用外国法的理论依据这一国际私法的核心问题,但是对于如何选择所适用的法律,却没能够提供建设性的解决方案。同时,由于他夸大了法律的属地性,将国家主权原则与一定条件下适用外国法两者对立起来,所以,该"学说出笼之后,遭到学术界的普遍反对"[2]。

2. 优先选择原则

1933年,卡弗斯(Cavers)在《哈佛法律评论》上发表了《法律选择过程批判》一文,指责传统的冲突法制度只作"立法管辖权选择",而不问所选法律的具体内容是否符合案件的实际情况与公正合理的解决,因而是很难选择到更好的法律的。他主张改变这种传统的法律选择方法,而代之以"规则选择"或"结果选择"的方法。他为法律适用的结果提供了两条应遵循的标准:一是要对当事人公正;二是要符合一定的社会目的。为符合这两条标准,法院在决定适用何国法律之前,应考虑这样几个方面:首先要审查诉讼事件和当事人之间的法律关系;其次要仔细比较适用不同的法律可能导致的结果;最后要衡量何种结果对当事人最为公正以及最符合社会公共政策。1965年,卡弗斯又出版了《法律选择程序》一书,提出了七项解决法律冲突的"优先选择原则",进一步完善了他所倡导的"公正论"。

---

〔2〕 邓正来:《美国现代国际私法流派》,法律出版社1987年版,第37页。

卡弗斯的理论首次提出了直接对实体法进行选择的大胆设想,为一些学者所接受。但该理论过于抽象和模糊,因而也遭到一些学者的批评。

3. 政府利益分析说

1963年,柯里(Currie)将其已发表的部分论文汇编出版了《冲突法论文选集》。该选集的核心内容便是政府利益分析说。柯里认为,每个国家的实体法都表现着一定的目的或政策,国家在自己法律的目的或政策中自然会得到一种利益。因此,在该选集中,柯里对传统的冲突法理论和制度进行了抨击,并直截了当地把不同国家之间的法律冲突说成是不同国家利益的冲突。他认为,解决法律冲突的最佳方法就是抛弃冲突规则,而由对"政府利益"分析的结论来确定国际民事关系应当适用的法律。具体来说,如果只有一个国家对国际民事关系有合法利益时,那么就适用这个国家的法律;如果有两个以上的国家对国际民事关系有合法利益,而其中一个国家为法院地国时,那么就必须适用法院地国法律;如果两个以上的外国对国际民事关系有合法利益,而法院地国为无利益的第三者时,则既可适用法院地国法律,也可适用法院依自由裁量认为应当适用的法律。显然,柯里主张尽可能地适用法院地国法律。

柯里的政府利益分析说揭示了法律冲突的本质乃各国利益的冲突,在美国法学界和司法界引起了强烈的反响。但由于该学说否定冲突规则存在的必要性,主张法院采取逐案进行政府利益分析的方法来确定应适用的法律,并且过分强调法院地国法律的适用,因而也遭到了一些非议。英国学者莫里斯就曾指出:"指望法院抛弃法律选择规则……是徒劳无益的。由于存在先例原则,在考虑政府利益基础上作出判决的案例必然产生法律选择规则。这些规则……对法院判决以后的案件具有约束力。"〔3〕

4. 较好法律的方法

1966年,莱弗拉尔(Leflar)在《纽约大学法律评论》第51卷上发表论文,提出了法律选择的五点考虑:(1)结果的可预见性;(2)州际或国际秩序的维持;(3)司法任务的简单化;(4)法院地政府利益的优先性;(5)适用较好的法律规范。在这五点考虑中,由于最关键的因素是适用较好的法律,所以,人们常将莱弗拉尔的理论称为"较好法律的方法"。

莱弗拉尔的"五点考虑"不是基于分析各种法律冲突情况去建立一种理论体系,而是试图找出一些实实在在的对选择法律起作用的因素,以便指导法官进行法律选择。因此,这"五点考虑"在美国的法律选择实践中具有较大的影响。

但是应当看到,莱弗拉尔的理论也遭到了许多学者的非议。持批评意见的学者认为,由于实践中没有一个普遍的检验标准来衡量法律的好坏,因而适用较好的法律只不过是一种理想罢了。

5. 最密切联系说

该学说是20世纪50年代以后富德(Fuld)、里斯等人倡导的一种新学说。其基本含义是法院在处理国际民事关系的争议时,应当从案件的实际情况出发,适用与该国际民事关系有最密

〔3〕 [英]莫里斯:《法律冲突法》,李冬来等译,中国对外翻译出版公司1990年版,第527页。

切联系的国家或地区的法律。

20世纪50年代和60年代以后，美国的国际私法学说发生了深刻的变革。美国的法官和法学家们逐渐抛弃了传统的规则和理论，开始主张依最密切联系原则来解决法律适用问题。1954年，纽约州上诉法院法官富德在审理“奥顿诉奥顿”（Auten v. Auten）案时，一改传统的法律适用规则，根据“重力中心地”和“关系聚集地”原则来确定该案适用的法律。1963年，在“贝科克诉杰克逊”（Babcock v. Jackson）案中，富德再次采用“重力中心地”和“关系聚集地”原则来解决该案的法律适用问题。美国法院在有关判例中确立的“重力中心地”和“关系聚集地”原则，后来被称为“最密切联系原则”。

1971年，里斯任报告员的《美国冲突法第二次重述》对最密切联系原则作了比较完整的表述。里斯主张，在解决法律冲突时，法院应适用与案件有“最密切联系”的地方的法律，并提出了在与案件有联系的众多因素中确定有最密切联系的因素的七项参考原则，即（1）州际和国际制度的需要；（2）法院地的有关政策；（3）在决定具体问题时，其他有利益州的有关政策和这些州的相应利益；（4）公众期望的保护；（5）特别法律中所体现的政策；（6）结果的确定性、可预见性和统一性；（7）法律易于认定和适用。

由于最密切联系说蕴含着“公平”“合理”等理性内涵，因此该学说一产生，便得到了许多学者的赞同。目前，最密切联系说在世界范围内广为传播，并对国际私法的立法、实践和理论研究产生了巨大的影响。

需要指出的是，自《美国第二次冲突法重述》面世以来，美国冲突法实践中出现了一些重要且复杂的新类型案件，如同性婚姻和伴侣关系的法律冲突、互联网领域的法律冲突等，《美国第二次冲突法重述》的缺陷和不足逐渐显露出来。为了总结冲突法实践的新变化、新发展，美国法学会于2015年启动了《第三次冲突法重述》的编纂工作。

（二）当代欧洲国际私法学说

20世纪欧洲的国际私法学说虽然不及美国繁荣，但受“美国冲突法革命”思潮影响，欧洲的国际私法学者也开始了对传统的国际私法理论的改良，并取得了一定的成果。

德国学者拉沛尔（Rabel）提出了“比较法学说”。拉沛尔主张在比较各国国际私法的成败得失后，通过缔结国际条约的方式把各国的冲突规范统一起来。德国学者沃尔夫、法国学者汪格尔（Wengler）等也是比较法学说的鼓吹者。比较法学说对国际私法学说的贡献在于引入了一种新的法学研究方法。它反映了当代欧洲国际私法学说发展的一个趋势，并在一定程度上推动了第二次世界大战后欧洲国际私法的统一化进程。

法国学者巴蒂福尔于1956年在《国际私法之哲学》一书中提出了“协调论”。他认为，国际私法的任务是充当不同法律制度的协调人。在国际私法的研究方法上，巴蒂福尔反对从先验原则出发的逻辑演绎方法，主张在系统考察各国法律制度和司法判例的基础上，采用经验的、实证的、对比的方法，对不同的法律制度进行协调。

希腊学者弗朗西斯卡基斯（Francescakis）提出的“直接适用的法”的观点也具有较大影响。

他认为,为了使法律在国际民事交往中更好地维护国家利益和社会经济利益,国家制定了一系列具有强制力的法律规范,用以调整某些特殊的法律关系。这些具有强制力的法律规范在调整国际民事关系时,可以撇开传统冲突规范的援引而直接适用。这种能被直接适用的法律规范,就是"直接适用的法律"。弗朗西斯卡基斯的理论,给欧洲国际私法理论注入了一股清新空气,尤其是在方法论上引发了人们对国际私法基本理论问题的思索。

此外,德国学者克格尔(Kegel)于1960年提出了"利益论"学说,主张将国家利益和国际利益结合起来进行综合分析,以确定国际民事关系应适用的法律;苏联学者隆茨等人提出了"对外政策"学说,认为国际私法应以和平共处和国际合作为基础,并为国家的对外政策服务。

第二节　国际私法立法史

一、国内立法史

在欧洲,最早在国内立法中规定冲突规则的是1756年《巴伐利亚法典》。该法典在冲突法方面接受了"法则区别说"的一些普遍性原则,但在物权方面抛弃了"法则区别说"的"动产随人"原则,而规定不分动产与不动产、有形财产与无形财产,一概适用物之所在地法。1794年《普鲁士法典》也采用了"法则区别说"的一些原则,还第一次提出了解决住所冲突应适用认为合同或行为有效的住所地法,并最早提出在普鲁士缔结并涉及位于普鲁士境内的财产的契约关系中,当事人的行为能力除可依他的属人法判定外,还可以依缔约地法判定的原则。由于这两个法典中规定的冲突规范主要是解决一国内部不同地区之间的法律冲突,因此严格来讲,这两个法典还不是真正意义上的国际私法立法,其影响也十分有限。

真正的国际私法立法,最早见于1804年《法国民法典》。该法典采用在各编中分散规定冲突规范的方法,确立了国际民商事关系的法律适用规则。例如,该法典第3条关于警察与治安的法律必须直接适用于法国境内的一切人,关于不动产的法律必须适用于法国境内为任何人拥有的不动产,关于法国人身份与能力的法律必须适用于境内境外一切法国人的法律规定,就属于调整国际民事关系的冲突规范。此外,《法国民法典》第7、48、99、170、1000、2123条等,都是解决国际民事关系法律冲突的冲突规范。由于《法国民法典》颁布后,法国各地的法律得以统一,上述各条规范所要解决的法律冲突,已真正是内、外国法律之间的冲突。继《法国民法典》之后,其他国家也纷纷进行了国际私法的立法活动,如1811年《奥地利民法典》、1868年《荷兰民法典》、1865年《意大利民法典》、1868年《葡萄牙民法典》、1889年《西班牙民法典》、1896年《德国民法施行法》和1898年《日本法例》等。

国际私法的国内立法,在立法方式、调整范围等方面都经历了一个发展、变化的过程。

在立法方式上,早期的国际私法规范主要是规定在民法典中,19世纪末才出现了以专门法典或单行法规系统规定国际私法规范的立法方式。进入20世纪后,制定国际私法专门法典和单行法规的国家不断增多,从而出现了国际私法的法典化趋势,如1939年《泰国国际私法》、

1966年《波兰国际私法》、1978年《奥地利联邦国际私法法规》、1979年《匈牙利国际私法》、1982年《土耳其国际私法和国际诉讼程序法》、1986年《联邦德国国际私法》、1987年《瑞士联邦国际私法》、2012年《捷克共和国国际私法》等，都是具有代表性的国际私法法典或单行法规。这些法典或单行法规在立法结构上往往设有总则、分则两部分，在分则中还往往分别就案件管辖权、法律适用、外国法院判决的承认和执行作出规定，从而大大加强了法律适用的针对性。

在调整的范围上，早期有关国家的国内立法所规定的国际私法规范条文较少，调整的范围主要是人的能力、行为方式、物权、侵权责任、婚姻家庭关系、继承关系等方面的问题。进入20世纪以后，随着国际民商事交往所涉领域的日益广泛，各国国内立法中的国际私法规范数量急剧增加，调整的范围也不断扩大。当今许多国家的国际私法除了调整一般的国际民事关系，还调整产生于国际商事、海事等领域的平等民事主体之间的财产关系和人身关系。例如，1987年《瑞士联邦国际私法》共200条，除调整传统的物权、债、婚姻家庭、继承等国际民事关系以外，还调整具有国际性的破产、代理、产品责任、环境污染、股票和债券等方面的法律关系。

二、国际立法史

国际私法的国际立法，又称为国际私法统一运动，是指国家间通过缔结条约制定各缔约国统一适用的国际私法规范。

在19世纪中叶以前，各国主要是依国内立法中的冲突规范调整国际民事关系。由于各国的国际私法规范不尽相同，实践中常常会产生不同国家之间国际私法规范相互冲突的问题。这种情形不仅不利于当事人之间权利义务关系的稳定，而且在客观上助长了当事人“挑选法院”的风气。为了解决这一问题，从19世纪中后期开始，国际上兴起了区域性和全球性的国际私法统一运动。

（一）区域性国际私法统一运动

首先着手实施国际私法统一运动的是南美洲的一些国家。1877年12月9日，由秘鲁政府发起，秘鲁、阿根廷、玻利维亚、哥斯达黎加、智利、厄瓜多尔、委内瑞拉7国在秘鲁首都利马举行会议，讨论国际私法规范的统一问题。经过近一年的时间，于1878年11月9日通过《国际私法统一规则条约》。该条约规定的内容较为广泛，受《法国民法典》影响较大，以本国法为属人法，不符合南美国家的国情，所以除秘鲁外，其余6国都拒绝批准该条约，致使该条约未能生效。但该条约的制定，标志着国际私法的统一运动拉开了序幕。

在美洲，南美会议和泛美会议先后制定和修改了一系列国际私法条约。1888年，由乌拉圭、阿根廷两国发起，南美7国（秘鲁、阿根廷、玻利维亚、智利、巴西、巴拉圭、乌拉圭）在乌拉圭首都蒙得维的亚召开会议，于1889年通过了《国际民法条约》《国际商法条约》《国际民事诉讼程序公约》《商标所有权公约》《发明专利权公约》等九个条约。1939年8月，乌拉圭和阿根廷政府再度邀请巴西、巴拿马等南美各国在蒙得维的亚召开会议，讨论对上述公约的修改问题。

由于分歧较大,只有阿根廷、巴拉圭、乌拉圭3国批准了修改后的有关公约。

1889年,美国召集拉美国家在美国首都华盛顿召开了第一届美洲国家会议即泛美会议,会议将统一全美洲的国际私法作为其重要任务。1928年1月,在古巴首都哈瓦那召开的第六届泛美会议上,经与会的21个国家讨论,以18个国家赞同通过了由古巴著名法学家布斯塔曼特(Bustamante)主持起草的《布斯塔曼特法典》。《布斯塔曼特法典》共437条,分为国际民法、国际商法、国际刑法、国际程序法四卷,内容十分详细,是美洲国家数十年来统一国际私法运动所取得的最重大的成就。迄今为止,已有巴西、委内瑞拉、智利、秘鲁、海地、玻利维亚、洪都拉斯、多米尼加、古巴、哥斯达黎加、尼加拉瓜、巴拿马、萨尔瓦多、厄瓜多尔、危地马拉共15个国家签署和批准了该法典。

此外,20世纪70年代以来,美洲国家组织也先后制定了一系列国际私法条约。1975年,在巴拿马城召开的由15国参加的美洲国家组织第一届国际私法会议上,通过了《关于代理人国外行使代理权法律制度的公约》等六个条约;1979年,在蒙得维的亚召开的由20个国家参加的美洲国家组织第二届国际私法会议上,通过了《关于支票法律冲突的公约》等八个国际私法条约。1984年、1989年、1994年,美洲国家组织又先后召开了第三、四、五届国际私法会议,相继又制定了一些国际条约。到目前为止,该组织已通过了三十多个条约。

在欧洲,斯堪的纳维亚半岛的挪威、丹麦、芬兰、瑞典、冰岛五国于1931年至1934年间,先后缔结了《关于婚姻、收养及监护的公约》等五个国际私法公约。1958年成立的欧洲共同体为统一其成员国的国际私法也做了巨大的努力,并制定了一系列的国际条约。随着欧盟的成立,近年来,欧盟的国际私法统一运动成效显著,主要立法成果有2000年《成员国之间相互送达民商事司法文书和司法外文书条例》、2007年《非合同之债法律适用条例》(以下简称《罗马条例Ⅱ》)、2008年《合同之债法律适用条例》(以下简称《罗马条例Ⅰ》)、2010年《离婚和司法别居法律适用条例》、2012年《民商事案件管辖权及判决承认与执行条例》等。这些条例可以直接适用于欧盟各成员国,且具有优先适用的效力。

(二)全球性国际私法统一运动

除了区域性的国际私法统一运动外,从19世纪末开始,全球性的国际私法统一运动也蓬勃发展起来。1892年,荷兰政府根据法学家阿瑟(Asser)的建议,发出了召开统一国际私法的国际会议的邀请,并获得各国的响应。翌年,欧洲13国在海牙召开了第一届海牙国际私法会议,讨论国际私法的统一问题。从1893年第一届会议到1951年第七届会议召开,海牙国际私法会议只是以临时性国际会议的形式存在,没有常设组织机构。1951年第七届会议通过《海牙国际私法会议章程》后,才将海牙国际私法会议确认为国际私法立法的常设性政府间国际组织。海牙国际私法会议成立百余年来,通过了三十多项国际私法公约,成员国由少数欧洲大陆法系国家发展到全世界不同法系的国家,在国际上产生了广泛的影响。由于海牙国际私法会议的公约起草组由成员国政府代表和国际私法专家组成,条约通过前还要逐个征求成员国政府的意见,因此,海牙国际私法会议制定的公约能比较集中地反映各成员国国际私法的理论、立法和司法实践。我国已于1987年7月3日正式加入海牙国际私法会议,成为该组织的会员国。

20世纪,国际联盟和联合国在统一国际私法方面也做了大量的、卓有成效的工作。在第二次世界大战以前,国际联盟主持制定了一系列国际私法条约,如《关于解决本票、汇票若干法律冲突的公约》《关于解决支票若干法律冲突的公约》《仲裁条款议定书》《关于执行外国仲裁裁决的公约》等。第二次世界大战后,联合国及其专门机构在统一国际私法方面的作用和成绩非常突出,先后主持制定了大量有关国际私法的条约。由于联合国是一个常设性的政府间国际组织,其成员几乎囊括了世界上所有的国家,因而它主持缔结的国际私法条约更有影响力、更具世界性。

国际私法的国际立法历经百余年,制定了大量的国际私法条约,成绩斐然。但是应当看到,迄今为止,国际私法的国际立法所涉及的范围仍然十分有限,目前也没有哪一项国际私法条约的成员国包括了世界上所有的国家,因此,我们不应过分夸大国际私法的国际立法的作用。

第三节 中国国际私法史

一、中国国际私法立法史

早在唐代,中国便已出现了萌芽状态的国际私法规范。公元651年颁行的《永徽律》"名例律"中规定:"诸化外人,同类自相犯者,各依本俗法;异类相犯者,依法律论。"意思是对于同一国家的外国当事人之间的讼争,依当事人本国法处理;对于不同国家的外国当事人之间的讼争,根据唐律的规定予以处理。这一规定,是我国也是世界上最早的成文的冲突规范。此后,宋代沿袭唐代法律,仍用此条。由于我国古代的立法采取的是刑民不分、诸法合一的体例,因而这一冲突规范对刑事案件和民事纠纷均可适用。

明朝时期,中国出现了排斥外国法适用的倾向。《大明律》规定:"凡化外人犯罪者,并依律拟断。"这样规定的理由是,化外人"原虽非我族类,归附即是王民……并依常例拟断,示王者无外也"。显然,《大明律》的这一规定与唐、宋时期的规定已有很大差别:首先,该规定只适用于刑事案件,不适用于民事纠纷;其次,不区分"化外人""同类相犯"和"异类相犯"两种情形,概依明朝法律裁决,体现了法律适用上严格的属地主义。因此,在明朝时期,已无国际私法规范可言。

清朝时期,曾经出现过类似于区际法律冲突和人际法律冲突的规定,但这些规定,也只适用于刑事犯罪,私法意义上的冲突规范仍未出现。

在北洋政府统治时期,于1918年颁布了中国历史上第一个关于国际私法的单行法规——《法律适用条例》。该条例共7章27条,规定了人的能力、婚姻、家庭、继承、财产、法律行为方式等方面的法律适用原则,其体系和法律适用原则承袭了1896年《德国民法施行法》和1898

年《日本法例》,具有非常明显的大陆法系的特征。尽管该条例与同期的资本主义国家的国际私法单行法规相比,也是条款较多、内容较详尽的立法之一,但由于当时的中国正处于半封建半殖民地时期,国家已丧失了独立的主权,涉及外国人的案件,旧中国政府几乎无权过问,因此该条例几乎形同虚设,未能得到很好地贯彻实施。1953 年,我国台湾地方当局对该条例进行修改后,更名为"涉外民事法律适用法",在我国台湾地区适用至今。

中华人民共和国成立后,《法律适用条例》被废止。在 20 世纪 50 年代特定的历史条件下,我国国际私法的立法进展不大,仅在我国政府颁布的行政性文件和我国与外国签订的双边条约中,出现了极少冲突规范条款。例如,1951 年 10 月我国内务部规定:"外侨相互间及外侨与中国人之间在中国结婚,适用中国法。"在司法实践中,国际民事争议只要发生在我国或者在我国法院提起诉讼,我国基本上按照中国法律处理。在 20 世纪 50 年代末以后的一段较长时间内,历史原因使中国国际私法的立法基本上处于停滞状态。

1978 年以后,我国实行改革开放政策,国际民事关系不断增多,国际私法的立法提上了议事日程。自 1979 年以来,我国陆续颁布了一系列法律法规,初步架构起了我国的国际私法规范体系。在外国人民事法律地位方面,我国《宪法》庄严宣布,允许外国法人和个人来华投资,并保护外国人在华的合法权益。其他法律法规如《商标法》《专利法》《著作权法》《外商投资法》等也对外国人的法律地位作了具体的规定。在法律适用规范方面,我国《涉外民事关系法律适用法》《海商法》《票据法》《民用航空法》等,对一些主要的涉外民商事关系的法律适用问题作了相应的规定。最高人民法院还通过了《涉外民事关系法律适用法》司法解释,并于 2020 年进行了修正。在国际民事诉讼程序方面,我国《民事诉讼法》以专编形式对涉外民事诉讼程序作了特别规定。在国际商事仲裁方面,我国《仲裁法》在 1994 年正式颁布,目前正在修订之中。

中华人民共和国成立以来,特别是自实行改革开放政策以来,我国积极参与国际私法的国际立法,先后缔结和参加了一系列规定有国际私法规范的双边和多边国际条约。例如,我国于 1986 年参加了《关于承认和执行外国仲裁裁决的公约》,1991 年参加了《关于向国外送达民事或商事司法文书和司法外文书公约》等国际公约,并与法国、比利时、波兰、蒙古、意大利、罗马尼亚、新加坡、保加利亚等数十个国家签订了双边司法协助协定。近年来,我国积极参与海牙国际私法会议《承认和执行外国法院判决公约》等的谈判,表达中国立场,发出中国声音。

二、中国国际私法学说史

中国的国际私法理论研究,可以追溯至唐代。《永徽律》颁布后的第二年,长孙无忌等 19 人奉诏撰写《唐律疏议》,对《永徽律》逐条进行注释。其中对"化外人相犯条"的注释可以说是中国国际私法理论研究的最早形态。这一注释先于意大利后期注释法学派 600 多年。宋朝时,汪大猷也曾提出过"既入我境,当依吾俗"的属地主义观点。但我国古代的法律适用研究并未形成系统的学说。明清时期,由于封建王朝实行闭关锁国政策,中国的国际私法理论研究基本上处于沉寂状态。

根据有关史料,直到清朝末年,一些介绍国际私法的著作才在中国出现。1905 年出版的郭斌编著的《国际私法》,是目前发现的我国最早的国际私法著作。此后,1907 年出版了傅疆编写的《国际公私法》,1911 年出版了熊元楷等编著的《国际私法》。这些书籍主要是介绍一些西方国家的国际私法学说,几乎没有自己的见解和体系。[4]

从 1918 年北洋政府颁布《法律适用条例》起到 1949 年的这一时期,中国出现了一批国际私法著作,如 1930 年唐纪翔著的《中国国际私法论》、1930 年陈顾远著的《国际私法总论》、1931 年周敦礼著的《国际私法新论》、1931 年于能模著的《国际私法大纲》、1933 年阮毅成著的《国际私法》、1935 年翟楚编著的《国际私法纲要》、1937 年卢峻著的《国际私法之理论与实际》、1945 年李浩培著的《国际私法总论》等。此外,我国台湾地区自 1953 年颁布"涉外民事法律适用法"以来出现了大量的国际私法著作,并在《法学论文选辑》丛书中选编《国际私法论文选辑》,具有一定的学术价值。

新中国的国际私法理论研究始于中华人民共和国成立初期。1951 年,中国人民大学外交系设立了国际私法教研室,先后聘请了 3 位苏联专家给教师和研究生讲授国际私法。从 1956 年起,西南政法学院、对外贸易学院、北京大学、北京政法学院等院校相继开设了国际私法课。当时的一些法律院校(系)大多以苏联隆茨教授的《国际私法》为教材,并相应地对国际私法进行一些理论研究。此外,这一时期还翻译出版了《英美国际私法的理论与实践》和《苏联国际私法论文集》作为教学参考资料。

新中国国际私法理论研究的最早成果是 1956 年外交学院油印的《国际私法讲义》。该讲义"影响较大、流传较广:(1)规模在 30 万字左右;(2)是 1979 年以前我国开展对外业务的部门用来处理有关业务的国际私法方面的主要参考书;(3)该书体例完整,具有中国社会主义特色……"[5]但该教材仍深受当时苏联对外政策学派的影响。

1958 年以后的近 20 年间,由于法律虚无主义的影响,我国的国际私法理论研究和国际私法立法一样,处于停滞状态。

1978 年以后,随着我国的改革开放,我国的国际私法理论研究才步入了繁荣的阶段。20 多年来,我国学者对国际私法的理论和实践问题进行了广泛深入地探讨,并取得了大量的研究成果。为了推动我国的国际私法理论研究,我国于 1987 年成立了全国性的国际私法学术研究团体——中国国际私法学会。该学会成立后,不仅对国际私法和区际私法的理论与实践进行了深入研究,而且推出了该学会的集体研究成果《中华人民共和国国际私法示范法》,为繁荣我国的国际私法理论作出了重大贡献。

---

〔4〕 参见高树异主编:《国际私法》,吉林大学出版社 1985 年版,第 49 页。
〔5〕 王常营主编:《中国国际私法理论与实践》,人民法院出版社 1993 年版,第 51 页。

思考题

一、选择题

1. 19 世纪德国法学家萨维尼认为,支配涉外民事法律关系的法律应当(　　)。

A. 由法则的性质决定　　B. 由法律关系的性质决定

C. 由国家利益决定　　D. 由当事人协商决定

2. 国际私法学说中具有严格属地性的学说是(　　)。

A. 法则区别说　　B. 法则三分说

C. 法律关系本座说　　D. 本地法说

E. 政府利益分析说

二、概念比较题

1. 法则区别说与法律关系本座说。

2. 既得权说与国际礼让说。

三、简答题

1. 简述三大法则区别说的异同。

2. 简述国际私法统一化运动的主要成就。

四、论述题

1. 试比较巴托鲁斯的法则区别说与《永徽律》“化外人相犯”条。

2. 试述最密切联系原则对当代国际私法的影响。

延伸阅读

1. 赵相林主编:《国际私法》,中国政法大学出版社 2000 年版。

2. 赵生祥主编:《国际私法学》,法律出版社 1999 年版。

3. 刘想树:《论最密切联系的司法原则化》,载《现代法学》2012 年第 3 期。

4. 刘想树:《中国国际私法立法问题论略》,载《河北法学》2009 年第 4 期。

5. 刘想树:《中国国际私法学重构的几个问题》,载《云南法学》2001 年第 1 期。

第四章 冲突规范

内容提示

冲突规范是法律适用规范，是国际私法的基本规范。它在结构上由范围和系属两部分构成。系属包含的连结点对于法律选择发挥着形式和实质上的双重意义。以系属为标准，冲突规范可分为单边冲突规范、双边冲突规范、选择性冲突规范和重叠性冲突规范。调整相对固定的法律关系且具有相对稳定形态的系属表达，即为系属公式。

第一节 冲突规范概述

一、冲突规范的概念和特点

（一）冲突规范的概念

冲突规范，又称法律适用规范或法律选择规范，是指为涉外民商事关系指明应该适用哪一实体法的规则。这是一种特殊类型的法律规范。例如，"不动产物权适用物之所在地法"，"合同当事人可以选择适用于他们之间的财产关系的法律"等，都是冲突规范。

在发生法律冲突的情况下，首先需要解决的问题是确定应该适用哪一法律作为判定当事人之间权利义务关系的根据，这种指定应适用哪一法律的规范即是冲突规范，而被冲突规范指定用来判定当事人之间权利义务关系的那个法律，在国际私法中被称为"准据法"。可以说，采用间接方法调整涉外民商事关系就等于是冲突规范加上准据法。

（二）冲突规范的特点

冲突规范作为一种特殊的法律规范，与其他法律规范相比较，具有如下特点：

第一，就其内容而言，冲突规范仅指明某种涉外民商事关系应适用何种法律，而并不直接规定涉外民商事关系当事人的权利与义务。它有别于实体法规范，是一种法律适用规范。

第二，就其作用而言，冲突规范对涉外民商事关系仅起着间接调整的作用。冲突规范本身并不能直接确定当事人的权利义务而发生直接调整的作用，它必须与经过它所援引的某一特定的实体法结合起来，才能发挥规范当事人权利义务的作用。这种间接调整作用是冲突规范有别于其他法律规范的一个显著特点。

第三,就其性质而言,冲突规范是一种既不同于实体规范也不同于程序规范而具有独立存在价值的法律规范。程序法是以法院、仲裁机构或其他主体与当事人之间解决纠纷活动为对象的法律规范,而冲突规范则是指导法院、仲裁庭等如何选择和适用法律的规范,二者性质显然不同。

第四,就其结构而言,冲突规范不同于一般的法律规范。关于法律规范的逻辑结构,主要有两种学说:一种是传统的"三要素说",即法律规范是由假定、处理和制裁三部分组成;另一种是新兴的"两要素说",即法律规范由行为模式和法律后果两部分组成。冲突规范则是由"范围"和"系属"两大部分组成,与一般法律规范的逻辑结构不同。

由于冲突规范是在相互冲突的两个以上的国家的法律中作出选择的规范,有人就称之为"超国家规范",意指冲突规范是站在内外国之上,在内外国法律发生冲突时,决定究竟应适用哪一国法律的规范,或者说冲突规范是给内外国法律划定适用范围的规范。

二、冲突规范在国际私法中的地位

在世界范围内,尽管各国对国际私法的称谓有异,学者们对国际私法范围的理解有别,但这并未影响冲突规范在国际私法中的核心地位。冲突规范无论是在过去、现在或将来,都是国际私法的基本规范。

第一,国际私法的历史表明,冲突规范是国际私法的基本规范。一般认为,国际私法的最早形态是14世纪意大利法学家巴托鲁斯首创的法则区别说。法则区别说产生的现实原因是为了解决意大利各城邦法则之间的冲突以及各城邦的法则与罗马法之间的冲突。法则区别说包含了解决法律冲突的两条主要冲突规范:一是人法适用人的住所地法,二是物法适用物之所在地法。自巴托鲁斯提出法则区别说开始,一直到19世纪中期,涉外民商事关系完全是用冲突规范进行调整。近现代国际私法的国内立法和国际立法中,仍然是把冲突规范作为调整涉外民商事关系的基本规范。从国际私法的学说史看,不同时期的国际私法学说虽然各具特色,但却始终以冲突规范作为研究的主要对象。可以说,在任何时期,无论是法律体系意义上的国际私法,还是学术理论意义上的国际私法,都是以冲突规范为基础,离开了冲突规范,国际私法将不复存在。

第二,国际私法的任务决定了冲突规范是国际私法的基本规范。国际私法的中心任务是解决法律冲突。解决法律冲突的办法有通过冲突规范解决和通过统一实体规范解决两种。在国际私法的历史上,冲突规范在解决法律冲突方面曾起决定性的作用。直到现在,无论哪一个国家,都仍须借助于冲突规范解决涉外民商事关系的法律冲突。可以预见,只要世界上仍存在众多的主权国家,只要各国的法律还没有完全统一,那么,冲突规范就还将发挥其不可替代的重要作用。

第三,冲突规范的适用范围使其成为国际私法的基本规范。其一,冲突规范作为一种特殊的法律规范,具有概括力强、能调整各种涉外民商事关系的特点。在国际私法实践中,对任何一种涉外民商事关系,都可以用冲突规范加以调整。其二,在婚姻、继承等带有人身性质的领域,由于历史传统、风俗习惯乃至气候地理、生理特点等方面的差异,迄今为止,尽管人们作了大量的努力,仍未能制定出统一实体法,诸如结婚年龄等方面甚至根本不可能有统一实体法。因而在涉外婚姻和继承领域,其法律冲突仍然得依靠冲突规范来调整。其三,即使在已经制定并适用统一实体法的那些涉外民商事领域,冲突法的间接调整方法仍将发挥作用。因为统一实体法主要见于国际条约,国际条约原则上只能对缔约国或参加国有约束力,如果涉外民商事关系当事人有一方不是该条约的缔结国或参加国的法人或自然人,那么该统一实体法就不一定能用来确定该涉外民商事关系当事人的权利和义务。何况有些统一实体公约并不排除当事人另行选择法律的权利。而且,国际经济贸易方面的国际惯例多是任意性的,需要当事人选择后才得以适用。

三、冲突规范的“软化”趋势

(一)传统冲突规范的缺陷

传统的冲突规范是按照萨维尼的法律关系本座说理论建立起来的。萨维尼认为,法律关系的本座构成了国际私法的全部要素,所需要的仅仅只是对这个本座进行形式上的表述,以便使国际社会依据它确定应适用的法律。每一项法律关系只存在一个本座,所以,传统冲突规范中的系属只有一个连结点。据此,这种传统的冲突规范便具有两个显著的特征:

第一,强调法律适用的一致性和稳定性。拉沛尔认为,自从萨维尼起,人们就习惯把法律适用结果的一致当作国际私法的首要目标。人们所追求的是,同一个案件无论在哪国法院提起诉讼,都应当只受一个实体法支配。

第二,主要是一种立法管辖权的选择方法。在传统的法律选择规范中,连结点如同“路标”,立法者就是通过连结点把不同的案件分配给不同国家的法律管辖,法官只需沿着相关的“路标”前进,就能迅速、准确地找到应适用的法律。因此,冲突规范指引的不是某个具体的规则,而是一个具有立法管辖权的国家的法律。

这两个特征决定了传统冲突规范不可避免地带有机械性和盲目性。为追求结果的一致,冲突规范系属包含的连结点必须唯一,且各国立法保持一致。但这种预设在实践中是不成立的,各个国家的立法者很可能对同一法律关系的本座认识不同,从而在立法中采用不同的连结点,或者所采用的连结点虽然相同,但对连结点的解释不同,这就难以确保法律适用的一致。

(二)对传统冲突规范的“软化”处理

为提高适用的灵活性和适应性,冲突规范日益体现出“软化”趋势:

第一,用灵活性冲突规范代替传统的硬性规范。这首先表现在合同中“当事人意思自治”原则的采用。允许当事人明示或默示地选择合同的准据法,必然对传统冲突规范,如合同订立地法或履行地法,起着“软化”作用。其次就是“最密切联系原则”的采用。依据“最密切联系原则”,法官拥有适度的自由裁量权,无疑也是对冲突规范的一种“软化”处理。

需要指出的是,采用灵活、开放的冲突原则代替僵硬、封闭的冲突原则并非绝对,否则,整个冲突法就可归结为:“涉外法律关系由与该法律关系具有最密切联系的法律支配”,这样就会否定冲突法的存在。因此,人们对灵活、开放的连结点的需要,制约着封闭的连结点的适用;反过来,封闭的连结点在它符合案件的实际情况下,又限制了灵活连结点的作用。

第二,增加连结点的数量,从而增加法律适用的可选性。目前,各国冲突法中的选择适用的冲突规范大量增加,规定多个连结点是“软化”冲突规范的一种有效方法。规定多个连结点的目的是多种多样的,较为常见的是使法院能够有机会适用使法律关系能有效成立,或较能反映法律关系的重心所在,或有利于实现国家特定的政策,或有利于保护弱者当事人的法律。

第三,对于一个法律关系的不同方面进行分割,对不同部分或不同环节规定不同的连结点。早在中世纪,有学者主张有关违反合同的问题由履行地法支配,有关合同的其他问题由合同订立地法支配,这种分割法在目前有了进一步发展的趋势,因为法律关系往往由不同的方面和环节构成,并且部分与部分之间、环节与环节之间往往具有相对的独立性,它们常常有自己的重心,一概要求所有的方面和环节受一个连结点指引的法律支配,不可避免地具有机械性。因此,对同一法律关系的不同方面或环节进行划分,并规定不同的连结点,相对增加连结点的数量,也是“软化”传统冲突规范的一种有效方法。〔1〕

第二节 冲突规范的结构、类型和连结点

一、冲突规范的结构

目前,我国学者对冲突规范的结构主要有两种观点,即“三分说”和“两分说”。

采取“三分说”即是将冲突规范分成如下三部分:(1)范围,亦称连接对象,是冲突规范所要调整的民商事法律关系或所要解决的法律问题;(2)系属,指明冲突规范所涉及的法律关系应适用的法律;(3)关联词(连结点),从语法结构上将“范围”和“系属”联系起来,是冲突规范不可缺少的组成部分。

“两分说”主要有两种观点:第一,将冲突规范分成范围和准据法两部分。准据法是对范围中的某种涉外民商事关系规定一个应适用的法律,它包括连结点及它所指向的法律。第二,将冲突规范分为范围和系属两部分。范围指明该规范所要调整的法律关系,系属则指出调整该法律关系所应适用的法律。我们支持这种观点。

二、冲突规范的类型

根据冲突规范中系属的不同规定,可将冲突规范分成四种基本类型:单边冲突规范、双边冲突规范、重叠适用的冲突规范和选择适用的冲突规范。

---

〔1〕 参见李双元、张明杰:《论法律冲突规范的软化处理》,载《中国法学》1989 年第 2 期。

(一)单边冲突规范

单边冲突规范,是直接规定某种涉外民商事关系只适用内国法或只适用外国法的冲突规范。这类冲突规范的系属中只有一个连结点,并且直接表明了该连结点是内国或者外国。指明适用内国法是单边冲突规范最常见的一种形式,如我国《民法典》第467条第2款就规定:"在中华人民共和国境内履行的中外合资经营企业合同、中外合作经营企业合同、中外合作勘探开发自然资源合同,适用中华人民共和国法律。"直接指明适用外国法的情况比较少见,如苏联1969年颁布的《苏俄婚姻家庭法典》第162条第4款规定:"外国人在苏联境外按照有关国家的法律结婚,苏俄承认有效。"

单边冲突规范的系属中只有一个连结点,即要么适用内国法,要么适用外国法,二者必居其一。单边冲突规范适用起来直截了当,简单方便,且能直接反映涉外民商事关系与特定国家的特殊联系,但它缺乏灵活性,不能将内外国法律置于平等地位上进行选择,因此,这种冲突规范实际上是不完全的冲突规范。

(二)双边冲突规范

所谓双边冲突规范,是指其系属并不直接规定适用内国法或外国法,而只规定一个可供推定的系属,并据此结合涉外民商事关系的具体情况去确定应适用某一国家的法律的冲突规范。例如,我国《涉外民事关系法律适用法》第11条规定:"自然人的民事权利能力,适用经常居所地法律。"其中的"经常居所地法律"就是一个需要推定的系属。据此,如果经常居所地在内国就适用内国法;反之,则适用外国法。可见,双边冲突规范所指定的准据法既可能是内国法,也可能是外国法,在法律适用上体现了对内外国法律的平等对待。

一般而言,一条双边冲突规范可以被分解为两条单边冲突规范,其中一条直接指明适用内国法,另一条直接指明适用外国法。应该说双边冲突规范在立法技术上较之单边冲突规范更为完善,在当今各国冲突法立法中,双边冲突规范是数量较多并且最常用的冲突规范类型。不过,也应该看到,由于此类规范过于抽象、灵活,在其所指向的外国法与法院地国的政策相悖时,常常导致法院地国适用诸如反致、公共秩序保留等限制外国法适用的一系列冲突法制度,从而使其效力受到削弱。

(三)重叠适用的冲突规范

重叠适用的冲突规范,是指其系属所规定的两种或两种以上法律必须同时适用于某种涉外民商事关系的冲突规范。例如,1902年《海牙离婚公约》第2条规定:"离婚之请求,非依夫妇之本国法及法庭地法均有离婚之原因者,不得为之。"这表明,离婚问题必须同时适用夫妇之本国法和法院地法,只有二者均认为有离婚原因时,才准许当事人离婚。通常在涉及一国重大利益或公共秩序,立法者如认为某种法律行为或法律关系的成立或解除需要从严掌握时,才会采用此种类型的冲突规范。因而在许多情况下,重叠适用的冲突规范规定的两个应重叠适用的准据法,一般都有一个是法院地法。

(四)选择适用的冲突规范

选择适用的冲突规范就是其系属中有两个或两个以上的连结点,但只选择其中之一来调整某一涉外民商事关系的冲突规范。依照选择法律的方式,可将这类冲突规范分为两类:

1. 无条件选择适用的冲突规范

在这种规范中,法院可以任意或无条件地选择系属中的若干连结点中的一个来调整某一涉外民商事关系。例如,《涉外民事关系法律适用法》第 33 条规定:"遗嘱效力,适用遗嘱人立遗嘱时或者死亡时经常居所地法律或者国籍国法律。"

2. 有条件选择适用的冲突规范

它是指系属中有两个或两个以上的连结点,但只允许依顺序或有条件地选择其中之一来调整某一涉外民商事关系的冲突规范。例如,我国《涉外民事关系法律适用法》第 21 条规定:"结婚条件,适用当事人共同经常居所地法律;没有共同经常居所地的,适用共同国籍国法律;没有共同国籍,在一方当事人经常居所地或者国籍国缔结婚姻的,适用婚姻缔结地法律。"显然,本冲突规范所列举的准据法有三个,但在适用时,必须遵循一定的顺序,即在三个不同的系属中不能适用前一系属指向的法律时,才能适用后一系属所指向的法律。

需要指出的是,冲突规范的四种基本类型,不仅具有法律规范分类的意义,而且具体指导着各国的冲突规范立法。一国采用何种冲突规范来调整某一涉外民商事关系,常常取决于其内外实体政策的需要。如某一涉外民商事关系适用外国法无伤内国大碍时,便可从宽掌握,采用双边或选择适用的冲突规范;反之,如欲从严掌握时,则应考虑采用单边或重叠适用的冲突规范。可见,冲突规范类型的划分,不仅涉及立法技术问题,而且关系着一国的政治、经济生活。当前,各国双边冲突规范、选择适用的冲突规范的增加,无疑是基于全球经济一体化进程的加快,日益频繁而复杂的国际经济、民商事交往的客观需要,是经济发展要求法律适用的开放性和灵活性的客观反映。

三、连结点

(一)连结点的法律意义

在冲突规范的系属中,有一个很重要的组成部分,就是连结点,亦称为连结因素或连结根据。它是冲突规范借以确定涉外民商事关系应当适用什么法律的根据。一般而言,由于客观情况复杂多样,任何一个立法者都不可能全面考虑法律关系要素的构成情况而为它们分别提供一个法律适用方案,他只能从原则上规定用什么地方的法律来调整某一具体法律关系最为合适,因此,他必须从法律关系的构成要素中选择其中之一作为选择准据法的媒介,这些被指定为媒介的要素,就是连结点。例如,关于侵权行为,可供考虑的要素有加害者和受害者的国籍、住所、加害行为地以及损害发生地等。作为立法者,就要选择其中的一个关系密切的要素作为媒介,当其选定某一要素,如加害行为地作为媒介时,它就成为解决侵权行为的连结点。

在冲突规范中，连结点的意义表现在两个方面：从形式上看，连结点是把冲突规范中“范围”所指的法律关系与一定地域的法律联系起来的纽带或媒介。冲突规范之所以是一种间接规范，是因为它并不直接规定当事人的权利义务，而只是通过连结点去援引某一法律来确定当事人的权利义务。从实质上看，这种纽带或媒介又反映了该法律关系与一定地域的法律之间存在内在的实质的联系或隶属关系。因此，对不同法律关系连结点的选择不是任意的，它必须在客观上确实能体现这种内在的联系。正如英国学者戚希尔(Cheshire)和诺斯曾指出的那样，所谓“连结点”或“连结因素”，就是指那些能在法院需要处理的事实情况与某一特定法域之间建立起“自然联系”的明显事实。[2]

（二）连结点的分类

1. 客观连结点和主观连结点

客观连结点主要有国籍、住所、居所、物之所在地、法院地等，这种连结点是一种客观实在的标志。主观连结点主要包括当事人之间的合意和最密切联系地，二者所不同的是意思自治是由当事人商定，而最密切联系地由法官确定。

2. 静态连结点和动态连结点

静态连结点是固定不变的连结点，主要指不动产所在地以及涉及过去的行为或事件的连结点，如婚姻缔结地、合同缔结地、法人登记地、侵权行为发生地等。根据静态连结点比较容易确定涉外民商事关系应适用的法律。动态连结点是可变的连结点，如国籍、住所、居所、所在地等。动态连结点的存在一方面加强了冲突规范的灵活性，另一方面也为当事人规避法律提供了可能的条件。

连结点之所以为“动态”，就在于该连结点所调整的有关人、行为或事件可能与不同的时间相联系，于是就涉及依何时的连结点作为根据来确定准据法的问题，即连结点的时间限定问题。一般说来，各国立法中的冲突规范和国际条约中的冲突规范，如有必要，都对连结点的时间限定加以规定。例如，我国《涉外民事关系法律适用法》第31条规定：“法定继承，适用被继承人死亡时经常居所地法律……”这就把连结点限定在“死亡时”了。

此外，欧美一些学者对连结点还将其区分为“开放性”连结点和“硬性”连结点。

（三）连结点的选择

所谓连结点的选择，是指在一个法律关系诸多构成要素中，选择一个最能反映“范围”中所要解决的问题的本质，并以与之存在密切联系的要素作为连结点，以指引准据法的选择，从而公平合理地解决涉外民商事纠纷。

如前所述，连结点的选择从来就不是任意的，而是有其客观根据的，即一个国家的立法者选择和确定某一类型法律关系的连结点，总是以某种法律关系与一定地域法律之间的内在本

---

[2] 参见李双元：《国际私法（冲突法篇）》，武汉大学出版社1987年版，第134页。

质联系为依据的。实际上,一国立法机关对某一法律关系究竟选择哪一要素作为连结点,通常要考虑的因素是:(1)冲突规范的“范围”所要解决的法律问题的性质与分类;(2)冲突规范所选择的连结点必须是“范围”中法律关系的构成要素之一;(3)区分不同连结点的含义和作用,确定有关连结点是否与特定的法律关系具有较本质的联系,对特定的问题具有相对重要性;(4)有关的连结点必须是各国立法机关经常作为自己行使立法管辖权的根据;(5)有关的连结点必须便于认定和适用,并与特定的地域相联系;(6)有关连结点的选择必须符合内国处理涉外民商事关系的政策。

(四)连结点的冲突

对于同一性质的法律关系,尽管各国可能选择同一个连结点指引准据法,但由于各国有权自行决定连结点的含义并赋予该连结点不相同的含义,因而仍然可能选择不同国家的实体法作准据法。这就是德国法学家卡恩所说的“连结概念的冲突”。例如,两个国家的冲突法都规定,侵权行为依侵权行为地法,但两国对侵权行为地的理解不同:一国认定加害行为发生地是侵权行为地,而另一国则认定后果发生地为侵权行为地,这就产生了连结点的冲突问题。可见,连接点的冲突是关于连接点理解或解释的冲突。它实质上是识别问题的一个方面,因而应通过识别加以解决。

第三节 系属公式

在国际私法理论中,往往把一些解决法律冲突的原则公式化,使其成为固定的系属,以解决同类性质法律关系的冲突问题。这种公式化、固定化的系属就是系属公式。由于单边冲突规范对应适用的法律已作了明确规定,不需要凭借某种公式加以表述,因此,系属公式是基于双边冲突规范而形成的。

在国际私法中,常见的系属公式主要有以下几种。

一、属人法

属人法,是以法律关系当事人的国籍、住所等作为连结点的系属公式。该系属公式主要用于解决自然人的身份关系、权利能力、行为能力以及婚姻家庭关系和继承关系等方面的法律冲突问题。目前,国际上对属人法存在“本国法”和“住所地法”两种不同的理解,由此形成属人法方面的两大派别。欧洲自巴托鲁斯以来至1804年《法国民法典》颁布以前,一直将当事人住所地法视为属人法。主要是因为当时各国的国内法律尚未统一,不具备以本国法作为属人法的客观条件。但自从《法国民法典》颁布后,大陆法系国家便广泛采用本国法作为当事人的属人法。然而,国内存在复合法域的英美法系国家及南美一些国家仍然坚持以住所地法为属人法。之所以如此,是因为欧洲大陆法系国家在历史上多为大量向外移民的国家,以本国法作为属人法有利于扩大这些国家国内法的适用范围，以便从法律上继续控制和保护其流向他国的移民。相反，英美法系国家则在历史上曾大量接受移民，以当事人的住所地法作为属人法就能排斥外来移民的本国法而扩大其自身法律的适用范围。

需要指出的是，关于属人法上“本国法”与“住所地法”的冲突与对立，国际上已经出现缓和与趋同的趋势，包括中国在内的一些国家的新近立法已经用自然人惯常居所地法或经常居所地法取代了自然人本国法和住所地法。例如，我国《涉外民事关系法律适用法》有关自然人民事主体的相关条文均采用了经常居所地法这一系属。

二、物之所在地法

这是以涉外民商事关系的标的物所在地作为连结点的系属公式，它常用来解决物权，特别是不动产物权的法律冲突问题。

物之所在地法的适用范围经历了一个漫长的演变过程。在 19 世纪中叶以前，物之所在地法一般只是用于调整以不动产为客体的涉外民商事关系。但从 19 世纪后期开始，不少国家除继续坚持不动产依不动产所在地法这一原则外，还主张把物之所在地法适用于动产物权关系。根据我国《涉外民事关系法律适用法》有关规定，涉及不动产物权、不动产法定继承、遗产管理、无人继承遗产的归属以及一般动产（当事人没有选择法律适用的）等事项，均适用物之所在地法。

三、行为地法

行为地法，是指民事行为发生地国家的法律。这是以行为地为连结点的一个系属公式。它起源于“场所支配行为”这一法律古谚，其理由是，当事人既然在该地为某种法律行为，他对该行为地的法律必定有所了解，如果当事人没有相反的意思表示，就可以推定他有服从该行为地法的意思。该系属公式被各国广泛用于解决民事行为的形式要件的法律冲突，有时也用于解决民事行为实质要件方面的法律冲突。由于法律行为的性质不同，行为地法在实践中主要表现为以下几种形式。

第一，合同缔结地法，是指签订合同的行为实施地国家的法律。通常用于解决合同形式是否有效、合同内容是否合法、合同是否成立等方面的法律冲突。假如合同双方当事人分处在不同的国家，异地订约时，应该以何地为合同缔结地呢？对此，国际上有两种立法和实践：一种是以承诺发出地为合同缔结地，另一种是以承诺接收地为合同缔结地。

第二，债务履行地法，是指债务人履行约定或法定义务的地点所在国家的法律。通常用来解决合同内容，特别是合同履行方面的法律冲突问题。

第三，侵权行为地法，是指不法侵害他人权益的行为发生地国家的法律，用于解决侵权行为是否成立、侵权人所应承担的责任等方面的法律冲突问题。实践中，对侵权行为地法有侵权行为实施地法和损害结果发生地法两种理解。

第四，婚姻缔结地法，是指婚姻仪式举行地或婚姻登记地国家的法律。通常用于解决婚姻形式要件方面的法律冲突,也有不少国家用其解决婚姻实质要件方面的法律冲突。

第五,遗嘱订立地法,是指遗嘱人订立遗嘱的地点所在国的法律。主要用于解决遗嘱方式的法律冲突问题。

四、法院地法

法院地法,是指审理涉外民事案件的法院所在地国家的法律。它通常用来解决涉外民事诉讼程序方面的法律冲突,不过从现代各国立法和有关国际条约的规定来看,这一系属公式也可用于某些实体问题法律冲突的解决,例如,根据我国《涉外民事关系法律适用法》《海商法》《民用航空法》和其他有关法规,解决离婚、船舶优先权、民用航空器优先权、公海或公海上空的侵权行为、海事赔偿责任限制等问题的法律冲突,均可适用法院地法。除此之外,在有关国家对于冲突规范的解释(识别问题)发生冲突、冲突规范所援引的外国法违反法院地国的公共秩序、国内立法和国际条约中没有可资适用的实体法时,通常也会适用或代之以法院地法。

五、旗国法

旗国法,是指交通运输工具悬挂的旗帜或标志所属国的法律。这一系属公式,通常是用于解决交通运输工具物权的法律冲突以及交通运输工具在运输过程中发生纠纷而引起的法律冲突问题。例如,我国《民用航空法》第185条规定:“民用航空器所有权的取得、转让和消灭,适用民用航空器国籍登记国法律。”《海商法》第270条规定:“船舶所有权的取得、转让和消灭,适用船旗国法律。”

六、当事人合意选择的法律

所谓当事人选择的法律,是指涉外民商事关系的当事人自己选择的用于支配该法律关系的法律。该系属公式,主要用于解决涉外合同的法律冲突问题。例如,我国《涉外民事关系法律适用法》第41条规定:“当事人可以协议选择合同适用的法律……”

由当事人自己选择涉外民商事关系所适用的法律,在国际私法学上称为当事人“意思自治原则”。该原则是16世纪法国国际私法学者杜摩林最先提出来的,主要是用以确定有关涉外合同之债的准据法。至于意思自治原则是否意味着完全听从当事人的自由选择而不受任何限制,却存在不同的见解。不过,从目前各国的立法与实践看,即使在标榜不干涉原则的资本主义国家的国际私法中,对于意思自治原则的适用也都是有所限制的。其主要表现在:当事人的协议选择只限于有关国家的任意法的范围,不得借自主选择而规避强行法;许多国家都不允许当事人选择与合同毫无实际联系的法律,有些法典甚至明确规定当事人只能在哪几种法律中进行选择;个别国家,如英国还认为当事人对法律的选择,必须符合善意合法及不存在规避政策的情况等条件。[3] 现在,意思自治原则已扩展到侵权、婚姻家庭、继承等众多领域,成为一项

---

〔3〕 还可参见《涉外民事关系法律适用法》司法解释第6~11条。

重要的冲突法原则。

七、最密切联系国家的法律

所谓最密切联系国家的法律，是指与涉外民商事关系有最密切联系的国家的法律。这是20世纪50年代以后出现的一个比较新的系属公式。最密切联系原则被认为是对法律关系本座说的继承和发展。只不过萨维尼将这种联系固定为一种机械、僵硬的“本座”，而最密切联系原则是通过对案件进行综合分析，找出与该法律关系有最密切联系的地方的法律。这种方法强调法官的主观能动性，能够适应当前国际经济关系的发展和涉外民商事关系复杂多变的客观形势的需要，可以避免用某一种固定的连结点指引准据法的不切合案件实际情况或不符合案件公正合理解决的缺陷，使准据法的选择更加科学和灵活，因此越来越受到广泛的认同和肯定。需要指出的是，最密切联系原则赋予法官过大的自由裁量权，从而给国际私法追求的适用法律的确定性、可预见性和一致性带来冲击。

思考题

一、选择题

1.《瑞士联邦国际私法》规定：在瑞士举行的婚姻的实质要件，适用瑞士法律；外国人之间的婚姻不符合瑞士法律规定的要件，但符合已订婚的男女之一方的本国法时，仍得举行，这是一条（　　）。

A. 无条件的选择性冲突规范　　B. 有条件的选择性冲突规范

C. 无条件的重叠性冲突规范　　D. 有条件的重叠性冲突规范

2. 对冲突规范进行“软化”处理的趋势表现在（　　）。

A. 用灵活的连结点代替僵固的连结点

B. 用僵固的连结点代替灵活的连结点

C. 规定多个连结点以提高法律选择的灵活性

D. 对同类法律关系依不同性质加以区分，规定不同连结点

E. 对同一法律关系的不同方面进行分割，规定不同连结点

二、简答题

简述属人法的历史演变。

三、论述题

如何正确认识冲突规范在国际私法中的地位和作用？

延伸阅读

1.［德］萨维尼：《法律冲突与法律规则的地域和时间范围》，李双元等译，法律出版社1999年版。

2. 李双元、吕国民:《萨维尼法学实践中一个矛盾现象之透视》,载《浙江社会科学》2000 年第 2 期。

3. 黄进:《论宪法与区际法律冲突》,载《法学论坛》2003 年第 3 期。

4. 张春良:《系属的体系化与体系化的系属——从〈涉外民事关系法律适用法〉第 21 条展开》,载《法律科学》2018 年第 5 期。

5. 吕岩峰:《准据法及其理论与方法论纲》,载《吉林大学社会科学学报》2004 年第 5 期。

第五章 准 据 法

内容提示

准据法是指经冲突规范指定援用来确定涉外民商事关系当事人具体权利和义务的特定的实体法。冲突规范作为一种间接调整规范，只能起到指定准据法的作用。用冲突规范调整涉外民商事关系时，当事人的具体权利和义务，最终由准据法决定。准据法确定方法在当代的变革主要表现在选择性冲突规范的增加、当事人意思自治原则适用领域的扩展，以及法官自由裁量权的增强等方面。在具体实践中，准据法的确定常常会遇到区际法律冲突问题、时际法律冲突问题、先决问题等一些特殊问题，需要采取不同的规则进行解决。

第一节 准据法的含义和特点

一、准据法的含义

准据法(applicable law, *lex causae*)是国际私法所特有的概念，是指经冲突规范指定援用来确定涉外民商事关系当事人具体权利和义务的特定的实体法。由于冲突规范是一种间接调整规范，因此，在运用冲突规范调整某一涉外民商事关系时，必须根据冲突规范系属的规定，并结合具体情况选择出某个特定的实体法，才能依该实体法确定当事人的具体权利和义务。这个根据冲突规范的指定而被适用的实体法，便是该涉外民商事关系的准据法。例如，日本人甲未订立遗嘱，死亡时经常居所在日本，在我国境内遗留下一笔动产，其继承人向我国法院提出继承请求，我国法院依“法定继承适用被继承人死亡时经常居所地法律”这一冲突规范，援用日本有关继承的实体法处理此案，日本有关继承的实体法便是该动产继承关系的准据法。

准据法与冲突规范是两个既有联系又有区别的概念。一方面，冲突规范本身不能直接调整涉外民商事关系，它必须与其指定的准据法结合起来，才能最终实现对涉外民商事关系的调整；另一方面，准据法必须依冲突规范中的系属并结合有关涉外民商事案件的具体情况才能确定，如果没有冲突规范，就不可能确定涉外民商事关系的准据法。

二、准据法的特点

涉外民商事关系的准据法，主要具有以下特点：

第一,准据法是根据冲突规范的指定而援引的法律。任何一个法律,只有经冲突规范的指定而适用于某一具体的涉外民商事关系时,才能被视为该涉外民商事关系的准据法,如果未经冲突规范指引而直接适用于涉外民商事关系,则不能称为准据法。自20世纪50年代产生和发展起来的"直接适用的法律",无须经冲突规范指定就可以直接适用于涉外民商事关系,这种直接适用的法律就不能称为准据法。此外,国际条约和国际惯例如果未经冲突规范指定而直接适用于有关的涉外民商事关系,也不能称为准据法。

第二,准据法是实体法。由于准据法是经冲突规范的指定援引来确定当事人实体权利义务的法律,因此,准据法必须是实体法,而不能是冲突规范或程序法。在实践中,经冲突规范的指定而成为准据法的实体法,在大多数情况下是有关国家的国内实体法,如上例中日本有关继承的实体法。但在某些涉外民商事关系中,统一实体法(包括国际条约和国际惯例)经冲突规范的指定,也可能成为准据法。例如,根据"合同适用当事人选择的法律"这一冲突规范调整涉外合同关系时,如果当事人选择的法律是某一国际条约或者国际惯例,则该国际条约或国际惯例便被援引为涉外合同的准据法。

第三,准据法是确定当事人具体权利和义务的依据。某个实体法一旦经冲突规范的指定而成为涉外民商事关系的准据法,该涉外民商事关系中当事人各方的具体权利和义务便依该实体法来确定。正因如此,在运用冲突规范调整涉外民商事关系时,如果选择不同的实体法作为准据法,当事人享有的权利或承担的义务也就可能不相同。

第二节 准据法的确定

一、准据法的确定方法

准据法的确定方法就是法律选择的方法,是指根据冲突规范如何确定涉外民商事关系的准据法。关于准据法的确定方法,不同时期的学说和实践有不同的主张和做法。

在20世纪以前,除了涉外合同关系的准据法可依当事人的意思确定以外,其他涉外民商事关系的准据法几乎都是依某些客观的空间连结因素来确定。例如,19世纪德国法学家萨维尼创立的"法律关系本座说",就为每一种涉外民商事关系确定一个"本座",并主张以涉外民商事关系"本座"所在地的法律作为准据法。依客观的空间连结因素来确定涉外民商事关系的准据法,大体上有这样几个步骤:首先,根据一定的法律观念,确定有关的涉外民商事关系的性质;其次,根据该涉外民商事关系的性质,确定其所应适用的冲突规范;最后,根据该冲突规范连结点的指引,选择某一实体法作为准据法。

按照上述方法确定涉外民商事关系的准据法,在某些情况下可能会导致与涉外民商事关系仅有偶然联系的法律的适用,从而产生不合理的结果。因此,进入20世纪以后,许多国际私法学者从法律适用的"合理性"这一角度,对准据法的确定方法进行了深入探讨,并提出了"政府利益分析说""最密切联系说"等关于准据法确定方法的新学说,从而引起了准据法确定方法的深刻变革。这种变革主要有以下表现:第一,各国国际私法立法中选择性冲突规范大量增加,据以确定准据法的连结因素出现了多元化的倾向,准据法的确定具有了较大的灵活性。第二,当事人的意思对准据法的确定发生了更大的影响。一些国家不仅允许涉外合同关系的当事人协议选择准据法,而且在侵权行为、遗嘱、夫妻财产制等方面也允许依当事人的意思确定准据法。第三,在准据法的确定方法方面,法官的自由裁量权日渐增强。不少国家允许法官在实践中采取政府利益分析或最密切联系因素分析的方法确定涉外民商事关系的准据法,而不再依机械的空间连结因素确定准据法。

二、特殊问题准据法的确定

在确定准据法的过程中,有时可能遇到一些需要解决的特殊问题。较常见的特殊问题主要有以下几个。

(一)区际法律冲突下准据法的确定

在有些国家,由于不同地区分别施行不同的法律,因而在这些国家内部,并存着两个或者两个以上相对独立的法域。当内国法院根据冲突规范的指引应适用某个多法域国家的法律时,便必须解决以该多法域国家中哪个法域的法律为准据法的问题。对于这一问题,各国的解决方法不完全一致。主要有以下几种解决方法。

1. 间接指定方法

间接指定方法,是指依多法域国家的区际私法规则来确定以哪个法域的法律为准据法。具体做法是:内国法院根据冲突规范的指引应适用某多法域国家的法律时,如果该多法域国家的区际私法规定了有关的民事关系应适用哪个法域的法律的,内国法院便以该法域的法律为准据法。采取这种解决方法的国家主要有秘鲁、波兰、捷克、埃及等。例如,1984 年《秘鲁民法典》第 2056 条规定:"可适用的法律所属的外国如有不同的法律制度并存,则国内冲突应根据该外国法律体系中有效的原则加以解决。"1966 年《波兰国际私法》第 5 条规定:"如被适用的法律所属的国家领土上有几种法律体系同时有效时,由该国法律决定适用何种体系。"

采取间接指定方法解决区际法律冲突下准据法的确定问题,有时会遇到一个难题,即内国法院根据冲突规范应当适用某个多法域国家的法律时,如果该多法域国家没有明确的区际私法规则,或者其区际私法规则也不统一,内国法院便难以确定应以哪个法域的法律为准据法。

2. 直接指定方法

直接指定方法,是指直接指定以多法域国家哪个法域的法律为准据法。采用这种解决方法的国家,在立法上和实践中又有不同做法:(1)依冲突规范的具体连结点直接指定以多法域国家某一法域的法律为准据法。有些冲突规范是以当事人住所地、居所地、行为地或物之所在地等为连结点,依这些具体的连结点,便可以直接将多法域国家某一法域的法律援引为准据法。这一方法被欧洲许多国家所采用。(2)直接指定以与涉外民商事关系有最密切联系的法域的法律为准据法。采用这种解决办法时,并不考虑多法域国家的区际私法规则,而是从涉外民商事关系的具体情况入手,分析多法域国家的哪个法域与涉外民商事关系联系最密切,并以该有最密切联系的法域的法律为准据法。这种解决办法,已被近年有关国家制定的国际私法所采用。

3. 合并指定方法

合并指定方法,是将上述间接指定方法和直接指定方法结合起来解决区际法律冲突下准据法的确定问题的方法。例如,1978 年《奥地利联邦国际私法法规》第 5 条规定:"如外国法由几部分法域组成,则适用该外国法规则所指定的那一法域的法律。如无此种规则,则适用与之有最强联系的那一法域的法律。"按照这一规定,奥地利法院依冲突规范应当适用某外国的法律而该外国又并存多个法域时,原则上是以该外国法规则(该外国区际私法规则)所指定的那个法域的法律为准据法;该外国没有区际私法规则时,便直接以与涉外民商事关系有最强联系的那个法域的法律为准据法。1986 年《联邦德国国际私法》第 4 条第 3 款规定:"如果指定应适用存在数个法域的国家的法律,但没有指明应适用哪一个法域的法律,则依该国法律确定应适用哪个法域的法律。如果该国没有这种冲突规则,则适用同实际情况有最密切联系的法域的法律。"按照这一规定,区际法律冲突下准据法的确定有三种方法:(1)冲突规范的连结点已表明是多法域国家的哪个法域时,便直接以该法域的法律为准据法;(2)冲突规范的连结点未表明是哪个法域时,应依多法域国家的区际私法规则决定以哪个法域的法律为准据法;(3)冲突规范的连结点未表明是多法域国家的哪个法域,并且该多法域国家又没有解决有关问题的区际私法规则时,便直接以与实际情况有最密切联系的那个法域的法律为准据法。

我国《涉外民事关系法律适用法》采用直接指定方法。该法第 6 条规定:"涉外民事关系适用外国法律,该国不同区域实施不同法律的,适用与该涉外民事关系有最密切联系区域的法律。"

(二)时际法律冲突下准据法的确定

在确定准据法时可能遇到的时际法律冲突,大致有三种情形:一是法院地国的冲突规范在法律关系确立后发生了变更;二是法律关系依冲突规范指定的准据法确立之后,构成冲突规范连结点的事实因素发生了变更;三是法院地国冲突规范指定的实体法在法律关系确立后发生了变更。现将这几种情形分别进行介绍。

1. 法院地国冲突规范的变更

这种情形,主要是指法院地国调整某种涉外民商事关系的冲突规范的系属发生了改变。如原来的冲突规范规定结婚适用婚姻缔结地法,而新的冲突规范改为结婚适用当事人各自的本国法,便属于这种情形。

如果某一涉外民商事关系是依原来的冲突规范指定的法律而确立的,在新的冲突规范制定出来后,便会产生该涉外民商事关系的准据法是依原来的冲突规范还是依新的冲突规范来确定的问题。这一问题,实际上是法院地国新的冲突规范是否具有溯及力的问题。由于法院地国冲突规范的变更与法院地国其他法律的变更具有相同的性质,因而新的冲突规范有无溯及力,只能依法院地国的时际私法规则来解决,即如果法院地国规定新的冲突规范没有溯及力,便依法律关系成立时的冲突规范来确定准据法;如果法院地国明文规定新的冲突规范具有溯及力,则应依新的冲突规范来确定准据法。

在我国,《涉外民事关系法律适用法》的溯及力问题由《涉外民事关系法律适用法》司法解释进行了明确,即"涉外民事关系法律适用法实施以前发生的涉外民事关系,人民法院应当根据该涉外民事关系发生时的有关法律规定确定应当适用的法律;当时法律没有规定的,可以参照涉外民事关系法律适用法的规定确定"。此外,对于该司法解释本身的溯及力问题,该解释第18条规定:"涉外民事关系法律适用法施行后发生的涉外民事纠纷案件,本解释施行后尚未终审的,适用本解释;本解释施行前已经终审,当事人申请再审或者按照审判监督程序决定再审的,不适用本解释。"

2. 冲突规范连结点事实因素的变更

这种情形,是指某一涉外民商事关系依法院地国冲突规范指定的实体法确立之后,虽然法院地国调整该涉外民商事关系的冲突规范没有改变,但构成该冲突规范的连结点的事实因素如当事人的国籍、住所、营业所、动产所在地等发生了改变。这种情况下,将会引起依什么时候的事实因素来确定涉外民商事关系准据法的问题。例如,某一涉外民商事关系确立时当事人的住所在甲国,该涉外民商事关系发生讼争时当事人的住所在乙国,当事人向丙国法院起诉要求解决争议。根据丙国冲突规范,该涉外民商事关系应当适用当事人住所地法,这种情况下,丙国法院应依当事人什么时候的住所地来确定该涉外民商事关系的准据法?对这类问题,各国通常是根据涉外民商事关系的不同情况,分别采取"可变原则"和"不变原则"加以解决。

所谓"可变原则",是指涉外民商事关系依法院地国冲突规范指定的实体法确立以后,如果与该冲突规范的连结点有关的事实因素发生了变更的,应依变更后的事实因素确定准据法。例如,1982年《土耳其国际私法和国际诉讼程序法》第3条规定:"除法律另有规定外,当需要依国籍、住所或居所来决定法律适用时,则以审理案件时的国籍、住所或居所为准。"该规定表明,如果当事人的国籍、住所或居所在涉外民商事关系确立后发生了变更的,除法律另有规定之外,都应当以变更后的国籍、住所或居所为准来确定当事人的本国法、住所地法或居所地法。又如日本规定,夫妻间的人身关系、父母子女关系、扶养关系等均应适用当事人本国法。如果这些民事关系确立后当事人的国籍发生了变更,日本法院通常是依变更后的国籍确定准据法。[1] 一般说来,在具体实践中,如果不依变更后的事实因素确定涉外民商事关系的准据法会严重损害当事人利益或者严重影响交易安全时,各国大都采用"可变原则"加以处理。

所谓"不变原则",是指涉外民商事关系依法院地国冲突规范指定的实体法确立以后,即便构成该冲突规范连结点的事实因素发生了变更,法院也仍依涉外民商事关系确立时的事实因素确定其准据法。例如,1978年《奥地利联邦国际私法法规》第7条规定:"对选择法律有决定意义的必要条件,后来如果发生了变化,对已完成的事实不发生影响。"日本在婚姻的财产效力、婚姻成立的实质要件、离婚、亲子关系的成立、认领要件、收养要件、继承等问题上,亦采取

---

〔1〕 参见韩德培主编:《国际私法》(修订本),武汉大学出版社1989年版,第59页。

不许变更的态度,主张依涉外民商事关系确立时的事实因素确定准据法,而对法律关系确立后有关事实因素的变化不予考虑。[2] 一般说来,一个国家为了稳定和保护已经有效成立的法律关系,或者为了防止当事人故意改变某种事实因素以达到规避法律的目的,对有关的涉外民商事关系便往往按照“不变原则”确定其准据法。

3. 冲突规范指定的实体法的变更

在法院地国调整某种涉外民商事关系的冲突规范不变,构成该冲突规范连结点的事实因素也不变的情况下,如果该冲突规范指定的实体法在涉外民商事关系确立以后被修改或者被新的法律所取代,就会产生以什么时候的实体法作为准据法的问题。一般说来,解决这一问题应当依次考虑以下两个原则:

第一,法院地国对于适用什么时候的实体法有明确规定时,应依法院地国的规定加以解决。也就是说,如果法院地国规定本国冲突规范所指定的实体法是指解决争议时现行有效的实体法,就应当以新的实体法作为准据法;如果法院地国规定本国冲突规范所指定的实体法是指涉外民商事关系确立时的实体法,则以法律关系确立时的实体法为准据法。

第二,法院地国没有规定适用什么时候的实体法时,可按应适用的实体法所属国关于新的实体法有无溯及力的规定加以解决。如果应适用的实体法所属国规定变更后的实体法具有溯及力,应以变更后的新的实体法作为准据法;如果该实体法所属国规定变更后的实体法没有溯及力,则以涉外民商事关系确立时的实体法为准据法。

但是,以上两个原则并不绝对。在涉外合同关系中,如果合同当事人按“意思自治”原则协议选择的实体法在合同订立以后发生了变更,究竟是以当事人选择时的实体法作为合同的准据法,还是以变更后的实体法作为合同准据法,长期以来存在两种不同的观点。一种观点认为,应当以当事人选择时的实体法作为合同的准据法。理由是当事人双方在订立合同时所选择的法律,只能是当时就已经存在的法律,而并非当事人作出选择以后才制定的新法律。一旦当事人双方将选择的法律订入合同,便意味着该法律的适用成了合同关系的一项具体条款,只有将当事人选择时已存在的实体法作为合同准据法,才符合当事人之间的协议,否则,如果以合同订立后制定的新的实体法为准据法,就会与当事人订立合同时的愿望相违背。另一种观点认为,应当以变更后的实体法为合同准据法。持这种观点的人认为,当事人既然选择某国法律作为合同准据法,便意味着他们之间的合同关系要受该国“整个法律制度”的支配,包括受该国法律发展变化的影响,因此,变更之后的实体法,当事人也得服从。这种以变更后的实体法为合同准据法的观点,曾被一些西方国家法院的判例所支持。[3]

---

〔2〕 参见韩德培主编:《国际私法》(修订本),武汉大学出版社 1989 年版,第 59 页。

〔3〕 例如,1911 年,一个德国人从一家荷兰银行借了一笔德国马克,双方订立借贷合同时选择以德国法为该合同的准据法。第一次世界大战爆发后,德国修改法律,放弃了金本位制。当该项债务到期时,德国马克的实际价值几乎等于零。当事人双方为按金马克还是按战争爆发后的马克了结债务发生争议,诉讼到英国法院。英国法院判决,债权人不能要求债务人按 1911 年马克的实际价值偿还债务。法院指出,作为合同准据法的德国法,“必须是经常变化着的德国法”,债权人不能只采取当时的那个法律来主张其权利。参见黄惠康、黄进编著:《国际公法、国际私法成案选》,武汉大学出版社 1987 年版,第 322 ~ 323 页。

(三)先决问题准据法的确定

1. 先决问题的含义

国际私法中的先决问题,又称为附带问题,是指解决涉外民商事关系主要问题时必须先行解决的问题。由于该问题的解决是处理主要问题的先决条件,故称为先决问题。例如,一个住所在希腊的希腊男子,在英国和一个英国女子登记结婚。男方死亡后在英国遗留下一笔动产,女方以“配偶”身份向英国法院起诉,对希腊男子死亡后遗留下的动产主张继承权。此案中,英国法院要解决的主要问题是女方有无继承权的问题。按英国冲突规范,动产继承适用死者住所地法,所以英国法院应以希腊法律作为该继承问题的准据法。按照希腊关于继承的法律规定,尚生存的配偶享有继承已亡配偶遗产的权利。但在此案中,决定女方有无继承权时还必须先行解决一个附带的问题,即该英国女子和已死亡的希腊男子之间原来是否存在合法的婚姻关系。因为只有他们之间的婚姻关系合法有效,女方才享有继承权,反之,如果双方不存在合法的婚姻关系,则女方无权继承已死亡的希腊男子的遗产。依照法院地国(英国)的冲突规范,结婚的方式应当适用婚姻缔结地法,由于英国允许以登记方式结婚,所以,英国女子和希腊男子的婚姻有效,该英国女子有权继承希腊男子的遗产;但依照主要问题准据法所属国(希腊)的冲突规范,结婚的方式应当适用当事人本国法,由于希腊男子结婚的方式不符合希腊法律规定(希腊规定必须按宗教仪式结婚),所以他们的婚姻无效,该英国女子无权继承希腊男子的遗产。在这种情况下,婚姻是否有效便成了继承这一主要问题的先决问题,并且在司法实践中,法院还需考虑依哪个国家的冲突规范确定该先决问题的准据法。

2. 先决问题的构成要件

一般认为,需单独考虑依何国冲突规范确定其准据法的先决问题,应同时具备下述要件:

第一,主要问题依法院地国的冲突规范应当以某外国的法律为准据法。只有在这种情况下,才需要考虑是依法院地国冲突规范确定先决问题的准据法,还是依主要问题准据法所属国的冲突规范确定先决问题的准据法。否则,有关问题的准据法都依法院地国冲突规范确定,而无须考虑其他国家冲突规范的规定。

第二,该问题本身具有相对的独立性,可以作为单独的一项问题向法院提出,且有调整该问题的冲突规范。如上例中,婚姻关系是否有效,本身就是一个相对独立的问题,即使没有继承关系,该问题也可以依调整婚姻关系的冲突规范单独解决。

第三,该问题依法院地国冲突规范和依主要问题准据法所属国的冲突规范将会适用不同的法律并得出不同的结论,从而使主要问题的判决也不相同。如果两个国家调整该问题的冲突规范完全一样,将该问题作为先决问题单独考虑依何国冲突规范确定其准据法也就失去了意义。

3. 先决问题准据法的确定

在存在先决问题的案件中,先决问题的准据法应当依哪个国家的冲突规范来确定,存在不同的做法或主张:

(1)依主要问题准据法所属国的冲突规范。这种观点所依据的理由是先决问题和主要问题是两个紧密相关的问题,只有依主要问题准据法所属国的冲突规范来确定先决问题的准据法,才能避免把一起案件中密切关联的问题人为地割裂开来,从而求得先决问题与主要问题协调一致的判决结果。梅尔希奥(Melchior)、汪格尔、诺伯森、沃尔夫等国际私法学者便持这种观点。

(2)依法院地国的冲突规范。这种观点所依据的理由是先决问题虽然影响到主要问题的处理,但是,先决问题本身是一个独立的问题,法院地国立法中既然有调整这一问题的冲突规范,法院便应当按先决问题本身的性质,依法院地国的冲突规范来确定其准据法。努斯鲍姆、拉沛尔等国际私法学者持这种主张。

(3)先决问题重心说。根据先决问题分别与主要问题准据法和法院地法之间的关系密切程度,不同的情况分别采取不同的解决办法。例如,日本学者桑田三郎在介绍关于先决问题的学说时指出,随着国际私法理论现实主义倾向的发展,任何一个学派都在"避免根据单方面的立场来进行划一的解决",而是"根据情况谋求个别的解决,即看某一先决问题究竟是同法院地法还是同本问题(主要问题)准据法关系更为密切,换句话说,就是看该先决问题的重心究竟偏于哪个方面"。[4] 按照这一观点,当先决问题与法院地法关系密切时,应依法院地国冲突规范决定先决问题的准据法;当先决问题与主要问题准据法更为密切时,则依主要问题准据法所属国的冲突规范确定先决问题的准据法。

关于先决问题准据法的确定,尽管在理论上有不同的主张,但从加拿大、英国、美国、澳大利亚等国家的判例看,似乎更倾向于依主要问题准据法所属国的冲突规范来确定先决问题的准据法。在1963年"施韦伯尔诉安加"(Schwbel v. Ungar)案中,原告以自己的第二次婚姻是重婚为由,向加拿大安大略省法院起诉,请求宣告该婚姻无效。安大略省法院在解决原告再婚是否有效这一主要问题时,依冲突规范应当以以色列法律为准据法,但该案涉及原告与其前夫离婚的有效性这一先决问题。依安大略省冲突规范指定的准据法,原告与其前夫的离婚无效;但依以色列冲突规范指定的准据法,该离婚有效。安大略省法院在此案中以以色列冲突规范确定离婚这一先决问题的准据法,认定原告与其前夫离婚有效,其第二次婚姻也属有效。[5]

4. 我国立法的规定

《涉外民事关系法律适用法》司法解释对先决问题的法律适用予以明确,该解释第11条规定:"案件涉及两个或者两个以上的涉外民事关系时,人民法院应当分别确定应当适用的法律。"第10条规定:"涉外民事争议的解决须以另一涉外民事关系的确认为前提时,人民法院应当根据该先决问题自身的性质确定其应当适用的法律。"因此,我国法院在处理先决问题时,以该先决问题自身的性质来确定准据法。比如,域外当事人以继承人的身份就被继承人与他人之间的合同纠纷诉至人民法院,其中就不可避免地涉及继承人身份的确定,该问题就是

---

〔4〕 日本国际法学会:《国际法辞典》,世界知识出版社1985年版,第280页。
〔5〕 参见黄惠康、黄进编著:《国际公法、国际私法成案选》,武汉大学出版社1987年版,第298~299页。

系争合同纠纷的先决问题，而继承人的身份应当根据我国有关确定继承关系的准据法的规则予以确定。[6] 可见，我国司法解释采取的是依法院地国冲突规范来确定先决问题的准据法。

思考题

一、选择题

1. 依据《涉外民事关系法律适用法》，涉外民事关系适用外国法律，如果该外国不同区域实施不同法律的，准据法的确定方法是（　　）。

   A. 依据该外国法律关于调整国内法律冲突的规定，确定应适用的法律

   B. 适用与该涉外民事关系有最密切联系区域的法律

   C. 适用冲突规范的连结点直接指向的该外国的特定法域的法律

   D. 首先依据该外国法律关于调整国内法律冲突的规定，确定应适用的法律；该国法律未作规定的，则适用与该民事关系有最密切联系的区域的法律

2. 有下列情形之一时，准据法的确定需要解决时际法律冲突（　　）。

   A. 法院地的冲突规范发生了变更

   B. 当事人之间的法律关系发生了变更

   C. 与冲突规范连结点相对应的事实因素发生了变更

   D. 冲突规范指向的实体法的内容发生了变更

二、简答题

1. 简述准据法的特点。
2. 简述区际法律冲突下准据法的确定方法。

三、论述题

试述先决问题的构成要件及其准据法的确定方法。

延伸阅读

1. 胡永庆：《论法律选择方法的多元化》，载中国国际私法学会主办：《中国国际私法与比较法年刊》2001 年卷，法律出版社 2001 年版。
2. 肖永平：《美国冲突法革命之后的法律选择方法》，载中国国际私法学会主办：《中国国际私法与比较法年刊》2000 年卷，法律出版社 2000 年版。

---

〔6〕 参见高晓力：《〈关于适用涉外民事关系法律适用法若干问题的解释（一）〉的理解与适用》，载《人民司法》2013 年第 3 期。

3. 齐湘泉:《先决问题的构成要件与法律适用》,载《法制与社会发展》2003 年第 2 期。
4. 高晓力:《〈关于适用涉外民事关系法律适用法若干问题的解释(一)〉的理解与适用》,载《人民司法》2013 年第 3 期。
5. 王葆莳:《国际私法中的先决问题研究》,法律出版社 2007 年版。
6. 陈卫佐:《比较国际私法》,法律出版社 2022 年版。

第六章　适用冲突规范的制度

——| 内容提示 |——

由于冲突规范不直接规定当事人的权利和义务，只是起着援引准据法的作用，因而在运用冲突规范调整涉外民商事关系时，各国在立法上和实践中确立了一系列适用冲突规范的制度，以保证案件处理的公平合理，保护当事人的合法权益及国家的主权和利益。本章主要阐述识别、反致、禁止法律规避、公共秩序保留和外国法的查明五种制度的基本内容以及相关立法和实践。通过本章学习，掌握这些制度的基本概念、适用条件，以及我国的相关立法与司法实践。

第一节　识　　别

识别是伴随着冲突法发展起来的一项制度，对涉外民商事案件的准据法的确定起着重大作用。同时，识别又是国际私法中一个较为抽象和复杂的问题，在识别的概念、对象和依据等方面都存在很多争论。

一、识别的含义和意义

(一)识别的含义

识别又称为“定性”“归类”，是指法院、仲裁庭、行政机关或其他主体在处理涉外民商事案件时，依照一定的法律观念，对有关事实的性质作出定性或分类，将其归入特定的法律范畴，从而确定应予适用的冲突规范及其所援引的准据法的一种法律认识过程。这一定义表明，识别包含两方面的内容：

一是对有关冲突规范的概念或术语的识别，即根据一定的法律观念，对有关冲突规范的概念或术语作出适当的解释。冲突规范的“范围”和“系属”，大都表现为抽象的法律概念或术语，法院要运用冲突规范处理国际民商事争议，首先必须明确这些概念和术语的含义。例如，在“侵权行为适用侵权行为地法”这一冲突规范中，“侵权行为”和“侵权行为地法”的含义是什么，必须根据一定的法律观念进行解释，才能明确该冲突规范用于调整哪些涉外民商事关系，以及该冲突规范中指向的法律是什么地方的法律。

二是对涉外民商事争议的有关事实的识别，即根据一定的法律观念对涉外民商事争议的事实进行定性和归类,使之与有关冲突规范中的概念和术语的含义相符合。比如,某种行为能否被归入“侵权行为”的范畴。如果该行为在某地实施或者该行为造成的结果发生于某地,这些地点是否都属于侵权行为地。只有经过这样的识别,才能确定应当援引哪一条冲突规范来调整发生争议的涉外民商事关系以及应当确定什么地方的法律作为该民商事关系的准据法。

识别这一问题是19世纪末期由德国学者康恩(Kahn)和法国学者巴丹首先提出来的。在司法实践中,第一次运用识别处理涉外民商事案件的,是1889年法国最高法院审理的“安东夫人诉贝斯托罗”案。

(二)识别的意义

识别在国际私法实践中的重要意义,主要表现在以下方面:

第一,识别是正确适用冲突规范的前提。任何一种涉外民商事关系,都是由一系列具体的事实构成的。在国际私法立法上,冲突规范的“范围”表述为一个较为抽象的法律概念,诸如“权利能力”“行为能力”“动产”“不动产”“婚姻的效力”等。因此,某一涉外民商事关系需要用冲突规范调整时,该涉外民商事关系究竟与哪一条冲突规范的“范围”相符合,就必须进行识别。只有经过识别,明确了有关法律关系属于某一冲突规范所调整的“范围”,才能适用该冲突规范进行法律选择。例如,一个日本人死亡后在我国境内留下一笔遗产,其配偶和子女向我国法院请求继承。我国法院就必须先对该继承问题进行识别。如果我国法院将该案件识别为动产继承,便依“动产继承适用被继承人死亡时的经常居所地法”这一冲突规范处理;如果我国法院将该案件识别为不动产继承,则依“不动产继承适用不动产所在地法”这一冲突规范调整。由此可见,识别是正确适用冲突规范的前提,不经过识别,就不能确定某一涉外民商事关系应当适用哪一条冲突规范。

第二,识别是准确援引准据法的必备条件。准据法是经冲突规范“系属”的指引,援用来确定涉外民商事关系当事人权利义务的实体法。由于冲突规范的“系属”通常是一些比较抽象的法律适用原则,因此,在适用冲突规范援引准据法的过程中,只有通过对“系属”的识别,才能准确地确定应当适用的准据法。例如,在依“合同方式适用合同缔结地法”这一冲突规范确定合同方式的准据法时,倘若当事人双方缔结的是异地合同,便需要对“合同缔结地法”进行识别。如果以承诺发出地法为“合同缔结地法”,承诺发出地法便是该合同方式的准据法;如果以承诺到达地法为“合同缔结地法”,承诺到达地法就是该合同方式的准据法。由此可见,在适用冲突规范援引准据法的过程中,如果对冲突规范的“系属”作出不同的识别,将会援引出不同国家的实体法作为准据法。援引的准据法不同,也可能导致对案件的处理结果不同。

二、识别的冲突

国际私法中识别制度的建立,是为了解决识别冲突。由于不同国家的法律对同一事实或法律概念的定性或解释不同,即使两个国家的冲突规范相同,也会对同一事实的法律性质作出不同的分类,从而导致适用不同的冲突规范或者准据法。康恩在其1892年所著的《法律冲突论》一书中,将这一情况称为“隐存的法律冲突”(latent conflict),巴丹则在其1897年发表的论文中称之为“识别冲突”。在国际私法中,产生识别冲突的原因有:

第一,不同的国家对同一事实赋予不同的法律性质,导致适用不同的冲突规范。例如,结婚是否需要父母同意的问题,法国法把它识别为婚姻能力问题,导致当事人属人法的适用;英国法视之为婚姻形式问题,导致婚姻缔结地法的适用。

第二,不同国家把具有相同内容的法律问题分配到不同的法律部门中。例如,英美法系国家认为时效问题属于程序法上的问题,导致法院地法的适用;大陆法系认为属于实体法上的问题,导致有关法律关系准据法的适用。

第三,不同的国家对同一冲突规范的含义的理解不同。例如,各国法律都主张“不动产依不动产所在地法”,但对动产和不动产的理解不同,如法国把蜂房视为动产,而荷兰则视为不动产,从而导致不同的法律适用。

第四,一个国家所有的法律概念或制度在另一国立法中没有规定,如许多国家都有占有时效制度而我国没有。

三、识别的依据

识别的依据,即识别的标准,就是对有关问题应以何国法律进行识别。对于同一问题,如果用不同国家的法律观念进行识别,往往会得出不同的结论,从而导致不同的判决。

(一)关于识别依据的学说

自19世纪末德国学者康恩和法国学者巴丹发现并提出识别问题以来,各国学者对识别的依据问题展开了广泛的探讨,并提出了各种不同的学说。

1. 法院地法说

该学说主张以法院地国家的法律作为识别的标准。此说由康恩和巴丹首倡,并为多数国际私法学者所支持。他们所依据的理由主要是:首先,冲突规范是国内法,其使用的名词、概念只能依照其所属国的法律,即法院地法进行解释;其次,依法院地法进行识别是一种简便易行的方法,因为法官最熟悉自己国家的法律,诉讼当事人为了便于诉讼也大都了解了一些有关法院地法的内容;最后,识别是进行法律选择的前提条件,在未对冲突规范进行识别前,法院地国家之外的法律不可能得以适用,因此,除法院地法以外,不可能有其他国家的法律作为识别的依据。

2. 准据法说

该学说为法国学者德帕涅(Despagnet)和德国学者沃尔夫所主张。他们认为,用来解决涉外民事争议问题的准据法,同时也就是对该涉外民商事争议进行识别的依据。因为在他们看来,既然涉外民商事关系的一切问题都应受准据法的支配,那么对有关问题的识别,也应当依准据法来进行。如果不这样做,尽管法院地国的冲突规范指定适用外国法,结果也等于该外国法没有被适用。

3. 分析法学与比较法说

该学说为德国学者拉沛尔和英国学者贝克特(Beckett)所倡导。他们主张按照分析法学的原则和比较法的研究方法对各国法律进行研究,寻找出各国法律所共有的认识、概念、原则,然后用这些共同的认识、概念、原则作为识别的依据。该学说所依据的理由是,既然涉外民事关系与数国存在联系,那么在进行识别时,对有关问题的定性、归类和解释,就必须与各国法律的共同认识、概念、原则相一致,能够为不同国家的法制所接受。

4. 折中说

加拿大学者福尔肯布里奇(Falconbridge)试图在法院地法说和准据法说这两个极端之间寻求一种折中方案。他主张"法院在最后选择准据法之前应进行一种临时或初步的定性;对任何有可能得到适用的法律的规定,法院应该从上下文的联系上考虑那些规定"。[1] 福尔肯布里奇的折中说既不同于法院地法说和准据法说,又不同于分析法学与比较法说。因为它主张对案件涉及的有关国家的法律制度进行综合考察,并依各有关国家的法律进行识别。

5. 个案识别说

这是苏联学者隆茨和德国学者克格尔等人的主张。他们认为,识别归根结底就是对冲突规范的解释问题,除了国际条约中规定的统一的识别原则外,并不存在其他的统一的识别依据。法院在适用冲突规范时,应当根据冲突规范的目的,对不同的案件分别采用不同的法律作为识别的依据。如果法院地法与冲突规范的目的相符合,那么就应依法院地法进行识别;如果准据法与冲突规范的目的相一致,那么就依准据法进行识别。

(二)各国解决识别问题的实践

识别的依据问题,不仅在理论上众说纷纭,而且在实践中各国不同。从大多数国家的实践看,一般按以下原则来解决:

第一,国际条约对有关问题有明确规定时,依条约的规定进行识别。在一些规定有冲突规范的条约中,为了防止因概念含混模糊引起争执,常常对冲突规范的有关概念、术语作出了明确的界定。各缔约国在适用该条约中的冲突规范时,应依该条约的解释进行识别。例如,1973年在海牙缔结的《产品责任法律适用公约》第2条就对"产品""损害""人"的含义作了统一的解释。这些解释,就是缔约国在适用该公约规定的冲突规范时识别某种损害是否为产品致人损害的依据。

第二,国际条约对有关问题没有规定时,原则上依法院地法进行识别。例如,1948年《埃及民法典》第10条规定:"在某一特定的诉讼中遇有不同的法律冲突时,仅埃及法有权确定该法律关系所属类别,以指明应适用的法律。"1979年《匈牙利国际私法》第3条第1款规定:"如果在法律诉讼中对于事实或关系的性质有争议,应根据匈牙利的法律规则和概念决定适用的法律。"这些规定都是要求依法院地法进行识别。

---

〔1〕［英］莫里斯:《法律冲突法》,李东来等译,中国对外翻译出版公司1990年版,第486页。

但是，大多数国家在主张以法院地法作为识别的主要依据的同时，也承认有以下例外的情况：(1)对某物为动产或不动产的识别，应以物之所在地法为依据；(2)某外国法是不是当事人的本国法，应以该外国的法律为依据；(3)对法院地法未作规定的问题的识别可以以有关的外国法为依据。

我国《涉外民事关系法律适用法》第8条规定："涉外民事关系的定性，适用法院地法律。"

四、"二级识别"问题

"二级识别"理论是由英国学者戚希尔于1938年提出，1940年另一位英国学者罗伯逊(Robertson)也表达了"二级识别"的观点。他们认为，对冲突规范的"范围"和"系属"的识别是"一级识别"或"初级识别"，对冲突规范所援引的准据法进行识别就是"二级识别"；"一级识别"应以法院地法为依据，"二级识别"应当以准据法所属国的法律为依据。"一级识别"与"二级识别"的区别在于：前者是在准据法确定之前进行，而后者是在准据法确定之后才进行。与其他有关识别依据的学说一样，"二级识别"也是以一种识别依据的学说面貌出现的。该学说一出现，就受到了一些学者的批评。批评者认为，所谓"一级识别"和"二级识别"的区分是不真实的、人为的，并且还会导致武断的结果。后来，戚希尔也抛弃了这种"二级识别"的学说。事实上，也"没有任何已被记录在案的案例表明英格兰法院已接受这个理论"。[2]

我国国际私法学界对"二级识别"向来持否定态度。因为识别的目的是正确适用冲突规范，并依该冲突规范准确地援引某个国家的实体法作为准据法。一旦准据法确定以后，便意味着识别的过程已告结束。因此，所谓的"二级识别"是根本不存在的。

第二节 反 致

在国际私法中，反致制度是在适用冲突规范选择准据法的过程中产生的，它包括反致(狭义的)、转致和间接反致。反致制度自产生以来，理论之争一直不断，各国的态度也不尽相同。

一、反致的形式及其产生的条件

(一)反致的形式

反致有以下主要表现形式：

1. 直接反致

直接反致，亦称为"一级反致"。由于狭义的反致仅指直接反致，因此有学者将"直接反致"简称为"反致"，是指甲国法院在审理某一国际民商事案件时，依照甲国的冲突规范本应适用乙国法律，而乙国法律中的冲突规范却规定该案件应适用甲国法律，结果甲国法院适用了甲国的

[2] [英]J. H. C. 莫里斯主编：《戴西和莫里斯论冲突法》，李双元等译，中国大百科全书出版社1998年版，第48页。

实体法的情形。

虽然国际私法中的反致概念在19世纪末才得以形成,但早在1652年和1663年,法国鲁昂高等法院的一些判决中就有了类似的实践。这些判决曾经被法国法学家弗罗朗(Froland)讨论过,由此,弗罗朗也就成为第一个研究反致问题的学者。从19世纪40年代开始,第一批运用反致的判决在英国法院和德国法院作出,它们是英国法院1841年对“科利厄诉里瓦兹案”(Collier v. Rivaz)、1847年对“夫利尔诉夫利尔案”(Frere v. Frere)、1877年对“拉克拉财产案”(The Goods of Lacroix)的判决和德国法院1861年的一个判决。然而,这些判决并没有引起法学界的注意。[3] 直到1878年,法国最高法院判决“福尔果案”(Forgo)之后,反致制度才引起法学界的广泛注意和深入探讨。

福尔果是1801年出生于巴伐利亚的非婚生子,5岁时随其母到了法国,并在法国定居直至1869年死于法国,但未取得法国国籍。他生前未立遗嘱,死后在法国留下一笔动产。福尔果的母亲和妻子都已死亡,又没有子女。根据巴伐利亚的法律,非婚生子女的母系旁系血亲有权继承非婚生子女的遗产,因此,福尔果母系的旁系血亲向法院提起了继承诉讼。法国法院根据法国“继承依被继承人原始住所地法”这一冲突规范,应适用死者原始住所地法即巴伐利亚法律,但巴伐利亚的冲突规范规定“无遗嘱继承依被继承人事实上的住所地法”。最后,法国法院依巴伐利亚冲突规范,适用了法国实体法判决该案。由于当时法国法律规定非婚生子女的母系旁系血亲没有法定继承权,因此,法国法院将福尔果的遗产视为无人继承财产,宣布收归国有。

2. 转致

转致,又称为“二级反致”,是指甲国法院在处理某一涉外民商事案件时,根据甲国冲突规范应当适用乙国法律,而乙国法律中的冲突规范又规定该案件应当适用丙国法律,结果甲国法院适用丙国实体法判决该案的情形。

英国法院于1878年判决的“特鲁弗特案”(Truffort),就是运用转致制度的著名案例。特鲁弗特是一个在法国有住所的瑞士人,后死于法国。他生前立有遗嘱,将其包括在英国的动产在内的全部财产交给其教子。依瑞士法律,死者的亲生子有权继承遗产9/10的份额,因此,死者亲生子小特鲁弗特向英国法院起诉,并依瑞士法律提出了自己有权继承遗产9/10的份额的主张。英国法院在处理此案时,根据“动产继承依被继承人住所地法”这一冲突规范,应当适用法国的法律。但依法国冲突规范该案应当适用瑞士的法律。最后,英国法院适用瑞士法律作出了满足小特鲁弗特诉讼请求的判决。

3. 间接反致

间接反致,又称为“大反致”,是指甲国法院在处理某一涉外民商事案件时,根据甲国冲突规范应当适用乙国法律,而乙国法律中的冲突规范规定该案件应当适用丙国法律,但丙国法律中的冲突规范又规定该案件应当适用甲国法律,结果甲国法院适用甲国实体法处理该案的情形。间接反致的显著特征是法院借助于两个外国的冲突规范的指引而使法院地国的实体法得

---

[3] 参见[英]马丁·沃尔夫:《国际私法》,李浩培、汤宗舜译,法律出版社1988年版,第282~283页。

到适用。例如,一个住所在中国的秘鲁人死于中国,在波兰留有一笔不动产,其配偶和子女向波兰法院起诉请求继承该项不动产。波兰法院根据“继承依被继承人本国法”这一冲突规范应适用秘鲁法律;秘鲁法律中的冲突规范规定“继承适用被继承人最后住所地法”,即应适用中国法律;而中国规定“遗产的法定继承,不动产适用不动产所在地法律”,于是又指向了波兰法律。如果波兰法院依波兰有关继承的实体法判决此案,就构成了间接反致。

(二)反致产生的条件

反致的产生,是下述三个条件相互作用的结果:

第一,有关的涉外民商事关系依法院地国冲突规范应当适用外国法律。只有具备这一条件,才会引起致送现象发生,否则不会产生反致。例如,对于不动产的法定继承,甲国规定适用不动产所在地法,乙国规定适用被继承人的本国法。现假设一个乙国公民死于甲国并留有不动产在甲国,后因遗产继承诉诸甲国法院或乙国法院。若甲国法院办理此案,则应适用甲国实体法,不会出现反致;若乙国法院办理此案,则应适用乙国实体法,同样不会出现反致。

第二,法院地国将本国冲突规范所指向的外国法理解为实体法和冲突法的总和,并且法院在实践中避开该外国的实体法而适用了该外国的冲突规范。如果法院地国把本国冲突规范所指向的外国法仅仅理解为该国实体法,并依该国实体法确定涉外民商事关系当事人之间权利和义务,就不会发生反致。即使法院地国把本国冲突规范指向的外国法理解为实体法和冲突法的总和,但如果法院在实践中避开的是该外国的冲突法,适用的是该外国的实体法,那么也不可能发生反致的情形。

第三,法院地国的冲突规范与其指向的外国法中的冲突规范对同一涉外民商事关系规定了不同的“系属”。如果法院地国调整某一涉外民商事关系的冲突规范的“系属”与准据法国调整该涉外民商事关系的冲突规范的“系属”相同,那么,即使法院地国把本国冲突规范指向的外国法理解为实体法和冲突法的总和,也不会出现反致的情形。

二、直接反致、转致、间接反致的异同

虽然广义的反致包括了直接反致、转致、间接反致三种形式,但这三种形式的反致既有联系,又有区别。它们的联系主要表现在以下几个方面:

第一,直接反致、转致、间接反致都是发生在一国法院根据本国冲突规范处理涉外民商事案件的过程中。如果一国法院在处理某一涉外民事案件时,直接依统一实体规范或国内法中的实体规范确定当事人的权利和义务,则不会发生反致、转致或者间接反致的问题。

第二,直接反致、转致、间接反致都发生在依法院地国冲突规范应当适用外国法的场合。如果法院地国冲突规范指定适用的法律是法院地法而不是外国法,那么法院便只能适用本国的实体法确定当事人的权利和义务。在这种情况下,任何形式的反致都不可能发生。

第三,直接反致、转致、间接反致都使法院地国冲突规范所指向的那个外国的实体法没有得到适用。正是基于这一点,直接反致、转致和间接反致都被看成是限制特定外国法适用的

制度。

第四,直接反致、转致、间接反致三者产生的条件基本相同。

直接反致、转致、间接反致三者的不同之处主要在于:直接反致和间接反致最终都导致适用法院地国的实体法,而转致最终适用的是某个外国的实体法。

三、反致理论的分歧与立法实践

(一)反致理论的分歧

长期以来,各国法学界对反致制度存在不同的见解,归纳起来大体上可分为赞成和反对两个派别。赞成派和反对派争论的焦点,主要集中在以下几个问题上。

1. 关于是否尊重国家主权的问题

赞成反致的学者大都认为,只有采用反致,才符合尊重他国主权的要求。因为当法院地国冲突规范指定适用某外国法,而该外国的冲突规范又指定适用法院地国或第三国的法律时,即表明该外国拒绝适用其实体法调整有关的涉外民事关系。在这种情况下,法院只有依该外国的冲突规范来决定应当适用的实体法,才与外国立法者的意志相符合,否则,就违背了该外国立法者的意志,即损害了该外国的主权。反对者却认为,采用反致虽然不会损害外国的主权,但损害了法院地国的主权。因为法院地国的冲突规范是法院地国立法者意志的体现,既然法院地国冲突规范要求对有关的涉外民事关系适用某外国的法律,那么法院就应该依冲突规范的指定去适用该外国的法律。反致制度的运用恰恰使法院地国冲突规范所指向的外国法律得不到适用,这就明显地违背了法院地国的主权。

2. 关于能否使判决结果一致的问题

赞成反致的人认为,采用反致,可以使同一涉外民事案件无论在哪一个国家的法院起诉都适用同一个国家的实体法,从而实现判决结果的一致。而且,实现判决的一致,是国际私法的目的之一,它能够有效地避免当事人挑选法院,并有利于判决的执行。反对者认为,通过反致实现判决的一致,只有在一国接受反致而他国拒绝反致的情况下才能做到。如果各国都接受反致,不同国家的法院对同一案件的判决结果未必相同,并且还可能出现循环不止、相互指定的“乒乓球游戏”。

3. 关于外国的冲突规范和实体规范能否分割的问题

赞成反致的学者认为,法院地国冲突规范所指定的外国法应当是一种“总括指定”,不仅包括了外国的实体法,还包括了外国的冲突法,这两者是不可分割的。内国法院在根据内国冲突规范的指定适用外国法时,必须考虑适用外国的冲突规范,否则,就会破坏外国法的完整体系。反对反致的学者认为,冲突法和实体法是两种性质不同的法律,各自具有独立的法律体系和调整方法。外国冲突规范只是外国法院审理涉外民事案件时援引准据法的依据,而不是内国法院审理涉外民事案件时援引准据法的依据。因此,一国法院根据本国冲突规范适用外国法时,只应适用该外国的实体法,而不应考虑适用外国的冲突规范。

（二）反致的立法与实践

自1878年法国法院判决“福尔果案”以后，反致制度即在法国的判例中确立下来，但最先以立法形式规定反致制度的是德国。1896年颁布的《德国民法施行法》第27条规定，关于人的行为能力、婚姻的缔结、夫妻财产制、离婚和继承，“如依外国法认定适用德国法时，则依德国法”。继《德国民法施行法》之后，日本、泰国、芬兰、瑞典、波兰、英国、美国等许多国家的立法和判例，也都在不同程度上采用了反致。此外，一些国际公约也承认反致的做法。例如，1930年《关于解决本票、汇票若干法律冲突的公约》和1931年《关于解决支票若干法律冲突的公约》都明确规定，在出票人能力的确定上可以采用反致和转致制度；1955年《关于解决本国法和住所地法的法律冲突公约》也规定，如果当事人的住所地法规定适用当事人本国法，而当事人本国法又规定适用当事人的住所地法时，可以采取反致的做法。

不过，承认和采用反致制度的国家，各自承认和采用的程度不完全相同。首先，从有关各国所承认和采用的反致形式来看，有的国家只采用直接反致，而不采用转致，如日本、泰国、匈牙利等；有的国家既采用直接反致，又采用转致，如波兰、奥地利等。其次，从采用反致的涉外民商事关系的范围来看，有些国家规定在各种涉外民事关系中都采用反致，如1982年《南斯拉夫法律冲突法》第6条规定：“按照本法规定应适用外国法时，也应考虑到该外国法中关于法律适用的规则。如果外国法中关于法律适用的规则反致南斯拉夫社会主义联邦共和国的法律，则适用南斯拉夫社会主义联邦共和国法律时，不再考虑关于法律适用的规则。”有些国家只是在部分涉外民事关系中采用直接反致，如日本就在依日本冲突规范应当适用当事人本国法的那些涉外民商事关系上采取直接反致。《日本法例》第29条规定：“应依当事人本国法时，如依其本国法应适用日本法，则依日本法。”

这里需要特别介绍的是英国运用反致的独特方法——“双重反致”。其基本含义是：英国法院在处理特定范围的涉外民商事案件时，如果根据英国的冲突规范应当适用某外国的法律，而该外国的冲突规范又规定应当适用英国的法律，英国法院便应把自己置于外国法院的立场上，并依该外国对待反致的态度来决定最后所应适用的实体法。如果该外国承认反致，英国法院把自己置于该外国法院的立场上，就应当适用该外国的实体法，即所谓的“双重反致”；如果该外国不采用反致，英国法院将自己置于该外国法院的立场上，就应当适用英国的实体法，即所谓的“单一反致”。由此可见，英国的这种“双重反致”的做法，只有在对方国家不承认反致时，才会导致适用英国的实体法。如果对方国家承认反致，英国法院仍然应适用对方国家的实体法。如果对方国家还承认转致，那似乎就意味着英国法院还得适用第三国的实体法。“双重反致”是英国法官拉塞尔（Russell）于1926年提出的，他在“安斯利案”（Re Annesley）中首次尝试了“双重反致”的做法。他采取这种做法时“既没有援引任何先例，也未给出任何理由”。[4]

---

〔4〕［英］J. H. C. 莫里斯主编：《戴西和莫里斯论冲突法》，李双元等译，中国大百科全书出版社1998年版，第96～97页。

有些国家的立法和某些国际条约明确规定了不采取任何形式的反致。例如,1946 年《希腊民法典》第 32 条规定:“在应当适用的外国法律中,不包括该外国的国际私法在内。”由于这一规定明确排除了外国国际私法(冲突规范)的适用,因而不会发生反致的情形。此外,荷兰、巴西、埃及、叙利亚、摩洛哥、伊朗、伊拉克等国的国内立法,也都明确规定不采用反致。1955 年《国际有体动产买卖法律适用公约》规定,当事人双方没有协商选择应适用的法律时,适用“卖方习惯住所地国家的实体法”。该公约明确规定在适用卖方习惯住所地国家的法律时只能适用该国的“实体法”,实际上就排除了反致制度的适用。

我国《涉外民事关系法律适用法》第 9 条规定:“涉外民事关系适用的外国法律,不包括该国的法律适用法。”这表明我国立法是排除了反致的。

四、反致的发展趋势

反致制度产生 100 多年以来,理论和实践之争一直不断,然而此争论并没有阻碍其发展。从晚近几年有关国家和地区国际私法立法来看,人们逐渐倾向于对反致采取“折中态度”,即有选择性地接受反致。这主要是考虑到反致是一个利弊兼具的制度,绝对地采纳或否定都无法达到冲突法的全部目的。只有根据自己的法律制度的实际情况并结合案件需要有选择地运用这一制度,才会使其发挥最大作用,从而维护本国政策并实现案件的公正审理。这种折中做法在晚近一些国家和地区的国际私法立法中均有体现。它们或者原则上不接受反致,但在某些情况下接受,或者原则上接受反致,但在某些方面不接受。采取前一种做法的国家和地区有瑞士、列支敦士登和美国的路易斯安那州。例如,1991 年路易斯安那州国际私法立法规定:如果法律已经明确规定了应适用的法律,则反致不予接受;如果法律中未明确规定,而是留待法院根据该法中的一般原则性条款去选择适用的法律,则可接受反致。采取后一种做法的国家和地区则有罗马尼亚、意大利等。意大利以前也不接受反致,但在 1995 年国际私法立法中原则上接受了反致,但同时规定,在允许当事人协议选择法律的情况下不适用反致;在非合同债务关系上不接受反致;在法律行为的形式要件上也不接受反致;另外在国际合同领域根据《罗马公约》的规定,也不接受反致。

上述情况表明,当今国际私法立法已经不再拘泥于传统理论上的争执,而更着眼于法律适用上的明确性与灵活性的结合,以便公正合理地解决国际民商事争议。

第三节 禁止法律规避

一、法律规避的含义和构成要件

(一)法律规避的含义

一般来说,法律规避是指通过合法形式达到违法目的的行为。国际私法中的法律规避有其独特性，它是指涉外民商事关系的当事人故意改变构成冲突规范连结点的事实因素，以避开本应适用的强制性法律规范，从而使另一种对其有利的法律得以适用的行为。

（二）法律规避的构成要件

一般认为，构成国际私法中的法律规避，应当同时具备以下几个要件：

第一，主观上，行为人有规避法律的意图。法律规避都是当事人故意实施的行为，其目的是逃避对其不利的法律的适用。如果当事人在主观上没有故意逃避某种法律的意图，而是其他原因导致某种法律未被适用，就不构成法律规避。

第二，客观上，行为人的规避行为已实施完成。当事人以规避法律为目的而改变构成冲突规范连结点的行为已经实施并完成，如果法律不加禁止，即产生当事人本应适用的法律没有被适用，而适用了本不应适用的另一法律的结果。如果当事人仅仅只有规避法律的意图，但规避行为并未发生，也不构成法律规避。

第三，方式上，规避法律的行为是通过故意改变构成冲突规范连结点的事实因素来实现的。国际私法上的法律规避，都是通过改变构成冲突规范连结点的事实因素来实现的。这既是构成国际私法中法律规避的要件之一，也是国际私法中法律规避的基本特征。从具体实践看，当事人以规避法律为目的而改变构成冲突规范连结点的具体事实，主要有以下几种：其一，改变国籍或住所；其二，变更行为地；其三，改变动产所在地；其四，改变交通运输工具的旗帜或登记地。此外，当事人还可能采用挑选法院、选择法律等手段进行法律规避。

第四，对象上，被规避的法律必须是强行法或禁止性规范。由于任意性规范在有关法律关系中并非必须适用，因而不存在被规避的问题。只有当事人规避其必须遵守的强制性或禁止性法律，才能构成法律规避。

二、法律规避的效力

法律规避的效力，是指当事人规避法律的行为是否有效以及这种行为将产生什么样的后果。对这一问题的认定不同，将会导致有关的涉外民商事关系适用不同国家的法律。因为如果把当事人规避法律的行为视为有效的法律行为，法院就应当尊重当事人的意愿，并依当事人期望适用的那个法律来调整有关的涉外民商事关系；反之，如果把当事人规避法律的行为视为无效行为，当事人期望的那个法律就不能适用，而只能依被规避的那个法律来调整有关的涉外民商事关系。

对于法律规避的效力问题，各国的理论、立法和司法实践有不同的主张。归纳起来，大致有以下两种态度：

第一，规避内国法无效，规避外国法有效。这种观点主张，既不认为规避法律的行为绝对有效，又不认为规避法律的行为一律无效，而是一种相对无效的主张。法国最高法院就曾经作出过两个著名的判例：一个判例确立了规避内国法无效原则，另一个判例确立了规避外国法有效原则。

确立规避内国法无效原则的判例是 1878 年“鲍富莱蒙离婚案”(Bauffermont)。法国王子鲍富莱蒙娶一比利时女子为妃,该女子因与鲍富莱蒙结婚而取得法国国籍。后来女方意欲离婚,但当时的法国法律禁止离婚(1884 年以前法国禁止离婚)。于是女方只身移居德国并取得了德国国籍。由于德国法律允许离婚,所以她在德国法院获得了离婚判决。随后,女方在柏林与罗马尼亚的比贝斯哥王子结婚,婚后双方回到法国居住。鲍富莱蒙向法国法院起诉,要求法院宣告其妃加入德国国籍、离婚以及再婚均属无效。法国最高法院在审理此案时认为,尽管法国的冲突法规则是“离婚适用当事人本国法”,但此案不能适用德国法,因为女方加入德国国籍的动机是规避法国法律中禁止离婚的规定。最后法国最高法院判决她在德国的离婚和再婚均属无效。至于女方加入德国国籍的问题,法国最高法院认为它无权受理。

确立规避外国法有效原则的判例是 1922 年“弗莱离婚案”(Ferrai)。弗莱夫妇均系意大利人,双方都愿意离婚,但当时意大利法律禁止离婚。为了达到离婚的目的,双方商定由女方先归化为法国人,然后向法国法院提出离婚请求。法国法院明知女方加入法国国籍是为了规避意大利禁止离婚的法律规定,但没有否定这种行为的效力,而是依“离婚适用当事人本国法”这一冲突规范,援引法国法作为准据法作出了准予离婚的判决(1884 年后法国法律规定可以离婚)。

第二,规避内国法和规避外国法均属无效。这一主张的理论依据是“欺诈使一切归于无效”。阿根廷等国的立法即是持此主张。例如,《阿根廷民法典》第 1208 条规定:“在阿根廷缔结的规避外国法的契约是无效的。”第 1209 条又规定:“在国外缔结的规避阿根廷法律的契约是无意义的,虽然这个契约依缔结地法是有效的。”按照上述规定,契约关系的当事人无论是规避阿根廷法律还是规避外国法律,阿根廷都认定其为无效行为。

目前,在立法中明确规定规避外国法无效的国家很少。多数国家的立法都只是规定规避内国法无效,而不明文规定规避外国法是否有效的问题。

需要说明的是,尽管大多数国家认为国际私法中存在法律规避问题,但在英美法系国家,法院一般不认为国际私法中有所谓的法律规避问题,因而一般也就不会以规避法律为由拒绝适用当事人期望适用的法律。如果英美法院要防止某内国法被当事人所规避,通常会采用诸如对冲突规范作某种解释的方法来排除外国法的适用。

我国《涉外民事关系法律适用法》司法解释第 9 条规定:“一方当事人故意制造涉外民事关系的连结点,规避中华人民共和国法律、行政法规的强制性规定的,人民法院应认定为不发生适用外国法律的效力。”

三、禁止法律规避与直接适用的法

“直接适用的法”,通常是指在涉外案件的法律适用中,涉及国家的政治、经济和社会制度等重大利益,不需通过法院地的相关冲突规范的援引而必须强制直接适用的内国相关实体法规范。我国《涉外民事关系法律适用法》第 4 条规定“中华人民共和国法律对涉外民事关系有强制性规定的,直接适用该强制性规定”。这是“直接适用的法”制度在我国法律中首次得以明确,为法院提供了明确的法律依据。此外,至于何为"强制性规定",则由司法解释予以明确。我国《涉外民事关系法律适用法》司法解释第 8 条规定:"有下列情形之一,涉及中华人民共和国社会公共利益、当事人不能通过约定排除适用、无需通过冲突规范指引而直接适用于涉外民事关系的法律、行政法规的规定,人民法院应当认定为涉外民事关系法律适用法第四条规定的强制性规定:(一)涉及劳动者权益保护的;(二)涉及食品或公共卫生安全的;(三)涉及环境安全的;(四)涉及外汇管制等金融安全的;(五)涉及反垄断、反倾销的;(六)应当认定为强制性规定的其他情形。"

法律规避属冲突法领域的范畴,主要是当事人通过人为设置或改变连结点的方式使冲突规范的适用结果产生改变,从而使某种法律不予适用。一般来说,法律规避可能涉及某种强制性规范或禁止性规范,并最终使强制性规范得以规避。"直接适用的法"同样涉及强制性规范,但却直接使强制性规范发生作用,是将具体的规则直接适用于涉外民事关系,无需援引冲突规范,当事人也不能逃避该规则的直接适用。

第四节　公共秩序保留

公共秩序保留制度是国际私法中的一项重要法律制度,它在对外国法的适用和对外国法院判决与仲裁裁决的承认和执行等问题上一直发挥着极为重要的作用,现代各国国际私法无不采用这一制度,以维护本国或国际社会公共利益和法律的稳定。

一、公共秩序保留的含义

公共秩序保留,是指内国法院根据冲突规范应适用某外国法时,如果该外国法的适用将违反内国的公共秩序,内国法院便以此为由拒绝适用该外国法的一种制度。公共秩序保留是限制外国法适用的一项重要制度,其作用是防止内国的公共秩序因外国法的适用而遭受损害。

要准确理解公共秩序保留的含义,还必须明确什么是"公共秩序"。"公共秩序"一词,在不同国家的法律中有不同的表述方式。一般说来,英美法系国家通常将其表述为"公共政策""特殊政策""法律秩序"等;大陆法系国家则常常将其表述为"善良风俗""法律之目的""法律之基本原则""国家和社会利益"等。在我国颁布的有关法律法规中,曾经使用过"社会治安""社会公德""社会秩序""优良风俗习惯""法律的基本准则""社会公共利益"等概念。由于世界各国的社会制度、经济制度、道德观念、传统习惯等各不相同,"公共秩序"既不可能有统一的用语,也不可能有统一的含义。有些国家即使表述"公共秩序"时措辞相同,但在其具体含义的理解上也可能存在较大的差异。从各国的立法来看,世界上没有任何一个国家在其法律中明确规定本国的公共秩序究竟包括哪些方面的具体内容,而都只是规定一个原则性的条款。从这个意义上讲,公共秩序实质上是自由裁量权规范,也就是说,外国法的适用是否违背法院地国的公共秩序,完全由法院或法官根据具体案情及自己对公共秩序的理解加以判断。之所以如此,恰如莫里斯所言:“在法律冲突案件中,公共政策保留是必要的,但是为了规定这个保留的界限所做的尝试从来没有成功过。”[5]

我们认为,尽管不同的国家有不同的公共秩序,但从本质上来讲,公共秩序实际上是一个国家的根本利益之所在。如果法官认定外国法的适用将损害本国的根本利益,便会运用公共秩序保留制度予以拒绝适用。

二、公共秩序保留的立法方式

从各国立法来看,规定公共秩序保留条款的方式有以下三种:

(一)直接限制的立法方式

直接限制的立法方式,是指在内国法律中明确规定外国法的适用不得与内国的公共秩序相违背,否则,即拒绝适用。例如,1966 年《波兰国际私法》第 6 条规定:“外国法的规定违反波兰人民共和国法律秩序的根本原则时,不予适用。”1979 年《奥地利联邦国际私法法规》第 6 条规定:“外国法的规定,在其适用会导致与奥地利法律的基本原则互相抵触的结果时,不得适用。如有必要,应代之以适用奥地利法的相应规定。”直接限制的立法方式并没有具体规定哪些外国法的适用会违背内国的公共秩序,而只是规定了一个原则性的条款,由法官自由裁量。由于这种方式具有简便、灵活、应变力强的特点,有利于法院根据具体案情作出适当的裁决,所以为大多数国家的立法所采用。

(二)间接限制的立法方式

间接限制的立法方式,是指在立法中规定内国的某些法律具有绝对的强行性,从而排除外国法的适用。这种立法方式并没有直接规定拒绝适用外国法律,而是通过指定必须适用内国法以达到排除外国法适用的目的。例如,1804 年《法国民法典》第 3 条第 1 款规定:“有关警察与公共治安的法律,对于居住在法国境内的居民均有强行力。”对于法国的这一规定,国际私法学界颇有微词。有人认为,“此种规定不但在理论上欠妥,在实际上也不足限制外国法之适用。盖一国之法律,无论公私,原则上对领域内之人民,不问内外,均应一体适用;本无特将警察与治安之法规明定其为强行之必要。事实上,此种规定易使人误认警察及治安法规以外,未经明定为强行者均无强行性;从而外国法虽对之违背,而发生损害公益之后果,亦不能拒绝适用。”[6]另外,这种方式没有明确规定是否适用于涉外民事关系,尚待有权机构作出扩充解释后才可认定是国际私法中的公共秩序保留规范。因而,很少国家采取这种立法方式。

(三)合并限制的立法方式

合并限制的立法方式,是指在同一法典中兼采间接限制和直接限制两种方式,一方面规定

---

〔5〕[英]莫里斯:《法律冲突法》,李东来等译,中国对外翻译出版公司 1990 年版,第 46 页。
〔6〕马汉宝:《国际私法总论》,吉丰印制有限公司 1990 年版,第 205~206 页。

内国的某些法律具有绝对的强行力，另一方面又规定外国法律的适用不得违反内国的公共秩序。例如，1978 年《意大利民法典》除在第 28 条中规定“刑法、警察法和公共安全法，对在意大利领土上的一切人均有强行力”外，又在第 31 条中规定“……在任何情况下，外国的法律和法规，一个组织或法人的章程和规定，以及私人间的规定和协议，如果违背公共秩序或善良风俗，在意大利领土上无效”。这两个条款中，第 28 条是间接限制的立法方式，第 31 条是直接限制的立法方式。

三、外国法排除后的法律适用

当法院地国援用公共秩序保留制度排除了外国法的适用后，就产生了应当适用什么法律来审理和判决其所受理的涉外民事案件的问题。对此，各国在理论和实践中均有不同的观点和做法。[7]

大部分学者主张，在作为准据法的外国法被排除后，就应依法院地法（内国法）来处理有关案件。许多国家的国际私法立法也明确采用了这种做法。具体又可分为两种做法：一种是直接规定适用内国法而未作什么限制，如匈牙利、联邦德国、秘鲁等；另一种虽然也规定了适用内国法，但对适用内国法附加了一定的限制，如 1995 年意大利国际私法制度改革法案。这种立法反映了在外国法被排除后，不能一概以内国法取而代之的主张。持这种主张的学者认为，如果在外国法被排除后，不分具体情况而一概以内国法取而代之，会助长滥用公共秩序的错误倾向，而且也违背了本国冲突法的本意。因为既然本国冲突法规定了应适用外国法，就表明该法律关系与外国法有更密切的联系，适用外国法会更为合理。因而在外国法被排除后，不可以一概以内国法取代外国法，而是应根据案件的实际情况，妥善加以处理。比如运用分割的方法，仅排除外国法与内国公共秩序相抵触的部分，而仍适用外国法中的其他有关规定。

另外，也有学者主张，在本应适用的外国法被排除后，可拒绝审理案件。理由是既然冲突法规定应适用某一外国法，就表明不允许用其他国家的法律来代替，因而可视为外国法的内容不能证明一样，由法院拒绝审理案件是恰当的。

四、公共秩序保留的理论与实践

（一）公共秩序保留的理论

早在 14 世纪，公共秩序保留的观念就已萌芽。法则区别说的奠基人巴托鲁斯就曾主张，一个城市国家对其他城市国家“令人厌恶的法则”——如对子女歧视的继承法则，可以拒绝适用。17 世纪，国际礼让说的倡导者胡伯也提出过公共秩序保留的主张。他认为，内国基于国际礼让可以适用外国法，但须以不损害内国主权和公民利益为前提。首先以法律形式明确规定公共秩序保留的是 1804 年《法国民法典》。该法典除在第 3 条第 1 款以间接限制的方式规定公共秩序保留规范外，还在第 6 条规定：“个人不得以特别约定违反有关公共秩序和善良风俗

---

〔7〕 参见李双元主编：《国际私法学》，北京大学出版社 2000 年版，第 230 页。

的法律。”此后,公共秩序保留问题引起了各国学者的普遍关注。

大陆法系国家的学者通常是从法律分类的角度来研究公共秩序保留问题。如德国学者萨维尼和意大利学者孟西尼就把一个国家的法律分为两类:一类是为了保护个人利益而制定的规范;另一类是为了保护公共利益或者公共秩序而制定的规范,并主张前者不属于公共秩序保留的范围,只有在外国法的适用与后者相抵触时,才应采取公共秩序保留措施。不过,萨维尼和孟西尼对公共秩序保留制度在国际私法中的地位有不同的认识。萨维尼认为公共秩序保留只是国际私法基本原则的一种例外,而孟西尼则认为公共秩序保留是国际私法的基本原则。瑞士学者布鲁歇(Brocher)和法国学者魏斯也是从法律分类的角度来探讨公共秩序保留问题的。他们先将各国法律分为两类:一类是任意性规范,另一类是强制性规范即公共秩序规范,进而又将公共秩序规范分为国内公共秩序规范和国际公共秩序规范两种。他们认为,只对一国境内的内国人具有强制性的规范是国内公共秩序规范,而那些对一国境内的一切人(包括外国人)都具有强制性的规范,则是国际公共秩序规范。国际公共秩序规范就是国际私法上公共秩序保留的范围,凡是与此种规范相违背的外国法,都不得适用。

英美法系国家的学者通常采用列举的方式来探讨在哪些场合应当采取公共秩序保留。例如,美国学者库恩(Kuhn)认为,在下列场合必须以公共秩序保留排除外国法的适用:(1)适用外国法将使人类文明走向沉沦;(2)适用外国法将违反法院地国的禁止性规定;(3)适用外国法将违反法院地国的重要政策;(4)外国法中的禁止性规定未获得法院地国的确认。英国学者戴西认为,依外国法取得的权利,如果与英国的法律政策或英国所支持的道德原则或英国的政治制度不相容时,英国法院必须拒绝承认和保护。

另一位英国学者戚希尔认为,在下列情况下,英国法院应依公共秩序保留拒绝外国法的适用:(1)外国法违背英国基本的公平正义观念;(2)外国法与英国的道德观念相抵触;(3)外国法的适用会损害英联邦及其友好国家的利益;(4)外国法的适用将违背英国的人的行动自由观。

两大法系国家的学者关于公共秩序保留的理论都各有长短。大陆法系国家的学者认为只有对内国境内一切人都具有强制力的规范才是公共秩序保留的范围,这无疑应予肯定,但囿于其法律分类方法,他们不可能准确地阐明公共秩序的实质内容;英美法系国家的学者从实用主义的角度来研究公共秩序保留制度,对司法实践有一定的指导意义,但他们用列举的方式来探讨公共秩序保留问题,显然不可能揭示公共秩序的全部内容。

(二)公共秩序保留的实践

作为一种最强有力的否定外国法效力的措施,公共秩序保留制度为各国立法所肯定,并为各国的实践所支持。

在实践中,大陆法系各国运用公共秩序保留制度拒绝适用外国法的情况比较常见,但是各国实施公共秩序保留的标准不一,甚至在同一国家内部,不同法院的做法也不完全一致。例如在德国,有些法院的判例认为,外国法律中关于通奸所生子女不得准正的规定违背了“德国法律之目的”，因此以公共秩序保留为由拒绝适用，但有些法院的判例则认为，外国法律中的这种规定并不违背“德国法律之目的”，因而仍然予以适用。

英美法系各国虽然也承认公共秩序保留制度，但并不像大陆法系国家那样重视该制度的运用，因此该制度在英美法系各国国际私法中的地位不如大陆法系各国重要。比如，英国法院主要是在有关契约和身份两类涉外民事案件中才考虑公共秩序保留制度的适用。除这两类案件外，英国法院借公共秩序保留排除外国法适用的例子很少。美国法院依公共秩序保留排除外国法适用的情况同样很少。英美法系国家的法院之所以较少实行公共秩序保留，主要有两个方面的原因：一是在英美法系国家的法律中，确定涉外民事案件的管辖权通常是以住所为标志，确定当事人的属人法也是以住所为标志，这就在一定程度上减少了适用外国法的机会；二是英美法系国家的法院在诉讼中较多地采用识别、反致等制度来使内国法得到适用，这同样可以达到排斥外国法适用的目的。所以，英美法系国家在实践中虽然不特别强调公共秩序保留，但并不意味着它们就会较多地适用外国法，更不意味着它们会违反内国公共秩序而去适用外国法。

一国法院实施公共秩序保留制度排除外国法的适用后，通常是依法院地法来处理有关案件。例如，1984 年《秘鲁民法典》第 2049 条规定：“秘鲁国际私法冲突规范所援引的外国法有关规定，只有在其适用将产生与国际公共秩序或善良风俗相抵触的后果时，才可拒绝适用。在此情况下，应适用秘鲁内国法规。”其他许多国家的法律中都有类似的规定。

我国向来对公共秩序保留制度持肯定态度。《海商法》第 276 条规定：“依照本章规定适用外国法律或者国际惯例，不得违背中华人民共和国的社会公共利益。”《民用航空法》第 190 条也作了相同的规定。《涉外民事关系法律适用法》第 5 条作出新规定：“外国法律的适用将损害中华人民共和国社会公共利益的，适用中华人民共和国法律。”根据这些规定，人民法院在处理各种涉外民事案件时，只要外国法律的适用违背我国的社会公共利益，都应运用公共秩序保留加以排除。我国法院以公共秩序保留排除外国法适用后，应依我国有关的实体法规定处理案件。

五、公共秩序保留与法律规避的关系

法律规避在性质上是一个独立的问题还是公共秩序保留问题的一个组成部分，这是国际私法学界存在争议的一个问题。一派学者如法国的巴迪福和尼波埃、德国的克格尔和努斯鲍姆以及拉沛等认为，法律规避是一个独立的问题，不应与公共秩序保留混为一谈。他们所依据的理由主要是，尽管法律规避和公共秩序保留都会导致外国法被拒绝适用，但它们是性质不同的两个问题。禁止法律规避是对当事人欺诈行为的否定，是为了使原本应当适用的法律得到适用，而并不是因为外国法的适用违反内国的公共秩序。法律规避和公共秩序保留虽然都会导致内国拒绝适用外国法，但这二者有许多不同之处。主要表现在：

第一，行为的主体和性质不同。法律规避是当事人通过改变构成冲突规范连结点的事实因素，逃避依冲突规范本应适用的法律而获得对其有利的法律适用的行为，是一种私人行为，

且被不少国家认定为违法行为;公共秩序保留则是内国法院为了防止外国法的适用导致损害内国的公共秩序而采取的否定外国法效力的行为,是一种国家机关的行为,也是合法行为。

第二,行为的目的不同。一国法院运用公共秩序保留制度的目的在于维护内国法律的权威,防止侵害内国公共秩序的外国法的适用;当事人实施规避法律的行为,目的在于获得对自己有利的法律适用。即使一些国家在立法上和实践中对法律规避持否定态度,也只是对当事人规避法律行为的效力予以否定,以表明有关的内国法或外国法中的强制性规范不得被排除适用。

第三,后果不同。因否定法律规避行为而排除当事人期望适用的某一国家的法律后,有关法律关系将依原本应当适用的那个内国法或者外国法予以调整,不仅当事人的目的不能达到,而且当事人还可能要承担法律责任;因公共秩序保留排除适用冲突规范所援引的外国法后,各国通常是依法院地法来调整有关的涉外民事关系,且当事人不承担任何法律责任。

另一派学者如德国的梅尔希奥、法国的巴丹、荷兰的萨瑟(Asser)等认为,法律规避只是公共秩序保留制度的一部分,而并非一个独立的问题。他们所依据的理由是,在当事人规避内国法律时,内国为了维护其法律的权威性而拒绝适用外国法,这与公共秩序保留的目的是相同的。因此,禁止法律规避只是运用公共秩序保留制度的一个体现。

法律规避与公共秩序保留既有联系又有区别,但是,随着经济全球化的发展,国家之间的相互交往的增多,各国的法律也必定在交往中不断地融合,法律规避呈现被弱化的趋势。法律规避的损害范围如果涉及面较大,或者存在较大利益冲突,则可以用公共秩序保留来取代。法律规避的损害范围如果较小,涉及面不广,从某种程度上折射出法律的不足或漏洞,则可以通过立法来避免:

一是对某些法律关系可以适用重叠性冲突规范。例如,《离婚及分居法律冲突与管辖冲突公约》第2条规定:"离婚的请求非依夫妻的本国法及起诉地法均具有离婚的理由的,不得提出。"

二是对连结点作出限制性规定。例如,美国有些州的法律对离婚条件规定很宽,当事人为了达到离婚目的而将住所迁往这些州的现象比比皆是。于是,1907年美国的《婚姻无效与离婚统一法》中就规定了"善意住所"的概念,以求制止这种"迁徙离婚"。该法规定,宣告婚姻无效及离婚的管辖权,以当事人在该州有善意住所并持续相当时期为限。

六、公共秩序保留和直接适用的法

公共秩序保留和直接适用的法均涉及对国家重大或根本利益的维护,也涉及对外国法适用的拒绝或排除,两者之间既有联系又有区别。

二者的联系在于:公共秩序保留是指一国法院在处理某一涉外民商事案件时,根据本国冲突规则适用某外国法,但因该外国法的适用可能会与法院地国的重大利益、基本的道德观念或法律原则相违背而采取的拒绝适用该外国法的一种制度。"直接适用的法"则是为了保护国家重大政治、经济或社会利益而直接适用本国强制性规范,排除外国规范适用的可能性,因此通常被视为本国公共秩序的一部分。

二者的区别在于:

第一,规范性质不同。公共秩序保留基于原理和一般原则,排除外国法的适用,可看作一种消极适用规范;而“直接适用的法”主要是具体的法律规范,明确对应所适用的涉外民商事关系,可看作一种积极适用规范。

第二,适用范围不同。公共秩序保留适用范围相对广泛和灵活,而“直接适用的法”适用范围较狭窄和确定。“直接适用的法”一般适用于涉及国家经济领域的重要事项,并维护相应的重大经济利益;公共秩序保留不仅涵盖涉外民商事关系的各个领域,而且在承认和执行外国法院判决和仲裁裁决领域也有适用。

第三,适用方式不同。公共秩序保留有一个前置的法律选择过程,即通过冲突规则的援引后的外国实体规则,在与法院公共政策冲突的情况下可以被拒绝适用;“直接适用的法”是一种径直适用的强制性规范,它排除冲突规范的适用。

第五节　外国法的查明

外国法的查明是适用根据冲突规范指定的外国法的必经程序,只有经过证明的外国法才能最终为法院所适用。外国法的查明同时也是一个比较复杂的程序,它关系到法院地国对外国法性质的认识,外国法的举证责任、外国法的查明方法、外国法不能查明时的处置、外国法适用的错误及其补救等。

一、外国法的查明的含义

外国法的查明,又称为外国法的确定,是指一国法院根据冲突规范应当依外国的实体法调整当事人的权利义务时,按照一定的方法对该外国实体法的具体内容予以确定的过程。

外国法的查明是根据冲突规范适用外国法的最后一项制度。一国法院在处理涉外民事案件时,通过识别确定了应当适用的冲突规范之后,依该冲突规范选择的法律在某些情况下可能是某个外国的法律。虽然有关国家可能会以反致、公共秩序保留、法律规避等制度来限制或排斥外国法的适用,但是在很多场合,冲突规范所指向的外国法依然应当适用。在这种情况下,就必然会涉及外国法内容的查明问题。因为只有查明了应当适用的外国实体法的具体内容,才可能依该外国实体法的有关规定来确定当事人的权利和义务。

各国之所以把外国法的查明作为适用冲突规范的一项制度并对其作出明确规定,主要有两个方面的原因:一方面,一国法院依冲突规范适用外国的法律,并不像适用本国法律那样简单和方便。由于世界各国的法律千差万别、纷繁复杂,任何国家的法官都不可能通晓世界各国的法律制度,因而在应当依外国法判决案件的情况下,需要有相应的制度来保证外国法内容的查明。另一方面,由于外国法的查明是在诉讼过程中出现的问题,因而在查明外国法内容的时候,究竟是由法官负责调查外国法的内容还是由当事人负责证明外国法的内容,必须要有相应的制度来明确责任的划分,如果责任划分不同,查明外国法内容的方法也就不一样。

二、外国法的查明方法

外国法的查明方法,主要取决于各国对外国法的性质——外国法是“事实”还是“法律”的不同认识。对外国法性质的认识不同,往往会导致外国法查明方法的不同。从各国的立法和实践来看,外国法的查明方法大致有如下几种。

第一,由当事人举证证明。英美等普通法系国家和部分拉丁美洲国家把外国法当作“事实”看待,并采用确定事实的程序来确定外国法的内容,即当冲突规范指定适用外国法时,该外国法的内容必须由当事人像证明案件的其他事实一样加以证明。它们采取这种做法的理论依据是,既然冲突规范所指向的外国法是事实,那么就应根据民事诉讼中的“当事人对事实负举证责任”原则,由当事人证明该“事实”的内容,并且,一个国家的法院(法官)只负有熟悉和适用本国法的责任,而无熟悉和适用外国法的义务。

在英国,当事人用以证明外国法内容的方法有:一是通过协议的方式证明。如果当事人双方对外国法的内容和效力理解一致,他们可以向法院提交一项关于外国法内容的协议,即使法院明知当事人在协议中对外国法的引用和理解是错误的,也仍应据此协议作出判决。二是通过专家证明。如果当事人双方对外国法的内容存有分歧,则各方必须提出证据来证明各自的主张,然后由法院作出决断。在通常情况下,能为法院采纳的证据只能是法律专家的证据。但哪些人是具有这种资格的专家,立法和实践中并无一个确切的或完整的答案。三是援引司法判决和裁决证明。根据1972年《英国民事证据法》第4条第2款之规定,在高等法院、皇家法院、四季法院以及有关特权郡衡平法院作为初审法院作出的民事或刑事诉讼中确定的载有外国法内容的裁决和判决,或者枢密院在审理来自对英国以外的法院的上诉案中确定的载有外国法内容的裁决和判决,均可以作为证明外国法内容的证据。[8]

在美国,传统的做法也是要求当事人对外国法的内容承担绝对的举证责任。但近年来,美国一些州采用了1962年《美国统一州际和国际诉讼程序法》,允许本州法院在一定条件下把外国法当作“法律”处理。但没有采用《美国统一州际和国际诉讼程序法》的州,仍然采取传统的做法。

法国、比利时、卢森堡、智利、巴西等国虽然也把外国法视为“事实”,但这些国家查明外国法内容的方法与英、美等国略有不同。在这些国家,外国法的内容原则上由当事人举证证明,但在某些情况下,法院也可以采取主动查找外国法的行动,特别是在法院已经明知或者极易查明外国法内容的情况下,即便当事人未提交证明外国法内容的证据,法院也可以直接认定外国法的内容,并据此作出判决。

---

〔8〕 参见[英]J. H. C. 莫里斯主编:《戴西和莫里斯论冲突法》,李双元等译,中国大百科全书出版社1998年版,第1754~1758页。

第二,由法院依职权查明。一些欧洲大陆国家如荷兰、意大利、奥地利以及拉丁美洲的乌拉圭等国采取这种做法。这些国家认为,冲突规范指向的外国法和内国法一样,在性质上都是法律,按照"法官知法"原则,在应当适用外国法时,只能由法官依职权去查明外国法的内容,并据查明的具体规定断案,当事人对此不承担任何责任。例如,1978 年《奥地利联邦国际私法法规》第 4 条第 1 款规定:"外国法应由法官依职权查明。可允许的辅助方法有:有关的人的参加,联邦司法部提供的资料及专家意见。"

第三,原则上由法院依职权查明,但当事人亦负有协助的义务。秘鲁、德国、日本、瑞士、土耳其等国家认为冲突规范所援引的外国法既不是纯粹的法律,又不是单纯的事实,因而主张采用既不同于查明案件事实,也不同于查明内国法律的方法来查明外国法的内容。具体做法是在依冲突规范应适用外国法时,法院负有主动调查外国法内容的责任,但在法院不知道或很难知道外国法的情况下,须令当事人协助调查。采取这种做法的国家并不太重视当事人的证明而重视法院的调查,当事人所提供的证明外国法内容的证据必须经法院审查核实后,方能作为断案的依据。例如,1987 年《瑞士联邦国际私法》第 16 条规定:"外国法的内容由法院依职权查明。为此可以要求当事人予以合作。有关财产的事项,可令当事人负举证责任。"

我国《涉外民事关系法律适用法》第 10 条第 1 款作出规定:"涉外民事关系适用的外国法律,由人民法院、仲裁机构或者行政机关查明。当事人选择适用外国法律的,应当提供该国法律。"

2018 年最高人民法院发布的《关于设立国际商事法庭若干问题的规定》第 8 条规定:"国际商事法庭审理案件应当适用域外法律时,可以通过下列途径查明:(一)由当事人提供;(二)由中外法律专家提供;(三)由法律查明服务机构提供;(四)由国际商事专家委员提供;(五)由与我国订立司法协助协定的缔约对方的中央机关提供;(六)由我国驻该国使领馆提供;(七)由该国驻我国使馆提供;(八)其他合理途径。通过上述途径提供的域外法律资料以及专家意见,应当依照法律规定在法庭上出示,并充分听取各方当事人的意见。"

此外,我国还与一些国家签订了双边司法协助条约,对外国法内容的证明方法也作出了相应规定。例如,1988 年 2 月 8 日起生效的《中华人民共和国和法兰西共和国关于民事、商事司法协助的协定》第 28 条规定:"有关缔约一方的法律、法规、习惯法和司法实践的证明,可以由本国的外交或领事代表机关或者其他有资格的机关或个人以出具证明书的方式提交给缔约另一方法院。"

三、外国法不能查明时的解决办法

尽管各国都有其查明外国法内容的方法,但有时仍然会出现外国法的内容不能查明的情况。在外国法的内容不能查明时,对案件的解决办法主要有以下几种。

第一,适用内国法。这是世界上大多数国家所采用的办法。例如,1978 年《奥地利联邦国际私法法规》第 4 条第 2 款规定:"如经充分努力,在适当时期内外国法仍不能查明时,应适用奥地利法。"1987 年《瑞士联邦国际私法》第 16 条第 2 款规定:"如果外国法的内容无法查明,应适用瑞士法律。”在英国，如果当事人对外国法没有提供证据，或者提供了不充分的证据，法院就推定该外国法与英国法的内容相同，从而适用英国法。

第二，驳回当事人的诉讼请求或抗辩。德国是采用这种办法的典型。《德国民事诉讼法典》第293条规定，法院依职权无法确定外国法的内容而当事人又不能为此提供证明时，法院应以证据不足驳回当事人的诉讼请求或抗辩。采用这种办法的理由是，既然冲突规范指定应适用某外国法，就意味着当事人的权利和义务必须以该外国法为依据来确定，而不能用其他任何法律来代替该外国法的适用。如果该外国法的内容无法查明，法院就可以认为当事人的诉讼请求或抗辩缺乏依据而予以驳回。

在外国法的内容不能查明时，采用驳回诉讼请求或抗辩的办法来处理，实际上无益于涉外民事纠纷的解决，也有碍于国际民事和经济交往的顺利进行，因此，目前采取这种办法的国家并不多见。

第三，依不同情况采取不同的解决办法。美国一些州采取这种办法。从美国法院的判例看，在外国法的内容不能查明时，通常是区分为两种情况加以解决：一是如果应当适用的外国法是普通法系国家的法律，在该外国法的内容不能查明时，便类推适用美国法律；二是如果应当适用的外国法不是普通法系国家的法律，在该外国法的内容不能查明时，便驳回当事人的诉讼请求或抗辩。

此外，在依冲突规范应适用的外国法不能查明时，德国法院和日本法院还曾经采取过适用与该外国法类似的法律的办法。[9]

我国《涉外民事关系法律适用法》第10条第2款规定：“不能查明外国法律或者该国法律没有规定的，适用中华人民共和国法律。”

四、外国法的错误适用及其补救措施

外国法的错误适用，通常有两种情形：一种情形是适用冲突规范的错误；另一种情形是适用外国法的错误。

(一)适用冲突规范的错误

适用冲突规范的错误，是指一国法院根据冲突规范本应适用某外国法但却适用了内国法，或者本应适用内国法但却适用了外国法，或者本应适用甲外国法但却适用了乙外国法。这类错误，虽然在形式上表现为外国法的错误适用，但从本质上讲，它是因为法院违背内国冲突规范的规定而发生的错误，构成了对内国法的直接违反，因此，各国的理论和实践都认为，这类错误应当允许当事人依法提起上诉予以纠正。

---

〔9〕 参见[英]马丁·沃尔夫：《国际私法》，李浩培、汤宗舜译，法律出版社1988年版，第323～324页；[日]北胁敏一：《国际私法》，姚梅镇译，法律出版社1989年版，第63～64页。

（二）适用外国法的错误

适用外国法的错误，亦称解释外国法的错误，是指一国法院根据冲突规范的指定把某外国实体法作为准据法之后，对该外国实体法的内容作了错误的解释，并据此作出了错误的判决。对于这类错误，是否允许当事人通过上诉途径加以纠正，各国的态度不一。

第一，不允许当事人上诉。欧洲大陆的法国、德国、瑞士、西班牙、希腊、比利时、荷兰等国均持这种态度。欧洲大陆的很多国家，都是把冲突规范所援引的外国法视为"事实"，而这些国家的上诉法院审理上诉案件的方式又是所谓的"法律审"，即上诉法院只负责审查下级法院适用法律是否正确、恰当，而不审查和更改下级法院对案件事实的认定。因而，在这些国家，当事人不得以法院对外国法这一"事实"的认定有误为由提起上诉。德国虽然并不认为外国法是单纯的"事实"，但原则上仍然不允许当事人以法院解释外国法错误为由而提起上诉。另外，欧洲大陆虽然有一些国家把外国法看作"法律"，但它们认为，设立上诉法院的目的是保证对内国法律解释的正确性，至于对外国法的解释是否正确，这是应当由外国的有关法院负责解决的问题，因此，它们对于解释外国法的错误，也不允许当事人提起上诉。

第二，允许当事人上诉。允许当事人以解释外国法的错误为由提起上诉的国家大致可分为两种类型：第一种类型的国家认为，外国法的适用是内国冲突规范指引的结果，因此，如果发生适用外国法的错误，在性质上就如同适用内国法的错误一样，应当允许当事人提起上诉加以纠正。意大利、奥地利、波兰、芬兰、葡萄牙等国便属于这种类型。第二种类型的国家虽然认为冲突规范所援引的外国法是"事实"，但由于这些国家规定上诉法院有权力和责任对下级法院所认定的事实进行审查，因此也允许当事人以适用外国法的错误为由提起上诉。英美等普通法系的国家便属于这一类型。此外，有些国际条约也规定，对适用外国法的错误可以上诉。例如，1979 年拉丁美洲国家缔结的《关于国际私法一般规则的公约》第 4 条规定："诉讼地程序法上规定的所有上诉制度在适用其他成员国的法律时，亦应允许。"

我国法院根据冲突规范处理涉外民事案件时，如果出现了适用冲突规范的错误或者适用外国法的错误，当事人能否上诉这一问题，在我国现行立法中没有规定。但由于我国《民事诉讼法》规定了"两审终审"制度，并规定了第二审人民法院既要审查第一审人民法院适用法律是否恰当，又要审查第一审人民法院对事实的认定是否正确，因此，对于外国法错误适用的情形，如果当事人不服第一审人民法院的判决，可以通过提起上诉予以纠正。

思考题

一、选择题

1. 法国规定不动产法定继承适用不动产所在地法，德国规定不动产继承适用死者本国法，法、德两国都认为自己的冲突规范在指定适用外国法时包括了外国的冲突法。现如一德国公民死于法国并留下不动产在法国,为此不动产的法定继承涉诉,其结果是(　　)。

A. 死者的德国继承人只在法国起诉会发生反致

B. 死者的德国继承人只在德国起诉会发生反致

C. 死者的德国继承人在其中任一国起诉都会发生反致

D. 死者的德国继承人在两国中的任一国起诉都不会发生反致

2. 一对夫妇,夫为泰国人,妻为英国人。丈夫在中国逝世后,妻子要求中国法院判决丈夫在中国的遗产归其所有。判断妻子对其夫财产的权利是基于夫妻财产关系的权利还是妻子对丈夫的继承权利的问题在国际私法上被称为(　　)。

A. 二级识别　　B. 识别　　C. 法律适用　　D. 先决问题

二、判析题

甲乙双方当事人因一涉外侵权损害赔偿纠纷在我国法院涉讼。在庭审过程中,双方均依据某外国法律提出请求或进行抗辩。根据我国法律规定应由双方当事人负责证明该外国法律,在其无法证明时,才由法院依职权查明。

三、简答题

简述我国法律规定的有关外国法证明途径。

四、论述题

试比较国际私法中公共秩序保留和法律规避之异同。

延伸阅读

1. [英]J. H. C. 莫里斯主编:《戴西和莫里斯论冲突法》,李双元等译,中国大百科全书出版社 1998 年版。

2. 曾陈明汝:《国际私法原理》(上集),台北,学林文化事业有限公司 2003 年版。

3. 金振豹:《国际私法上公共秩序保留制度之比较研究》,载《比较法研究》2004 年第 6 期。

第七章　国际私法的主体

内容提示

国际私法的主体是指涉外民商事关系中享有民事权利和承担民事义务的法律人格体。国际私法的主体包括自然人、法人、国家和国际组织。通过学习本章，从法律冲突和法律适用的角度，了解自然人和法人的国籍、住所以及权利能力和行为能力法律适用等方面的基本理论、基本规则，以及国家和国际组织在国际私法中的特殊地位。

第一节　自　然　人

一、自然人国籍的法律冲突及其解决

(一)自然人国籍的冲突

所谓国籍，是指一个人属于某一国家的国民或公民的法律资格。在国际公法上，国籍既是自然人享受该国法律赋予的各种权利并对该国承担效忠义务的重要依据，又是国家对自然人实行外交保护的法律依据。

国籍在国际私法上的意义，首先表现在当事人的国籍是判断某一民商事关系是否为涉外民事法律关系的根据之一；其次，国籍是指引涉外民商事关系如何适用法律的一个重要连结要素；再次，国籍是一国法院行使涉外民商事案件管辖权的依据；最后，国籍是确定自然人在一国民商事法律地位的标准。

自然人国籍的冲突表现为两种：一种是“国籍的积极冲突”，即一个人同时具有两个或两个以上国家的国籍。另一种是“国籍的消极冲突”，即一个人不具有任何国家的国籍。造成自然人国籍冲突的原因大致有以下几方面：

第一，自然出生。自然出生是取得国籍的重要条件。一些国家对国籍的取得采取血统主义原则，一些国家对国籍的取得采取出生地主义原则。一般而言，采取“血统主义”原则国家的公民，在采取“出生地主义”原则的国家所生的子女具有双重国籍；采取“出生地主义”原则国家的公民，在采取“血统主义”原则国家所生的子女，不具有任何国家的国籍而成为无国籍人。

第二，基于婚姻。一些国家的法律规定，外国女子嫁与本国男子为妻，自动取得本国国籍，

如果该女子本国法规定并不因为出嫁而丧失本国国籍,那么该女子就具有了双重国籍;一些国家的法律规定,本国女子与外国男子结婚即丧失本国国籍,在此情况下,如果该女子的丈夫所属国法律规定,外国女子与本国人结婚并不当然取得本国国籍,那么该女子就可能成为无国籍人。

第三,申请入籍。一些国家的法律规定,接受入籍并不以已退出原有国籍为条件,而有的国家规定,本国人退出本国国籍必须经过一定批准手续。如果一个申请入籍的人其本国法要求必须经过批准程序才能退出本国国籍,但被申请入籍国并不以申请人已退出原国籍为入籍条件,那么这个人便具有了双重国籍;而一些国家规定,本国人如要归化为外国人,必须放弃本国国籍,假设某人为申请归化为外国人而丧失了本国国籍,但由于某些原因,该外国未批准其申请,这就使该当事人成为无国籍人。

双重(多重)国籍及无国籍都是一种不正常现象,给有关国家和当事人本人带来麻烦。尽管当今各国国籍法都主张国籍唯一原则,但国籍冲突现象仍然存在。国际私法并不解决国籍冲突问题,而只是关注在国籍冲突情况下的法律选择问题。

(二)自然人国籍冲突的解决

1. 自然人国籍积极冲突的解决

当事人所具有的两个以上的国籍中有内国国籍时,国际上通行的做法是内国国籍优先,即认为该人是内国人,而以内国法作为其本国法。这种方法已被不少国家的国内法和一些国际公约所采纳,如1939年《泰国国际私法》第6条规定:"国籍冲突时,其中之一是泰国国籍的,以泰国法为其本国法。"但如果无论当事人的内国国籍和外国国籍是同时取得还是异时取得,都以内国国籍优先,以内国法作为当事人的人身关系的准据法,这样易引起判决结果的不公正,造成对当事人不公平的法律后果,所以当事人所具有的两个以上的国籍中有一个是内国国籍时以最有利于当事人的国籍优先。有的国家的法律规定在采用以内国法优先时,也体现出有利于当事人的主张,如1987年《瑞士联邦国际私法》第23条第1款规定,一个人同时具有内外国籍时,法院在确定管辖权时"只以其瑞士国籍为准,以确定原始法院管辖权",但在法律适用方面则采用有利于当事人的密切联系原则,即"仅以该人与之有最密切联系的那个国家的国籍为准来确定其本国法"。此种主张充分体现了有利于当事人的原则,更符合国际私法以人为本的发展理念。

当事人所具有的两个以上的国籍都是外国国籍时,存在几种不同的解决方法:

第一,"最后取得国籍"原则。这一原则在当事人所具有的多个外国国籍并非同时取得的情况下采用。该原则主张以当事人最后取得的国籍为其国籍。例如,《日本法例》第27条第1款规定:"应依当事人本国法时,如当事人有两个以上国籍,以最后取得国籍国法为其本国法。"但是,如果当事人所具有的多个外国国籍是同时取得的,那么通常采用当事人的住所地作为解决原则。

第二,"实际国籍"原则。该原则是指以与当事人有最密切联系的国家的法律为其本国法,一般考虑最密切联系因素主要有当事人的出生地、惯常居所或住所地、业务活动地以及当事人内心倾向所在地等。这种方法已为许多学者及立法所采纳，特别是奥地利、瑞士等国的国际私法典都将“实际国籍”原则作为解决国籍积极冲突的唯一原则。

2. 自然人国籍消极冲突的解决

对于自然人国籍的消极冲突的解决，各国的立法和司法实践基本采取一致的做法，即主张以无国籍人的住所地国为其国籍国，以住所所在地国家的法律为其本国法。如当事人无住所或其住所不能确定时，以其居所所在地国为其国籍国，以居所地法为其本国法。1954 年联合国制定的《关于无国籍人地位公约》第 12 条第 1 款规定：“无国籍人的个人身份，应受其住所地国家的法律支配，如无住所，则受其居所地国家的法律支配。”

我国《涉外民事关系法律适用法》第 19 条规定：“依照本法适用国籍国法律，自然人具有两个以上国籍的，适用有经常居所的国籍国法律；在所有国籍国均无经常居所的，适用与其有最密切联系的国籍国法律。自然人无国籍或者国籍不明的，适用其经常居所地法律。”

二、自然人住所的法律冲突及其解决

住所，是指一个人以久住的意思而居住的某一处所。一般认为，住所须具备两个构成要件：第一，主观上，当事人要有久住的意思表示；第二，客观上，当事人有久住某地的客观事实存在。

对于住所，可以将其分为三种：(1)原始住所。原始住所是指自然人因出生而取得的住所，它不取决于个人的意志。一般认为，父母的住所即为子女的原始住所，原始住所只能在取得一选择住所后才丧失，而选择住所一旦丧失，原始住所自动恢复。(2)选择住所。选择住所是指自然人出生后以久住意思和居住事实而选择取得的住所。选择住所的人必须是指具有完全行为能力的人。(3)法定住所。法定住所是指未成年人按照法律规定而取得的住所。根据各国立法和司法实践，通常情况下，一个人的原始住所是其法定住所；父母的住所是子女的法定住所；丈夫的住所是妻子的法定住所；母亲的住所是非婚生子女的法定住所。

我国《民法典》第 25 条规定：“自然人以户籍登记或者其他有效身份登记记载的居所为住所；经常居所与住所不一致的，经常居所视为住所。”

由于各国关于住所的法律规定不同以及对事实认定的差异，自然人的住所也与自然人的国籍一样，会产生法律冲突，包括住所的积极冲突和消极冲突两种情况。

(一)自然人住所的积极冲突的解决

“内国住所优先原则”，即当事人所具有的多个住所位于不同国家，但其中只要有一个住所位于内国，则以当事人在内国的住所为其住所，以内国法为住所地法。

如果当事人的多个住所没有内国住所时，则依如下原则解决：第一，“最后取得住所原则”。该原则适用于能够确定住所取得的先后顺序的情形。第二，“最密切联系住所原则”。该原则适用于多个住所同时取得的情形。

(二)自然人住所的消极冲突的解决

对于住所消极冲突的解决,各国立法和实践基本一致,即以当事人居所代替住所,以当事人居所地法为其住所地法;如当事人既无住所也无居所,则以当事人现在所在地为其住所地,以现在所在地法为其住所地法。

关于住所冲突问题,我国《涉外民事关系法律适用法》第20条规定:“依照本法适用经常居所地法律,自然人经常居所地不明的,适用其现在居所地法律。”“经常居所地”类似于有关国际条约中规定的“惯常居所地”。国际条约中将“惯常居所地”作为重要连结点,是为了弥合各国确定属人法的国籍原则和住所原则之间的分歧,是国际私法统一化运动的产物。如何确定“惯常居所地”往往被认为是一个事实问题,因此,国际条约并没有对认定“惯常居所地”的标准作出规定。我国《涉外民事关系法律适用法》司法解释第13条规定:“自然人在涉外民事关系产生或者变更、终止时已经连续居住一年以上且作为其生活中心的地方,人民法院可以认定为涉外民事关系法律适用法规定的自然人的经常居所地,但就医、劳务派遣、公务等情形除外。”

三、自然人权利能力的法律冲突及其解决

自然人的民事权利能力(简称权利能力)是指自然人依法享有民事权利和承担民事义务的资格。由于权利能力是自然人作为民事关系主体的前提,因而每一个国家的民法都必然要对自然人的权利能力作出相应的规定。

(一)自然人权利能力的法律冲突

权利能力与人的生存分不开,权利能力始于人的出生,终于人的死亡,各国立法对此均是如此规定。但是,各国民法对出生和死亡的概念存在不同的理解和法律规定,造成这个领域的法律冲突。

1. 权利能力的开始

各国对“出生”的理解存在较大差异,国际上主要有“阵痛说”“露头说”“独立呼吸说”等主张。此外,有的国家对自然人权利能力的开始还有其他特殊规定,如《西班牙民法典》第30条规定,与母体分离后须存活至少24小时才能被赋予权利能力。由于在权利能力开始问题上存在上述不同的标准,就可能发生自然人权利能力的法律冲突。

2. 权利能力的终止

各国均以自然人的死亡为权利能力的终结,但对于生理死亡的标志和宣告死亡的具体规定,各国立法及司法实践存在较大分歧。

(1)生理死亡。生理死亡又称自然死亡或绝对死亡,是指自然人的生命最终结束的客观事实。各国关于公民自然死亡的标准也不尽相同。有的国家主张以人的呼吸停止作为死亡的时间;有的国家主张以人的脉搏消失、心脏停止跳动作为死亡时间;有的国家则以脑电波停止作为死亡标志。

相互间有继承关系的若干人在同一事故中死亡，且无法确定死亡时间的，则需要推定死亡的先后时间，这在一些国家的法律中被称为“推定存活”制度。关于这种制度，各国也存在不同的规定，也会发生法律冲突。例如，《德国民法典》第 20 条规定：“数人因共同危难而死亡者推定为同时死亡。”在我国，相互有继承关系的几个人在同一事件中死亡，如不能确定死亡先后时间的，应推定无继承人的先死；如他们均有继承人，则看他们的辈分是否相同，如辈分不同，应推定长辈先死；如辈分相同，则应推定同时死亡，彼此不发生继承关系，而由他们各自的继承人继承。

（2）宣告失踪和宣告死亡。

第一，有的国家同时存在宣告失踪与宣告死亡制度，如中国；有些国家则只有宣告失踪而无宣告死亡制度，如法国和日本；德国只有死亡宣告而无失踪宣告；英国是既无失踪宣告又无死亡宣告。

第二，失踪宣告或死亡宣告的时间不同。法国规定，自然人离开其住所下落不明满 4 年即可宣告失踪，日本规定必须满 7 年；苏联规定满 1 年可宣告失踪，满 3 年可宣告死亡。我国《民法典》第 40 条规定：“自然人下落不明满二年的，利害关系人可以向人民法院申请宣告该自然人为失踪人。”第 46 条规定：“自然人有下列情形之一的，利害关系人可以向人民法院申请宣告该自然人死亡：（一）下落不明满四年；（二）因意外事件，下落不明满二年。因意外事件下落不明，经有关机关证明该自然人不可能生存的，申请宣告死亡不受二年时间的限制。”

（二）自然人权利能力法律冲突的解决

第一，适用有关法律关系准据法所属国的法律。这种做法是将权利能力附属于特定的涉外民商事关系，即特定的涉外民商事关系应适用的准据法，同时又是该法律关系各方当事人权利能力的准据法。其理由是，权利能力不外乎是特定的人在特定的涉外民商事关系中能否享有权利和承担义务的资格问题，因此，最妥当的办法就是依权利能力所涉及的具体法律关系的准据法国的法律来判定，如 1987 年《瑞士联邦国际私法》第 34 条就规定：“自然人权利能力的产生和终止，适用调整民事权利关系的法律。”

第二，适用当事人的属人法。大多数国家采用这种做法，实践中又分为三种：一是大陆法系国家适用本国法；二是英美法系国家适用住所地法；三是一些国家对在内国的外国人适用住所地法，对在外国的内国人适用本国法。

我国《涉外民事关系法律适用法》第 11 条规定：“自然人的民事权利能力，适用经常居所地法律。”

（三）失踪或死亡宣告的法律适用

关于涉外失踪或死亡宣告的准据法，各国立法和实践原则上均适用当事人属人法，但根据当事人国籍、住所、财产情况有以下不同主张：

第一，适用失踪人的本国法。自然人的权利能力依其本国法，已是冲突法上公认的原则，失踪或死亡宣告当然应该遵从这一原则。例如,《奥地利联邦国际私法法规》第14条规定:"死亡宣告及死亡证明程序的要件、效力和撤销,依失踪人最后为人所知的属人法。"

第二,适用失踪人住所地法。例如,《秘鲁民法典》第2069条规定,失踪宣告,依失踪人最后住所地法,失踪宣告对失踪财产的后果亦依该法。1950年联合国《关于失踪者死亡宣告的公约》也采用了住所地法。

第三,原则上适用失踪人本国法,但内国法院对失踪或死亡宣告有管辖权时适用法院地法。例如,《波兰国际私法》第11条规定,宣告失踪人为死亡依其本国法,死亡宣告亦同。但由波兰法院宣告时依波兰法。

第四,原则上适用失踪人本国法,但失踪外国人在内国有财产及应依内国法的法律关系,适用内国法。例如,1898年《日本法例》第6条规定:"外国人生死不明时,只对其在日本有财产及应依日本法的法律关系,法院得依日本法为失踪宣告。"《泰国国际私法》第11条规定:"对外国人的失踪宣告及宣告的效力,除在泰国的不动产外,依外国人本国法。"

我国《涉外民事关系法律适用法》第13条规定:"宣告失踪或者宣告死亡,适用自然人经常居所地法律。"

四、自然人行为能力的法律冲突及其解决

自然人行为能力,是指法律确认自然人通过自己的行为从事民事活动,参加民事法律关系,取得民事权利和承担民事义务的能力。自然人的权利能力和行为能力可以不一致,因为一个人要取得民事行为能力,不仅要达到一定的年龄,而且要心智健全,能够承担自己行为的法律后果。民法上根据这些条件将自然人分为完全行为能力人、限制行为能力人和无行为能力人。

(一)自然人行为能力的法律冲突

1. 关于法定成年年龄的规定

成年年龄是划分完全行为能力人、限制行为能力人和无行为能力人的重要标志。各国民法中对成年年龄的规定差异很大。例如,我国与日本都规定为18岁,瑞士规定为20岁,意大利为22岁,奥地利为24岁,丹麦、西班牙、智利为25岁。

2. 关于禁治产制度的规定

禁治产制度是各国法律为了保护由于各种原因造成的能力低下的成年人的利益而禁止其经营自己财产的制度。

各国禁治产方面的法律冲突主要表现在宣告禁治产的原因和法律效力两个方面。《德国民法典》曾经规定了具备下列条件的成年人,可宣告为禁治产者:一是因精神病或心神耗弱或低能而不能管理自己财产的人;二是因其挥霍无度致使他自己或他的家庭生活发生困难的人;三是因酗酒成性或吸毒成瘾而不能管理自己事务,或因此而使他自己或他的家庭生活发生困难,或危及他人安全的人。我国立法中无"禁治产"的规定,只规定宣告无行为能力或限制行为

能力制度。我国《民法典》第24条第1款规定:“不能辨认或者不能完全辨认自己行为的成年人,其利害关系人或者有关组织,可以向人民法院申请认定该成年人为无民事行为能力人或者限制民事行为能力人。”

在禁治产宣告的效力上,多数国家主张被宣告禁治产者,其法律行为无效。另外一些国家主张,被宣告禁治产或准禁治产者的法律行为只是可撤销行为,并不当然无效。

(二)自然人行为能力法律冲突的解决

关于自然人行为能力的法律适用,国际上通行的一般原则是自然人的行为能力依其属人法。这一原则,早在14世纪法则区别说时就已提出,后来又为世界各国普遍承认和采用。只是在适用自然人属人法时,大陆法系国家多主张适用自然人的本国法,而英美法系国家则主张适用自然人的住所地法。

需要指出的是,自然人的行为能力依属人法支配,虽然已成为一项公认的冲突原则,然而,这一原则的适用也并非绝对,在以下两方面就是例外:第一,“行为地法优先属人法”原则。伴随国际商业贸易的迅速发展,机械照搬属人法原则解决一切有关自然人行为能力的法律冲突,往往难以维护善意当事人的正当权益。因此,在国际民商事活动中出现了“行为地法优先属人法”原则,即当事人依其属人法无行为能力,而依行为地法有行为能力时,应依行为地法确定其有行为能力。例如,《日本法例》第3条规定:“人的行为能力依其本国法,外国人在日本所为的法律行为,虽依其本国法为无行为能力,但依日本法有行为能力,视为有行为能力。”第二,关于不动产法律关系的当事人的行为能力,各国通常主张依不动产所在地法,而不适用当事人的属人法。

我国《涉外民事关系法律适用法》第12条规定:“自然人的民事行为能力,适用经常居所地法律。自然人从事民事活动,依照经常居所地法律为无民事行为能力,依照行为地法律为有民事行为能力的,适用行为地法律,但涉及婚姻家庭、继承的除外。”

(三)禁治产宣告的法律适用

第一,依被宣告人本国法。这是侧重对禁治产人本身利益的保护。例如希腊、奥地利、波兰的立法等。

第二,依法院地法。这是侧重对内国人及内国利益的保护。例如德国的立法。

第三,依被宣告人本国法及法院地法。这是兼顾法院地内国的重要利益。例如日本、泰国的立法。

第二节　法　　人

法人是指按照法定程序设立,有一定的组织机构和独立的财产,并能以自己的名义享有民事权利和承担民事义务的社会组织。法人作为民商事法律关系的主体不仅在一国内部的民事交往中起重要作用,而且伴随国际经济交往的不断拓展和扩大,法人的作用亦日益国际化,法人逐渐成为发展国际经济合作的必要组织形式。从理论上讲,法人都是依一国法律而设立的,因此法人的民事法律关系的主体资格只能在该国管辖范围内有效。法人在国内作为民商事法律关系的主体是受国内法保障的,但法人一旦跨出国境,要成为涉外民商事关系的主体,除了要受本国法律限制外,还要受外国法律限制。

一、法人国籍的确定

在涉外民商事关系中区别内国法人与外国法人的标准是法人的国籍。关于法人是否有国籍是存在争议的,但目前法人存在国籍的观点已得到许多国家立法和司法实践的肯定。

(一)确定法人国籍的标准

目前,国际上确定法人国籍的标准,归纳起来,大致有五种。

1. 成员国籍说

成员国籍说,也称资本控制理论,主张法人的国籍应依组成法人的成员的国籍决定。因为法人是由其设立人建立起来的组织,法人的权利实际上属于组成法人的自然人。因此,法人国籍的确定,就要看法人的资本控制在哪一国公民的手中,然后根据资本控制者的国籍来确定法人的国籍。不过这一标准实行起来也存在一些问题:(1)弄清法人的资本究竟掌握在哪国人手中并非易事;(2)控制法人资本的股东经常变动,法人的国籍也会随股东的国籍改变而改变;(3)对于一些发行无记名股票的公司,由于股票交易的瞬息万变,很难搞清法人的资本究竟为哪国人控制;(4)在股东国籍各异时,是应以人数多少决定法人国籍还是以出资额大小决定法人国籍难以取舍。所以,这个标准在实践中不常采用。

2. 法人登记地说

法人登记地说,又称设立地说,主张以法人注册登记地国作为法人的国籍国。这一主张得到了英美法系大多数国家的赞同,理由是:(1)一国依法批准或给予登记的行为创设了法人,因而法人应具有设立地国国籍;(2)法人的登记地是确定的,易于分辨;(3)以登记地标准确定法人的国籍,相对固定,如果法人要变更自己的国籍,须得到登记国有关机构的同意;(4)如果法人的行为严重违反法律或社会公共利益,登记地国易于通过撤销登记而解散该法人。当然,该标准也有缺陷,即当事人可以对登记地进行选择,从而造成当事人为了达到自己的目的,规避本应适用对其不利的法律。

3. 住所地说

住所地说分为营业中心所在地说和管理中心所在地说。营业中心所在地说主张以法人实际营业中心所在国作为法人的国籍国。理由是,营业中心所在地是公司具体运转以及公司实现利润的所在,体现了公司最本质的特征和目的。管理中心所在地说则主张,法人的许多重要的决定都是在管理中心地(董事会和监事会所在地)完成的,如订立合同、经营决策以及重大指令等,因此应以法人管理中心所在地国作为法人的国籍国。住所地说的最大弊端也是给予了当事人较大的选择权,容易导致法律规避。

4. 准据法说

准据法说认为,法人都是依照一定国家法律的规定并经该国的批准而成立的,所以应依法人成立时所依据的准据法所属国为该法人的国籍国。日本是该项标准的主要采用国。

5. 复合标准说

复合标准说将法人的住所地和法人的登记注册地结合起来确定法人的国籍。这种混合标准始于第二次世界大战以后,是为了适应法人制度发展的需要而设立的。1956 年海牙《关于承认外国公司、社团和财团的法律人格的公约》就采用了这一复合标准。该项标准主要能够防止法律规避行为的发生。但是,这一标准执行起来比较烦琐,接受这一标准的国家也不多。

应该说,在现实生活中,各个国家并不只是单纯采用上述标准的某一种来确定法人国籍,而是根据具体情况,灵活地加以掌握。

(二)跨国公司国籍的确定

跨国公司,是指以本国为基地,通过对外直接投资,在其他国家设立子公司或分支机构从事国际化生产和经营的国际垄断经济组织。

确定跨国公司的国籍,应当考虑跨国公司的组织形态。跨国公司有以下两种组织形态:

第一,总公司在国外设立分公司(或分支机构)。在这种形态中,由于分公司没有独立地位,不具有法人资格,因而也就谈不上单独确定分公司国籍的问题。分公司只能具有总公司的国籍。所以,一个国家只要按照本国采用的标准确定了总公司的国籍,也就相应地确定了分公司的国籍。

第二,母公司在国外设立子公司。子公司具有特殊的地位。一方面,子公司在业务上接受母公司的领导,乃至在经营管理上受母公司的实际控制;另一方面,子公司在法律上又保持相对的独立性,具有独立的法人资格。在确定这种形态的跨国公司的国籍时,各国一般是把子公司与母公司区别开来,分别确定母公司的国籍和各子公司的国籍。

我国在解放初期,为了肃清帝国主义在华特权,曾采用实际控制主义,以法人资本控制在何国人手中的情况来确定法人的国籍,如确定著名的上海永安公司国籍的归属,就是采用了资本控制理论。

我国《公司法》第 191 条规定:"本法所称外国公司是指依照外国法律在中国境外设立的公司。"《外商投资法》第 2 条第 3 款规定:"本法所称外商投资企业,是指全部或者部分由外国投资者投资,依照中国法律在中国境内经登记注册设立的企业。"

跨国公司无国籍化的出现。跨国公司的无国籍化趋势虽然日渐显著,但是其与母国之间的法律关系却是不可消除的。跨国公司的无国籍化并不是说跨国公司没有国籍,而是指跨国公司的母国意识正在不断减弱,其同母国的经济联系不断减弱,在制定公司战略时更加倾向于着眼全球。

二、法人的住所和营业所

(一)法人的住所

欧洲大陆的许多国家,如法国、德国、意大利、瑞士等,主张依法人的住所地来确定法人的国籍。为此,法人住所的确定,在国际私法上也具有重要意义,但各国对法人住所有以下不同的主张。

1. 管理中心所在地说

管理中心所在地说,也称主事务所所在地说。这种主张认为,法人的管理中心是法人的首脑机关,它决定该法人活动的大政方针并监督其执行,因此,法人的住所应该是其管理中心地或主事务所所在地。许多国家的立法采取了这种主张。例如,《日本法例》第50条规定:“法人以其主事务所所在地为住所。”法国、德国民法认为,法人的住所,就商业法人而言在其商业事务管理中心地。就非商业法人而言,应是它履行其职能活动所在地。这一标准的弊端就是,法人可以通过将管理中心设立在国外,取得外国住所,然后再回内国从事经营活动,从而规避内国法律的适用。

2. 营业中心所在地说

营业中心所在地说,即以法人实际从事营业活动的中心所在地为法人的住所地。理由是:一个法人运用自己的资本进行营业活动的地方,是该法人实现其经营目的的地方,与该法人的生存有重要的关系;另外,法人的营业中心地相对比较稳定,不可能因当事人意欲规避法律而任意变更。但是,这一标准也有不妥之处,如有的法人营业范围往往跨越数国,有的法人营业中心地常常不断变化,还有的法人有多个营业中心地,以营业中心所在地决定其住所显然存在困难。

3. 法人住所以其章程规定说

法人住所以其章程规定说认为,法人的住所一般应在其章程中明确指出。现实生活中,许多法人在章程中规定了营业中心或管理中心为其住所,但实际上的营业中心或管理中心并非在章程所指明的地方。1966年法国最高法院受理了一起关于某银行国籍问题的案件,该银行的章程上规定了住所(营业中心地)在土耳其,而实际上该银行的营业中心却在英国。

我国《民法典》第63条规定:“法人以其主要办事机构所在地为住所。依法需要办理法人登记的,应当将主要办事机构所在地登记为住所。”

(二)法人的营业所

在各国的国际私法立法和有关的国际条约中,有些冲突规范是以法人营业所所在地为连结点。例如,1985年《国际货物买卖合同法律适用公约》第8条第1款规定:“货物买卖合同的双方当事人没有选择法律时,合同依合同缔结时卖方设有其营业所的国家的法律。”所谓法人的营业所,是指法人从事经营活动的场所。法人营业所所在地有时与法人的住所地是一致的,但有时也可能不一致。因此,怎样认定法人的营业所,也是国际私法所要解决的一个问题。

在实际生活中,有的法人有两个以上的营业所,而有的法人却没有设立营业所。这两种情况都属于法人营业所的冲突。前者为营业所的积极冲突,后者为营业所的消极冲突。

三、法人的权利能力和行为能力

法人的权利能力,是指法人作为民事权利主体,享受民事权利和承担民事义务的资格。法人的行为能力,是指法人以自己的意思独立进行民事活动,取得权利并承担义务的资格。与自然人民事行为能力不同,法人的行为能力与其权利能力是一致的。

(一)法人权利能力和行为能力的法律冲突

各国民法关于法人权利能力和行为能力的规定不尽相同。例如,英国和意大利等国承认无限责任公司是法人,而德国和瑞士等国则不承认无限责任公司是法人。德国商法认为登记是公司成立的要件,公司非经登记不得成立;而日本商法则认为登记并非公司成立的要件,仅为对抗第三人的要件。比利时和法国规定有限责任公司不能向公众发行债券,而德国则没有这种禁止规定。英国规定法人"权限外的行为"无效,而德国却无此限制。有的国家规定法人的解散除了自动终结、破产解散外,还包括因违背善良风俗而被解散,对于后者,很多国家则无规定。可见,在法人的权利能力和行为能力方面也存在明显的法律冲突。

(二)法人权利能力和行为能力的法律适用

对法人权利能力和行为能力的法律冲突,国际上采用同一原则即法人属地法加以解决。这已成为国际上公认的原则。

一般而言,法人属人法可以解决法人以下问题:(1)法人的成立和法人的性质;(2)法人的权利能力与行为能力;(3)法人的内部体制和对外关系;(4)法人的解散;(5)法人的合并、分立以及财产清算。

我国《涉外民事关系法律适用法》第 14 条规定:"法人及其分支机构的民事权利能力、民事行为能力、组织机构、股东权利义务等事项,适用登记地法律。法人的主营业地与登记地不一致的,可以适用主营业地法律。法人的经常居所地,为其主营业地。"《涉外民事关系法律适用法》司法解释第 14 条规定:"人民法院应当将法人的设立登记地认定为涉外民事关系法律适用法规定的法人的登记地。"

四、外国法人的认可

外国法人的认可,是外国法人进入内国从事民商事活动的前提。对外国法人是否许可其在内国活动,应从两个方面加以解决:一是该组织是否已依外国法成立为法人,二是内国法是否认许它以法人的身份在内国活动。前者涉及外国法人是否存在的事实,只能依外国法人的国籍国法判定;后者涉及内国的法律和利益,应由内国法决定。由此,外国法人的认可包括主体资格的认可和活动范围的认可两方面的内容。

(一)外国法人主体资格的认可

内国对外国法人主体资格认可时,首先应审查外国法人是否存在。如外国法人不存在,就不会有主体资格认可的问题;如存在,则依内国法决定是否允许该外国法人在内国以民商事主体的身份进行活动。只有在内国认可后,外国法人才能在内国进行民商事活动。未经内国认可的外国法人,不具有在内国进行民商事活动的资格。

现代各国大多承认外国人在内国的民商事主体资格,但各国对外国法人主体资格的认可的方式有所差异,主要有以下几种:

1. 特别认可

这是由内国对外国法人通过特别登记或批准程序加以认可。此主张为比利时学者最先提出,立法实践中得到奥地利等国支持。该认可方式有利于控制外国法人在内国的活动,而不足之处在于逐个认许,程序繁琐。

我国对外国法人在中国设立常驻代表机构也采取特别认可程序。国务院 1980 年颁布的《关于管理外国企业常驻代表机构的暂行规定》第 2 条规定:“外国企业确有需要在中国设立常驻代表机构的,必须提出申请,经过批准,办理登记手续。未经批准登记的,不得开展常驻业务活动。”我国《公司法》第 192 条第 1 款也规定:“外国公司在中国境内设立分支机构,必须向中国主管机关提出申请,并提交其公司章程、所属国的公司登记证书等有关文件,经批准后,向公司登记机关依法办理登记,领取营业执照。”

2. 一般认可

凡依外国法已有效成立的法人,不问其属于何国,只需根据内国法规定,办理必要的登记或注册手续,即可取得在内国活动的资格。凡未经内国认可的外国法人不得在内国享有权利(但并不妨碍其享有诉讼权),其在内国的法律行为,该外国法人应与行为人负连带责任。这是一种比较宽松的认可方式。目前,西方发达国家对外国商业性法人的认可,大多采用这种方式。

3. 相互认可

相互认可,亦称概括认可,即国家与国家之间根据其所缔结的国际条约,分别在各自领域内相互承认对方国家法人的民事主体资格。1956 年在海牙订立的《承认外国公司、社团和财团法律人格的公约》第 1 条、1968 年布鲁塞尔《关于相互承认公司和法人团体的公约》第 1 条等,都规定了这种认可方式。

4. 分别认可

分别认可,即内国根据外国法人的不同性质,分别采用不同的认可方式。对外国商业法人采用一般认可方式,对外国非商业性法人采用特别认可方式。法国、德国、日本等国采取这种做法。

(二)外国法人活动范围的认可

外国法人活动范围的认可是内国限制外国法人能力范围的一种重要手段。它是指内国通过法律来确定外国法人在内国所具有的权利能力和行为能力的范围。换言之,外国法人在内国可以从事哪些民事活动或者可以享受哪些民事权利,以及不能从事哪些民事活动或者不能享受哪些民事权利,都应受制于内国法的规定。

现代各国对外国法人活动范围的认可,一般采用两种方式:一种是直接认可方式,即在内国立法中明确规定外国法人在内国的活动范围。这种方式明确具体,便于掌握和遵循。例如,我国《对外合作开采海洋石油资源条例》第1条规定:"……在维护国家主权和经济利益的前提下,允许外国企业参与合作开采中华人民共和国海洋石油资源……"另一种是间接认可方式,即在内国立法中一般性地规定外国法人与内国同类法人具有同等的行为能力,从而决定外国法人在内国的活动范围。例如,《日本民法典》第36条第2款规定:"经批准的外国法人,享有在日本的同类法人的私权,但外国法人不能享有的权利以及法律或条约中有特别规定的,不在此限。"

各国为维护自身及其国民的利益,常常在立法中对外国法人的活动范围作出一些限制性的规定。一般说来,内国法人的能力受到什么样的限制,外国同类法人也应受到同样的限制,而内国法人可以享有的某些权利,外国法人不一定能享有。外国法人只有在内国法允许的范围内开展活动,才受内国法的保护。

五、破产

作为债务人的法人资不抵债时,经债务人或其债权人的申请,法院可依照法定程序宣告该法人破产,以终止其权利能力和行为能力。就破产而言,国际私法所要解决的问题主要是涉外破产的管辖权和法律适用以及破产宣告的域外效力问题。

(一)涉外破产的管辖权和法律适用

关于涉外破产案件的管辖权,各国立法和有关国际条约大都规定由债务人住所地法院管辖。例如,《瑞士联邦国际私法》第151条第1款规定:"公司所在地的瑞士法院对于根据公司法向公司提起的诉讼……行使管辖权。"该法第166条第1款又规定:"由债务人住地国家法院作出的破产宣告,……瑞士予以承认。"《布斯塔曼特法典》第328条和第329条也分别规定:"关于破产案件,如债务人自动请求,债务人住所地的法院有权管辖。""关于因债权人请求而发生的破产案件,应以任何地方对破产案件所发生的请求有管辖权的法院管辖,但在各法院中,债务人住所地的法院有优先权,如果债务人或过半数的债权人要求。"

关于涉外破产的法律适用,理论和实践大都主张适用法院地法。由于受理破产案件的法院所属国通常就是法人住所地国或者国籍国,所以,适用法院地法就是适用法人属人法。

(二)破产宣告的域外效力

内国法院所作的破产宣告能否对破产人在国外的财产发生拘束力,是国际私法理论和实践中长期存在分歧的一个问题。国际上主要有普及破产主义、属地破产主义和折中主义三种

主张:

1. 普及破产主义

普及破产主义,即破产宣告的效力及于破产人在其他国家的财产。例如,《瑞士联邦国际私法》第166条规定:只要符合瑞士法律规定的承认和执行外国判决的条件、作出宣告的国家给予互惠等,经外国破产管理委员会或债权人申请,在债务人住所地国家作出的外国破产宣告,在瑞士予以承认。而且关于债务人位于瑞士的财产除本法有相反规定外,对外国破产宣告的承认具有与瑞士法律规定的破产相同的效果。《美国破产条例》第70条规定:"接管人对破产企业之全部财产,无论位于何处,均享有权利。"《英国破产法》也规定:"无论该财产位于英国或其他地方,接管人对债务人在破产时的财产享有权利。"

2. 属地破产主义

属地破产主义,即破产宣告的效力仅涉及破产人在内国的财产,而不涉及其在国外的财产,他国所作的破产宣告,内国一般不承认其效力。大陆法系的许多国家采取这种做法。例如,《日本破产法》规定:"在外国之宣告破产,对于在日本之财产,不发生效力。"荷兰、法国的破产法也有类似的规定。

3. 折中主义

应当说明,在现代国际经济生活中,普及破产主义和属地破产主义都不是绝对的。奉行普及破产主义的国家,出于维护本国主权和经济利益的考虑,在某些情况下也可能拒绝承认外国法院破产宣告的效力。采取属地破产主义的国家,为协调本国与其他国家的立场和关系,在实践中也可能通过某种方式承认外国法院破产宣告的效力。

我国2006年《企业破产法》第5条规定:"依照本法开始的破产程序,对债务人在中华人民共和国领域外的财产发生效力。对外国法院作出的发生法律效力的破产案件的判决、裁定,涉及债务人在中华人民共和国领域内的财产,申请或者请求人民法院承认和执行的,人民法院依照中华人民共和国缔结或者参加的国际条约,或者按照互惠原则进行审查,认为不违反中华人民共和国法律的基本原则,不损害国家主权、安全和社会公共利益,不损害中华人民共和国领域内债权人的合法权益的,裁定承认和执行。"可见,对于在我国法院启动的破产程序,具有域外效力。外国法院作出的破产判决、裁定,需要有条约或者互惠原则的存在,且不得违反我国公共秩序,才有可能被承认和执行。

第三节 国家和国际组织

一、国家作为国际私法主体的有关问题

国家作为国际法的主体,已得到法律的确认。但是,在国际交往中,国家作为主权者通常是以公法主体的身份出现的。19世纪后半叶国家作为国际私法特殊主体参与涉外民商事关系的问题被提了出来。随着国际经济交往的日益频繁,国家的经济职能不断加强,越来越多的国

家在经济生活中同时扮演了主权者和涉外民商事关系参与者的双重角色。

(一)国家作为国际私法主体的主要特点

第一,国家授权有关机构及个人以国家的名义参加涉外民商事活动。国家作为国际私法主体参与涉外民商事活动,主要是授权有关机构或其负责人进行的。通常的表现形式是:其一,国家所属的组织作为独立法人参与国际经济活动。例如,国有的进出口公司进行国际贸易,此时,作为独立法人的国家所属组织,独立承担民事责任,国家对这些组织的活动后果及债务不承担责任。其二,国家机构,如各部属机构或驻外商务代表处直接参加国际经济活动以及国家的驻外使、领馆及其人员以国家名义在驻在国参加的民事活动。在这种情况下,被授权的机构和个人必须以国家的名义并严格根据国家的意志参加民事活动,民事活动的后果,国家须承担相关责任。

第二,国家以国库财产进行民事活动,承担民事责任。国家作为特殊主体参加涉外民商事关系是以国库财产作为后盾的,也就是说,国库是国家进行民商事活动的财产基础,国家以国库的财产对其行为承担无限责任。这是国家不同于法人的重要方面。国有企业也是以国家所有的财产进行民事活动的,但是,它们用以进行活动的财产是国家授予其经营管理的财产或国家拨归其支配的经费,它们也仅以其经营管理的那部分国家财产承担民事责任。唯有国家,才以国库财产承担无限清偿责任。

第三,国家作为国际私法的主体具有特殊的法律地位。一方面,国家在进行涉外民商事活动时,是以涉外民商事关系当事人的身份出现的,它与对方当事人之间应当平等地进行交往;另一方面,国家在任何情况下都是一个主权者,在作为国际私法的主体时,可以享有由国家主权决定的豁免权。国家在国际民事交往中既是当事人又是主权者的“双重身份”,是自然人和法人作为国际私法主体所不具有的。

(二)国家及其财产豁免权

国际私法中的国家及其财产豁免权,是指在国际民事和经济交往中,一个国家及其财产享有不受其他国家管辖的权利。这是国家主权平等原则在国际私法中的具体运用和体现。

1. 国家及其财产豁免权的内容

根据国际惯例,国家及其财产豁免权主要包括以下内容:

(1)司法管辖豁免,是指除非一个国家明示同意,其他国家不得受理以该国为被告或者以该国的财产为标的的诉讼。

(2)诉讼程序豁免,是指在一个国家放弃司法管辖豁免,主动向其他国家法院起诉或自愿在其他国家法院应诉的情况下,其他国家法院未经该国同意,不得对该国或者该国的财产采取诉讼程序上的强制措施,如不得强令该国提供证据,不得以诉讼保全为由查封、扣押该国财产等。

(3)强制执行豁免,是指即使一个国家主动向其他国家法院起诉或自愿在其他国家法院应诉,其他国家法院未经该国同意,不得依其判决对该国财产采取强制执行措施。

以上几项内容既有联系又有相对的独立性。一方面,国家只要不放弃司法管辖豁免,就当然享有诉讼程序豁免和强制执行豁免;另一方面,国家自愿放弃前一项或前两项豁免时,并不等于同时也放弃了后项豁免。

2. 国家及其财产豁免权的理论与实践

关于国家及其财产豁免权的理论,国际上有绝对豁免论、限制豁免论、废除豁免论和平等豁免论几种主张。

(1)绝对豁免论。绝对豁免论是关于国家及其财产豁免权最古老的理论。其基本含义是除非一国自愿放弃豁免权,否则,无论该国的行为和财产性质如何,在他国都应享有豁免权。绝对豁免论起先为英、美所坚持和贯彻,到19世纪,几乎得到所有西方国家的支持。苏联、东欧各国和许多发展中国家也都采用这一主张。在实践中,承认国家及其财产享有绝对豁免权的判例较多,比较著名的有"比利时国会号案""佩萨罗号案"等。

(2)限制豁免论。限制豁免论也称相对豁免论、有限豁免论或职能豁免论。该理论认为,国家的行为可以划分为主权行为和非主权行为,只有一国的主权行为在他国才能享有豁免权,而一国的非主权行为在他国不能享有豁免权。限制豁免论产生于19世纪末,并在西方国家中得到了广泛的支持。目前,英国、美国、加拿大、澳大利亚、新加坡、南非、巴基斯坦等国都制定了限制外国豁免的立法。1926年布鲁塞尔《统一关于国有船舶豁免的某些规则的公约》、1958年《领海及毗连区公约》和《公海公约》、1972年《欧洲国家豁免公约》以及1969年《国际油污损害民事责任公约》等,也采取了限制豁免的主张。

(3)废除豁免论。废除豁免论亦称拒绝豁免论。20世纪50年代由英国学者劳特派特首先提出,后由瑞士学者拉古夫和荷兰学者鲍契丝进一步发展。废除豁免论既反对绝对豁免,又否定限制豁免,主张加快国内法和国际立法的步伐,以完全废除国家及其财产的豁免权。由于该理论试图废除已确立的国家及其财产豁免权原则,因而在理论和实践上都缺乏支持。

(4)平等豁免论。平等豁免论由民主德国经济法教授弗里兹·恩德林于1979年提出。他在是年《荷兰国际法年刊》上发表的《对国家财产的外国管辖与执行豁免:德意志民主共和国的理论与实践》一文中提出了平等豁免的主张。恩德林认为,国家及其财产豁免权是从国家主权平等原则派生出来的权利,是国家主权的一个实质组成部分,因而国家应享有平等豁免权。他认为,一个国家的主权和豁免权在其他国家的主权面前会受到限制,这种限制是基于国家主权平等,是为了国家间的正常交往,因此,国家主权和豁免权不是绝对的而只能是平等的。应该说,平等豁免论较绝对豁免论是一大进步,它以"平等豁免权"取代"绝对豁免权"这一不甚严谨的概念,既承认国家及其财产豁免权原则,又有别于绝对豁免论和限制豁免论,是解决国家豁免问题的新的理论尝试。

3. 中国在国家及其财产豁免问题上的立场

我国立场较为坚定,未发生原则上的改变:自新中国成立以来一贯坚持国家及其财产豁免原则。从1986年开始我国多次参加了《联合国国家及其财产豁免公约草案》的讨论,2005年我国签署了《联合国国家及其财产豁免公约》。许多学者认为这标志我国在国家豁免问题上正式转向限制豁免立场。但在2011年“刚果案”中香港终审法院请求释法,我国态度明确:“一个国家及其财产在外国法院享有绝对豁免,包括绝对的管辖豁免和执行豁免,从未适用所谓的‘限制豁免’原则或理论。”加之我国迄今尚未批准公约,公约本身也未生效,因此该公约对我国不具有约束力,更不能作为判断我国在相关问题上的原则立场的依据。与此同时,我国主张把国家参与涉外民商事关系和国有企事业单位参与涉外民商事关系严格加以区别,而并不主张任何国有财产都享有豁免权。在我国国有企事业以法人名义参与的涉外民事关系中,我国政府并不要求豁免权。同样,外国的国有企事业以法人名义参与涉外民事关系时,我国也不给予其豁免权。

我国除了通过国内立法主动放弃某些国有财产的豁免权之外,还与其他国家通过缔结国际条约的方式解决国家财产豁免权问题。例如,我国于1980年参加的《国际油污损害民事责任公约》第11条第2款规定:“关于为缔约国所有而用于商业目的的船舶,每一国都应接受第9条所规定的管辖权受理的控告,并放弃一切以主权国地位为根据的答辩。”

我国主张,国家之间应当互相承认和尊重对方国家的豁免权。如果外国国家无理地拒绝承认我国享有的豁免权,我国将按照对等原则对该外国采取相应的法律报复措施。

二、国际组织作为国际私法主体的有关问题

国际组织是国际政治与经济发展到一定阶段的产物。第二次世界大战以后,国际组织迅猛发展,已与主权国家一起成为调整、管理国际政治经济活动的重要角色。国际组织由于履行其职能的需要,必须与其他国际组织、有关国家以及相关自然人或法人进行民商事交往。

国际组织有狭义和广义之分。狭义的国际组织仅指政府间国际组织,广义的国际组织包括政府间国际组织和非政府间国际组织。由于非政府间国际组织不是国家主权活动的产物,而是由私人或民间社团设立的国际性机构,因此,非政府间国际组织通常都依所在国法律申请成为所在国法人,它们参加国际民商事活动时,地位与一般法人并无大的差别。有鉴于此,这里只介绍政府间国际组织作为国际私法主体的法律问题。

(一)国际组织作为国际私法主体的特殊性

国际组织参加涉外民商事活动时,它的性质、职能既不同于法人,也不同于国家,它具有自身的特点:

第一,国际组织在国际民商事法律关系中的权利能力和行为能力具有局限性,与主权国家相比较,它是不完整的。主权国家的权利能力和行为能力遍及各个领域,是全面的;而国际组织作为涉外民商事关系的主体资格是由成员国之间缔结的条约、协议或共同制定的组织章程确定的,国际组织的权利能力与行为能力严格限制在条约和有关组织章程规定的范围内,凡其章程和有关条约没有明文规定的职责,国际组织不得为之,超出章程规定的职权而擅自行动的,视为非法。

第二,国际组织的权利能力和行为能力是由其成员国所赋予的,是成员国行使主权的结果。国家通过协议可以建立国际组织,也就意味着国家还可以随时修改建立国际组织的基本组织文件,甚至取消国际组织。国际组织的主体资格和行使职权的范围都取决于成员国的协调意志。这是国际组织作为涉外民商事关系的主体与其他涉外民商事关系主体最大的区别。

第三,国际组织具有独立的法律人格,能够以其本身的名义参加涉外民商事活动,直接享有权利,承担义务。国际组织的法律人格虽是由主权国家赋予的,但国际组织并不隶属于主权国家。国际组织一经建立,在其特定职权范围内以自身名义独立享有其宪章、盟约或规约所赋予的权利能力和行为能力,不牵涉组成国际组织的具体成员国,国际组织的成员国对国际组织的行为不承担责任,对国际组织的债务不负连带责任。国际组织的债务清偿是以国际组织所有的财产为基础承担有限清偿责任。这是国际组织与国家作为涉外民商事关系主体时的区别所在。

(二)国际组织的特权与豁免

国际组织享有特权与豁免的根据并非来源于主权原则。国家享有豁免是因为国家是主权者,“平等者之间无管辖权”。国际组织不是主权者,它享有特权与豁免的依据是行使职能的需要。为了保障政府间国际组织有效地行使其职能,各成员国通过签订条约,一致承认政府间国际组织享有特权与豁免权。例如,1946 年《联合国特权及豁免公约》第 2 条第 2 款明确规定:“联合国及其财产和资产,无论位置何处和由何人执管,享受对任何形式的法律诉讼的豁免权,但如遇特殊情况而经联合国明确放弃此种豁免权者不在此限。对豁免权的放弃不能被理解为扩及任何执行措施。”由此可见,联合国以及联合国的财产享有司法管辖豁免权和强制执行豁免权。该公约第 4 条第 11 款、第 5 条第 8 款、第 6 条第 22 款,还分别规定了联合国各会员国的代表、联合国官员、执行联合国使命的专家享有外交特权和豁免。1947 年《联合国各专门机构特权及豁免公约》又规定了联合国各专门机构的特权及豁免,其内容与上述联合国的特权和豁免基本相同。国际组织特权与豁免主要包括:国际组织及其财产享有司法管辖与执行豁免;国际组织的财产不受任何形式的干涉,如征用和没收;等等。

我国《民事诉讼法》第 268 条规定:“对享有外交特权与豁免的外国人、外国组织或者国际组织提起的民事诉讼,应当依照中华人民共和国有关法律和中华人民共和国缔结或者参加的国际条约的规定办理。”

思考题

一、选择题

1. 各国在适用自然人的行为能力依其属人法这一冲突规范时的例外或限制有(　　)。

A. 处理不动产的行为能力　　　　B. 侵权行为的责任能力

C. 缔结婚姻的行为能力　　D. 立遗嘱的行为能力

2. 复合标准说是指把(　　)结合起来确定法人国籍的主张。

A. 法人的住所　　B. 法人股东的国籍

C. 法人设立人国籍　　D. 法人的登记注册地

E. 法人的财产所在地

3. 张某居住在深圳,2008 年 3 月被深圳某公司劳务派遣到马来西亚工作,2010 年 6 月回深圳,转而受雇于香港特别行政区某公司,其间每周一到周五在香港特别行政区上班,周五晚上回深圳与家人团聚。2012 年 1 月,张某离职到北京治病,2013 年 6 月回深圳,现居该地。依《涉外民事关系法律适用法》(不考虑该法生效日期的因素)及其司法解释,关于张某经常居所地的认定,下列哪一表述是正确的?(　　)

A. 2010 年 5 月,在马来西亚　　B. 2011 年 12 月,在香港特别行政区

C. 2013 年 4 月,在北京　　D. 2008 年 3 月至今,一直在深圳

4. 经常居住于中国的英国公民迈克,乘坐甲国某航空公司航班从甲国出发,前往中国,途经乙国领空时,飞机失去联系。若干年后,迈克的亲属向中国法院申请宣告其死亡。关于该案件应适用的法律,下列哪一选项是正确的?(　　)

A. 中国法　　B. 英国法　　C. 甲国法　　D. 乙国法

二、简答题

简述我国关于国家及其财产豁免的立场。

三、论述题

大陆法系国家与英美法系国家对自然人属人法的理解有何不同?其发展趋势如何?

延伸阅读

1. 肖永平:《国际私法原理》,法律出版社 2003 年版。
2. 李浩培:《国籍问题的比较研究》,商务印书馆 1979 年版。
3. 刘想树:《国际私法基本问题研究》,法律出版社 2001 年版。
4. 王晓燕:《冲突法视角下自然人住所制度研究》,载《商业时代》2009 年第 32 期。
5. 刘仁山:《现时利益重心地是惯常居所地法原则的价值导向》,载《法学研究》2013 年第 3 期。

第八章　外国人的民商事法律地位

内容提示

外国人的民商事法律地位，是指外国自然人和法人在内国享有民商事权利和承担民商事义务的法律状况。在国际私法中，外国人是指不具有内国国籍的自然人和法人，包括具有外国国籍的人和无国籍人。内国确立外国人的民商事法律地位，受到多种因素的影响，并主要有直接规定和间接规定两种立法方式。在现代，用以确定外国人民商事法律地位的制度主要有国民待遇、最惠国待遇、优惠待遇、普遍优惠待遇、不歧视待遇等。我国宪法性文件、民商事法律法规，以及我国缔结和参加的国际条约中所规定的国民待遇、最惠国待遇、优惠待遇、不歧视待遇等制度，构成确定外国人在中国的民商事法律地位的重要依据。在一国境内的外国外交代表及其同户家属、领事官员、政府间国际组织的官员等，其法律地位由国际公法进行规定，国际私法不专门进行研究。

第一节　外国人的民商事法律地位概述

一、外国人民商事法律地位的含义

外国人的民商事法律地位，是指外国自然人和法人在内国享有民商事权利和承担民商事义务的法律状况，主要内容包括外国人在内国可以从事的民商事活动、享有的民商事权利和承担的民商事义务的范围等。

内国赋予外国人什么样的民商事法律地位，一般属于内国行使主权的范畴，除条约另有规定之外，应当由内国自行决定。为了保护和发展正常的国际民商事交往，当今各国的国内立法中，都有关于外国人民商事法律地位的规定。例如，我国《宪法》第 18 条规定："中华人民共和国允许外国的企业和其他经济组织或者个人依照中华人民共和国法律的规定在中国投资，同中国的企业或者其他经济组织进行各种形式的经济合作。在中国境内的外国企业和其他外国经济组织以及中外合资经营的企业，都必须遵守中华人民共和国的法律。它们的合法的权利和利益受中华人民共和国法律的保护。"按照这一规定，外国人在中国可以享有投资经营的权利。此外，在有关国家之间签订的国际条约中，也有关于外国人民商事法律地位的规定。例如，1952 年《世界版权公约》第 2 条第 1 款规定："任何缔约国国民出版的作品及在该国首先出版的作品,在其他各缔约国中,均享有其他缔约国给予其本国国民在本国首先出版之作品的同等保护,以及本公约特许的保护。”按照该公约这一规定,在版权保护方面,一个缔约国的国民在其他缔约国内可以享有与其他缔约国的国民平等的法律地位。

外国人的民商事法律地位,要受到多种因素的影响。首先,内国人的民商事法律地位状况对外国人的民商事法律地位有重要影响。当代各国原则上规定了外国人享有与内国人平等的法律地位,允许外国人享有与本国人大致相同的民商事权利,因此,凡内国人不能享有的民商事权利,外国人通常也不能享有。其次,外国人的民商事法律地位要受到国家之间关系的影响。邦交正常且经济联系比较密切的国家之间,尤其是相邻国家或经济共同体内部有关国家之间,常常在互惠基础上给予对方国家的自然人或法人某些特殊的优惠。相反,国家之间关系不友好时,一个国家则可能限制对方国家国民的某些民商事权利,使其民商事法律地位不仅低于内国人,而且还低于其他外国人。最后,一个国家的对外政策也会影响外国人的民商事法律地位。实行对外开放政策的国家,通常赋予外国人较为广泛的民商事权利;而在实行闭关自守政策的国家,则往往对外国人的民商事权利有较多的限制。

二、外国人民商事法律地位的历史发展

外国人的民商事法律地位,在不同的历史时期有不同的特点。外国人从法律关系的客体转变为法律关系的主体,从无权利到享有比较广泛的权利,经历了一个漫长的发展过程。

(一)奴隶制时期——敌视待遇

原始社会由于没有国家和法律,因而不存在内国人、外国人之分,也无外国人民商事法律地位问题可言。奴隶制前期,生产力水平十分低下,各奴隶制国家出于生存的需要,把外国视为敌国,并将外国人视为敌人。当时,各国一般是把捕获来的外国人加以杀害或作为奴隶,而根本不承认外国人的人格和地位。到了奴隶制后期,随着社会分工的出现,商业从农、牧业中分离出来,商品交换迅速发展并逐渐超出了一个国家的范围,由此而导致了内国人和外国人交往的不断增多。在这种情况下,奴隶制国家逐渐改变了以往对外国人加以杀害或虐待的政策,开始承认某些外国人享有一定的民商事权利,赋予其有限的民商事法律地位。例如,公元前3世纪,罗马帝国将外国人(外来人)分为“友民”和“蛮民”两种,并分别确定其地位:“友民”被视为罗马帝国的臣民,可以作为某些民商事法律关系的主体,其参与的民商事关系,受《万民法》调整;而“蛮民”则不能成为法律关系的主体,也不能享有任何民商事权利。总的说来,在奴隶制时期,奴隶制国家大多对外国人采取敌视的态度,因而这一时期被称为“敌视待遇时期”。

(二)封建制时期——差别待遇

在封建社会,自给自足的自然经济占主导地位,各封建国家大都割据称雄,闭关自守,相互间甚少往来。对偶尔入境的外国人,各国在法律管辖上一般实行严格的“属地主义”。当时,外国人只有在封建帝王的特许或者恩准之下,才能在内国享有居住、经商等权利,并且,外国人在

内国享有民商事权利的范围还要受到严格的限制。比如,直到法国资产阶级革命初期,法国仍拒绝承认外国人享有财产继承权。其他西方封建国家一般也是把外国人享有的民商事权利的范围限制在航海、通商等方面。这些情况表明,在封建制时期,内国虽然承认外国人的民商事法律地位,但外国人的民商事法律地位和内国人的民商事法律地位又有重大差别,内国人可以享有的许多民商事权利,外国人并不能享有。因此,这一时期被称为"差别待遇时期"。至于中国封建社会,尤其是汉、唐、宋、元等时期,对外国人采取"招徕"政策,赋予外国人比较广泛的民商事权利的现象,实属罕见。

(三)资本主义时期——平等待遇

在资本主义时期,随着商品经济的高度发达,产品的销路成为资产阶级关心的一个重要问题。资本主义国家不仅需要国内的通商自由,而且还特别需要国际的通商自由。要实现国际通商自由,资本主义国家必须打破闭关锁国状态,并允许外国人享有和内国人大致相当的民商事法律地位,使内、外国人之间能够平等地进行交往,于是,资本主义国家提出了所谓国民待遇或平等待遇原则。资本主义国家最初给予外国人以同内国人平等的待遇几乎是无条件的。但1804年《法国民法典》率先以国内立法的形式明确规定了在民事权利方面对外国人实行"相互"平等待遇。之后,法国的做法被其他资本主义国家所效仿。由于资本主义国家主张给予外国人以同内国人平等的民商事法律地位,因此,这一时期可以被称为"平等待遇时期"。

第二节　外国人民商事法律地位的几种制度

根据各国的国内立法和有关国际条约,用以确定外国人民商事法律地位的制度主要有国民待遇、最惠国待遇、优惠待遇、普遍优惠待遇、不歧视待遇等。现将这些制度简要介绍如下。

一、国民待遇(national treatment)

(一)国民待遇的含义

国际私法中的国民待遇,是指在民商事法律地位方面,内国给予外国人以与内国人同等的待遇。由于国民待遇制度的实质是保证外国人和内国人之间民商事法律地位平等,因而该制度又被称为平等待遇。一般说来,在民商事法律地位方面给予外国人以国民待遇,可以防止内国对外国人实行不公正的歧视待遇,也可以避免外国人在内国谋取不合理的特权,从而为内国人和外国人之间的平等交往创造条件。正因如此,国民待遇已成为各国赋予外国人民商事法律地位的最主要的制度。

(二)国民待遇的范围

外国人享有与内国人同等的民商事法律地位,只是就一般原则而言,而不意味着在具体民商事权利的享有上外国人与内国人完全相同。各国从自身的独立、主权、安全和利益出发，都总是把国民待遇控制在一定的范围之内，而不是在任何方面都给予外国人国民待遇。对于给予外国人国民待遇的范围，各国立法和有关国际条约主要是通过以下方式予以规定：

第一，就某项特定的民事权利规定给予外国人国民待遇。1883 年《保护工业产权巴黎公约》（以下简称《巴黎公约》）、1886 年《保护文学艺术作品伯尔尼公约》（以下简称《伯尔尼公约》）、1952 年《世界版权公约》以及我国《专利法》《商标法》等，都采用了这种规定方式。例如，我国《专利法》第 17 条规定："在中国没有经常居所或者营业所的外国人、外国企业或者外国其他组织在中国申请专利的，依照其所属国同中国签订的协议或者共同参加的国际条约，或者依照互惠原则，根据本法办理。"根据这一规定，我国在专利保护方面给予外国人国民待遇。

第二，就一般的民事权利规定给予外国人国民待遇，但同时附加一定的限制。例如，1964 年《捷克斯洛伐克国际私法及国际民事诉讼法》第 32 条第 1 款规定："外国人在其财产权以外的权利范围内，享有与捷国公民同等的权利和义务，但本法或特别法有相反的规定除外。"该规定表明，内国给予外国人国民待遇的范围是有限制的，内国可以明确规定某些民商事权利只能由内国人享有，而外国人，即使其在内国境内，亦不得享有这样的权利。

二、最惠国待遇（most - favoured - nation treatment）

（一）最惠国待遇的含义

最惠国待遇，是指一个缔约国根据条约的规定给予对方缔约国的自然人或法人的待遇，不低于该缔约国已经给予或将要给予任何第三国的自然人或法人的待遇。在最惠国待遇中，承担给予最惠国待遇的国家称为授予国，接受最惠国待遇的国家称为受惠国，授予国和受惠国以外的第三国称为最惠国。

最惠国待遇应以国家之间缔结的条约为依据。条约中规定的关于最惠国待遇的条款，叫作"最惠国条款"。"最惠国条款"除明确规定缔约国之间互相给予最惠国待遇之外，还应对实行最惠国待遇的范围作出规定。1978 年，联合国国际法委员会制定的《关于最惠国条款的条文（草案）》就建议将最惠国待遇适用于国际贸易和支付、国内运输和国际运输、外国人的法律地位和营业上的活动、外国外交代表团和领事代表团以及商务代表团的特权和豁免、知识产权的法律保护、外国法院判决和外国仲裁裁决的承认与执行等方面。

最惠国待遇的作用，在于保证在内国的不同国籍的外国人之间的民事权利地位的平等，从而排除或防止对一外国公民或法人赋予的权利低于内国赋予第三国公民或法人的权利。

（二）最惠国待遇的种类

按赋予最惠国待遇的方法，可以分为互惠的最惠国待遇和非互惠的最惠国待遇。前者是指授予国和受惠国之间互相给予对方国家的自然人和法人以最惠国待遇。这种形式的最惠国待遇，有利于排除国家间的贸易歧视措施和发展正常的国际经济贸易关系，因而被当今各国广泛采用。后者是指授予国单方面给予受惠国的自然人和法人以最惠国待遇，而受惠国并不承担相应的义务。这种非互惠的最惠国待遇大都被规定在以往的不平等条约中,当今已不多见。

按赋予最惠国待遇的范围,可以分为无限制的最惠国待遇和有限制的最惠国待遇。前者是指授予国根据最惠国条款,把在某一领域内给予第三国自然人和法人的各种民事权利,全部给予受惠国的自然人和法人。这种形式的最惠国待遇,可能使授予国在国际经济贸易中处于被动的地位,目前已较少被采用。后者是指对最惠国待遇的范围加以限制,授予国仅在某种(或某些)具体权利上给予受惠国的自然人和法人以最惠国待遇,而在另一些权利上不给予最惠国待遇。限制最惠国待遇的方法主要有两种:一是规定在哪些权利上给予最惠国待遇,如1993年《中韩海运协定》第2条第1款规定:“缔约一方在其对外开放港口,在履行船舶进出港口法律手续、报关、利用港口泊位装卸货物以及上下旅客、港口收费以及利用为航海、航运及正常的商业交易活动而提供的服务和设施等方面,给予缔约另一方的船舶以最惠国待遇。”二是规定在哪些权利上不给予最惠国待遇。许多最惠国条款都规定,一国给予邻国及其法人和自然人的特别优惠、边境贸易和运输方面的优惠、经济集团(如欧共体)内部各成员国间的优惠、国际协议中特殊规定的优惠等,均不属于最惠国待遇的适用范围。有限制的最惠国待遇比较灵活,有利于授予国维护自己的经济利益,因而在实践中被广泛采用。

按赋予最惠国待遇的条件,可以分为有条件的最惠国待遇和无条件的最惠国待遇。前者是指缔约一方给予缔约另一方的自然人和法人以最惠国待遇,必须以该缔约另一方给予某种权利或其他补偿为条件。在现代,有条件的最惠国待遇形式已很少见。后者是指缔约一方将优惠给予第三国的自然人或法人时,即应将此种优惠自动地给予缔约另一方的自然人和法人,而不要求缔约另一方给予任何权利或其他补偿。这是当今各国普遍采用的最惠国待遇形式,也是世界贸易组织规定的最惠国待遇形式。

此外,按最惠国条款缔约国的多少,还可以分为双边最惠国待遇和多边最惠国待遇。前者是以两个国家之间的双边条约为依据的最惠国待遇,而后者则是以多边条约为依据的最惠国待遇。

以上各种类型的最惠国待遇,是按不同的标准来划分的。国家之间在签订最惠国条款时,通常是把以上几种标准结合起来确定最惠国待遇的形式。目前,世界各国最常采用的最惠国待遇形式是互惠的、无条件的和有限制的最惠国待遇。我国与许多国家缔结的协定,也大多采用了这种形式来规定最惠国待遇条款。

三、优惠待遇(preferential treatment)

优惠待遇是指一个国家在某些方面给予外国自然人或法人以特殊的权利或优待,如放宽进口限制、减免关税、允许商品物资过境运输、给予外商投资便利等。这种待遇的给予,可以采取两种方式:一种方式是通过国内立法作出特别规定,如我国《外商投资法》第14条规定:“国家根据国民经济和社会发展需要,鼓励和引导外国投资者在特定行业、领域、地区投资。外国投资者、外商投资企业可以依照法律、行政法规或者国务院的规定享受优惠待遇。”另一种方式是通过有关的国际条约作出规定,如1957年我国政府同尼泊尔王国缔结的《通商和交通协定》

第4条第5款和《关于两国关系中的基于有关事项的换文》第6条规定:双方香客朝圣携带的用品不征税、免检查;双方商人的贸易商品按优惠税率征收关税。

优惠待遇不同于国民待遇。国民待遇是就一般的民商事权利而言,给予外国人以和内国人大致相同的民事权利,其适用的范围比较广泛,并且是以内国人所享有的民商事权利为标准来确定外国人的民商事权利。优惠待遇则是在特定的事项上给予外国人以优待,并且这种优待不以内国人享有的权利为依据,有时,外国人所享受的优惠待遇,内国人不一定能够享受。优惠待遇也不同于最惠国待遇。前者不以最惠国条款为依据,外国人可依内国的国内立法和有关的国际条约直接享有;而后者必须依赖于最惠国条款的规定。不过,优惠待遇的存在,往往是最惠国待遇发生效果的事实根据,即缔约一方把某种优惠待遇给予第三国自然人和法人时,缔约另一方的自然人和法人将依"最惠国条款"享受此种优惠待遇(但某些特殊优惠除外)。

四、普遍优惠待遇(treatment of generalized system of preference)

普遍优惠待遇,简称普惠制,是指发达国家对原产于发展中国家和地区的制成品、半制成品单方面给予减免进口关税的优惠的制度。这一制度具有如下特点:

第一,普遍优惠待遇只适用于发达国家和发展中国家之间,而在发达国家相互之间或者发展中国家相互之间不适用这一制度。

第二,普遍优惠待遇是一种非互惠的待遇,即发达国家单方面对原产于发展中国家的制成品和半制成品给予减免进口关税的优惠,而不能要求"反向优惠"。

第三,普遍优惠待遇是一种非歧视性的待遇,即发达国家对原产于任何一个发展中国家的制成品、半制成品都应当给予减免进口关税的优惠待遇,不能因发展中国家政治制度、经济制度等不同而有任何差别。

普惠制是发展中国家同发达国家长期斗争的产物。从传统的国际贸易法律制度来看,尽管以"互惠"为基础的国民待遇和最惠国待遇制度早已确立,但"互惠"这种形式上的平等,却掩盖着实质上的不平等。由于发达国家和发展中国家经济实力的悬殊,在国际经济交往中,发达国家总是占尽优势,而发展中国家总是处于劣势。如此一来,发展中国家和发达国家之间的贫富差距越来越大。广大发展中国家为了维护自身的利益,自20世纪60年代开始,纷纷呼吁改变这种不合理的状况,并要求发达国家单方面给予发展中国家特殊的优惠,以建立国家之间真正平等互利的经济关系。发展中国家的这种呼吁和要求,被称为建立国际经济新秩序的要求。普惠制正是顺应这一要求而产生的一项新的法律制度。

早在1964年第一届联合国贸发会会议上,与会的77个发展中国家组成的77国集团就贸易与发展提出了所有发达国家应当给予所有发展中国家优惠待遇的提案。由于发达国家当时以所谓"违反最惠国待遇"为借口拒绝这一提案,故这次会议未就普惠制的问题达成协议。后经77国集团的努力,上述提案才载入联合国大会通过的国际法律文件。例如,1974年5月联合国大会第6届特别会议通过的《建立新的国际经济秩序宣言》第4条第14项规定:"在可行时,在国际经济合作的各个领域在可能的情况下对发展中国家给予特惠的和非互惠的待遇。"

同年12月第29届联合国大会通过的《各国经济权利和义务宪章》第19条规定:“为了加速发展中国家的经济增长,弥合发达国家和发展中国家之间的经济差距起见,发达国家在国际经济合作可行的领域内应给予发展中国家普遍优惠的、非互惠的和非歧视的待遇。”

普惠制虽已正式载入联合国大会通过的国际法律文件,但迄今为止,这一制度还只是停留在由发达国家选择实施的阶段。由于缺乏统一的实施普惠制的规则,因而每一个发达国家都可以自行制定本国的普惠制方案,宣布对哪些国家及哪些商品给予普惠制待遇。

普惠制的实施涉及发达国家的切身经济利益,因而各发达国家制定的普惠制方案,对普惠制都有不同程度的限制,主要的限制有:(1)对受惠国的范围加以限制。普惠制的受惠国必须是发展中国家。但哪些国家是“发展中国家”,国际上并无一致的认识。有些发达国家出于政治、经济等方面的原因,便可单方面拒绝给予某些发展中国家普惠制待遇。(2)对受惠商品的范围加以限制。有些商品如石油制品、皮革制品、纺织品等,常常被一些发达国家排除在受惠商品的范围之外。(3)对减免关税的幅度加以限制。对于受惠商品,各发达国家的普惠制方案往往是根据商品的敏感性、竞争性的程度,在关税方面规定一定的幅度,超过部分则不予减免。(4)严格实行原产国规则和直接运输规则,即受惠商品必须完全产自作为受惠国的发展中国家,或者在该发展中国家经过实质性的加工、制作,并按规定的条件直接运往授予国,才能享受普惠制待遇。

总之,在现阶段,普惠制的实施还有许多障碍。要建立起真正平等互利的国际经济新秩序,还有赖于广大发展中国家的不懈努力。

五、不歧视待遇(non - discriminate treatment)

不歧视待遇是歧视待遇的对称。所谓歧视待遇,是指内国把对其他大多数国家的自然人和法人都不适用的限制,专门施加于某一特定外国的自然人和法人,使其地位不仅低于内国人,而且还低于其他大多数国家的自然人和法人。外国人遭受歧视待遇时,在国际经济和民事交往中必然处于不利的地位。不歧视待遇则正好相反,是指一国与另一国约定,不把对其他国家的自然人和法人不适用的限制或者仅对个别国家的自然人和法人适用的限制适用于对方国家的自然人和法人。由于不歧视待遇制度能够防止不公正待遇的产生,保障国际民商事交往的正常进行,因而有关国家常常在条约中约定彼此都不把歧视性的限制施加于对方。

一个国家给予另一国家的自然人和法人以不歧视待遇,只是保证该另一国家的自然人和法人不处于比其他大多数国家的自然人和法人更不利的地位,而并不意味着一个国家必须把本国人所享有的权利全部给予该另一国家的自然人和法人,也不意味着一个国家必须给予另一国家的自然人和法人特殊优惠。因此,如果一个国家规定某种民事权利只能由本国人享有,而不把这种权利给予任何外国人,并不违反不歧视待遇制度。同样,一个国家将某种特殊待遇给予某个外国的自然人和法人,而不把这种特殊优惠给予其他外国的自然人和法人,也不违反不歧视待遇制度。

第三节 外国人在中国的民商事法律地位

一、外国人在中国民商事法律地位的演变

在我国奴隶制初期,中原地区被认为是世界的中心,“国”的范围亦局限于中原地区,此外便是“外国”。当时,统治者视外国为蛮荒之地,视外国的人民为劣等民族而不屑与其往来,因而也就不存在赋予外国人法律地位的问题。但到了奴隶制后期,奴隶制国家开始在有限的范围内承认某些外国人的法律地位。例如,春秋战国时期,外国人被划分为“臣民”和“化外民”两种,其中“臣民”享有通婚、经商乃至从政的权利,但所谓“东夷”“南蛮”“西戎”“北狄”之“化外民”,则仍然处于无权或弱权的地位。

进入封建社会后,随着对外经济、贸易、文化交往的发展,对外国人的权利给予保护成为必要。从封建制国家建立开始,一直到明朝中期,中国的许多王朝都赋予了外国人较广泛的民事权利。据史料记载,中国封建社会初期就有过奖励外国商人的做法。汉朝时,由于“丝绸之路”的开拓和对外贸易的兴起,汉王朝在首都长安设立了“蛮夷邸”,专门接待外国商人,并开辟张掖、武威、酒泉、敦煌四郡,作为与西域通商的都市。唐朝鼎盛时期,来华外国人大量增加,长安、洛阳、泉州、扬州、广州等已发展成为外商云集的重要城市。为了管理对外事务,唐王朝在首都长安设立了“鸿胪馆”,作为处理外交和对外经济的机构,在地方设立了“市舶使”,负责监督和管理中外远洋运输船舶。为了调整外国人之间的法律关系,唐朝的法律中还制定了“诸化外人同类自相犯者,各依本俗法;异类相犯者,依法律论”这样的法律规范。宋朝和元朝沿用唐制,对来华经商、求学和定居的外国人继续实行“招徕”政策,赋予了外国人居留、婚姻、继承、受教育、诉讼等方面的权利。明朝时期,郑和七次“下西洋”,加强了中国与南洋各国的联系,也引来了更多的外国人在中国经商、居住,他们在中国的民事权利,都得到了应有的保护。

从明末开始到1840年鸦片战争爆发,是中国的闭关锁国时期。这一时期,由于外国不断对中国进行侵略,明、清王朝对外国人采取了极端的排外政策,外国人在中国的民事活动受到了严格限制。例如,清政府当时颁布的“防夷五事”“防患夷人章程”,便对外国人在中国的活动作了若干限制,包括外国人只能在广州的“商馆”“十三行”进行交易,不准外商雇佣中国人,禁止外国人坐轿和外国妇女进入城市或货栈等。当时的明、清王朝还以“天朝大国”自居,对初相接触的欧洲及西方各国,概以“夷外”之观念看待,这些国家的人,在中国几乎处于无权的地位。这种无视外国人法律地位的做法,是中国历史的一个倒退。

1840年鸦片战争以后,中国沦为半殖民地半封建国家。帝国主义国家通过不平等条约,攫取了在华的种种特权。例如,1858年《天津条约》就规定:“凡同国籍的外国人之间的案件,无论刑民,均由所属国领事依其本国法裁判;凡中国人与外国人的案件,如被告为外国人,无论刑民,均由被告所属国领事依其本国法裁判。”这就是所谓的“领事裁判权”。列强在中国享有不受中国法律管辖的特权,而中国人在中国领土上却要受到外国裁判,中国的主权遭到了粗暴践

踏。此外,许多不平等条约还规定,所有在华外国人都享有非互惠的、片面的国民待遇、最惠国待遇和优惠待遇。外国人在中国享有特权的历史,直到1949年中华人民共和国成立才宣告结束。

二、外国人在新中国的民商事法律地位

新中国成立后,外国人在中国的民商事法律地位开始进入正常时期。一方面,我国对旧中国政府与外国订立的条约,按其性质和内容,分别作出了承认、废除、修改或重订的处理,从而取消了帝国主义在中国的一切特权。另一方面,新中国政府不仅明确宣布愿意在平等互利的基础上发展与各国的关系,并保护守法的外国侨民的合法利益,而且通过一系列法律法规赋予了外国人在中国应有的民商事法律地位。

第一,我国的宪法性文件对外国人民商事法律地位作出了相应规定。例如,我国《宪法》第18条规定:"中华人民共和国允许外国的企业和其他经济组织或者个人依照中华人民共和国法律的规定在中国投资,同中国的企业或者其他经济组织进行各种形式的经济合作。在中国境内的外国企业和其他外国经济组织以及中外合资经营的企业,都必须遵守中华人民共和国的法律。它们的合法的权利和利益受中华人民共和国法律的保护。"第32条第1款又规定:"中华人民共和国保护在中国境内的外国人的合法权利和利益,在中国境内的外国人必须遵守中华人民共和国的法律。"这些规定,是我国关于外国人民商事法律地位的制度的总纲。

第二,我国的有关民商事法律法规赋予了外国人广泛的民商事权利。我国《民法通则》(已失效)第8条第2款曾对外国人的民商事权利作出规定:"本法关于公民的规定,适用于在中华人民共和国领域内的外国人、无国籍人,法律另有规定的除外。"据此,我国在民商事权利方面原则上给予外国人和无国籍人以国民待遇。《民法典》则未单独谈及外国人的民商事法律地位。根据我国有关法律法规的规定,外国人在我国还享有投资经营权、合作开采权、土地使用权等民事权利。当然,我国在赋予外国人广泛民商事权利的同时,也对外国人享受民商事权利的范围规定了一定的限制,如外国人不能在我国的国防、外交等机要部门任职,外国人不能以律师的身份在中国法院担任诉讼代理人或辩护人等。我国的这些限制性规定,与其他国家的限制性规定大致相同,符合国际上的惯常做法。

第三,我国的民事程序法也赋予了外国人相应的法律地位。例如,《民事诉讼法》第5条第1款规定:"外国人、无国籍人、外国企业和组织在人民法院起诉、应诉,同中华人民共和国公民、法人和其他组织有同等的诉讼权利义务。"第2款又规定:"外国法院对中华人民共和国公民、法人和其他组织的民事诉讼权利加以限制的,中华人民共和国人民法院对该国公民、企业和组织的民事诉讼权利,实行对等原则。"外国人在中国除了根据我国《民事诉讼法》的规定享有民事诉讼权利之外,还可以根据仲裁协议将商事方面的争议提交我国仲裁机构仲裁,在仲裁中,外国人也享有和中国当事人平等的地位。

除了国内立法中关于外国人民商事法律地位的规定之外,我国缔结和参加的国际条约中

所规定的国民待遇、最惠国待遇、优惠待遇、不歧视待遇等制度，也是确定外国人在中国的民事法律地位的重要依据。这些制度，前面已作了介绍，此处不再赘述。

思考题

一、选择题

1. 实行国民待遇原则的意义在于保证（　　）。

A. 在内国的外国人与在外国的内国人之间的民事法律地位平等

B. 在内国的外国人与外国人之间的民事法律地位平等

C. 在内国的外国人与内国人的民事法律地位平等

D. 排除对在内国的外国人的民事法律地位方面采取低于内国人的歧视待遇

2. 下列事项不属于最惠国待遇通常适用范围的有（　　）。

A. 一国给予邻国的特权与优惠

B. 边境贸易和运输方面的特权与优惠

C. 经济集团内部各成员国相互给予对方的特权和优惠

D. 有特殊历史、政治、经济关系的特定地区的国家之间形成的特权与优惠

二、简答题

1. 简述优惠待遇与国民待遇的异同。

2. 简述赋予外国人民商事法律地位的立法方式。

三、论述题

试述最惠国待遇的种类。

延伸阅读

1. 梁淑英主编：《外国人在华待遇》，中国政法大学出版社 1997 年版。

2. [法]亨利·巴蒂福尔、保罗·拉加德：《国际私法总论》，陈洪武等译，中国对外翻译出版公司 1989 年版。

3. 梅傲：《“人本说”：国际私法一种新学说》，载《现代法学》2015 年第 2 期。

第九章 涉外物权

内容提示

“物权”是大陆法系国家的法律概念，英美法系中与之相对应的概念是“财产权”。尽管两者并不等同，但实践中往往被互换和通用。本章采用“物权”这一概念，是因财产权内容极其广泛，它包括了以支配权为主要内容的财产权——物权、以请求权为主要内容的财产权——债权以及与人的身份有关的财产权——继承权和夫妻财产权等。其中，有关债权和与人的身份有关的财产权的相关法律冲突与法律适用问题，将另章讲解。

物之所在地法原则是调整涉外物权关系的主要法律适用原则。对于一些特殊类型、特殊形态的物，其涉及的涉外物权关系需要采取物之所在地法之外的冲突规范进行选法调整。国际信托与国有化作为两种特殊的物权制度，其法律适用问题同样具有一定的特殊性。我国主要区分动产和不动产，并主要采取物之所在地法和意思自治两类规则对涉外物权关系进行选法调整。

第一节 涉外物权概述

一、涉外物权的含义

物权是指民事主体依法对物进行直接控制和支配并排除他人干涉的权利。物权可以分为自物权和他物权两大类型。自物权亦称所有权或完全物权，是指当事人在自己所有的物上行使的权利，包括对物的占有、使用、收益和处分等各项权能。他物权又称为限制物权，是指当事人在他人所有的物上行使的权利，如地上权、地役权、典权、抵押权、留置权、质权等。

涉外物权关系作为国际私法的调整对象之一，是含有涉外因素的物权关系。显然，国际私法中的物权制度与国内民法中的物权制度联系甚密：后者是前者的基础，前者是后者的延伸和发展。

鉴于国内民法中的物权分类方法，同样适用于涉外物权，因此，以物权的客体为依据，涉外物权便可分为不动产物权和动产物权。在国际私法的立法史上，不少国家对动产物权和不动产物权曾经采用不同的冲突原则进行调整，甚至在当代立法中，各国解决动产物权和不动产物权法律冲突的规则也不完全一致，因此，就涉外物权的法律适用而言，动产物权和不动产物权的划分具有重要意义。

二、涉外物权的法律冲突

因涉外物权与两个或两个以上的国家或法域存在联系,相关的物权法律规定可能互不相同,故往往会发生法律适用上的冲突,需借助国际私法规则解决其法律适用问题。例如,甲国人对位于乙国境内的物行使物权,至少涉及甲、乙两国的物权法律;甲国人和乙国人对位于丙国境内的物行使共有物权,则至少涉及甲、乙、丙三国的物权法律。总体而言,涉外物权的法律冲突,主要表现在以下方面。

(一)物权的概念

“物权”主要是大陆法系国家民法上的概念,在英美法中与之相对应的概念是“财产权”。但英美法系中“财产权”的内容极其广泛,除包括狭义的物权外,还包括债权和其他有金钱价值的权利,如继承权和根据婚姻家庭关系产生的夫妻对家庭财产的权利等。英美法系的“物”既指有体物又指无体物,其关注的是可交换的价值。因此,凡可在当事人之间转让的价值,法律便视其为一种物或财产。我国《民法典》第114条第2款规定:“物权是权利人依法对特定的物享有直接支配和排他的权利,包括所有权、用益物权和担保物权。”

由于不同国家或地区所采用的法律概念不同,因此,某种权利属于物权还是其他权利,可能存在不同的认定。

(二)物权的主体

在大多数国家,自然人、法人、国家均可作为平等的民事主体取得物权并享有同等的法律保护,但有些国家对不同主体取得物权的能力进行了区分。例如,挪威法律规定,外国人在内国不能取得房屋所有权而只能取得房屋租赁权;我国法律规定,土地所有权的主体仅限于国家和集体组织,一般法人、自然人均不能成为土地的所有权主体。

(三)物权的客体

物权的客体是物,但各国民法对“物”的理解和规定并不一致。

大陆法系的大多数国家认为物仅为有体物,而英美法系国家和法国则认为物权或财产权的客体既包括有体物,也包括无体物,后者为各种权利,如股份、债权、专利权、著作权、商号的信誉等。我国《民法典》第115条规定:“物包括不动产和动产。法律规定权利作为物权客体的,依照其规定。”

此外,各国对物权客体的划分也不相同。按照大多数国家的法律,物权的客体分为动产和不动产,但各国划分动产和不动产的标准并不完全一致,如德国、瑞士、日本等国的法律仅将土地及固定在土地上的物视为不动产,而法国民法典将不动产分为按其性质的不动产、按其用途的不动产、按其所附着的客体的不动产,并将不动产的使用收益权、不动产的返还请求权、地役权或土地使用权也视为不动产。1811 年《奥地利民法典》规定池塘里的鱼和森林中的野兽为不动产。德国民法将临时房屋如展览用房屋视为动产。英国法视土地权利证书为不动产。我国 2019 年《不动产登记暂行条例》第 2 条规定:“本条例所称不动产,是指土地、海域以及房屋、林木等定着物。”这意味着在我国,其他物均为动产。

(四)物权的种类和内容

对于物权的种类和内容,大陆法系国家奉行物权法定主义原则。

在不同时期,大陆法系各国规定的物权种类并不相同。罗马法将物权分为所有权与定限物权两类,而定限物权又分为役权、永佃权、地上权、质权、抵押权。1804 年《法国民法典》和 1900 年《德国民法典》在继受罗马法的基础上,对物权的分类又进行了发展。除所有权外,《法国民法典》还规定了役权和担保物权。《德国民法典》正式从立法上创立物权的概念,其物权篇中,除规定了所有权之外,还规定地上权、役权、先买权、土地负担、抵押权、土地债务、定期金债务、动产质权和权利质权。日本法律规定了所有权、占有权、地上权、永佃权、地役权、留置权、先取特权、质权、抵押权共九类。而英美法系国家则否认物权类型法定原则和一物一权原则,把财产权分为衡平法上的所有权、法律上的所有权与期限性财产权,每一类财产权又可依其客体、期限、产生形式和内容的不同分为许多种类。

法国除规定了所有权外,还规定了用益权、使用权、居住权、地役权、质押权共五种他物权。德国规定了所有权、地上权、役权、先买权、土地负担、抵押权、土地债务、定期金债务、动产质权、权利质权共十类。日本法律规定了所有权、占有权、地上权、永佃权、地役权、留置权、先取特权、质权、抵押权共九类。

大陆法系国家一般以立法明确规定各类物权的具体内容,禁止当事人约定有别于法律规定的具体物权内容。英美法系国家并不禁止当事人以信托证书、公司章程等创设特定内容的所有权或其他财产权。因此,依法创设或取得的同名所有权或财产权,可能具有不同的内容。

(五)物权的取得、变更和消灭

对物权的取得、变更或消灭,各国规定也不尽相同。以所有权的取得(转移)为例,根据《法国民法典》第 1583 条的规定:“当事人双方就标的物及其价金相互同意时,即使标的物尚未交付、价金尚未支付,买卖即告成立,而标的物的所有权即依法由出卖人移转于买受人。”英、美等国亦有类似规定。但德国和瑞士民法典则规定,物权行为除当事人意思表示一致外,动产所有权转移必须实际交付,不动产所有权转移必须依法登记,方产生法律效力。我国《民法典》第 224 条规定:“动产物权的设立和转让,自交付时发生效力,但是法律另有规定的除外。”

第二节　物之所在地法原则

一、物之所在地法原则的历史发展

物之所在地法，拉丁语表述为 *Lex loci rei sitae*，*lex rei sitae* 或 *lex situs*，即物权关系客体物所在地的法律。物之所在地法原则的产生可追溯至13、14世纪的意大利。当时，意大利"法则区别说"的创始人巴托鲁斯，针对意大利北部城市之间物权的法则的冲突，提出每一城邦的物法对位于其境内的一切物（不动产）具有约束力，即不动产的物权关系应受不动产所在地法支配。

巴托鲁斯的学说，对后世的国际私法立法与实践具有重大的影响。然而，直至19世纪末，物之所在地法仅仅适用于不动产，动产物权则由当事人属人法调整。毕竟在封建社会和资本主义初期，商品经济尚不发达，动产的价值较小，种类也较为有限，其在社会经济生活中的地位和作用远远低于不动产。所在地国对动产的法律调整并不重视，而按其可以随当事人的迁徙而改变所在地这一属性，将其置于当事人属人法的支配之下。有鉴于此，当时的学者提出了"动产随人"（*mobilia personam sequuntur*）、"动产附骨"（*mobilia ossibus inhaerent*）、"动产无场所"（*personalty has no locality*）的规则。这些规则为"动产物权依当事人属人法"提供了理论依据，长期为有关国家的立法和实践所遵从，如1794年《普鲁士法典》、1811年《奥地利民法典》、1864年《波罗的法典》、1865年《意大利民法典》和1888年《西班牙民法典》。

然而，19世纪末，随着资本主义经济的发展和国际动产物权关系的复杂化，"动产随人"原则明显地暴露出了不能适应国际民事交往需要的缺陷。一方面，动产所有者的住所地、国籍国，与动产所在地不一致的现象愈发常见。依动产所有人的属人法调整国际动产物权关系便失去了其合理性，且在实践中也难以得到实施。另一方面，各种流动资本价值不断增大，动产在经济生活中的地位越来越重要。尤其当一国的动产资本投入另一国进行生产经营活动时，必然会对对方国家的社会经济利益产生较大的影响。若不将位于本国境内的动产物权关系置于本国法律的管辖之下，不仅动产物权关系难以稳定，本国的经济利益也必然会受到损害。由此，自19世纪末开始，许多国家逐渐在立法和司法实践中抛弃了"动产随人"原则，转而主张不分动产和不动产，物权关系一律适用物之所在地法。例如，1898年《日本法例》第10条规定："关于动产及不动产的物权及其他应登记之权利，依其标的物所在地法。"1928年《布斯塔曼特法典》第105条规定："一切财产，无论其种类如何，均从其所在地法。"1939年《泰国国际私法》第16条规定："动产及不动产，依物之所在地法。"此外，1964年《捷克斯洛伐克国际私法及国际民事诉讼法》第5条、1978年《意大利民法典》第22条、1982年《土耳其国际私法和国际诉讼程序法》第23条等，也有类似的规定。

在当代，物之所在地法作为解决不动产物权和动产物权法律冲突的一般原则，已经得到世界各国的普遍承认和采用。

二、物权依物之所在地法的理论根据

物之所在地法原则已成为解决物权关系法律冲突的普遍原则,学者们就其理论根据提出了以下不同的学说:

第一,主权说。法国学者梅林(Merlin)提出,各国都有自己的主权,而主权是不可分割的;物权关系依物之所在地法是国家主权在物权关系法律适用上的体现,因为任何国家都不愿意外国法律适用于本国境内的物;如果在物权关系上适用外国法,主权将丧失其不可分割性。

第二,自愿受制说。德国学者萨维尼从法律关系本座说出发,认为物权关系之所以应适用物之所在地法,是因为物权关系以其标的物所在地为"本座",任何人要取得、占有、使用或处分某物,就必须委身于该物之所在地这一"本座",自愿受制于该地区实施的法律。

第三,实在需要说。德国学者巴尔和法国学者毕耶认为,法律依其社会目的,必须具有普遍性。法律是为集体利益而制定的,物权关系适用物之所在地法正是"集体利益"和"全人类利益"的需要。如果动产物权和不动产物权不受物之所在地法支配,则物权的取得和行使都将陷入不确定状态,全人类利益将因此受到损害。

以上几种学说虽有合理的成分,但均未能充分揭示物权依物之所在地法的客观根据。我们认为,物权关系适用物之所在地法,是由物权关系本身的性质决定的。首先,物权是民事主体对物的直接控制和支配权,权利人为了圆满地实现自己的权利,获得经济上的利益,必须遵守物之所在地的法律规定,否则其权利将难以实现。其次,物权关系的客体是物,物只有置于其所在地法律的控制下,物权才能得到最有效的保护。最后,对位于一国境内的物适用其他国家的法律,在立法技术上有许多困难,并会使物权的法律适用复杂化,不利于物权关系的稳定和国际民事交往的顺利进行。因此,物之所在地法应作为解决物权法律冲突的一般原则。

三、物之所在地的确定

依物之所在地法解决物权的法律冲突时,物之所在地的确定无疑是法律选择的关键所在。相对而言,物之所在地的确定,不动产容易,动产难;有体物容易,无体物难。不动产是不能移动或如果移动就会损害其经济价值的物,其所在地是固定不变的,容易确定。动产是可以移动的物,其所在地容易发生变化,确定时较为困难,而那些处于运动状态的动产尤其如此,故过去有"动产无场所"之说。虽然对于有体物,可依据其所占据的物理空间来判断所在地,但仍会遇到一些困扰。

为解决物之所在地法的适用问题,有关国家就确定动产所在地规定了如下两种解决办法:

其一,在冲突规范中对动产所在地加以时间上的限定。例如,1948 年《埃及民法典》第 18 条规定:"占有、所有以及其他物权,不动产适用不动产所在地法,动产适用导致取得或丧失占有、所有或其他物权发生时该动产所在地法。"2007 年《土耳其国际私法与国际诉讼程序法》第 21 条第 1 款规定,动产物权"依实施法律行为时该物之所在地国法"。1984 年《秘鲁民法典》第 2091 条规定:"在诉讼时效期间变更所在地的财产,其诉讼时效,由财产所在地法规定的时效届满时该财产所在地法确定。”

其二,对一些特殊的动产物权关系制定特殊的法律适用规范,即不以物之所在地这一连结点为法律适用的根据,而以其他的连结点代替。例如,2007 年《土耳其国际私法与国际诉讼程序法》第 21 条第 2 款规定:“处于运输途中之物的物权,适用送达地国法。”

物之所在地的确定是一个非常重要的问题,财产的转让、继承、外国政府的征收和国有化、遗产管理等许多问题都与其有关。在国际私法上,物之所在地的确定应参照法院地法,因为所有标志连结因素的概念一般均应依法院地法识别。但有时,法院地法会要求适用外国法。例如,英国法认为,公司的股份位于持有人和公司可以有效处置它的地方,但在外国公司的情况下,有效转让的地点只能依该公司成立国法确定。[1]

四、物之所在地法原则的适用范围

根据各国的立法和司法实践,物之所在地法原则主要用于解决有关物权的下列法律冲突。

(一)物为动产或不动产的识别

一般而言,物为动产或不动产的区分标准为该物是否具有可移动性。但实践中,各国法律并非如此简单地划分。不同国家的法律对同一种物,可能作出不同的认定,从而引发动产和不动产的识别的冲突。至于某物是动产或不动产的识别的依据,各国普遍主张为物之所在地法,如 2017 年修订的《奥地利联邦国际私法法规》第 31 条第 2 款规定:“物的法律识别……,依物之所在地国家的法律。”

(二)物权客体的范围

凡存在于人身之外,能为人力控制并能满足某种需要的物,都可成为物权的客体。但各国就此的规定并不完全相同。例如,能够成为物权客体的物是否仅限于有体物,哪些物可以分别作为自然人、法人和国家物权的客体,各国规定不尽相同,只能由物之所在地法决定。

(三)物权的种类、内容和行使

物权的种类、内容和行使是由法律具体规定的。在国际民事交往中,当事人对某种物能取得何种类型的物权、当事人取得的物权的具体内容如何,以及当事人怎样行使其物权,皆可能因有关国家具体规定不同而发生法律冲突。这类法律冲突,应依物之所在地法解决,如 1987 年《瑞士联邦国际私法》第 100 条第 2 款规定:“动产物权的内容与行使,适用动产所在地国家的法律。”

(四)物权的变动

物权的变动包括物权的取得、转移、变更和消灭。物权的变动基于一定的法律行为或法律

---

〔1〕 参见韩德培主编:《国际私法》,高等教育出版社 2000 年版,第 182 页。

事实的发生,各国对其方式和条件有不同的规定。这些问题在实践中一般由物之所在地法决定,如2017年修订的《奥地利联邦国际私法法规》第31条第1款规定:"有形物的物权(包括占有)的取得与丧失,依照据以取得或丧失该物权的事实完成时该物之所在地国法律判定。"

对于物权变动的方式及条件,也有主张区别因法律行为而变动和因事实行为而变动分别确定准据法的。因法律行为而发生物权变动时,物权法律行为的成立和效力,一般应依物之所在地法,如1946年《希腊民法典》第12条规定:"物权的法律行为的方式适用物之所在地法。"英美普通法系国家则主张,物权的法律行为方式,如登记或进行处分的法律行为方式(如土地抵押设定方式、房屋让渡方式、财产租赁方式等),概依行为地法。但也有主张依行为属于物权行为还是债权行为而分别确定准据法的。在因法律行为以外的事实(如果实分割)或事实行为(如无主物的占有、遗失物的拾得、埋藏物的发现等)而发生物权变动时,一般都主张只适用物之所在地法。由于各国均认为物遭灭失的风险应由所有权人承担,因而依何种法律确定所有权转移的时间非常重要。对此,一般主张依物权准据法(物之所在地法)而不是依债的准据法来判定所有权的转移时间。但1958年《国际有体动产买卖所有权转移法律适用公约》第2条主张适用买卖合同准据法。

(五)物权的保护方法

物权的保护方法主要有停止侵害、排除妨碍、恢复原状、返还原物、消除危险、确认物权存在、损害赔偿等,但各国所承认和采用的物权保护方法却有所不同。当物权受到不法行为的侵害时,权利人能否请求采取某种保护方法,或者解决当事人之间纠纷的法院或其他机构能否采取某种保护方法,应当由物之所在地法决定。

五、物之所在地法原则的例外

物权依物之所在地法这一原则虽然被各国广泛采用,但由于某些物自身的特殊属性或处于某种特殊状态之中,适用物之所在地法成为不可能或不合理之举,此时,往往需要以特殊的法律适用方法替代物之所在地法原则。

(一)运输途中的货物的物权

处于跨国运输途中的货物,由于其所在地经常变动,因而一旦发生对该货物进行处置的情形,往往很难确定当时该货物究竟位于哪个国家(货物在公海或公海上空运输时更是如此),从而给物之所在地法的确定带来困难。有时即便能够确定发生处置行为时货物位于某国境内,但以这种偶然与货物发生联系的法律支配该货物的物权关系,也未必合理。因此,运输途中的货物的物权,一般不应依物之所在地法调整,各国采用的冲突原则主要有以下几种:

第一,依货物送达地法。货物送达地法即目的地法。该冲突原则为大多数国家与国际公约所采用。例如,2017年修订的《瑞士联邦国际私法》第101条规定:"因某法律行为而处于运输途中的货物,其物权的取得与丧失,适用目的地国法律。"1889年蒙得维的亚《关于国际民法的公约》第 26 条规定了物权依物之所在地法，但该公约第 28 条规定，不在领海水域内的船上货物，以货物运往的目的地为其所在地。

第二，依货物发送地法。货物发送地法即货物的起运地法。该冲突原则主要被捷克斯洛伐克等少数国家所采用，如 1964 年《捷克斯洛伐克国际私法及国际民事诉讼法》第 6 条规定："依照契约运送的货物，其权利的得失，依该货物发送地法。"

第三，依货物所有人的属人法。泰国等少数国家采用该冲突原则，1939 年《泰国国际私法》第 16 条第 2 款规定："把动产运出国外时，依起运时其所有人本国法。"

不过，运输途中的货物的物权，并非绝对不能适用物之所在地法。如果运输中的货物因某种原因长期滞留于某国境内，或运输过程中货物被送入某国境内的仓库保管，在此期间内发生的对货物的占有、抵押、留置、处分等行为以及货物所有权的丧失等，应当适用物之所在地法。此外，当运输中的货物位于某国境内时，该国有关当局根据第三人的权利主张而对货物进行扣押，以及扣押后对货物的处置等，亦应适用物之所在地法。

（二）交通运输工具的物权

由于船舶、飞机等交通运输工具经常处于快速运动的状态，如果依物之所在地法解决其物权的法律冲突，必然会遇到许多的困难。首先，交通运输工具的所在地经常变化，如果以其所在地法作为其物权的准据法，则交通运输工具物权的准据法也会经常变化，这显然不利于交通运输工具物权关系的稳定。其次，交通运输工具在某地短暂停留时，若依该地法律决定其物权问题，将会导致与交通运输工具并无实质联系的法律的适用，从而产生不公平的结果。最后，当交通运输工具位于不属于任何国家领土的区域如南极、公海或公海上空时，若依物之所在地法决定其物权问题，将会出现无法可依的尴尬局面。基于上述原因，交通运输工具的物权一般不应适用物之所在地法，而应当适用与交通运输工具有比较固定的联系的法律。目前，各国对船舶、飞机等交通运输工具的物权问题，一般是依船旗国法律或登记注册国法律加以解决。例如，1979 年《匈牙利国际私法》第 23 条第 1 款规定："已经登记的船舶、飞机的财产权的成立、保持和终止，适用其旗帜或标志国法。"2017 年修订的《奥地利联邦国际私法法规》第 33 条第 1 款规定，水上或空中运输工具的物权，一般依注册国的法律，"铁路运输工具，依照在营业中使用该运输工具的铁路企业的主要管理中心实际所在地国法律判定"。

在某些特殊情况下，交通运输工具的物权问题也可以适用物之所在地法。例如，对位于某一国家境内的船舶，该国有关当局根据船舶所有人的债权人的请求依法实施扣押，并将扣押的船舶进行处置时，便可适用物之所在地法。又如，当船舶在某国港口进行修理时，修理人为收取报酬而对船舶享有的留置权，同样以适用物之所在地法为宜。2017 年修订的《奥地利联邦国际私法法规》第 31、33 条便明确规定了交通运输工具的物权在某些情况下应适用物之所在地法。

（三）涉及无主土地的物权

无主土地指不属于任何国家领土的区域，如南极、公海、外层空间等。涉及无主土地的物

权问题,可以分为以下两类:

一类是无主土地本身的物权问题,即自然人、法人或者国家能否以民事主体的身份对无主土地享有物权。对这一问题,有关国际条约已经给予了否定的回答。按照现行国际条约的规定,任何国家(也包括任何国家的自然人和法人)都不得对南极行使主权或加以占领,不得对公海的任何部分主张任何权利,也不得将外层空间或天体据为己有。

另一类是位于无主土地上的财产的物权问题。由于无主土地不属于任何国家的法律适用的范围,因而当某物位于无主土地时,有关该物的物权问题,显然不可能依物之所在地法进行调整。对这类物行使物权,除涉及私法规则外,有时还可能涉及一系列具有公法性质的国际条约。总体而言,调整位于无主土地上的财产的物权关系,应遵循以下原则:

首先,存在相关条约时,应适用条约的规定。例如,1967年《关于各国探索和利用包括月球和其他天体在内外层空间活动的原则条约》明确规定了发射到外层空间的物体的所有权问题;1979年《指导各国在月球和其他天体上活动的协定》规定了在月球上使用外空运载器、装备、设施等问题。这些具有国际公法性质的规范,应当得到各国的共同遵守。

其次,没有条约时,在不违背国际法准则的前提下,一般适用占有者或先占者的属人法。

(四)外国法人消灭后财产的物权

外国法人自行终止、被撤销或者被宣告破产等原因消灭后,其财产归属的改变与该法人能力的终止密切相关,因而大多数国家都认为,法人消灭后其财产的物权不应适用物之所在地法,而应当适用该法人的本国法。不过,外国法人在内国境内因违反内国的法律而被内国取缔时,该外国法人的财产的处理不一定适用其属人法。

第三节　信　　托

一、信托的含义和特点

信托是指委托人基于对受托人的信任,将其特定财产转移给受托人,由受托人为受益人的利益或者特定的目的,管理或处分该财产的一种法律关系。信托作为一种比较特殊的财产关系,主要有以下几个特征:

首先,信托财产的所有权与利益相分离。一方面,受托人享有信托财产的所有权,具有与真正的所有权人一样的管理和处分信托财产的权利,并直接与第三人从事各种交易活动。另一方面,受托人不能为自己的利益而使用信托财产,不能将管理处分信托财产所生的利益归于自己享有,所生的利益只能按信托文件的规定交给受益人(或用于特定目的)。

其次,信托财产具有独立性。信托一旦有效设立,信托财产即从委托人、受托人以及受益人的自有财产中分离出来,成为一项独立的财产,仅服从于信托的目的。委托人对信托财产不再享有所有权;受益人对信托财产仅享有收益权,同样不享有所有权;受托人对信托财产虽享有所有权,但在信托管理过程中,信托财产与受托人的自有财产相分离,不可混淆。由此,委托人、受托人与受益人三者的任何一方的债权人均不可主张以信托财产清偿。此外,信托管理过程中所产生的费用、损失(因受托人失职所致的除外)与利益(依信托安排应直接归受益人的除外),原则上均归属于信托财产本身。就受托人承担的向受益人给付信托利益的义务而言,仅以信托财产为限,是一种有限责任。

再次,信托关系的发生以信任为基础。各国法律均确认信托关系以当事人之间的信任关系为前提。例如,《韩国信托法》第1条规定,信托是指委托人基于特别信任关系而将特定财产转移给受托人并由其为受益人的利益或特定目的加以管理或处分的法律关系。事实上,受益人与受托人之间也存在信任关系。

最后,信托财产管理的长期性和连续性。其一,信托不因受托人的欠缺而影响其成立;其二,受托人的更迭不影响已成立信托的存续;其三,在公益信托中,如果公益信托所定公益目的不能实现或实现已无意义时,只要委托人在信托文件中有将全部信托财产运用于公益事业的一般性意思,则公益信托并不终止,法院将使信托财产运用于与初始信托"尽可能类似"的其他一些公益目的,从而使公益信托继续存在下去。

二、信托的法律冲突

信托是一种古老的转移与管理财产的法律制度,早在古埃及和古罗马时期,就已经有了信托的萌芽。近现代的信托制度发轫于英美法系国家,后被大陆法系的一些国家陆续继受。目前,虽然英美法系国家和大陆法系国家都设立有信托制度,但两大法系的信托制度存在较大差异。

在委托人地位方面,按照英美法系国家的信托制度,信托一旦有效设定,委托人便与信托关系相脱离,原则上对于信托财产委托人不再享有任何权利,除非其在信托文件中对某些权利作了保留。大陆法系一些国家(如日本、韩国)的信托法却允许委托人在信托设立后仍居于信托关系人的地位,并享有诸多方面的权利,如就信托财产强制执行的异议权、于情势变迁时变更信托财产管理的请求权、受托人和信托管理人的解任请求权等。

在受托人的报酬请求权与费用补偿权方面,英美法只允许受托人的报酬请求权从信托财产中实现,而禁止向受益人主张报酬请求权;费用补偿权原则上也只能从信托财产中实现。日本、韩国的信托法规定,受托人的报酬请求权与费用补偿权,既可以从信托财产中实现,也可以直接向受益人主张。

在受益人的权利义务方面,英美法赋予了受益人终止信托的权利,而日本、韩国原则上不允许受益人终止信托,只是在自益信托中才承认受益人享有信托终止权。在受托人违反信托规定而将信托财产处置给第三人时,英美法按物权模式赋予受益人以追索权,即只要受让人不是善意并支付了相当对价者,受益人即可直接向受让人追回信托财产。日本、韩国则按债权模式赋予受益人撤销受托人不法处置行为的权利,该权利既可以对受托人行使,也可以对受托人的相对人行使。

在信托财产的权属方面,英美法将信托财产权一分为二,形成了所谓“二元所有权”,即受托人享有“法律上的所有权”(名义所有权),受益人享有“衡平法上的所有权”(实质所有权)。大陆法系国家承袭罗马法中“一元所有权”的观念,基本上按照物权和债权的区分模式构造信托财产权,即只承认受托人享有信托财产的所有权,而将受益人的权利称为受益权,并使之具有债权化倾向。

事实上,即使在同一法系的不同国家之间,信托制度也不尽相同。例如,美国的信托制度将委托人的意志,即信托的目的放在首位,而英国的信托制度则更加强调受托人的权利。

三、信托的法律适用

信托的法律适用原则经历了一个逐渐发展的过程。由于早期的信托财产主要是土地,因而物之所在地法原则占有支配地位。在20世纪上半期之前,英国和加拿大的法院处理信托案件时,通常也只考虑适用物之所在地法或者委托人的住所地法,尤其当物之所在地或委托人的住所地法同时也是法院地法时,更是如此。

在大陆法系国家的国际私法立法中,很少见到关于信托的法律适用原则。究其原因主要是大陆法系国家一般将信托行为视为契约行为,国际信托的法律适用问题也准用解决国际合同法律冲突的原则来处理。法国法院就有过信托法律适用方面的判例,对当事人就外国资产在法国设定的信托适用意思自治原则。瑞士法院也有过判例,将外国当事人就其在瑞士的资产为外国受益人设定信托作为合同来处理。

第二次世界大战以后,信托制度被越来越多的大陆法系国家所接受,并且,信托财产的范围也不再局限于不动产。为了适应解决日益复杂的国际信托法律冲突的需要,信托的法律适用规则发生了较大的变化:当事人意思自治原则和最密切联系原则逐渐被引入信托领域,形成了所谓的“信托自体法”(proper law of trust),即信托关系适用当事人选择的法律,当事人未做选择时,适用与信托有最密切、最真实联系的法律。“信托自体法”已被1985年海牙《关于信托的法律适用及其承认的公约》所采纳。

四、《关于信托的法律适用及其承认的公约》的相关规定

1984年10月,来自32个成员方的代表在第十五届海牙国际私法会议上通过了《关于信托的法律适用及其承认的公约》(以下简称《信托公约》)。截至2022年10月,该公约已在澳大利亚、意大利、加拿大等14个国家和地区生效。

(一)《信托公约》的适用范围

《信托公约》第2条规定:“公约所指信托是委托人生前和身后所设立的,为了受益人的利益或某一特定目的,将财产置于受托人的控制之下时所产生的法律关系。信托具有下列特征:该项财产为独立的资金,而不是受托人自有财产的一部分;以受托人名义或以代表受托人的另一个人的名义拥有信托财产;受托人有根据信托的条件和法律所加于他的特殊职责管理、处分

或使用财产的权利和应尽的义务。财产授予人保留某些权利和权力以及受托人本身得享有作为受益人的权利这一事实,并不一定与信托的存在相矛盾。"

《信托公约》第3条规定:"本公约仅适用于自愿设定并以书面证明的信托。"可见,《信托公约》仅适用于完全自愿设立的信托,无论该信托是无偿的还是出于营利目的;信托也不必通过书面文件设立,但须有书面证据,从而排除了适用于执行法律所产生的信托,以及法定信托司法判决中所规定的信托的可能性。

(二)信托准据法及其适用范围

1. 信托准据法

(1)当事人意思自治原则与最密切联系原则。根据《信托公约》第6条的规定,信托受委托人选择的法律支配,当事人的选择方式可以是明示的,也可以是默示的。

根据《信托公约》第7条的规定,当事人没有选择,或当事人选择的准据法所属国不存在信托制度时,信托适用与之有最密切联系的法律。《信托公约》还列举了确定最密切联系地的几个考虑因素:信托管理地、信托财产所在地、受托人居所地或营业地、信托的目的及该目的的实现地。

可见,"信托自体法"已获得《信托公约》的认可。

(2)分割原则。《信托公约》第9条规定,适用本章时,信托的可分割事项,尤其是管理事项,可由不同的法律支配。鉴于信托的复杂性,往往涉及信托的有效性、解释、效力及管理等许多方面的问题,而其中的不少问题均具有较强的独立性,若要求所有问题须受同一种法律支配,则极易导致不合理或不便的结果。因此,确认信托的可分割性便极为必要。

实践中,对于信托的管理往往有必要适用支配信托有效性以外的一种法律,通常是信托管理地国家的法律。

2. 信托准据法的适用范围

《信托公约》第8条规定了信托准据法的适用范围:受托人的指定、辞职或撤换,作为受托人的行为能力,受托人职责的转移;受托人相互间的权利和义务;受托人将其受托管理的权利与义务全部或部分地转移给他人的权利;受托人管理或处分信托财产、在信托财产上设定担保利益或取得新的财产的权力;受托人进行投资的权力;对信托期限以及积累信托收益的限制;受托人与受益人之间的关系,包括受托人对受益人负有的人身责任;信托的变更和终止;信托财产的分配;受托人说明信托管理情况的义务。

第四节 国 有 化

一、国有化的含义

国有化(nationalization),通常是指主权国家或政府通过颁布具有普遍约束力的法令,将原属于私人所有的财产收归国有的一种措施。国有化的结果是直接改变财产所有权的主体,即由私人(包括内外国自然人、法人或其他组织)变成了国家。

与"国有化"相似但又有区别的概念还有"征用"(requisition)、"没收"(confiscation)和"征收"(expropriation)。"征用"通常是指在紧急情况下,政府为了公共利益的需要,在一定期限内对私人财产予以征收使用,并给予一定补偿的措施。这种措施不改变财产的所有权,使用完毕,政府应将财产归还给私人。"没收"是指政府将私人财产收归国有并不给予任何补偿的措施。这种措施不仅改变所有权的主体,而且带有惩罚性。"征收"是指政府为了公共需要将私人的企业收归国有,政府将给予补偿,也可能不给予补偿。征收的结果也导致财产所有权的改变。

内国采取的国有化措施,是内国的一种主权行为。国有化的目的主要是满足社会经济发展和公共利益的需要,而非对私人实施惩罚。

内国实行国有化时,在法律上常常会遇到这样几个问题:其一,内国颁布的国有化法令,对内国人在外国的财产有无约束力?其二,内国颁布的国有化法令,对外国人在内国的财产有无约束力?其三,如果内国有权对外国人在内国的财产实行国有化,内国是否应当对外国人给予补偿?这些问题,都需要用国际私法规则加以解决。

二、国有化法令的效力范围

国有化法令的效力范围,是指一个国家颁布的国有化法令能够对哪些财产发生约束力。一般认为,国有化法令的效力范围应当包括其域内效力和域外效力两个方面。

(一)国有化法令的域内效力

国有化法令的域内效力,是指一个国家颁布的国有化法令可作用于该国境内的哪些财产。在国际私法的理论和实践中,各国普遍承认的原则是:内国颁布的国有化法令,对在内国境内的应当被国有化的一切财产均有约束力,即使有关的财产属于外国人所有,内国也有权对其实行国有化。其理论依据是:

首先,根据国家主权原则,任何国家对位于其境内的一切人和物(享有外交特权与豁免者除外)都具有属地优越权。外国人以及外国人所有的财产,只要位于内国境内,就应当受到内国法律的管辖,包括应当受到内国的国有化法令的约束。

其次,按照国民待遇原则,内国在赋予外国人民事权利的同时,有权要求在内国的外国人承担与内国国民同等的义务。既然内国有权把内国国民的财产国有化,便同样有权将外国人在内国的财产国有化。

(二)国有化法令的域外效力

国有化法令的域外效力所涉及的核心问题是内国颁布的国有化法令对内国人在国外的财产有无约束力?从理论上讲,内国颁布的国有化法令应当具有域外效力,因为:首先,根据公认的国际法准则,每一国家都有权要求其国民(包括自然人和法人)遵守其法律法令,因而,当内国对某种财产实行国有化时,即便属于内国人所有的财产位于外国,内国也有权要求内国人将该财产的所有权移交给国家;其次,国有化是国家的主权行为,当内国实行国有化时,其他国家从尊重该内国的主权出发,也应当承认该内国颁布的国有化法令的域外效力。

尽管理论上,国有化法令应当具有域外效力,但实践中仍存在否认其他国家国有化法令域外效力的做法(尤其体现在发达国家)。一般说来,当实行国有化的国家将国内已被国有化的财产通过贸易途径转让给别国国民时,如果该财产的原业主向受让国的法院提起返还财产之诉,则法院多从保护其国民利益出发,承认对方的国有化法令的域外效力。例如,1932 年美国法院在巴库油田旧业主诉美孚石油公司一案中,驳回了旧业主要求取得由巴库油田出产并由苏联卖给美孚石油公司的原油的起诉,理由是苏联政府通过国有化已取得该油田的所有权,油田出产的原油归苏联国家所有。但是,如果有关财产原已在这些受让国境内,其他国家采取国有化措施宣布将该财产收归国有时,其法院往往以各种借口,否认对方的国有化法令的域外效力。例如,以对方国家的国有化法令具有"惩罚性"或违反内国"公共秩序","物权适用物之所在地法"或"外国国家或政府未被本国承认"等理由否定其域外效力。

三、国有化的补偿问题

国际私法中的国有化补偿问题,主要关注的是内国将外国人在内国的财产国有化之后,对该外国人是否应当给予补偿。对此,国际社会大致存在有三种不同的理论和实践。

1. 不予补偿。这种观点以国家主权原则和国民待遇原则为依据,认为国有化是国家行使主权的行为,外国自然人、法人处于所在国法律管辖之下,必须尊重和服从所在国的法律。是否给予补偿,由实行国有化的国家根据其国有化的目的、任务、对内对外政策及当时的国际环境决定。如果实行国有化的国家对其本国国民不给予补偿,对外国人同样可以不给予补偿。例如,1911 年意大利政府为建立人寿保险国营制度,将其境内的人寿保险公司包括外国人投资举办的公司收归国有后,未对原外国业主给予补偿。

2. 给予充分、有效和及时补偿。一些发达国家为了保护其国民在海外的投资,从私有财产神圣不可侵犯的立场出发,主张对被收归国有的财产应给予充分、有效、及时的补偿。"充分"补偿是指对被国有化的财产予以全额补偿;"有效"补偿是指给予的补偿必须能为被补偿者直接利用和有效控制;"及时"补偿是指在实行国有化之前或之后短时间内给予补偿。

1938 年墨西哥政府对美资石油公司实行国有化时,美国国务卿赫尔在致墨西哥总统的一封信中最早提出了充分、有效和及时补偿的要求。1975 年 12 月美国国务卿基辛格在"外资与国有化"的声明中,仍坚持美国有权要求"充分、有效、及时补偿"的主张。近年来,有些国家之间签订的投资保护协定也规定,缔约一方实行国有化或征收时应对缔约他方的投资给予充分、有效和及时的补偿。

3. 给予适当的、合理的补偿。多数发展中国家主张的所谓"适当的、合理的"补偿,其含义是:第一,给予补偿;第二,这种补偿不能超出实行国有化的国家财政能力所能承受的限度;第三,所给予的补偿经双方协商同意,是为投资者所接受的。东欧各国与英、美、法之间签订的一系列条约,均采用这种原则解决国有化引起的补偿问题。1974 年 12 月 12 日第 29 届联合国大会通过的《各国经济权利和义务宪章》也明确规定:"每个国家都有权……将外国财产的所有权收归国有、征收或转移,在收归国有、征收或转移时,应由采取此种措施的国家给予适当的赔偿。"

实践中,仅少数发展中国家接受了充分、有效和及时的补偿标准,如罗马尼亚 1991 年《外商投资地位法》。还有少数发展中国家在立法中表示放弃对外资实行国有化的权利,如加纳、老挝、蒙古、越南、也门等。

总体而言,发达国家和发展中国家间就补偿标准的分歧较为明显,并曾引发过严重纠纷。例如,20 世纪 60 年代初,古巴对美国人的财产实行国有化,美国因对其补偿标准不满意而抵制古巴糖的进口,于是古巴以对更多的美国国民的财产实行国有化而予以报复,两国关系出现紧张局势。〔2〕

给予适当的、合理的补偿,仅仅只是一个原则,而不是具体的补偿方式。究竟如何确定补偿的数额和方式,应由有关各方协商决定。从有关国家的实践和条约的规定看,按比例补偿的方式较为常见,如 1964 年 6 月阿拉伯联合共和国与瑞士签订《关于补偿瑞士利益的协定》规定:因国有化措施而影响瑞士自然人与法人的利益时,将按 65% 的比例给予补偿。

第五节　我国的涉外物权制度

一、外国人在我国享有物权的范围

根据我国法律规定,不同的民事主体各自享受物权的范围并不完全一致。就涉外物权而言,外国人在我国享受物权的情况大致如下:

(一)外国人在我国的不动产物权

在我国,不动产包括土地、附着于土地的建筑物及其他定着物、建筑物的固定附属设备。我国《宪法》《民法典》明确规定,矿藏、水流、森林、山岭、草原、荒地、滩涂等自然资源属国家所有。其中,森林、山岭、草原、荒地、滩涂也可以依法属于集体所有;土地属于国家和集体所有。因此,对我国境内的上述不动产,外国人不能取得所有权。

外国人在我国境内可以享有的不动产物权,主要是土地的使用权以及附着于土地的建筑物及其他定着物、建筑物的固定附属设备的所有权和其他物权。外国人在我国境内取得、变更或转让不动产物权,必须遵守我国法律,并办理必要的登记手续,行使物权时不得危害我国的社会公共利益或损害他人利益。

---

〔2〕 See M. Sornarajah, *The Pursuit of Nationalized Property*, Dordrecht: Martinus Nijhoff Publishers, 1986, p. 178.

(二)外国人在我国的动产物权

在我国,外国人享有动产物权的客体范围十分广泛。一般说来,我国公民可以对其享有物权的动产,都可以作为外国人享有物权的客体。此类物权,既包括所有权,也包括使用权、抵押权等他物权。

我国在允许外国人享有广泛的动产物权的同时,也对其进行了必要的限制,如在我国境内的外国人不得拥有枪支弹药、毒品、淫秽物品,不得拥有我国未经鉴定的珍贵文物等。

二、我国关于涉外物权法律适用的立法与实践

我国现行立法除规定了不动产、动产物权的法律适用规则外,还规定了某些特殊动产物权的法律适用规则。

(一)不动产物权的法律适用

我国《涉外民事关系法律适用法》第36条规定:“不动产物权,适用不动产所在地法律。”由此,无论是所有权还是他物权,只要其客体为不动产,都应当适用物之所在地法。

(二)动产物权的法律适用

我国《涉外民事关系法律适用法》第37条对动产物权的法律适用作出了原则性规定:“当事人可以协议选择动产物权适用的法律。当事人没有选择的,适用法律事实发生时动产所在地法律。”

对于运输中的动产物权、有价证券,《涉外民事关系法律适用法》第38、39条分别作出了特殊的规定:“当事人可以协议选择运输中动产物权发生变更适用的法律。当事人没有选择的,适用运输目的地法律。”“有价证券,适用有价证券权利实现地法律或者其他与该有价证券有最密切联系的法律。”

关于船舶物权的法律适用,我国《海商法》第270条规定:“船舶所有权的取得、转让和消灭,适用船旗国法律。”第271条规定:“船舶抵押权适用船旗国法律。船舶在光船租赁以前或者光船租赁期间,设立船舶抵押权的,适用原船舶登记国的法律。”第272条规定:“船舶优先权,适用受理案件的法院所在地法律。”

关于民用航空器物权的法律适用,《民用航空法》第185条规定:“民用航空器所有权的取得、转让和消灭,适用民用航空器国籍登记国法律。”第186条规定:“民用航空器抵押权适用民用航空器国籍登记国法律。”第187条规定:“民用航空器优先权适用受理案件的法院所在地法律。”

(三)其他

关于信托的法律适用问题,《涉外民事关系法律适用法》第17条规定:“当事人可以协议选

择信托适用的法律。当事人没有选择的,适用信托财产所在地法律或者信托关系发生地法律。”

权利质权作为一种特殊的物权,是以出质人提供的财产权利为标的而设定的质权。对于权利质权可能发生的法律冲突,《涉外民事关系法律适用法》第40条规定:“权利质权,适用质权设立地法律。”

三、我国的国有化问题

中华人民共和国成立初期,我国政府曾采取过大规模的国有化措施。对外国人和外国政府在华财产,我国政府根据不同情况,分别采取了征用、没收、管制与冻结、代管、转让、收购等措施。在这些措施中,一些在运用时已经解决产权的归属问题,一些虽然没有在当时解决产权归属问题,但相关问题通过事后我国政府与有关国家间的双边协商也逐步得到了解决。例如,1979年5月11日,我国政府与美国政府签订了关于解决资产问题的协议,1987年我国与英国政府也达成了类似的协议。

在现阶段,利用外资为我国现代化建设服务是我国的一项基本政策。为了创造良好的外商投资环境,我国对外国投资者的财产一般不再采取征收的做法,更不会进行大规模的国有化。即便在特殊情况下对外资企业实行征收,我国也同意给予补偿。对此,《外商投资法》第20条规定:“国家对外国投资者的投资不实行征收。在特殊情况下,国家为了公共利益的需要,可以依照法律规定对外国投资者的投资实行征收或者征用。征收、征用应当依照法定程序进行,并及时给予公平、合理的补偿。”《外商投资法实施条例》第21条进一步补充规定“应当依照法定程序、以非歧视性的方式进行,并按照被征收投资的市场价值及时给予补偿”。这些规定,为外国人在我国的物权提供了充分的保障,也为我国引进外资创造了良好的条件。

思考题

一、选择题

特殊物权一般不适用物之所在地法,有其特殊的法律适用原则。这些特殊物权有(　　)。

A. 物为动产或不动产的识别　　B. 信托物权

C. 运输途中的货物的物权　　D. 国家财产的物权

二、简答题

简述物之所在地法原则的适用例外。

三、论述题

国有化的补偿标准是怎样的?

延伸阅读

1. 周后春:《国际货物所有权转移之法律冲突与法律适用》,中国检察出版社 2010 年版。
2. [德]克里斯蒂安·冯·巴尔、埃里克·克莱夫主编:《欧洲私法的原则定义与示范规则》,徐强胜、赵莉译,法律出版社 2014 年版。
3. 吕岩峰:《论国际物权关系的适当法——物之所在地法原则之理析》,载《吉林大学社会科学学报》2007 年第 1 期。
4. 孙南申:《跨国证券投资中的法律适用问题》,载《政法论坛》2010 年第 2 期。
5. 宋渝玲:《国际信托的法律冲突与法律适用》,载《西南政法大学学报》2010 年第 6 期。

第十章　涉外知识产权

内容提示

知识产权的地域性不断被突破，为知识产权法律冲突奠定了基础。国际条约是知识产权跨国保护的主要法律依据，但相关条约只规定了保护知识产权的基本原则、主要制度和最低限度的保护标准，而没有统一各缔约国的知识产权法。因此，知识产权的国际保护，既需要国际条约的保障，也需要各国立法的保障。在知识产权国际保护实践中，需要解决条约之间、国内立法与国际条约之间、不同国家立法之间的法律冲突。世界知识产权组织的条约群和世界贸易组织中的与贸易有关的知识产权协定是知识产权国际保护的主要条约依据。

第一节　知识产权的地域性与法律冲突

一、知识产权的地域性

知识产权的地域性，是指知识产权依据一国（或地区）的法律而产生，且只在该国（或地区）领域内有效，超出这一领域该权利就不被承认。从冲突法的角度来看，知识产权的地域性就是各国不承认他国知识产权的域外效力。英国学者认为，传统的知识产权地域性包含四个方面的含义：(1)每一个国家的知识产权的效力由该国法决定；(2)知识产权仅影响在其被授予地域内的活动；(3)该权利仅能由被授予国国民或通过法律赋予相似地位的其他人予以主张；(4)该权利仅可在被授予国法院予以主张或提出异议。

从冲突法的视角来看，任何一种民事权利最初都是具有地域性的。因为实证法上的权利总是根据某一法律规则产生和存在的，而法律规则的效力都是有地域范围的。从国际私法的发展历史来看，民事权利的许多领域都曾长期具有很强的地域性，而国际私法本身正是在限制法则的属地性斗争中产生的。就知识产权而言，尽管自进入资本主义社会开始，其权利性质由“特权”转变为“私权”，但其域外效力却一直未能得到广泛承认。知识产权的地域性仍然是其较之其他民事权利更为突出的特征。

二、知识产权的地域性突破

进入20世纪以来，知识产权的地域性有突破或者淡化的趋势。其表现在以下几个方面：

第一，经济全球化的推动。经济一体化、全球化日益彰显，知识经济已见端倪，信息技术革命波澜壮阔。可以预见，社会变革必将在更加广阔的背景下产生更加深远的影响。以调整社会关系为己任的法律制度不能不反映这一重大的变化，并在这一变化中发展和建设自身。在此背景下，作为知识经济在法律上的反映的知识产权法不可能不作出应有的回应，并使其自身的法律效力得以延展。知识产权的地域性虽未全面实现突破，但至少严格的地域性已不再"严格"，出现了应有的淡化或者松动。

第二，国际条约的促进。一系列知识产权国际条约中明确承认了知识产权的域外效力，从《巴黎公约》《伯尔尼公约》《世界版权公约》《与贸易有关的知识产权协定》等全球性的知识产权条约，到《共同体商标条例》《欧洲专利公约》《班吉协定》等区域性的知识产权专门条约，都使知识产权的地域性突破了原有国家（或法域）的范围。尤其是世界知识产权组织、世界贸易组织、联合国教科文组织等国际组织更促进了知识产权的国际保护，成为推动知识产权全球化和全球知识产权化的重要力量。

第三，国家司法的支持。部分国家法院的判例也表明有关国家不再坚守知识产权的地域性。荷兰的海牙法院以一起包含商标权的平行进口案开创了知识产权跨国案件域外管辖的先河。近年来英国也已经出现突破司法管辖权地域性的主张和判例。1997 年英国高等法院就对在英国与荷兰的版权分别受到侵害的案件，予以管辖并合并审理，创造了英国对涉外知识产权司法管辖的先例。这一判例在英国引起了极大反响，其基本精神为以后类似案件所遵循。法国学者毕耶早已肯定法国法院对于在外国所发生之专利权的侵害具有管辖权。德国法院自 20 世纪 30 年代以来，先后对商标、专利及著作权侵权诉讼逐渐放弃了传统理论。

三、知识产权的法律冲突

（一）国内立法的冲突

各国知识产权的国内立法存在不同程度的差异，因此可能出现法律适用的冲突。

首先，各国知识产权法所保护的范围不完全相同。一些国家只保护发明专利，实用新型和工业品外观设计不能获得专利保护；另一些国家规定发明、实用新型、工业品外观设计都可以获得专利保护。在商标保护方面，尽管大多数国家规定商标的"注册"是商标专用权得以产生的根据，但哪些标志可以作为商标获得注册，哪些标志不能作为商标获得注册，各国的规定并不完全相同。在版权保护方面，各国版权法所保护的作品范围也不完全一致。

其次，各国知识产权法对各种知识产权的保护期限、保护方法有不同的规定。例如，在世界范围内版权的保护方法有注册取得、加注标记取得及自动取得三种。对于版权的保护期限，有的国家规定作品的保护期限为作者终生加死后 50 年，有的国家则规定为作者终生加死后 70 年。

最后，各国关于终止和撤销知识产权的具体规定也有差异。有的国家规定注册商标必须使用，如果商标权人在规定期限内不使用其注册商标而又提不出正当理由的，商标主管机关即可撤销其注册，但有些国家却没有这样的规定。

正是由于各国的国内立法关于保护知识产权的具体规定不相同,因而在知识产权的国际保护过程中,就可能因国内立法的适用而发生法律冲突。

(二)国际条约的冲突

如前所述,自19世纪以来,国际上签订了一系列保护知识产权的国际公约,有关国家之间还签订了相互保护知识产权的多边或双边协定。这些国际条约关于保护知识产权的具体规定并不完全相同。例如,在版权保护方面,《伯尔尼公约》和《世界版权公约》的规定就有较大的差异。在商标权保护方面,《马德里协定》和《商标注册条约》的规定也有许多不同之处。当内、外国之间存在两个或两个以上保护某种知识产权的国际公约,或者内、外国之间既存在保护某种知识产权的国际公约,又存在保护这种知识产权的双边协定时,在知识产权的国际保护方面,就可能因国际条约的适用而发生法律冲突问题。

(三)国内立法和国际条约的冲突

保护知识产权的有关国际条约虽然规定了保护知识产权的基本原则和制度,但缔约国的国内立法中,仍可能有和国际条约不一致的规定。因此,缔约国之间在互相保护对方国家国民的知识产权时,还可能发生缔约国的国内立法与国际条约的规定相冲突的情形。

由于国际上普遍承认知识产权的地域性原则和各国独立保护原则,许多国家对世界贸易组织项下的TRIPs采取了转化适用的模式,且TRIPs以外的知识产权领域的国际条约通常规定的是最低保护标准而不是完全统一的具体规则,因此,知识产权领域的司法实践中,在国内法与国际条约有不同规定的情况下,不一定优先适用国际条约的规定。

下文分别对主要的知识产权即专利权、商标权和著作权的法律冲突及法律适用进行逐一阐述,在此基础上,再对我国的法律适用规则予以解析。

第二节　涉外专利权的法律适用

一、专利权的法律冲突

(一)保护客体

各国专利法对专利权保护客体的种类和范围都有明确的规定,但存在不同程度的差别。有些国家包括我国的专利法,保护发明、实用新型和外观设计;有些国家则不保护实用新型。在是否授予专利的具体事项上,各国的立法及实践也不尽一致。例如,对用化学方法制造出来的物质,包括药品,在美国和英国是可以被授予专利的,但日本过去规定只有这种物质的制造方法可被授予专利。我国不予保护的事项包括科学发现、智力活动的规则和方法、疾病的诊断和治疗方法、动物和植物品种、原子核变换方法以及用原子核变换方法获得的物质,但对动物植物品种的生产方法,可以授予专利权。

（二）申请和审查

专利申请的立法差别主要表现在三方面:(1)国民待遇不同。有的国家如美国对外国公民在内国申请专利实行的是无条件的国民待遇,即不要求对等或互惠;有些国家则要求存在条约关系或互惠关系。(2)申请前提不同。有些国家对本国公民向外国申请专利并无特殊规定;有些国家则规定必须首先在本国申请。(3)申请方式不同。有的国家要求外国公民必须委托特定的代理机构提出申请;有的国家则无此要求。而且,在必须委托代理申请的情况下,不同国家对代理组织的成立和管理也存在不同的立法。

专利审查有三种主要形式:形式审查制或登记制、实质审查制和早期公开延迟审查制。形式审查制主要为比利时、卢森堡、西班牙、希腊等国所采用。实质审查制为世界上多数国家所采用,只是在具体做法上存在一定的差别,如有的国家规定有异议程序,有的国家则没有这种规定。早期公开延迟审查制主要为荷兰、日本、澳大利亚、巴西、匈牙利等国所采用。

（三）授予条件

各国专利法一般规定,发明和实用新型应当具备新颖性、创造性和实用性方能授予专利权,但在具体标准上有所不同。新颖性总体上有两种判断标准,即时间标准和地域标准。就时间标准而言,美国、加拿大、菲律宾等国家以申请专利的发明技术所完成的时间为标准;日本、中国则以申请专利的时间为标准。就地域标准而言,又可分为三类立法例:法国、德国、英国以及欧洲专利公约的成员国采世界新颖性标准;希腊、巴拿马、尼加拉瓜等国采国内新颖性标准;日本、加拿大、瑞典、比利时、罗马尼亚采混合新颖性标准。创造性,即要求发明与同一领域的现有水平相比具有独创性。由于各国技术发展水平不同,对创造性的立法要求自然有不同的标准,绝大多数国家都要求发明必须具有创造性,但也有的国家甚至未将创造性列为授予专利的必备条件。实用性,即一项发明必须能在产业上制造和使用,并能产生积极的效果。各国立法对实用性的理解和判断标准也存在差别。

（四）有效期限

专利是一种具有时效性的权利,与商标权不同,专利权不得续展或至少不得无限期续展。各国专利法的立法差别主要表现在如下方面:(1)时限不同。例如,瑞士规定发明专利保护期限为20年,外观设计专利保护期限一般为5年;我国规定外观设计专利权的保护期限为15年,实用新型专利权的保护期限是10年。(2)起算方式不同。一般分为专利申请日和专利批准日两种起算方法。(3)能否续展不同。大多数国家规定专利保护期限届满后不能续展,但有极少数国家的专利法规定可以续展,只是续展的期限不能超过原保护期限。

二、专利权的法律适用

根据有关国际条约及各国国内立法的精神,专利权的法律适用主要应当遵循以下规则:

第一,享受国民待遇的条件依被请求国法律。在专利申请和保护方面,尽管各国原则上都给予外国人以国民待遇,但各国给予外国人国民待遇的条件却有所不同。这种法律冲突应依被请求国法律加以解决。该冲突原则已在《巴黎公约》中得到体现。根据《巴黎公约》第2条第1项的规定,任何一个成员国的国民请求其他成员国保护其专利时,虽然可以享受与被请求的成员国的国民相同的待遇,但享受此种待遇,应以遵守被请求的成员国的国民所应遵守的条件和手续为前提。换言之,享受与被请求国的国民相同待遇的条件,应当依被请求国的法律。

第二,优先权日的确定依受理首次申请的国家的法律。《巴黎公约》和许多国家的国内立法都规定,申请人首次在外国提出专利申请之后,在规定的期限内又向内国提出同样申请的,可以享受优先权,即以在外国首次申请的日期作为在内国提出申请的日期。这个首次申请的日期,叫作优先权日。该优先权日只能依受理首次申请的国家的法律来确定。

第三,专利权的授予依被请求国法律。根据专利独立原则,申请人以某项发明创造向某个国家申请专利时,被请求国对该发明创造是否授予专利权或者按照什么程序授予专利权,应由被请求国独立地依照本国法律作出决定,而不受其他国家是否给予保护的影响。

第四,专利权的保护、撤销、终止等,适用授予国法律。按照专利独立原则,依同一项发明创造在不同国家取得的专利权彼此无关。由于专利权只在授予国有效,因而授予国只依本国法律规定的期限、方法等给予保护。授予国在什么情况下终止或者撤销某项专利,除国际条约另有规定外,也独立地依本国法律作出决定。

第三节　涉外商标权的法律适用

一、商标权的法律冲突

(一)商标权利的确立

商标权利的确立,主要有三种不同规定:(1)注册成立,即任何人要获得商标权,必须依照法定程序,经过合法的注册手续后方可使商标权确立。这一制度为大多数国家如法国、日本、意大利、荷兰、希腊、伊朗、埃及、墨西哥、秘鲁等国所采纳。(2)使用成立,即通过对商标的实际使用而使商标权得以确立。目前只有列支敦士登、挪威、菲律宾等少数国家采用这种制度。(3)折中原则,即原则上采用注册成立,但又规定商标的最先使用者拥有在一定期限内提出异议的权利,超出此期限而无人提出异议的,或虽提出异议但不能成立的,则商标的注册人可取得该商标的专有使用权。目前,美国、英国、加拿大、澳大利亚、新西兰等国均采用这一制度。

(二)商标权利的客体

商标是一种标志,它的功能在于使权利人的商品或者服务与其他人提供的商品或者服务区别开来。但对于可以成为商标的标志,各国立法不同,归纳起来主要有三种立法例:(1)文字、图形及其组合等平面标志。这是最传统的立法方式,我国以前的商标立法即采此立法例,允许申请人就文字、图形及其组合提出商标注册申请,其他标志则不予许可。(2)视觉可感知的标志。视觉可感知的标志包括但不限于文字、图形及其组合等平面标志,它还包括三维立体标志。这是晚近国际条约之中所确立的主要标准,我国现行商标法即采此立法例,突破了平面标志的限制。(3)视觉、听觉和嗅觉可以感知的标志。除了视觉可以感知的标志之外,还有一些具有区分功能的标志被国外立法认可,这便是听觉和嗅觉可以感知的标志。例如,英国广播公司(British Broadcasting Corporation,BBC)就将一段音乐旋律登记注册为商标,此为听觉可感知并区分的标志;某些著名化妆品公司,则对诸如香水之类的产品注册了气味商标。除了这些客体范围不同之外,各国通常还对特定类型的标志予以限制或禁止注册,就具体范围而言,各国立法差异也较大。

(三)商标权利的时限

各国关于商标权期限的规定长短不一,最长的达 20 年,最短的只有 5 年。例如,孟加拉国商标权的有效期为 7 年,黎巴嫩的商标权有效期为 15 年,而美国、德国及我国等对商标权的保护期限为 10 年。这些时限一般都允许进行续展,在续展程序和条件上各国又存在不同程度的差别。

二、商标权的法律适用

商标权和专利权同属于工业产权的范畴,因此商标权与专利权的法律适用原则基本一致,即外国人请求某个国家保护其商标权时,享受与被请求国的国民相同待遇的条件,应当依被请求国法律;商标注册申请人要求优先权时,优先权日的确定依受理首次申请的国家的法律;是否准予注册,依被请求国法律;注册商标的效力、撤销等,一般依保护国法律。此外,根据有关的国际条约,在商标权的法律适用方面,还有以下特殊的原则:

第一,注册商标的有效期适用保护国法。在没有条约规定的情况下,注册商标的有效期应依各保护国的法律确定,即适用保护国的法律。但由于目前有关条约对注册商标的有效期作了统一的规定,如《马德里协定》规定注册商标有效期为 20 年,《商标注册条约》规定注册商标的有效期为 10 年,因此,当一个成员国的国内法规定的有效期限短于条约规定的有效期限时,其他成员国的国民在该国注册的商标的有效期限应当以条约规定为准。

第二,商标原始注册的取得和效力适用原始注册国法。按照《马德里协定》的规定,商标所有人必须先将其商标在某个成员国取得原始注册,才能提出国际注册申请,并且在取得原始注册后 5 年之内,如果该原始注册被撤销,将导致商标在其他成员国的注册失去效力。由此可见,商标的原始注册是否已经取得和存在,对商标的国际注册申请和国际保护都有重大影响。由于商标的原始注册是依原始注册国法律而取得,且原始注册国是否终止已经批准的原始注册的效力也概依本国法律决定,因此,一个国家在断定某一商标是否已经在另一国家取得原始注册,或者在断定某一商标在另一国家取得的原始注册是否继续有效时,只能依该另一国的法律,即依原始注册国法律。

第四节　涉外著作权的法律适用

一、著作权的法律冲突

(一)著作权的客体

各国关于著作权客体的范围规定不一,并且对于各类著作权客体所包含的具体内容的规定也不一致。例如,大陆法系国家对即兴演说、授课等以口头语言所表现的口述作品通常予以保护,而英美法系国家则多要求作品必须以一定的物质形式固定下来,因此一般不保护口述作品。再如对电话号码簿,美国有一系列判例规定其应受版权的保护,而英国法院则作出与此完全相反的判例。

(二)著作权的内容

著作权的内容分为经济权利和精神权利。经济权利是著作权人占有著作权以便获得某些经济收入的权利;精神权利是作者在精神上所享有的各项权利。对于其具体内容,各国立法存在程度不等的差异。例如,就作者的经济权利而言,当艺术品的原件被多次出售时,原作者是否有权从出售的利润中取得一定比例的版税,有的国家明确承认此种权利,称其为追续权,如法国、德国、意大利等国;有的国家立法不承认此种权利,如英国、美国、日本等国。作者的精神权利一般包括发表、署名、修改和保护作品完整权,但有的国家并不保护修改权。

(三)著作权的期限

在保护期限的起算日上,不同国家分别有以开始创作之日、作品完成之日、作品登记之日、作品首次发表之日起算等不同规定。对于文学艺术作品,多数国家规定的保护期为作者生前加死后 50 年,也有一些国家规定为作者生前加死后 25 年、60 年、70 年不等。

二、著作权的法律适用

著作权的法律适用,主要有两个基本的冲突原则:

第一,作品在起源国的保护适用作品起源国法。作品的起源国,通常是指作品首次出版地国或者作者的国籍国或住所地国。一般说来,作品在起源国能否获得版权保护、获得多长期限的保护以及作者在作品起源国享有哪些权利等,除条约另有规定外,都由作品起源国法律规定。《伯尔尼公约》确认了这一原则,该条约第 5 条第 3 款规定:“起源国的保护由该国法律规定。”

第二,作品在起源国以外的保护适用被请求保护国法。按照版权保护独立原则,各国对作品给予版权保护的条件、方法、期限等,除受条约的约束外,都独立依本国法律决定。因此,当一个国家不是作品的起源国而被请求保护该作品时,被请求保护国对该作品是否给予保护或者给予何种程度的保护,通常应依被请求保护国法律规定。这一原则同样得到了《伯尔尼公约》的确认。该公约第 5 条第 2 款规定:“……无论作品起源国是否存在保护……除本公约条款外,保护的程度以及为保护作者权利而向其提供的补救方法完全由被要求给予保护的国家的法律规定。”一些国家的国际私法立法也采用了这一冲突原则,如 1979 年《匈牙利国际私法》第 19 条规定:著作权依被请求保护国的法律。但必须指出,“作品在起源国以外其他国家的保护依被请求保护国法律”并非绝对的原则,该原则适用有以下例外:

其一,被请求保护国的版权法规定的保护水平低于其缔结或参加的国际条约所规定的最低保护水平时,该被请求保护国为作品提供的保护应当依国际条约决定。

其二,对于版权的某些内容,被请求保护国可依作品起源国法律给予保护。例如,《伯尔尼公约》第 7 条规定:“无论如何,期限将由被要求给予保护的国家的法律加以规定;但是,除该国家的法律另有规定者外,这种期限不得超过作品起源国规定的期限。”这就是说,只要不低于该公约规定的最低限度,如果被请求保护国的法律所规定的保护期限长于作品起源国的法律所规定的保护期限时,被请求保护国可以依作品起源国的法律来决定作品受保护的期限。

第五节　我国涉外知识产权法律适用规则

《涉外民事关系法律适用法》第 48 ~ 50 条高度概括地对我国涉外知识产权的法律适用作了纲领式规定。这三条规范既是针对所有知识产权的法律适用一般规则,也是具体类别知识产权法律适用的规则。

一、知识产权归属及内容的法律适用

知识产权权属争议涉及两个方面:一方面,知识产权是否有效产生;另一方面,有效的知识产权属于谁。对于专利、商标等需要国家专利、商标主管机构予以登记的,当申请人是外国人或无国籍人、权属在内外国人之间发生争议时,就产生了知识产权权属的涉外之争。其他不需要予以登记的知识产权类型如商业秘密、商誉等,其权利是否产生、产生的权利属于何人,也可能发生涉外争议。不仅如此,对于知识产权的内容,即权利人所享有的权利及其应当承担的义务,也有一个因国而异、因时而变的范围。

这些问题发生争议后,一般是向两类法院请求保护:一类是向权利授予国请求保护;另一类是向权利授予国之外的国家(通常是权利实现国)请求保护。在第一类情形下,权利是否产生以及权利的内容,自然依被请求保护国法确定,被请求保护国同时也就是权利来源国。在第二类情形下,知识产权权利及其内容范围来源于被请求国之外的其他国家的立法规定,如果要

求被请求国无条件地适用权利来源国法,可能会有违被请求国国内立法中的强制性规定。即便是在《巴黎公约》《专利合作条约》《马德里协定》等全球性的国际条约之中,也并未统一各国在这些问题上的立法规定,相反都确认了独立保护原则,授权各国在知识产权的授予条件及保护方面以独立的权限,可自主决定。同时,按照物权法则即“物之所在地法”,适用被请求保护地国法律也是合理的。戴西和莫里斯指出:“事物的所在地应这样来确定:……诉讼中的动产一般位于其可被适当地追索或执行的地方。”被请求保护国正好就是负责追索和执行知识产权权利的所在地。

因此,我国《涉外民事关系法律适用法》第 48 条规定:“知识产权的归属和内容,适用被请求保护地法律。”

二、知识产权转让和许可使用的法律适用

知识产权的转让和许可,是转让人与受让人、许可人与被许可人通过合同方式进行并因此以转让合同或许可合同的形式表现出来的。确定知识产权转让和许可的法律适用,事实上也就转化为确定合同的法律适用。对于涉外合同的法律适用,国际上的主要做法是首先适用当事人选择的法律,在当事人没有选择法律的情况下,则按照最密切联系规则确定准据法。

我国《涉外民事关系法律适用法》第 49 条规定:“当事人可以协议选择知识产权转让和许可使用适用的法律。当事人没有选择的,适用本法对合同的有关规定。”依照该规定,当事人可以协议选择专利转让和许可使用的准据法,在没有选择的情况下,则适用该法有关合同的法律适用规定,即适用特征履行方的经常居所地法或其他与该合同有最密切联系的法律。

三、知识产权侵权的法律适用

从逻辑角度看,知识产权侵权属于侵权类法律关系,因此在法律适用过程中可以以调整侵权的法律适用规则予以参照。国际上有关涉外侵权的法律适用首选侵权行为地法,并辅之以法院地法。这一基本规则也对我国《涉外民事关系法律适用法》规范涉外知识产权侵权行为起到了指导作用。

我国《涉外民事关系法律适用法》第 50 条规定:“知识产权的侵权责任,适用被请求保护地法律,当事人也可以在侵权行为发生后协议选择适用法院地法律。”根据该条规定,知识产权的侵权责任,以被请求保护地法之适用为基本规则,辅之以当事人协议选择的法院地法。这一规定的特点有三:(1)它是一条附条件的选择性规范,即如果当事人选择了法院地法,则法院地法优先适用,否则即直接适用被请求保护地法。(2)第一次在我国涉外侵权的法律适用问题上引入了意思自治,尽管当事人的选择范围非常受限,只能在被请求保护地法之外选择适用法院地法。(3)它还体现了一般侵权的法律适用精神,被请求保护地法在实践中通常就是侵权行为地法,因此,该规则仍然是以侵权行为地法为主,以法院地法为辅的基本构造,进步的地方是在二者的适用顺序上尊重了当事人的意愿。但考虑到侵权发生后,当事人通常难以就法律选择达成一致,因此,该规则的积极之处也就可能被抵消。

第六节　主要的国际知识产权条约

一、世界知识产权组织的主要条约

（一）世界知识产权组织的条约体系

世界知识产权组织（World Intellectual Property Organization，WIPO）是联合国保护知识产权的专门机构，在知识产权的国际协调机制中发挥无可取代的主导作用。WIPO 共管辖了 26 个国际条约。除了《建立 WIPO 的公约》之外，其余 25 个条约按照主题不同共分三大类型：一是有关知识产权保护的条约，共 15 个；二是有关全球保护制度的条约，共 6 个；三是有关分类的条约，共 4 个。

有关知识产权保护的条约是 WIPO 条约群的主要部分，此类条约对成员国一致同意的知识产权保护标准予以界定，是实体性条约，主要包括：《伯尔尼公约》《巴黎公约》《世界版权公约》等。其中，《巴黎公约》是有关工业产权保护的最主要条约，《伯尔尼公约》和《世界版权公约》则是有关著作权或版权保护的基本条约。

有关全球保护制度的条约，功能在于确保国际注册或登记机制在所有相关成员国有效，WIPO 通过此类条约机制建立统一的国际注册或登记程序，以简化国别登记注册程序，降低成本，实现“一次申请、多国有效”的目的。这类条约主要是程序性条约，重要的有《专利合作条约》《马德里协定》。

有关分类的条约，是为了将与发明、商标及工业设计相关的信息组织成便于检索的索引、管理结构而建立的分类制度。此类条约包括《洛迦洛协定》《尼斯协定》《斯特拉斯堡协定》《维也纳协定》。

（二）保护工业产权的主要条约

《巴黎公约》1883 年 3 月 20 日缔结于巴黎，1884 年 7 月 7 日开始生效，属于开放性的国际公约，无限期有效。该公约缔结后，先后于 1900 年在布鲁塞尔、1911 年在华盛顿、1925 年在海牙、1934 年在伦敦、1958 年在里斯本、1967 年在斯德哥尔摩进行了六次修订，并于 1979 年在日内瓦作了一次修正。

《巴黎公约》是至今为止影响最大、成员国最多的一个保护工业产权国际公约。我国已于 1984 年 11 月决定加入该公约的斯德哥尔摩文本，并于 1985 年 3 月 19 日正式成为该公约的成员国。

《巴黎公约》的保护范围十分广泛，包括发明、实用新型、工业品外观设计、商标、服务标记、厂商名称、产地标记或原产地名称以及制止不正当竞争等。在专利权的保护方面，《巴黎公约》规定了以下几项基本原则：

1. 国民待遇原则

《巴黎公约》规定,在专利权保护方面,任何缔约国的国民,无论他们是否在一个本公约成员国内有住所或工商营业所,只要他们遵守对该国国民适用的条件和手续,就享有同该国国民一样的待遇;非成员国的国民,如果在一个本公约的成员国内有住所或有真实、有效的工商营业所的,也享有与本公约成员国的国民同样的待遇。

《巴黎公约》在确立国民待遇原则的同时,也规定了一个成员国可以不给予其他成员国的国民以国民待遇的一些情形。根据《巴黎公约》第2条第3款的规定,在专利诉讼、有关专利文件的送达、专利代理等方面,一个成员国可以不给予其他成员国的国民以国民待遇。

2. 优先权原则

《巴黎公约》第4条规定了专利申请的优先权问题。所谓优先权,是指本公约成员国的国民或者在成员国内有住所或工商营业所的非成员国国民,自首次向成员国之一提出专利申请之日起,在规定期限内又以同一项发明创造向其他成员国提出相同申请的,可以要求以首次申请的日期作为该期限内向其他成员国申请的日期。《巴黎公约》规定,发明和实用新型专利申请享受优先权的期限为自首次申请日起12个月,适用于工业的外观设计专利申请享受优先权的期限为自首次申请日起6个月。如果期限的最后一天是在其国内提出保护请求的国家的法定假日或专利局当天不办理申请,则该期限应顺延至其后的第一个工作日。

优先权原则的作用是确定申请日的先后。由于当今大多数国家都规定专利权只能授予最先提出申请的人,因此,当两个或两个以上申请人分别以相同的发明创造向同一国家申请专利时,申请日期的先后便极其重要。按照《巴黎公约》规定的优先权原则,申请人首次向该公约的某个成员国提出专利申请之后,在规定的期限内,即使有第三者以相同的发明创造向其他成员国提出专利申请或已实施该发明创造,申请人仍可因享有优先权而在其他成员国获得专利权,这就便于申请人有充分的时间来考虑继续向哪些国家提出专利申请和办理必要的申请手续。

3. 独立性原则

《巴黎公约》规定,在该公约成员国内有资格享有国民待遇的人,就同一项发明创造在不同成员国内享有的专利权彼此独立,互不影响。该原则具有以下几个方面的含义:第一,一个成员国授予某项发明创造以专利权,并不意味着其他成员国也应授予该项发明创造以专利权;第二,一个成员国驳回申请人就某项发明创造提出的专利申请,并不妨碍其他成员国批准申请人以该项发明创造提出的专利申请;第三,一项专利被某个成员国撤销或宣布无效,并不影响该项专利在其他成员国继续有效。

4. 强制许可原则

《巴黎公约》规定,每一成员国都可以采取立法措施,规定在一定条件下核准强制许可,以防止专利权人对专利权的滥用。所谓强制许可,是指专利权人在规定的时间内无正当理由不实施或不充分实施其专利时,根据其他人的申请,批准该项专利的成员国专利机关有权颁发强制许可证,允许其他人实施该项专利,而不必征得专利权人的同意。

《巴黎公约》在确立强制许可原则的同时,也对其作了一定的限制,如强制许可只能在专利权人提出专利申请之日起4年内或自核准专利权之日起3年内(取其到期日最晚者)未实施或不充分实施其专利而又提不出正当理由时才能采取,各成员国的专利机关只能颁发非独占性的强制许可证,取得强制许可证的第三者不得将强制许可转让给他人,并应向专利权人支付合理的使用费等。

5. 临时保护原则

《巴黎公约》规定,各成员国应当依照本国法律的规定,对于任何一个成员国内举办的官方的或经官方承认的国际展览会上展出的商品中可以取得专利权的发明创造给予临时保护。该公约未对临时保护的期限作出明确的规定,但按照有关国家的法律规定或习惯做法,对发明和实用新型给予临时保护的期限一般为12个月,对工业品外观设计的临时保护期限一般为6个月。在该期限内,除展品所有人外,其他任何人不得以受到临时保护的发明创造申请专利。如果展品所有人在临时保护期内提出专利申请,应申请人的请求,优先权日应以展品公开展出之日为准。

除上述基本原则外,《巴黎公约》还对收取专利年费的宽限期、不属于侵权行为的情况、成员国不得驳回专利申请或撤销专利的情形、各成员国的权利和义务作了较具体的规定。

《巴黎公约》虽然规定了专利权的国际保护问题,但没有规定专利的国际申请程序,因此,当事人如果希望在两个以上成员国获得专利权,就必须一一地向有关的成员国提出专利申请,并由有关的成员国分别进行审查和批准。这种状况不仅造成了大量不必要的重复劳动,而且也不利于当事人及时向众多成员国申请专利。

(三)保护著作权的主要条约

著作权又称版权。在版权的国际保护方面,目前主要有两个影响较大的国际公约,即《伯尔尼公约》和《世界版权公约》。

1.《伯尔尼公约》

1886年9月,由英国、法国、德国、意大利、西班牙、比利时、瑞士、利比里亚、海地、突尼斯共十个国家发起,在瑞士首都伯尔尼召开国际版权会议,并在这次会议上通过了《伯尔尼公约》。该公约于1887年12月5日生效。该公约签订后,曾先后进行过七次修订,每次修订都形成一个新的文本,即1896年巴黎修订本、1908年柏林修订本、1914年伯尔尼修订本、1928年罗马修订本、1948年布鲁塞尔修订本、1967年斯德哥尔摩修订本、1971年巴黎修订本。目前,多数成员国均已批准并适用1971年巴黎修订本。我国已于1992年7月决定加入该公约。

《伯尔尼公约》是世界上第一个保护文学艺术作品的国际公约。该公约保护的对象十分广泛,几乎包括了以任何形式表现出来的文学、科学和艺术领域内的一切作品。在版权的国际保护方面,《伯尔尼公约》规定了以下几项基本原则:

(1)国民待遇原则。《伯尔尼公约》规定了版权保护的"双国籍国民待遇"原则,即根据"作者国籍"和"作品国籍"实行国民待遇。这一原则包含了两个方面的含义:第一,凡是《伯尔尼公约》成员国国民(包括在成员国内有惯常住所的人)的作品,无论是否已经出版,各成员国都应当给予其和本国作者的作品一样的保护。第二,非《伯尔尼公约》成员国国民的作品,只要首次在一个成员国出版,或者在一个非成员国和成员国同时出版,即视为该成员国的作品,各成员国也应当给予其和本国作者的作品一样的保护。按照该公约的规定,一个作品在首次出版后30日内在两个或两个以上国家内出版,则该作品应视为同时在几个国家内出版。

(2)自动保护原则。《伯尔尼公约》规定,作者在各成员国中享受版权的保护,不需要履行任何手续,即不必登记注册,不必送交样本,不必刊载版权标记等。作品一旦产生,便自动受到各成员国保护。

(3)独立保护原则。《伯尔尼公约》规定,各成员国对同一作品所给予的版权保护彼此独立,不受其他国家是否给予保护的影响。在不低于该公约规定的最低限度的前提下,作者的权利受到保护的水平、司法救济方式等,均由各成员国独立地依本国法律决定。

(4)最低限度保护原则。最低限度保护原则,即各成员国的版权保护水平不得低于《伯尔尼公约》所规定的限度。换言之,该公约的规定只是对各成员国的起码要求,各成员国对版权的保护可以高于该公约规定的保护水平,但不得低于该公约规定的保护水平。《伯尔尼公约》所规定的版权保护的最低限度,主要有以下几个方面的内容:第一,受保护的作品的范围起码要包括该公约的作品分类中所列的各类作品。例如,书籍、小册子和其他文学作品;讲课、演讲、讲道和其他同类性质作品;戏剧或音乐戏剧作品;舞蹈艺术作品和哑剧;配词或未配词的乐曲;电影作品和以类似摄制电影的方法表现的作品;图画、油画、建筑、雕塑、雕刻和版画作品;摄影作品和以类似摄影的方法表现的作品;实用艺术作品;与地理、地形、建筑和科学有关的插图、地图、设计图草图和立体作品。第二,作者受保护的权利不得少于该公约所规定的权利。例如,作者对作品享有的翻译权、复制权、公演权、广播权、录制权、改编权、制片权、朗诵权等获取经济利益的权利,以及作者对作品享有的署名权、保证作品完整权等精神权利。第三,各成员国的版权保护期限不得短于该公约规定的保护期限。该公约规定的最低限度保护期限为:一般文学艺术作品,不应少于作者有生之年及其死后50年,若作者难以确定,则不应少于自作品合法公之于众之日起50年;摄影作品和作为艺术作品保护的实用艺术作品的保护期限不应少于自该作品完成之日起25年。

《伯尔尼公约》除规定上述基本原则外,还规定了以下几个方面的实质性内容:

一是版权的限制。《伯尔尼公约》规定,从一部合法公之于众的作品中摘出引文,只要符合合理使用,在为达到目的的正当需要范围内,就属合法。成员国法律可以允许为了教学或时事报道的需要而合理使用受保护的作品,但摘录和使用都必须注明原作者及作品出处。

二是对发展中国家的优惠。《伯尔尼公约》1971年巴黎修订本附件对发展中国家规定了翻译和复制外国原作的特殊优惠。允许发展中国家在某些特殊情况下,可以不执行该公约中规定的最低限度保护标准。该附件第2条规定,如果受版权保护的作品自首次出版时起满3年不以某一发展中国家通用的语言翻译出版,该发展中国家为了教学或研究的需要,有权颁发以本国语言翻译出版该作品的强制许可。如果该发展中国家通用的语言不是一个或数个发达国家中通用的语言,则上述3年期限还可以缩短为1年。该附件第3条规定,如果受版权保护的作品自首次出版时起经过一定期限(一般作品为 5 年,教学和自然科学以及技术的作品为 3 年,小说、诗歌、戏剧和音乐作品以及美术书籍为 7 年)不以适当的价格在某一发展中国家销售,该发展中国家为了系统教学的需要,可以颁发复制该作品的强制许可。我国在加入《伯尔尼公约》时,声明享有上述附件第 2 条和第 3 条规定的权利。

2.《世界版权公约》

1952 年 9 月 6 日,由联合国教科文组织主持,在日内瓦缔结了《世界版权公约》。该公约于1955 年 9 月 16 日生效。1971 年,该公约与《伯尔尼公约》同时在巴黎进行修订,修订后的《世界版权公约》于 1974 年 7 月 10 日生效。我国已于 1992 年 7 月决定加入该公约。

《世界版权公约》为版权的国际保护规定了以下基本原则:

(1)国民待遇原则。《世界版权公约》第 2 条规定了“双国籍国民待遇”原则,其具体内容与《伯尔尼公约》关于国民待遇的规定相同。

(2)附条件的自动保护原则。这项原则是指任何一个成员国出版的作品,必须在版权页内的醒目位置注明版权标记(文字作品用“C”,录制品用“R”或“C”)、版权所有者姓名、初版年份三项内容,才可在其他成员国自动受到保护,但不需要履行任何登记注册之类的手续。

(3)独立保护原则。《世界版权公约》也规定了独立保护原则,其具体内容与《伯尔尼公约》关于独立保护的规定相同。

(4)最低限度保护原则。《世界版权公约》所规定的保护版权的最低限度主要包括以下几个方面的内容:第一,对一般作品的保护期限不得少于作者有生之年及其死后的 25 年,或作品出版之后 25 年。对摄影作品及实用美术作品的保护期限不得少于 10 年。第二,受保护的权利起码应当包括复制权、公演权、广播权、翻译权和出版权。第三,受保护主体除作者外,还应当包括其他版权所有者,如作者的雇主、委托作品的委托人等。

此外,《世界版权公约》1971 年巴黎修订本第 5 条之三、之四对发展中国家翻译和复制受版权保护的作品作了某些优惠规定,其内容与《伯尔尼公约》1971 年巴黎修订本附件的内容基本相同。我国在加入该公约时,声明享有该公约第 5 条之三、之四对发展中国家翻译和复制受版权保护的作品作了某些优惠规定的权利。

尽管《世界版权公约》和《伯尔尼公约》都是以“双国籍国民待遇”原则作为版权国际保护的基础,但这两个公约却有许多不同之处。例如,关于受保护的作品,《伯尔尼公约》规定得非常具体,而《世界版权公约》只作了原则性规定;关于受保护的主体,《伯尔尼公约》规定对作者给予保护,而《世界版权公约》规定受保护的主体除了作者外,还包括其他版权所有者;关于保护的方法,《伯尔尼公约》规定的是自动保护,而《世界版权公约》规定的是附条件的自动保护;关于作者的权利,《伯尔尼公约》除要求保护作者获取经济利益的权利外,还要求保护作者的精神权利,但《世界版权公约》对作者的精神权利未作规定;等等。总体上讲,《伯尔尼公约》规定的保护水平要高于《世界版权公约》。

《世界版权公约》并没有取代原有的《伯尔尼公约》,这两个公约彼此独立,在地位上无主次之分。目前,有些国家只参加了其中的一个公约,但也有不少国家同时是这两个公约的成员国。根据《世界版权公约》第 17 条附加声明,既参加了《伯尔尼公约》又参加了《世界版权公约》的国家之间的版权保护关系,遇有两个公约的规定不一致时,应当服从于《伯尔尼公约》的规定。

二、世界贸易组织的知识产权条约

世界贸易组织(World Trade Organization,WTO)是成员方围绕贸易主题建立起来的国际组织,在它庞大的条约群中,有一个与知识产权相关的贸易条约即 TRIPs。该协定是原关税和贸易总协定乌拉圭回合多边贸易谈判(1986－1994 年)所取得的成果之一,于 1995 年 1 月 1 日随 WTO 的成立而正式生效。目前,WTO 各成员实施知识产权的国际保护,都应遵守该协定的规定。

TRIPs 分为七部分,共计 73 条。第一部分为总则和基本原则;第二部分为关于知识产权的效力、范围和使用的标准;第三部分为知识产权的实施;第四部分为知识产权的取得和维持及当事方之间的相关程序;第五部分为争端的防止和解决;第六部分为过渡性安排;第七部分为机构安排及最后条款。

(一)TRIPs 与其他知识产权条约的关系

TRIPs 规定:"就本协定第二、第三和第四部分而言,各成员应遵守《巴黎公约》(1967)第 1 条至第 12 条和第 19 条的规定。""本协定第一部分至第四部分所有的规定,均不应背离各成员在《巴黎公约》《伯尔尼公约》《罗马公约》《关于集成电路的知识产权条约》下相互承担的现有义务。"由此可见,在知识产权的国际保护方面,TRIPs 继受了《巴黎公约》《伯尔尼公约》《罗马公约》《关于集成电路的知识产权条约》所规定的大部分原则和制度。

(二)保护知识产权的基本原则

首先,TRIPs 继承了原有知识产权条约所确立的国民待遇原则。该协定规定:每一成员向其他成员的国民就知识产权的保护提供的待遇,不得低于其给予本国国民的待遇。

其次,TRIPs 要求各成员在知识产权国际保护方面遵守最惠国待遇原则,即任何一成员就知识产权保护提供给任何其他一国国民的利益、优惠、特权或豁免,应当立即、无条件地给予所有其他成员的国民。将最惠国待遇原则作为知识产权国际保护的基本原则,是 TRIPs 对知识产权国际保护制度的一个重大发展。

按照 TRIPs 的规定,在一成员内享受国民待遇和最惠国待遇的主体是"其他成员的国民",那么,"其他成员的国民"范围怎样确定？对此,TRIPs 规定:就有关的知识产权而言,其他成员的国民应理解为符合《巴黎公约》《伯尔尼公约》《罗马公约》《关于集成电路的知识产权条约》规定的保护资格标准的自然人或法人,假设所有 WTO 成员均为这些公约的成员。

(三)各类知识产权的保护制度

TRIPs 第二部分具体规定了版权及邻接权、商标、地理标志、工业品外观设计、专利、集成电路布图设计、未披露信息的保护制度。

1. 版权及邻接权保护制度

TRIPs 第 9 条规定:“各成员应遵守《伯尔尼公约》(1971)第 1 条至第 21 条及附件的规定。但是,对于该公约第 6 条之二授予和派生的权利,各成员在本协定项下没有相应的权利或义务。”这一规定表明,对前述《伯尔尼公约》所规定的大部分原则和制度,WTO 各成员仍然必须遵守,只是对《伯尔尼公约》第 6 条之二授予作者的人身权,各成员可以不承担保护的义务。

此外,TRIPs 在版权和邻接权保护方面还作了以下新规定:

首先,TRIPs 增加了计算机程序和数据库的保护制度。TRIPs 要求各成员将计算机程序作为文字作品加以保护,并对数据汇编或其他资料给予法律保护。

其次,TRIPs 补充了版权中的财产权利。TRIPs 规定:至少在有关计算机程序和电影作品方面,各成员都应当保护作者或其合法继承人的出租权。

最后,TRIPs 加大了邻接权的保护力度。例如,要求各成员对录音制品制作者及录音制品权利持有人的出租权给予法律保护,将表演者、录音制品制作者的权利的保护期限延长到从表演、录制年份的年底算起不少于 50 年等。

2. 商标保护制度

TRIPs 在继承《巴黎公约》关于商标保护的原则和制度的基础上,对商标的保护作了若干新的规定:

第一,关于注册商标的条件。TRIPs 规定,各成员可将商标具有“识别性”作为该商标获得注册的条件。

第二,关于注册商标的转让。TRIPs 不仅规定了注册商标所有权人有权转让其注册商标,而且规定注册商标可以连同商标所属企业的业务一并转让,也可以不连同商标所属企业的业务转让。

第三,关于驰名商标的保护。TRIPs 规定,保护驰名商标的制度,既适用于商品商标,也适用于服务商标。TRIPs 还规定,驰名商标所有权人以外的其他人,即使在“不相类似的商品或服务”上使用与驰名商标相同或相似的商标,只要这种使用会体现有关的商品或服务与驰名商标所有权人的联系,并可能损害驰名商标所有权人的利益,则其他人的使用也应当被禁止。

第四,关于保护的期限。原有的知识产权条约没有规定注册商标的有效期限。但 TRIPs 为注册商标规定了最低限度的保护期限,即注册商标的有效期限不得少于 7 年,期满后可以无限续展,每次续展的有效期限也不得少于 7 年。

3. 地理标志保护制度

关于地理标志的保护,《巴黎公约》中主要有两方面的要求:一是要求各缔约国对假冒地理标志的商品在进口时予以扣押;二是要求各缔约国禁止工商业活动中违反诚信商业原则的不正当竞争(包括假冒地理标志)行为。TRIPs 在重申以上要求的基础上,对地理标志的保护作了一些重要补充。

首先,TRIPs 要求各成员在商标注册方面加强对地理标志的保护,即如果商品的商标含有非实际原产地的地理标志,并可能使公众对有关商品的实际原产地产生误解的,则各成员对该商标应当拒绝给予注册或撤销其注册。

其次,TRIPs 对酒类产品地理标志的保护作了特别规定。按照该协定,凡是非原产于某地理标志所标明的地点的葡萄酒和烈性酒使用该地理标志,即使同时标示了实际原产地,或者将该地理标志翻译出来,或者伴有"种类""类型""风格""仿制"等词语,都应当予以禁止。

此外,TRIPs 还要求各成员间进行国际谈判,以加强地理标志的保护。

4. 外观设计保护制度

TRIPs 除要求各成员遵守《巴黎公约》关于保护外观设计的有关规定以外,还补充了纺织品外观设计的保护、外观设计所有权人的权利、外观设计的保护期限等内容。

在纺织品外观设计保护方面,TRIPs 允许各成员自行通过外观设计法或版权法为纺织品外观设计提供保护,但要求各成员关于纺织品外观设计保护的规定,尤其是费用、审查、公开方面的规定,不得无理地给这种保护设置障碍。

在外观设计所有权人的权利方面,TRIPs 规定外观设计所有权人应当享有生产、销售和进口的专有权利。TRIPs 还明确规定,外观设计的保护期限不得少于 10 年。

5. 专利保护制度

与以往的知识产权条约相比,TRIPs 加大了专利保护的力度。主要表现在:

第一,TRIPs 对专利的强制许可规定了更严格的限制条件,包括:只有在第三方已按合理的商业条件努力地获取专利权人的授权,并且在合理期限内这种努力没能成功的前提下,才能申请或批准强制许可;强制许可使用的范围和期限,应当符合强制许可使用的目的;强制许可的目的主要是满足授权方国内市场的需要;有关强制许可的决定应当接受司法审查等。

第二,TRIPs 规定了最低限度的专利保护期限,即专利保护的有效期应不少于自提交申请之日起的第 20 年年终。

第三,TRIPs 规定,在方法专利侵权诉讼案件中,司法机关有权要求被告举证获得相同产品的方法与受保护的专利方法不同,即"举证责任倒置"。如果被告方不能提出相反的证据,则任何未经专利权人同意而制造的相同产品,都将被视为是通过专利方法获得的,被告的行为即构成侵权行为。

6. 集成电路布图设计保护制度

在布图设计保护方面,TRIPs 要求各成员遵守《关于集成电路的知识产权公约》的大部分实质性条款,但同时又对该公约的个别条款进行了修改。TRIPs 主要在以下几方面发展了布图设计的保护制度:

第一,扩大了权利持有人的专有权利。根据 TRIPs 的规定,当某种产品中含有集成电路,而这种集成电路又是由受保护的布图设计构成时,第三方须经布图设计权利持有人授权,才能进口、销售或分发这种产品,否则就属于非法行为。

第二,对强制许可作了严格限制。按照 TRIPs 的规定,本协定中关于专利强制许可的条件,经细节上的必要修改后,适用于布图设计的强制许可。

第三，延长了保护的期限。TRIPs 规定的布图设计保护期限为自提交注册申请之日起或在世界上任何地方首次付诸商业利用之日起不少于 10 年。也允许各成员将布图设计的保护期限规定为自设计创作之日起 15 年终止。

7. 未披露信息的保护制度

以往的知识产权条约都没有专门规定未披露信息的保护问题，因此，将未披露的信息纳入知识产权国际保护的范畴，是 TRIPs 的创新。

TRIPs 主要是从防范不正当竞争的角度规定未披露信息的保护制度。TRIPs 规定，未披露信息的所有权人，有权禁止其他人在没有得到其同意的情况下以违反诚信商业原则的方式泄露、获取或者使用未披露的信息。TRIPs 还对未公开的新型化学药品或农用化学产品的试验数据的保护作了规定。

思考题

一、选择题

1. 中国人甲发明了一项节能装置，并于 2001 年 3 月 15 日向中国专利局提出了专利申请。美国人乙发明了同样的节能装置，并于 2001 年 2 月 28 日向美国专利局提出了专利申请。2001 年 12 月 25 日，美国人乙又以该发明向中国专利局申请专利并声明其享有优先权。这种情况下，中国专利局应当将该发明的专利授予谁？（　　）

   A. 应当将该发明的专利授予甲，而不授予乙

   B. 应当将该发明的专利授予乙，而不授予甲

   C. 应当将该发明的专利授予甲和乙

   D. 应当将该发明的专利授予最先发明的人

2. 根据《巴黎公约》，在工业产权保护方面，缔约国应当给予下列哪些人以国民待遇？（　　）

   A. 任何缔约国的国民

   B. 在任何缔约国内有住所的非缔约国国民

   C. 在任何缔约国内有工商营业所的非缔约国国民

   D. 在任何缔约国内使用其发明或商标的非缔约国国民

二、判断分析题

有关知识产权权属、许可、转让和侵权的涉外争议，我国立法引入了意思自治的原则，允许当事人选择准据法。

三、简答题

简述知识产权国际保护的基本原则。

四、论述题

评析我国知识产权法律适用规则。

延伸阅读

1. 赵生祥:《WTO 对知识产权国际保护制度的继承和发展》,载《现代法学》2000 年第 3 期。

2. 宋渝玲:《论我国对知识产权的国内保护与国际保护》,载《现代法学》1998 年第 2 期。

3. 禹华英:《国际技术贸易中的限制性商业条款》,载《现代法学》1998 年第 4 期。

4. 吴汉东:《新时代中国知识产权制度建设的思想纲领和行动指南——试论习近平关于知识产权的重要论述》,载《法律科学》2019 年第 4 期。

5. 何其生:《论国际司法合作中的知识产权地域性》,载《现代法学》2022 年第 4 期。

6. Asa Hellstadius, Wolf Meier - Ewert, *Jurisdiction and Choice of Law in Intellectual Property Matters - Perspectives for the Future (EU and Worldwide)*, 36 International Review of Intellectual Property and Competition Law 313, 2005.

7. K. Lipstein, *Intellectual Property: Parallel Choice of Law Rules*, 64 Cambridge Law Journal 593, 2005.

第十一章　涉外合同之债

内容提示

债是特定的当事人之间请求特定行为的民事关系。依其发生的原因不同，债可以分为合同之债和非合同之债。根据涉外合同之债的不同性质及其法律适用的不同方式，可以将其进一步区分为一般涉外合同之债和特殊涉外合同之债，并由国际私法决定其应受何国法律支配。本章阐述涉外合同的法律冲突、主要方法、一般与特殊合同的法律适用等基础知识，并重点讲解我国涉外合同的法律适用。

第一节　涉外合同的法律冲突

涉外合同之债涉及两个或两个以上国家的法律，而不同国家的立法规定又不完全一致，因此，对涉外合同之债的调整，可能因为适用法律不同而产生法律冲突。涉外合同之债的法律冲突主要表现在以下方面。

一、缔约能力的法律冲突

各国法律一般规定，订约人（合同的当事人或其代理人）必须具有缔约能力，合同才有效。因此，订约人的缔约能力是合同关系中一个十分重要的问题。订约人的缔约能力，包括签订合同的权利能力和行为能力。

在签订合同的权利能力方面，许多国家规定，国际经济贸易领域中的某些合同，只有经过批准的对外贸易经营者才有资格签订。但哪些人能够取得对外贸易经营者资格，各个国家的具体规定不尽一致。

在签订合同的行为能力方面，各国法律一般规定，如果订约人不具有相应的行为能力，其所签订的合同无效或需要补正。订约人签订合同的行为能力，与其民事行为能力是一致的，即某些重要的合同，只有完全行为能力人才有资格签订，而限制行为能力人只能签订某些与其行为能力相适应的合同，无行为能力人则不能签订合同。但是应当看到，哪些人为完全行为能力人，哪些人为限制行为能力或无行为能力人，各国的具体规定存在差异。正是因为各个国家对签订合同的权利能力和行为能力规定不同，因而在涉外合同关系中，适用不同国家的法律，便可能对订约人的缔约能力作出不同的认定,从而发生缔约能力的法律冲突。

二、合同形式的法律冲突

合同的形式是指签订合同的法律行为所采取的表达方式。在学理上,合同可以分为要式合同和非要式合同两类。要式合同是指法律对其形式有严格规定的合同,如必须采用书面形式、必须履行审批手续等。要式合同如果不符合法定形式,便不能有效成立。非要式合同是指法律未严格规定其形式的合同,这类合同可以由当事人协商以适当的形式订立。

从各国立法来看,哪些合同属于要式合同,哪些合同属于非要式合同,各国的具体规定不尽相同。例如,有些国家规定国际经济贸易合同必须以书面形式订立,而有些国家却规定无须采用书面形式。由于各国对合同形式的规定不同,因而当事人双方采用某种形式特别是采用口头形式订立涉外合同时,在该合同是否有效的认定上,便会产生法律冲突问题。

三、合同实质问题的法律冲突

合同的实质问题,包括合同的成立、内容、效力,以及合同的解释等问题。各国立法在这些方面存在较为广泛的差异。

合同的成立须经过要约和承诺两个阶段。当事人向特定的人提出订立合同的建议为要约。被要约人向要约人表示愿意按要约中提出的条件订立合同为承诺。在双方当事人当面签订合同的情况下,由于被要约人表示承诺的时间和地点与要约人收到承诺的时间和地点完全一致,所以一般不会发生合同成立的法律冲突问题。但是,在国际民事和经济交往中,大量的合同都属于异地合同,即分别处于不同国家的双方当事人以信函、电报、电传、甚至电邮等方式订立的合同。

关于异地合同的成立,各国立法不完全相同。英美法系部分国家对异地合同的成立采取“发信主义”的主张,即只要被要约人发出承诺,异地合同即告成立,被要约人发出承诺的时间和地点就是合同成立的时间和地点。英美法系的另一些国家及大陆法系多数国家对异地合同的成立却采取“受信主义”的主张,即被要约人发出承诺之后,该承诺必须送达要约人,合同才算成立,要约人一方收到承诺的时间和地点,才是合同成立的时间和地点。不仅如此,关于合同的成立还存在交错要约、现物要约等特殊情形,以致有关国家关于异地合同成立的规定相去甚远,因此,在涉外合同是否成立,以及当事人能否依合同主张权利义务的问题上,就可能发生法律冲突问题。

合同的内容是指合同当事人之间的权利义务关系,合同的效力主要是指合同成立后所能产生的法律后果。这两个方面都是属于合同的实质性问题。各国一般规定,合同内容必须合法,方能得到法律的保护。当事人双方在合同中的具体约定究竟是否合法,却可能会因为适用法律不同而产生法律冲突。在合同的效力问题上,各国对合同的变更、履行、解除、违约责任等也有不同的规定,这些不同规定同样会导致法律冲突的产生。

第二节　涉外合同的法律适用方法

由于任何一项合同都涉及当事人的缔约能力以及合同的形式、成立、内容、效力等几个不同的方面，因而在确定涉外合同的准据法时，首先应考虑一个方法论问题——是把涉外合同当作一个整体来确定其准据法，还是把涉外合同分解为若干不同的方面分别确定其准据法？在这一问题上，有“统一论”和“分割论”两种不同的主张。

一、法律适用的“统一论”

合同法律适用的“统一论”，是指把一项合同看成一个整体，主张该合同中的一切问题都由一个法律统一支配。这种主张所依据的理由是：(1)合同的整体协调。一项合同，无论是从经济的观点还是从法律的观点来看，都应该是一个整体，就应该坚持一个合同只适用一个法律的原则。(2)法律适用的简便和可预见性。当事人通常不希望把合同分解为许多方面去分别适用不同的法律，这对他们来说过于复杂，且对法律适用及其结果更难预见，除非他们另有明确约定。(3)合同分割困难。在司法实践中，要把合同的各个方面严格区分开来，对不同问题分别适用不同的法律，常常会遇到许多困难，只有对合同的所有问题都统一适用一个法律，才是最现实的做法。但从各国的立法和实践以及有关国际条约的规定看，把合同当作整体统一适用一个法律的做法却较为少见。

二、法律适用的“分割论”

合同法律适用的“分割论”，就是主张对合同的诸要素进行分解，使合同的不同方面分别受不同法律的支配。这种主张所依据的理由是在涉外合同中，当事人的缔约能力以及合同的形式、成立、内容、效力等问题分别具有不同的性质，对不同性质的相对独立的问题，可以适用不同的法律进行调整。合同法律适用的“分割论”观点，可以追溯到 14 世纪意大利法则区别说时代。例如，法则区别说的奠基人巴托鲁斯就主张：合同的方式及合同的实质有效性，适用合同缔结地法；合同的效力，如果当事人双方同意于某地履行，应适用履行地法，如无此种同意，可适用法院地法；当事人的能力，适用当事人住所地法。巴托鲁斯这一主张，得到了学者们的广泛赞同，并相沿成习。

在国际私法的国内立法和国际立法方面，将合同分解为当事人的缔约能力、合同的形式、合同的成立以及合同的内容和效力等实质问题，分别规定其法律适用的做法也得到了比较广泛的采用。例如，2017 年修订的《瑞士联邦国际私法》第 35 条和第 36 条对当事人行为能力的法律适用问题作了规定，这些规定同样适用于当事人的缔约能力；第 116 条和第 117 条是关于一般合同法律适用的规定，主要用于确定合同实质内容的准据法；第 123 ~ 125 条则是关于合同订立和履行的法律适用的规定。美洲国家间的《布斯塔曼特法典》第一卷第四编第二章分别规定了缔约能力、合同的内容、合同的形式、合同的撤销、合同的无效、合同的解释等问题的法律适用规则。1985 年海牙《国际货物买卖合同法律适用公约》也采取了分割论的主张。该公约第 12 条规定,依公约第 7 ~9 条而适用于合同的法律,主要支配合同的解释、当事人的权利义务及合同的履行、买方取得所有权的时间、买方开始对货物承担风险的时间、当事人之间有关保留货物所有权的条款的有效性及效力、不履行合同所产生的结果、债的消灭的各种方法以及诉讼时效、合同无效的后果等事项。但该公约第 11 条对合同形式的法律适用问题单独作了规定。此外,该公约第 5 条还规定,本公约不确定当事人行为能力的法律适用问题。晚近以来的一些立法例或立法草案也支持分割论的选法方法,如欧盟《罗马条例Ⅰ》第 3 条第 1 款即规定:"当事人可以将所选法律适用于合同的整体或部分。"同样地,海牙国际私法会议于 2015 年 3 月通过的《国际商事合同法律选择原则》第 2 条第 2 款也以更自由、明确的方式采纳了分割论,该条款规定:"当事人可以选择(1)适用于合同全部或仅适用于合同一部分的法律,以及(2)适用于合同不同部分的不同法律。"

第三节　涉外合同的法律适用规则

一、缔约能力的法律适用

缔约能力属于人的能力的范畴。按照传统的观点,人的能力问题应当依属人法确定。在现代国际私法中,人的能力依属人法仍然是各国普遍承认和采用的原则。这一原则无疑也适用于解决缔约能力的法律冲突。但是,单纯采用属人法来解决缔约能力的法律冲突,在某些情况下可能难以保证交易的稳定性。尤其是外国人在内国签订合同时,依其属人法为无缔约能力而依行为地法为有缔约能力的,若依其属人法将其视为无缔约能力人,往往不利于保护善意相对人的合法利益,甚至会严重影响交易的安全。有鉴于此,当今许多国家的立法和实践都已不再把属人法作为解决缔约能力法律冲突的唯一原则,而是采取选择适用属人法或者行为地法的做法。1861 年法国最高法院处理的"李查蒂案",就是这方面的著名案例。该案案情及法律适用简介如下:

李查蒂是一个 22 岁的墨西哥人。依墨西哥法律,23 岁为完全民事行为能力人。他在法国签发了一张期票,向巴黎商人购买珠宝。当他被诉请付款时,他以法国法律规定人的能力依当事人本国法,而他依墨西哥法律尚未成年,没有缔约能力为由,主张原合同无效。法国最高法院处理此案时认为,该合同在法国签订,依法国法李查蒂已成年,而且,法国卖方在缔结合同时是正直而审慎的,应当受到法律的保护。据此,法国最高法院驳回了李查蒂的主张,认定合同有效,从而在法国确立了当事人只要依其属人法或者依行为地法有缔约能力,便应当认定其为有缔约能力的规则。

缔约能力选择适用属人法或者行为地法这一规则,已被当今许多国家的国际私法所采用。例如,2007 年《土耳其国际私法和国际诉讼程序法》第 9 条规定:当事人的民事权利能力和行为能力(包括缔约能力)适用当事人本国法。外国人在土耳其所为的法律行为,虽然依外国人的本国法为无行为能力,但依土耳其法有行为能力的,则视为有行为能力。《日本法例》第3条、《泰国国际私法》第10条等,均有类似的规定。

此外,也有理论和判例主张缔约能力适用合同实质问题的准据法。这体现出了统一论的法律适用立场。例如,1971年《美国冲突法第二次重述》规定,合同实质问题的准据法(当事人自己选择的法律,或当事人没有选择时与合同有最重要联系的法律)应当支配当事人的缔约能力。不过,该重述同时指出,如果当事人依其住所地法为有缔约能力,通常也应当认定其具有缔约能力。

二、合同形式的法律适用

在传统国际私法中,解决合同形式的法律冲突,主要是遵循"场所支配行为"这一古老原则,即合同的形式适用合同缔结地法。这一原则在过去曾被认为具有强制性。但是,随着国际经济交往的日益频繁,后来许多国家的立法和实践打破了这一传统规则,逐步确立了选择适用合同缔结地法或合同实质问题准据法的新规则。例如,2017年修订的《奥地利联邦国际私法法规》第8条规定:"法律行为的方式(包括合同的形式),依支配该法律行为本身的同一法律;但符合该法律行为发生地国对方式的要求者亦可。"2011年《波兰国际私法》第12条、《葡萄牙民法典》第36条、2007年《土耳其国际私法和国际诉讼程序法》第7条以及1985年《国际货物买卖合同法律适用公约》第11条等,也有类似的规定。此外,有些国家规定的合同形式的准据法的范围更加广泛,如《希腊民法典》第11条规定:"法律行为的方式如果符合决定行为内容的法律,或者符合行为地法,或者符合全体当事人的本国法,就认为有效。"《罗马条例Ⅰ》第11条第1款规定:"缔约时同一国当事人或其代理人所签订的合同,只要符合本条例所确定的合同实质问题准据法或缔结地法的形式要件的,其形式即为有效。"第2款进一步规定:"缔约时不属同一国的当事人或其代理人所签订的合同,只要符合本条例确定的合同实质问题准据法、任一方当事人或其代理人缔约时所在国法或惯常居所国法的形式要件的,其形式即为有效。"由此看来,现代国际私法的立法和实践呈现出了采用多种连结因素确定合同形式准据法的趋势。

三、合同实质问题的法律适用

合同实质问题,主要包括合同的成立、合同的内容、合同的效力、合同的解释等关系到双方当事人实体权利义务的问题。关于合同实质问题准据法的确定,理论上有"客观说""主观说""合同自体法说"等主张。"客观说"认为,对于合同的实质性问题,应当依客观的空间连结因素如合同缔结地、合同履行地、合同标的物所在地、当事人国籍或住所等确定其准据法。"主观说"认为,对于合同的实质性问题,应当依当事人的主观意愿决定其准据法。换言之,合同的实质问题应当适用当事人自己选择的法律,如果当事人没有直接表明适用何种法律的意愿,法院也应当合理推定适用当事人意欲适用的法律。"合同自体法说"则试图将"主观说"和"客观说"结合起来,以形成合同所特有的法律适用规则体系。英国著名法学家莫里斯对"合同自体法”(proper law of contract)的解释为:“当事人意欲使合同受其支配的法律,而在当事人无此明示选择且不能依情况推定当事人选择的意向时,应是那个与合同有最密切、最真实联系的法律。”

关于合同实质问题的法律适用,尽管在理论上有各种不同的学说,但从现代各国立法与实践以及有关国际条约的规定来看,确定合同实质问题的准据法,主要有以下两种方法:

(一)意思自治

一般地,各国立法和有关的国际条约都规定,涉外合同的当事人可以选择处理合同争议所适用的法律。因此,如果双方当事人协商一致选择某种法律来支配他们之间的合同关系,只要这种选择不违反有关国家的强制性规定和要求,便应当以当事人选择的法律作为合同实质问题的准据法。由当事人协议选择合同的准据法,在国际私法上称为合同当事人“意思自治”。

根据当事人“意思自治”原则确定涉外合同实质问题的准据法,有下述两方面的优势:(1)有利于当事人预见法律行为的后果和维护法律关系的稳定性。在商业领域,这正是当事人所特别期望的。(2)当事人在签订合同时便将适用于合同的法律确定下来,有利于在发生争议时,使争议得到迅速解决。正因如此,当事人“意思自治”原则被各国公认为确定合同实质问题准据法的首要原则。

当事人“意思自治”只是一个选法原则或规则,而不是一个特定的实体法,因此,在运用该原则或规则确定合同实质问题的准据法时,必须解决以下几个问题:

1. 选择法律的方式

当事人选择法律的方式,一般分为明示和默示两种。对于当事人通过合同条款或者合同外的专门协议明确表达其选择法律的意图的明示选择方式,各国都普遍予以接受。但是,对于默示选择的方式,各国态度不一。可以说,当事人选择法律的方式问题,关键就在于有关国家是否承认,以及在何种程度上承认当事人选择法律的默示意思表示。

在国际上,对当事人默示选择法律的意思表示,大致有三种不同的态度:

其一,只承认明示选择,不承认任何的默示选择。土耳其、尼日利亚、秘鲁等国家持这种态度,如2007年《土耳其国际私法和国际诉讼程序法》第24条第1款规定:“合同之债适用当事人共同明示选择的法律。”

其二,有限度地承认默示选择。荷兰、美国(1971年《美国冲突法第二次重述》)有限度地承认默示选择。[1]

其三,允许法官依各种案件情况确认当事人的默示选择。多数国家和国际公约都持这种态度。例如,2017年修订的《奥地利联邦国际私法法规》第35条规定:“不在《罗马条例Ⅰ》适用范围内的合同之债,依照当事人明示或默示选择的法律判定。”1985年海牙《国际货物买卖合

〔1〕 需要指出的是,《美国冲突法第二次重述》是将当事人默示选择与推定选择明确地区分开来的。Symeon C. Symeonides, *American Private International Law*, Kluwer Law International, 2008, p.209.

同法律适用公约》第7条也规定："货物买卖合同依双方当事人所选择的法律。当事人选择法律必须是明示的，或为合同条款和具体案情总的情况所显示。"欧盟《罗马条例I》第3条规定："合同受当事人选择的法律调整。此种选择应通过合同条款或者案情明示为之或者清楚显示。"

默示选择之所以得到许多国家的承认，主要有以下几个方面的原因：一是这些国家认为，在当事人选择某国法律的暗示明显存在时，确认当事人的默示选择具有合理性；二是一些国家认为，当事人对法院或仲裁机构的选择即表明当事人默示地选择了法院地法或仲裁地法，因而确认当事人的默示选择，可以使法院地法或仲裁地法有更多的适用机会；三是在有些国家，承认当事人的默示选择已经成为传统，它们不愿放弃这种传统做法。

2. 选择法律的时间

在当事人选择法律的时间这一问题上，有些国家规定得相当严格，而有些国家却规定得比较宽松。从各国的规定和实践看，主要有两种不同主张：

一种主张是当事人必须在订立合同时对合同所适用的法律作出选择，订立合同后所作的任何选择都归于无效，即使后来情势变更也不能成为变更选择的理由。意大利法院和英国上诉法院均有不允许当事人在订约之后选择法律的判例。

另一种主张是当事人可以在订立合同时选择合同准据法，也可以在订立合同后选择或者变更合同准据法。当今多数国家的立法和实践都持这种态度。不过，当事人在合同订立后所作的选择或变更，不能使合同归于无效，也不能使第三人的利益受到损害。例如，欧盟《罗马条例Ⅰ》第3条第2款规定："当事人可以在任何时候变更之前所选择的合同准据法，无论之前是根据本条还是本条例的其他条款选择的法律。合同缔结后准据法的任何变动不得违背第11条所规定的合同形式有效性或损害第三人的权利。"

3. 所选法律的性质

从国际私法的角度看，按照性质可以将法律规范区分为实体规范、程序规范和冲突规范。因此这里的问题是，当事人选择的法律究竟是或排除哪一类规范。允许当事人协议选择合同准据法，是为了使当事人能够预见到合同的法律后果，并使当事人的合法权益得到其所期待的法律的保护，所以大多数国家普遍认为，在涉外合同的法律适用方面必须排除反致。有鉴于此，多数国家或地区的立法和有关的国际条约都比较一致地规定，当事人协议选择的法律只能是被选择的那个国家的实体法，而不包括该国的冲突规范和程序规范。例如，欧盟《罗马条例Ⅰ》第20条有关"排除反致"的规定："本条例所确定的任何国家法律之适用是指其有效的法律规则之适用，而不是指其国际私法规则的适用，本条例另有规定除外。"

4. 选择法律的限制

当事人选择法律的自由不是绝对的。对当事人选择法律的限制，可以分为一般限制和特殊限制两个方面。

所谓一般限制，是指各国普遍赞同和采纳的限制条件。一般限制的内容主要包括：第一，当事人选择的合同准据法不得违反法院地国的公共秩序或公共政策；第二，当事人选择法律必须是善意的，不得合谋欺诈或者损害与合同有关的第三人的利益；第三，当事人不得通过选择法律的手段规避有关国家强制性或禁止性的法律规定。如果当事人选择合同准据法违反了这些限制性的规定,法院对当事人选择的法律可拒绝予以适用。欧盟《罗马条例Ⅰ》第6条第2款规定,消费者合同中当事人可以选择适用的准据法,但是不得剥夺消费者根据其惯常居所地国法中的强制性条款所给予的保护。欧盟《罗马条例Ⅰ》第8条第1款对劳动合同的法律选择适用也作了类似规定。

所谓特殊限制,是指有关国家根据本国利益的需要,对当事人选择合同准据法所施加的特殊限制条件。对当事人选择法律的特殊限制,不同的国家往往有不同的规定。特殊限制主要涉及的问题是,允许当事人选择的法律的范围问题。许多国家规定,当事人只能选择与合同有实际联系的国家的法律作为合同准据法,否则视为当事人未选择法律,如1971年《美国冲突法第二次重述》第187条。但在这一问题上,以英国为代表的一些国家却有不同的规定。这些国家从确保法律选择的"中立性"出发,[2]允许当事人选择与合同无实际联系的法律作为合同准据法。1985年《国际货物买卖合同法律适用公约》也未限制当事人选择法律的范围。欧盟《罗马条例Ⅰ》的规定较为现代化,其第3~4条采取了一种折中做法:在允许当事人选择与合同没有任何关系的法律时,要求不得违背与合同联系紧密的某一成员国立法或欧盟法的强制性规定。海牙国际私法会议的《国际商事合同法律选择原则》第2条第4款也允许选择与当事人及其交易无任何联系的法律。

总之,各国对当事人选择合同准据法有不同的要求和限制。只有在当事人的选择不违反有关国家的要求和限制的情况下,当事人选择的法律才能作为处理合同争议的依据。

(二)客观标志或最密切联系原则

在当事人没有选择法律或者当事人的选择无效的情况下,各国通常是按照某些客观标志或者按最密切联系原则确定合同实质问题的准据法。

1. 依客观标志确定准据法

当事人没有选择法律或者当事人的选择无效时,早期的理论和实践一般都主张按照某些固定的空间连结因素来确定合同准据法。从各国的理论和实践来看,可用于确定合同准据法的客观标志主要有合同缔结地、合同履行地、当事人国籍、当事人住所地或营业所所在地、合同标的物所在地、诉讼地或仲裁地等。这种确定合同准据法的方法,目前仍被泰国、意大利、埃及、约旦、秘鲁等国家所采用。例如,《秘鲁民法典》第2095条规定:当事人未选择法律时,合同之债依合同履行地法;在几个国家履行的合同,依主要债务履行地法;如果无法确定主要履行地,则依合同缔结地法;合同没有规定履行地或无法确定履行地时,依合同缔结地法。

2. 依最密切联系原则确定准据法

这一做法的基本含义是,当事人未选择法律或者当事人的选择无效时,哪个国家的法律与

---

[2] See Lawrence Collins ed., *Dicey, Morris and Collins on the Conflict of Laws*, 14th edition, Sweet & Maxell, 2006, p. 1562.

合同联系最密切,便以哪个国家的法律作为该合同的准据法。按照最密切联系原则确定涉外合同准据法的实践,肇始于20世纪50年代的美国。[3] 1945年,美国纽约州上诉法院法官富德(Fuld)在处理"奥顿诉奥顿案"(Auten v. Auten)时,提出了"重力中心"(center of gravity)和"联系聚集"的概念,主张对合同适用其重力中心和连结关系聚集地的法律。这一主张后来被称为"最强联系原则"或者"最密切联系原则"。

与意思自治原则相比,最密切联系原则的产生要晚得多。但该原则一产生,便被许多国家的立法和司法实践所接受和采用,并将其作为合同法律适用上意思自治原则的补充原则。例如,奥地利、德国、比利时、荷兰、卢森堡、希腊、土耳其、南斯拉夫等国家的冲突法都规定,当事人没有选择法律时,应当依最密切联系原则确定合同的准据法。最密切联系原则之所以产生如此巨大的影响,主要是因为依该原则确定合同的准据法,可以有效地防止将偶然与合同有联系的法律适用于该合同,从而使合同的法律适用更加合理。

但是应当看到,最密切联系原则是一个弹性极大的法律适用原则,如果完全由法院自由裁量何国法律与合同有最密切联系,可能会导致法律适用的随意性和不可预见性。为了克服最密切联系原则的这一弊端,近年来不少国家在立法技术上采取了将最密切联系原则具体化的做法,即以立法形式规定在通常情况下应当依照什么标准来认定何国法律与合同有最密切的联系。

在最密切联系原则的具体化方面,瑞士法学家所倡导的"特征性履行方法"(the characteristic performance of the contract approaching)得到了不少国家的采用。"特征性履行方法"亦称"特征性债务方法",是指在双务合同中,当事人未选择法律时,哪一方的债务最能体现合同的本质特征,便认定该特征性债务履行方的住所地(或营业所所在地)或者该特征性债务履行地与合同有最密切联系,从而以该法律作为支配合同关系的准据法。《瑞士联邦国际私法》第117条第2款规定:"与合同有最密切联系的国家,是指特征性义务履行人的习惯居所地国家,如果合同涉及业务活动或商务活动的,指营业机构所在地国家。"该条第3款还分别对五类合同具体确定其特征性履行方。欧盟《罗马条例Ⅰ》第4条第1款在对八类合同按照特征履行法确定准据法后,第2款作了一般性规定:"第1款之外的合同,或者同时具有上述两种及以上合同要素的合同应适用影响合同特征履行的当事人一方之惯常居所地法。"此外,2007年《斯洛伐克关于国际私法与国际民事诉讼规则的法律》第10条、2017年《匈牙利关于国际私法的第28号法律》第55条等,也是采用的这种方法。

第四节　我国涉外合同的法律适用

我国涉外合同的法律适用首先应考虑国际条约、国际惯例的适用问题。在国内立法及司

---

[3] 事实上,1954年,美国印第安纳州法院便通过 W. H. Barber Co. v. Hughes 一案采取了"重要连接因素法",然后在1954年通过 Auten v. Auten 案采取了"重力中心法",最终通过1963年 Babcock v. Jackson 案确立了最密切联系规则,拉开了美国冲突法司法革命的序幕。See Symeon C. Symeonides, *The American Choice-of-Law Revolution: Past, Present and Future*, Martinus Nijhoff Publishers, 2006, p. 37-38.

法解释中,我国有关涉外合同法律适用的主要规范载于《涉外民事关系法律适用法》及《涉外民事关系法律适用法》司法解释之中。[4]《民法典》《海商法》《民用航空法》等法律也对涉外合同的法律适用作了一些专门规定。

一、国际条约和国际惯例在涉外合同中的适用

信守国际条约和尊重国际惯例是我国一贯坚持的原则。我国关于涉外合同法律适用的立法与实践,也使这一原则得到了充分体现。我国《海商法》第268条规定:"中华人民共和国缔结或者参加的国际条约同本法有不同规定的,适用国际条约的规定;但是,中华人民共和国声明保留的条款除外。中华人民共和国法律和中华人民共和国缔结或者参加的国际条约没有规定的,可以适用国际惯例。"《票据法》第95条、《民用航空法》第184条作了类似的规定。根据上述规则,我国法院和其他机构在处理涉外合同争议时应注意两个问题:

第一,坚持国际条约优先的原则。在处理相关的涉外合同争议时,首先应当考虑我国缔结或者参加的国际条约对有关问题有无规定。如果条约已有明确规定,除我国声明保留的条款之外,应当依条约的规定处理涉外合同争议;只有在条约没有明确规定的情况下,才能根据我国法律中的有关规则处理涉外合同争议。这里的例外是,我国针对部分国际条约采取了转化适用的方式,典型如TRIPs。

第二,坚持尊重国际惯例的观念。在处理涉外合同争议时,不仅要尊重当事人已经明示选择的国际惯例,而且,在当事人没有明示选择国际惯例的情况下,如果我国法律和我国缔结或者参加的国际条约对有关问题均无明确规定的,也可以考虑依国际惯例处理涉外合同争议,以使当事人之间的纠纷能够得到公平合理的解决。

二、缔约能力的法律适用

合同当事人的缔约能力属于主体的权利能力和行为能力的范畴,因此,《涉外民事关系法律适用法》第二章"民事主体"部分有关权利能力和行为能力的法律适用规则,也就是规范当事人缔约能力的规则。这也表明,我国对涉外合同的法律适用采取的是一种分割适用的做法。

对于自然人的权利能力和行为能力,《涉外民事关系法律适用法》第11～12条作了规定,即自然人的民事权利、行为能力,均适用经常居所地法,但对于民事行为能力有一个特别限制,即依照经常居所地法无行为能力而依照行为地法具有行为能力的,应认为其具有行为能力。

对于法人的权利能力和行为能力,《涉外民事关系法律适用法》第14条规定:首先应适用法人及其分支机构的登记地法;如果登记地与主营业地不一致的,可以适用主营业地法。法人也有自己的经常居所地,其经常居所地是指主营业地。

自然人的经常居所地对于其权利能力和行为能力的确定具有决定意义,因此,如何确定其

---

〔4〕 最高人民法院曾在2007年颁布过《关于审理涉外民事或商事合同纠纷案件法律适用若干问题的规定》(法释〔2007〕14号),该解释对涉外民商事合同法律适用作出了较为全面和系统的规定。但在最高人民法院"法释〔2013〕7号"文中,最高人民法院以其与《涉外民事关系法律适用法》相冲突为由,予以废止。

经常居所地就是一个关键问题。一般情况下，当事人的经常居所地因其客观性而容易确定，但当事人也可能出现经常居所地的消极冲突，即一个经常居所地也没有或者难以确定。在经常居所地不明的情况下，应以其现在居所地作为经常居所地。相应地，在应适用经常居所地法时，也就改为适用其现在居所地法。

三、一般合同的法律适用

（一）当事人选择的法律

涉外合同可以适用当事人选择的法律，但我国立法对当事人选择法律有若干具体的要求，当事人的选择必须符合这些具体要求，其选择的法律才能得以适用。根据我国的司法实践，我国对当事人选择合同准据法的要求主要有以下几个方面。

1. 法律选择的方式

在选法方式上，当事人选择或变更选择合同准据法必须经双方协商一致和明示为之。《涉外民事关系法律适用法》第 3 条规定："当事人依照法律规定可以明示选择涉外民事关系适用的法律。"《涉外民事关系法律适用法》司法解释第 4 条进一步明确："中华人民共和国法律没有明确规定当事人可以选择涉外民事关系适用的法律，当事人选择适用法律的，人民法院应认定该选择无效。"由此可见，我国立法和司法实践都要求当事人选法应当明示选择，不承认所谓的默示选择。但是，《涉外民事关系法律适用法》司法解释第 6 条第 2 款事实上附条件地确认了一种默示的意思自治："各方当事人援引相同国家的法律且未提出法律适用异议的，人民法院可以认定当事人已经就涉外民事关系适用的法律做出了选择。"此种选择所附条件有二：一是双方当事人共同援引；二是未提法律适用异议。

2. 法律选择的时间

在选法时间上，当事人在订立合同时或者发生争议后均可对合同所适用的法律作出初次或者变更选择。《涉外民事关系法律适用法》司法解释第 6 条第 1 款规定："当事人在一审法庭辩论终结前协议选择或者变更选择适用的法律的，人民法院应予准许。"当事人据此在选法时间上具有很大的自由，不仅可以在缔结合同前、缔结合同时、争议发生后、开庭审理前就选法达成合意，而且还可以在一审法庭辩论终结前进行选择或变更选择。法庭辩论结束后，法庭将对案件事实认定和法律适用进行合议。为确保诉讼效率及法律适用的稳定性，法庭辩论结束时必须终止选法。这种规定，一方面确保了当事人有最大限度的选法自由，另一方面也维持了法律适用和诉讼程序的稳定，避免当事人在二审或审判监督程序中变更选法，导致已经进行的法律适用及相关程序的无效。

3. 所选法律的性质

在选法性质上，当事人选择的法律可以是某国法，也可以是一国内部某法域的法，但当事人选择的法律只能是实体法，不包括冲突规范，通常也不包括程序法。《涉外民事关系法律适用法》第 9 条规定："涉外民事关系适用的外国法律，不包括该国的法律适用法。"这也是排除反致的做法，因为反致将导致外国冲突规范的适用，并将会使当事人对法律选择的预期落空,有违意思自治之本旨。

需要强调的是,当事人能否在合同中选择适用尚未对我国生效的国际条约。典型如在海事海商审判实践中,涉案提单通常载明适用《1924 年统一提单某些法律规定的国际公约》(《海牙规则》)、《1978 年联合国海上货物运输公约》(《汉堡规则》)等国际条约的相关内容,而我国并未加入这些国际条约,人民法院应如何对待这种情形。这个问题涉及两个方面:第一,当事人能否选择适用此类未生效条约;第二,如果能够选择,此类未生效条约是否属于"准据法"。《涉外民事关系法律适用法》司法解释第 7 条回答了这个问题:"当事人在合同中援引尚未对中华人民共和国生效的国际条约的,人民法院可以根据该国际条约的内容确定当事人之间的权利义务,但违反中华人民共和国社会公共利益或中华人民共和国法律、行政法规强制性规定的除外。"对此条的理解应明确三点:(1)当事人可以选择对我国未生效的国际条约,人民法院也可以据此确定当事人之间的权利义务;(2)该未生效条约不是以"准据法"的性质,而是以"契约条款"的性质对当事人发挥拘束力;〔5〕(3)该未生效条约的适用还必须受公共秩序保留制度的审查。

4. 法律选择的范围

在选法范围上,当事人选择的法律可以与系争的涉外民事关系没有实际联系。尽管《涉外民事关系法律适用法》并没有对当事人选择适用的法律是否必须与当事人之间的涉外民事关系具有关联性作出明确规定,但该法司法解释第 5 条予以明确:"一方当事人以双方协议选择的法律与系争的涉外民事关系没有实际联系为由主张选择无效的,人民法院不予支持。"因此,只要不存在其他选法限制的情形,在选法范围方面当事人可以开放性选法。

5. 法律选择的排除

在选法排除上,我国立法对当事人的选法排除主要是对选择外国法的排除。这主要涉及两种限制:一是我国强制性规则的直接适用,即《涉外民事关系法律适用法》第 4 条规定:"中华人民共和国法律对涉外民事关系有强制性规定的,直接适用该强制性规定。"需要强调的是,这里的强制性规定,与我国合同法上的所谓效力性或管理性强制性规定不同,而是适用于涉外民事关系的、与公共秩序保留条款一样,都是能够达到排除外国法适用目的的规则,对此要从立法目的上考察。〔6〕 二是公共秩序保留,即《涉外民事关系法律适用法》第 5 条规定:"外国法律的适用将损害中华人民共和国社会公共利益的,适用中华人民共和国法律。"二者的差别之一是,强制性规则在当事人选法之前进行排除;公共秩序保留则在当事人选法之后进行排除,两

---

〔5〕 关于未生效条约的选择适用在性质上如何定位,有三种观点:第一种观点认为,这种情形可以作为当事人约定适用"外国法律"的情形对待。第二种观点认为,可以把这类国际条约视为国际惯例。第三种观点认为,把这类国际条约认为构成当事人之间合同的组成部分,据以确定当事人之间的权利义务,更为合理,这样也可以解决如何对待当事人援引一些不具有拘束力的国际示范法、统一规则等产生的问题。我国最高人民法院最终采纳了第三种观点。参见 2013 年《最高人民法院民四庭负责人就〈关于适用《中华人民共和国涉外民事关系法律适用法》若干问题的解释(一)〉答记者问》。

〔6〕 参见 2013 年《最高人民法院民四庭负责人就〈关于适用《中华人民共和国涉外民事关系法律适用法》若干问题的解释(一)〉答记者问》。

者的适用阶段不同。

(二)特征履行方经常居所地法或最密切联系地法

涉外合同当事人对适用法律未作选择时,我国法院应依最密切联系原则确定合同准据法。《涉外民事关系法律适用法》对此作了明确规定,并引入了“特征履行”的方法。

《涉外民事关系法律适用法》第 41 条规定:“当事人可以协议选择合同适用的法律。当事人没有选择的,适用履行义务最能体现该合同特征的一方当事人经常居所地法律或者其他与该合同有最密切联系的法律。”应当注意的是,本条将特征履行方法与最密切联系并列起来,并且在类型上采用的是无条件的选择性冲突规范,因此,从规则层面看,二者处于平等的选择地位。

对特征履行方法的运用应把握如下要点:首先,应判断特征履行方,即“履行义务最能体现该合同特征的一方当事人”即为特征履行方。其次,应判断特征履行方的经常居所地。最后,根据特征履行方的经常居所地确定当事人没有选法时应适用的法律。

四、特殊合同的法律适用

我国立法也对某些特殊类型的涉外合同的法律适用作了一些例外的规定。这主要包括两种类型:一是必须适用我国法律的特殊合同;二是立法直接为其确定法律适用的特殊合同。

(一)必须适用我国法律的特殊合同

《民法典》第 467 条第 2 款规定三类合同必须适用我国法律。这三类合同是指在我国境内履行的中外合资经营企业合同、中外合作经营企业合同、中外合作勘探开发自然资源合同。[7]此类涉外合同之所以必须适用我国法律,有以下理由:首先,这些涉外合同在我国境内履行,它们与我国的法律有最密切的联系。其次,这些涉外合同直接关系到我国的经济主权、重大利益或者经济秩序,必须依我国法律对其进行调整,才能保障我国的主权、利益免受损害。最后,这些涉外合同都是属于国际投资性质的合同,我国要求其必须适用我国法律,符合国际上通行的“投资合同适用东道国法律”这一做法。

---

[7] 2007 年最高人民法院《关于审理涉外民事或商事合同纠纷案件法律适用若干问题的规定》第 8 条曾经将此三类合同包括在内,并具体列举了九类合同必须适用我国法律。这些合同在中国境内履行,包括:(1)中外合资经营企业合同;(2)中外合作经营企业合同;(3)中外合作勘探、开发自然资源合同;(4)中外合资经营企业、中外合作经营企业、外商独资企业股份转让合同;(5)外国自然人、法人或者其他组织承包经营在中华人民共和国领域内设立的中外合资经营企业、中外合作经营企业的合同;(6)外国自然人、法人或者其他组织购买中华人民共和国领域内的非外商投资企业股东的股权的合同;(7)外国自然人、法人或者其他组织认购中华人民共和国领域内的非外商投资有限责任公司或者股份有限公司增资的合同;(8)外国自然人、法人或者其他组织购买中华人民共和国领域内的非外商投资企业资产的合同;(9)中华人民共和国法律、行政法规规定应适用中华人民共和国法律的其他合同。该司法解释业已失效。

(二)立法直接确定法律适用的特殊合同

按照《涉外民事关系法律适用法》第 42 ~ 43 条的规定,这样的特殊合同包括两类:一是涉外消费者合同;二是涉外劳动合同。它们涉及弱者利益的衡平保护,不允许当事人合意选择法律,因此其法律适用由立法直接确定。

对于涉外消费者合同,《涉外民事关系法律适用法》第 42 条规定:"消费者合同,适用消费者经常居所地法律;消费者选择适用商品、服务提供地法律或者经营者在消费者经常居所地没有从事相关经营活动的,适用商品、服务提供地法律。"首先,应当适用商品、服务提供地法律,只要消费者选择适用或者经营者在消费者经常居所地没有从事相关经营活动;其次,在不满足上述条件时,则适用消费者经常居所地法。

对于涉外劳动合同,《涉外民事关系法律适用法》第 43 条规定:"劳动合同,适用劳动者工作地法律;难以确定劳动者工作地的,适用用人单位主营业地法律。劳务派遣,可以适用劳务派出地法律。"

思考题

一、选择题

1. 针对涉外合同意思自治原则下法律选择时间的问题,出于对当事人选法自由的尊重,我国在司法实践中允许当事人在什么时候选择合同适用的法律?(　　)

   A. 当事人在订立合同时对合同所适用的法律作出选择

   B. 如果有关的合同纠纷已起诉至我国法院,在我国法院开庭审理之前,还可以协商一致选择该合同所适用的法律

   C. 如果有关的合同纠纷已起诉至我国法院,双方当事人在法庭辩论结束之前,还可以协商一致选择该合同所适用的法律

   D. 如果有关的合同纠纷已起诉至我国法院,双方当事人在法官作出判决之前,还可以协商一致选择该合同所适用的法律

2. 中国甲公司与法国乙公司进行一项商事交易,约定适用英国法律。后双方发生争议,甲公司在中国法院提起诉讼。关于该案的法律适用问题,下列说法错误的是(　　)。

   A. 如案件涉及食品安全问题,则该问题当适用中国法

   B. 如案件涉及外汇管制问题,则该问题当适用中国法

   C. 应直接适用的法律限于民事性质的实体法

   D. 法院在确定应当直接适用的中国法律时,无须再通过冲突规范的指引

二、简答题

1. 简述特殊涉外合同的法律适用。

2. 简述涉外合同法律适用的特征履行方法。

三、论述题

1. 试述我国涉外合同之债的法律适用。

2. 试述涉外合同中选法条款的法律适用。

延伸阅读

1. 宋渝玲:《论中国合同法律适用的规定——对意思自治原则的再认识》,载《重庆三峡学院学报》2004 年第 1 期。
2. 裴普:《论法律适用中的“契约自由”原则——国际合同的自体法》,载《西南政法大学学报》2004 年第 3 期。
3. 张春良:《直接适用的法与相关制度的体系平衡》,载《法学研究》2018 年第 3 期。
4. 王玫黎:《民法典时代国际条约地位的立法模式》,载《现代法学》2021 年第 1 期。
5. 梅傲、陈杨:《理想照进现实:涉外消费者合同选法规则再检视》,载《国际经济法学刊》2022 年第 1 期。
6. Peter Nygh, *Party Autonomy in International Contract*, Clarendon Press, 1999.
7. Richard Plender and Michael Wilderspin, *The European Private International Law of Obligation*, 3rd edition, Sweet & Maxwell, 2009.

第十二章　涉外非合同之债

内容提示

非因合同产生的债权债务关系，即法定之债，是指债的发生及其内容均由法律予以规定。它包括侵权之债、无因管理之债和不当得利之债。其中，侵权之债可分为一般侵权之债和特殊侵权之债。在涉外民商事交往中，由于国家间法律的差异，需要由国际私法决定其应受何种法律支配。本章将分别探讨各类涉外非合同之债的法律冲突和法律适用问题。

第一节　一般涉外侵权的法律适用

一、涉外侵权的法律冲突

（一）责任成立

侵权责任的成立问题由归责原则解决。各国归责原则存在较大的差异，一般建立起以过错责任为基础，以过错推定、严格责任和公平责任等为补充的归责体系。过错责任下，一般认为，侵权行为的成立须具备下列条件：(1)行为必须具有不法性；(2)损害事实客观存在；(3)不法行为与损害事实之间存在因果关系；(4)行为人主观上有过错，但法律规定不以过错为要件者除外。虽然各国法律大都规定了侵权行为的成立应当具备这些要件，但在一些具体问题上，各国法律规定却并不一致。例如，在行为的不法性方面，哪些行为属于不法行为，不同国家之间很难有一个统一的标准；在主观要件方面，哪些侵权行为的构成应当以行为人主观上的过错为要件，哪些侵权行为的构成又不以过错为要件，各国的具体规定也不尽相同。正是由于各国对侵权行为构成要件的具体规定不一致，所以在认定某种行为是否构成侵权行为时，便会因为适用法律不同而产生法律冲突。

（二）责任范围

尽管各国都将损害赔偿作为加害人应承担的责任的主要形式，但在赔偿的范围、赔偿的数额等问题上，各国的具体规定却不尽一致。在赔偿范围方面，许多国家都规定，加害人应当赔偿受害人所遭受的直接损失和间接损失，但加害人的行为致受害人死亡时，加害人应予赔偿的范围如何确定，各国的规定却有较大差异。例如：依照日本法律，加害人对受害人的近亲属遭受的精神损害亦应给予赔偿。我国《民法典》规定，侵害他人造成人身损害的，应当赔偿医疗费、护理费、交通费、营养费、住院伙食补助费等为治疗和康复支出的合理费用，以及因误工减少的收入。造成残疾的，还应当赔偿辅助器具费和残疾赔偿金；造成死亡的，还应当赔偿丧葬费和死亡赔偿金。在赔偿数额方面，由于各国的发达程度以及立法的价值取向不同，各国的规定也有很大的差异。例如，对受害人所遭受的精神损害，发达国家规定的赔偿数额普遍高于发展中国家。此外，对某些特殊的侵权行为（如损害），有些国家还规定了加害人承担赔偿责任的最高限额，但各个国家所规定的最高限额并不完全相同。由此可见，在涉外侵权行为之债中，加害人所应承担的责任也可能因为适用法律不同而产生法律冲突。

（三）当事人范围

大多数国家的法律规定，侵权行为之债的受害人仅限于直接遭受侵害的人，而不包括“间接受害人”。但也有一些国家规定，“间接受害人”可以独立地向法院提起诉讼要求损害赔偿。例如，在美国一些州，当女儿的隐私权受到侵害时，父母便可以作为该隐私权侵权案件的原告提出赔偿请求。在各国法律对当事人的范围规定不一致的情况下，究竟哪些人有权要求损害赔偿，就可能因为适用法律不同而产生法律冲突问题。

（四）诉讼时效

当事人的合法权益受到不法行为侵害时，必须在法律规定的诉讼时效内提出赔偿请求，否则将丧失胜诉权，但各国对侵权行为诉讼时效的规定长短不一。例如，《法国民法典》第 2262 条规定：一切物权和债权（包括损害赔偿请求权）的诉权，均经 30 年时效而消灭。在英格兰法律中，侵权行为的诉讼时效一般为 6 年，但致使他人身体受到伤害或者死亡的侵权行为的诉讼时效为 3 年。在苏联，侵权行为的诉讼时效一般为 3 年。根据我国《民法典》，侵权行为的诉讼时效一般为 3 年，法律另有规定的，从其规定。基于这些不同的规定，侵权行为的诉讼时效也可能产生法律冲突。

二、涉外侵权法律适用的一般规则

（一）法律适用的传统规则

1. 侵权行为地法

这一原则在侵权行为法律适用的理论和立法中一直居于主导地位，至今仍被许多国家所采用。关于侵权行为之债适用侵权行为地法的理由，学者们有各种不同的解释。例如，法国学者巴迪福尔认为，侵权行为之债是法定之债，它的发生是基于法律的权威性，而非债权人和债务人的意志。法律要求行为人应当预见其行为的后果和法律责任，目的在于保证每个人的权利平衡，而这种平衡被打破，正是由于行为人在行为地的不法行为所致，因此，只有适用侵权行为地法，才能使权利的平衡得到恢复。德国学者巴尔认为，侵权行为问题涉及行为地国的公共秩序和主权,如果对侵权行为的处理不适用侵权行为地法,而适用其他法律,便是对行为地国家主权和公共秩序的侵犯。日本学者则认为,侵权行为之债适用侵权行为地法有两个主要原因:一是侵害发生地国因此种行为而蒙受的损失最大;二是侵权行为法属于社会保护法,为了加重行为人对其不法行为的危险的预测和评价的责任,唯依侵权行为地法最为恰当。1934 年《美国冲突法第一次重述》则从既得权理论出发,认为受害人在一地因受不法侵害而依法享有的取得赔偿的权利,在其他任何地方都应得到承认,故侵权行为之债的准据法只能是侵权行为地法。

在依侵权行为地法处理涉外侵权行为案件时,如果侵权行为的实施地和损害结果的发生地不在同一国家境内,侵权行为地的确定便是一个关键的问题。对这一问题的解决,国际上大致有三种不同的主张:(1)以侵权行为实施地为侵权行为地。瑞士、日本、葡萄牙等国采取这种观点。(2)以损害结果发生地为侵权行为地。土耳其、加蓬等国采取这种观点。(3)将侵权行为实施地和损害结果发生地都视为侵权行为地,二者不一致时,选择其中之一确定所应适用的法律。这种观点已被越来越多的国家立法和实践所采纳。

侵权行为之债依侵权行为地法这一原则虽为许多国家所承认和采用,但该原则也有缺陷。首先,当某种行为依行为地法为不法行为,而依法院地法为合法行为时,如果法院仅依行为地法将其作为侵权行为处理,必然会违反法院地国公众所奉行的基本准则,从而使法院地国的公共秩序受到破坏;其次,当侵权行为偶然发生在某个国家,而该国法律与当事人双方并无密切联系时,依侵权行为地法解决该侵权行为纠纷,对当事人双方未必公平;最后,当侵权行为发生在任何国家领土之外时,侵权行为之债依侵权行为地法这一原则将无法适用。

2. 法院地法

侵权行为之债适用法院地法这一原则,在早期曾经被一些国家所采纳,如 1870 年以前,英国法院对其受理的侵权行为诉讼只适用法院地法。在 1900 年《德国民法典》施行以前,德国法院处理涉外侵权案件一般也是适用法院地法。

侵权行为之债适用法院地法原则是德国学者维希特尔最先提出的原则。在 1841 年发表的《国际私法法律冲突》一文中,维希特尔指出,侵权行为近似于犯罪,如果法院对犯罪判处刑罚只能依法院地法,那么,对于类似于犯罪的侵权行为的处理,也只能依法院地法。德国另一著名学者萨维尼也主张侵权行为之债适用法院地法。他认为,“有关侵权行为的法律一直被公认为强制性的、严格的实在法。因此在侵权行为之债中,我们应该一直考虑诉讼地法,而不是侵权行为发生地法”[1]。

这一原则存在以下弊端:首先,当事人在一国境内依该国法律实施某种行为后,可能在另一个国家的法院被诉,如果对该行为适用法院地法,当事人将无法预见其行为后果;其次,对侵权行为之债适用法院地法,势必助长当事人“挑选法院”的风气;最后,一国法院如果完全依法

---

〔1〕[德]弗里德里希·卡尔·冯·萨维尼:《法律冲突与法律规则的地域和时间范围》,李双元等译,法律出版社 1999 年版,第 151 页。

院地法处理涉外侵权争议，可能会使行为地国的秩序受到破坏，其判决将难以得到行为地国的承认和执行。正因如此，目前单纯依法院地法调整涉外侵权行为之债的国家并不多见。

（二）法律适用的发展趋势

为了克服传统的侵权行为法律适用原则的弊端，当代国际私法的立法和实践逐步确立了一些新的规则，侵权行为之债的法律适用出现了如下发展趋势：

第一，对侵权行为之债适用最密切联系的法律。为了避免侵权行为之债因适用偶然联系的法律而产生不公平的结果，从20世纪60年代起，一些国家将最密切联系原则陆续引入涉外侵权行为领域。一般认为，1963年美国纽约州法院处理的“贝科克诉杰克逊”（Babcock v. Jackson）案，是最早将最密切联系原则适用于侵权行为的案件。根据美国传统的国际私法规则，侵权行为之债应适用侵权行为地法，此案的被告也要求法院依安大略省的法律否定原告的赔偿请求，但主审此案的法官富德却一改传统规则，对此案进行了“最密切联系”的分析。他认为，在这一案件中，只要比较一下纽约州和安大略省与案件的“关系”和“利益”，就很容易发现纽约州无疑在案件中有更大的利益和更直接的联系。因为该案的当事人均为纽约人，而且被告的汽车、车库、驾驶执照等都在纽约州注册和保险，旅行出发点和终结点也是纽约州，各种因素都集中指向了纽约州。安大略省仅仅是由于车祸偶然发生在那里才与该案件发生了联系，如果依安大略省的法律否定原告的赔偿要求，安大略省并不能因此而得到任何利益，相反却会给纽约州增添麻烦。最后，法院按照最密切联系原则，适用了纽约州的法律，贝科克获得了赔偿。

在侵权行为之债的法律适用方面，最密切联系原则已被一些国家的立法所采纳，如《奥地利联邦国际私法法规》。此外，有些国家规定，侵权行为的损害赔偿原则上适用侵权行为地法，但当事人双方国籍相同或在同一国家内有住所地时，则可以适用当事人的本国法或住所地法，这实际上也是受最密切联系原则的影响。

第二，对特殊侵权行为之债制定特殊规则进行调整。在早期，各国调整涉外侵权行为之债的冲突规则都比较简单，对各种涉外侵权行为之债，通常都是用同一个冲突规则进行调整，但这种传统的模式正在逐渐被打破。为了与涉外侵权行为日益复杂化这一客观现实相适应，不少国家的国际私法除了规定侵权行为之债法律适用的一般原则之外，还针对某些侵权行为的特殊性，制定了一系列特殊的法律适用规则。例如，1987年《瑞士联邦国际私法》第134～139条便具体规定了交通运输事故、产品瑕疵、不正当竞争、妨碍竞争、不动产排放物引起损害、诽谤等特殊侵权行为的法律适用问题。对特殊的侵权行为之债采用特殊的规则进行调整，无疑比用单一的冲突原则调整各种侵权行为之债更加合理。

第三，对侵权行为之债有条件地选择适用侵权行为地法和共同属人法。尽管对于侵权行为之债通常适用侵权行为地法，但如果在涉外侵权案件中，行为人和受害人具有共同属人法，则适用他们共同的属人法。例如，《瑞士联邦国际私法》第133条规定，有关侵权行为的诉讼，如果加害人与受害人在同一国家具有共同习惯居所的，适用该国的法律。如果加害人与受害人在同一国家没有共同习惯居所的，诉讼适用侵权行为实施地国家的法律。《罗马条例Ⅱ》第

4 条第 1 款规定“除本条例另有规定,由侵权或过失不法行为产生的非合同义务适用损害发生地国的法律……”同时,其第 2 款规定,“但是,在损害发生时,如果对损害负有责任的人和遭受损害的人在同一国家有各自的惯常居所地的,则应该适用该国的法律”。

三、我国法律适用规则

我国调整涉外侵权行为之债最基本的冲突规则规定在《涉外民事关系法律适用法》第 44 条:“侵权责任,适用侵权行为地法律,但当事人有共同经常居所地的,适用共同经常居所地法律。侵权行为发生后,当事人协议选择适用法律的,按照其协议。”该规定具有以下特点:

第一,以侵权行为地法作为侵权行为之债的基本准据法。侵权行为之债适用侵权行为地法是当今大多数国家所采用的原则,我国将该原则作为侵权行为之债法律适用的一般原则,符合国际上的普遍做法。对于侵权行为地的确定,最高人民法院《关于适用〈中华人民共和国民事诉讼法〉的解释》第 24 条规定:“民事诉讼法第二十九条规定的侵权行为地,包括侵权行为实施地、侵权结果发生地。”由此可见,在我国司法实践中,侵权行为实施地和损害结果发生地均可作为侵权行为地。

第二,引入了意思自治规则。长期以来,侵权关系一般被认为不适合通过意思自治规则予以调整,因为侵权关系中缺乏合意的基础,其权利义务均由立法直接确定,不允许当事人通过法律选择予以约定变更。此种理解混淆了侵权行为构成与侵权法律责任。侵权行为构成不是以约定为依据,因此缺乏意思自治的基础;而侵权法律责任即当事人之间的权利义务却具有当事人可自由处分的性质。因此,准据法作为对侵权责任的裁决规则,也随着当事人对侵权责任所享有的处分权限而具有了意思自治的根据。不仅如此,引入意思自治还可以提高双方当事人对侵权结果的可预期性,提高法律适用的效率。

第三,体现了最密切联系精神。我国立法虽然没有明确规定侵权行为之债适用与之有最密切联系的国家的法律,但《涉外民事关系法律适用法》第 44 条规定,如果当事人具有共同经常居所地的,可以适用共同经常居所地法。因此,最密切联系原则在我国关于侵权行为之债法律适用的立法中得到了体现。

第四,对侵权行为的识别采用法院地法的单一标准。对侵权行为的识别,也就是对涉外民事关系进行定性。《涉外民事关系法律适用法》第 8 条对此明确规定,对涉外民事关系的定性,适用法院地法律。因此,无论某一行为在侵权行为地法或者其他准据法上是否为侵权行为,只要我国法院管辖案件,就排他地以我国法律作为识别定性的依据。

第二节　特殊涉外侵权的法律适用

一、国际航空侵权行为的法律适用

与国际航空有关的侵权行为,大致包括以下四种情形。

（一）发生在航空器内部的侵权行为

对这种侵权行为引起的损害赔偿，多数国家主张适用航空器登记国法。其主要理由是适用航空器登记国法比适用侵权行为地法更加合理和可行。因为在飞行中的航空器内发生侵权行为时，由于航空器飞行速度极快，往往难以确定侵权行为地。有时即使能够确定侵权行为地，但该地点与航空器内部发生的侵权行为的联系也可能纯属偶然。尤其是航空器在公空中飞行时，无侵权行为地法可资适用。但航空器总是与其登记国有比较密切的联系，当事人选择乘坐某个国家的航空器，也可以被看成是对该国法律的信赖，所以，对发生在航空器内部的侵权行为适用航空器登记国法，既比较合理又切实可行。

（二）航空器相互碰撞或与其他物体碰撞的侵权行为

对这种侵权行为引起的损害赔偿，各国一般主张适用受害方登记国法。这是出于对受害方利益的保护。如果碰撞双方皆有过错，也可以适用法院地法。如果相互碰撞的航空器均在同一国家登记，则可以适用它们共同的登记国法。

（三）航空器给地面（或水面）第三人造成损害的侵权行为

这种侵权行为主要是指航空器本身或者航空器的投掷物对地面（或水面）第三人造成人身伤亡或财产损失的行为。对这种侵权行为引起的损害赔偿，一般依以下规则决定所适用的法律：损害发生在某个国家领土时，可适用法院地法。

（四）航空器发生事故致使乘客伤亡或载运物毁损的侵权行为

对于航空器发生事故致乘客伤亡或载运物毁损引起的损害赔偿，目前主要是依有关国际公约的规定加以解决。国际上有关航空运输的国际公约主要有1929年《统一国际航空运输某些规则的公约》（《华沙公约》）、1955年《修改1929年10月12日在华沙签订的统一国际航空运输某些规则的公约的议定书》（《海牙议定书》）、1961年《统一非缔约承运人所办国际航空运输某些规则以补充华沙公约的公约》（《瓜达拉哈拉公约》）和1999年《统一国际航空运输某些规则的公约》（以下简称《蒙特利尔公约》）。《蒙特利尔公约》取代了已适用70多年的《华沙公约》及修正其的系列公约、议定书，从而使规范国际航空运输的法律制度走向统一、完整。[2]该公约自2005年7月31日起对我国正式生效。

《蒙特利尔公约》对于承运人的责任和损害赔偿范围的规定主要包括以下几个方面：

第一，旅客死亡或伤害的赔偿。对于因旅客死亡或者身体伤害而产生的损失，只要造成死亡或者伤害的事故是在航空器上或者在上、下航空器的任何操作过程中发生的，承运人就应当承担责任。《蒙特利尔公约》创立了“双梯度责任制”，以公约的形式引进了严格责任的归责原

---

〔2〕 参见董念清：《航空法：中国的实践与理论》，中国法制出版社2017年版，第272页。

则:第一步,无论有无过错,承运人须对每名旅客承担不超过10万特别提款权的损害赔偿,不得免除或限制其责任;第二步,对于超过10万特别提款权的部分,除非承运人证明自己没有过错,或者完全是由第三人的过错造成,否则承运人不能免除责任。此外,事故发生后,承运人应当依其国内法的要求,不延迟地向索赔人先行付款,以应其迫切经济需要。先行付款不构成对责任的承认,并可从随后作为损害赔偿金支付的任何数额中抵销。

第二,行李损失的赔偿。对于因托运行李毁灭、遗失或者损坏而产生的损失,只要造成毁灭、遗失或者损坏的事件是在航空器上或者在托运行李处于承运人掌管之下的任何期间内发生的,承运人就应当承担责任,除非损失是由于行李的固有缺陷、质量或者瑕疵造成的;关于非托运行李,承运人对因其过错或者其受雇人或者代理人的过错造成的损失承担责任。行李损失的赔偿责任,承运人以每名旅客1000特别提款权为限,除非旅客在向承运人交运托运行李时特别声明其交付利益,并支付附加费。

第三,货物损失的赔偿。对于因货物毁灭、遗失或者损坏而产生的损失,只要造成损失的事件是在航空运输期间发生的,承运人就应当承担责任,除非承运人能够证明是由以下原因导致:一是货物的固有缺陷、质量或者瑕疵;二是承运人或者其受雇人、代理人以外的人包装货物的,货物包装不良;三是战争行为或者武装冲突;四是公共当局实施的与货物入境、出境或者过境有关的行为。货物损失的赔偿责任,承运人以每公斤17特别提款权为限,除非托运人在向承运人交运托运行李时特别声明其交付利益,并支付附加费。

第四,旅客、行李或者货物延误的损失赔偿。对于旅客、行李或者货物在航空运输中因延误引起的损失,承运人应当承担责任。但是,承运人证明本人及其受雇人和代理人为了避免损失的发生,已经采取一切可合理要求的措施或者不可能采取此种措施的,承运人不承认责任。因延误造成损失的,承运人对每名旅客以4150特别提款权为限。

鉴于《蒙特利尔公约》的赔偿机制以责任限额为标准,该公约还建立了限额的定期审查机制,对各项责任限额每隔5年进行一次复审,并根据复审的结果对限额进行修订。当通货膨胀超过10%时,应当将责任限额的修改通知当事国;当通货膨胀超过30%时,应当随时进行该程序。

二、国际公路交通事故的法律适用

除了一些国家的国内立法对国际公路交通事故的法律适用有专门规定外,在一些国际条约中,也规定了国际公路交通事故的法律适用问题,其中影响最大、最具有代表性的国际公约是1971年在海牙订立的《公路交通事故法律适用公约》。该公约已于1975年6月生效,其成员国主要是欧洲国家。现将该公约的基本内容简介如下。

(一)目的和适用范围

缔结该公约的目的是规定由于国际公路交通事故而引起的非契约型民事责任的法律适用。该公约所适用的“交通事故”,是指涉及一辆或数辆机动或非机动车辆,并与公路、向公众开放的地面或特定有权出入的私有地面上的交通有关的事故。

(二)公路交通事故的准据法

该公约第3条规定:"可以适用的法律为事故发生地国家的国内法。"第4条规定了以下几种例外情况:"(1)只有一辆车卷入事故,且该车又非在事故发生地国内登记,则登记国的国内法可予以适用,以确定其对下列人负的责任:司机、车主或者控制车辆或对车辆享有权利的其他任何人,无论其惯常居住地在何处;受害者为乘客而其惯常居所不在事故发生地国的;受害者在事故发生地的车辆外,而其惯常居所设在登记国内的。如果有两个或两个以上的受害者,则应分别确定其适用的法律。(2)有两辆或两辆以上的车涉及事故时,则第1款只有在所有车辆均在同一国内登记才能予以适用。(3)有一个或几个人涉及事故,而在事故发生时,其人在车辆之外并可能负有责任,则第1款和第2款只有在所有这些人均在车辆登记地国内设有惯常居所时,才能予以适用,即使这些人同时又是事故受害者时亦同。"

该公约还规定:"根据第3条和第4条用以确定对作为受害者的乘客所承担的责任的法律,支配对由该车辆承运并且属于该乘客或委托该乘客管理的货物的损害赔偿责任。根据第3条和第4条用以确定对车主所承担的责任的法律,支配对由该车辆承运并且是上款述及货物以外的货物的损害赔偿责任。对一辆或数辆车的车外货物的损害赔偿责任,依事故发生地国家的国内法。但对在一辆或数辆车的车外受害者私人携带物的损害赔偿责任,则依车辆登记地国家的国内法,如果依第4条,该法将用以确定对受害者应负的责任。"

根据该公约第6条规定,在车辆未经登记或在几个国家内登记的情况下,其惯常停放的国家的国内法也能够取代登记国法。如果事故发生时车主、车辆占有人或者控制人或司机均未在登记国设有惯常居所的,亦同。

该公约第7条强调,无论所适用的法律是什么,在决定责任时,应考虑事故发生地有效的交通管理规则和安全规则。

(三)公路交通事故准据法支配的事项

该公约第8条规定,应当适用的准据法支配下列事项:(1)责任的根据及其范围;(2)免除责任以及任何限制责任和划分责任的理由;(3)可能导致赔偿的侵害或损害是否存在及其种类;(4)损害赔偿的方式及其范围;(5)损害赔偿请求权可否转让或继承;(6)遭到损害并能直接请求损害赔偿的人;(7)本人对其代理人的行为或雇主对其雇员的行为所负的责任;(8)包括消灭时效或除斥期间的开始、中断和中止在内的时效规则。

三、国际产品责任的法律适用

1973年海牙《产品责任法律适用公约》对产品责任法律适用问题的规定,反映了国际上有关产品责任法律适用的一般做法和发展趋势。该公约已于1977年10月1日生效,其成员国主要有挪威、法国、荷兰、卢森堡、比利时、奥地利、葡萄牙、瑞士和捷克等。该公约共22条,主要规定了以下几方面内容。

(一)适用范围

该公约适用于产品制造人、成品或部件制造人、天然产品的生产者、产品供应者、在产品的准备或分配等整个商业环节中的其他人员以及上述人员的代理人或雇员等,因产品造成损害所应承担的责任。该公约所称的“损害”,包括因错误地说明产品或没有对产品的质量、特征或使用方法予以适当说明,所造成的对人身的伤害、财产损失和经济损失,但产品本身的损失及间接经济损失不包括在内,除非该损害与其他损害相联系。该公约所指的“产品”,包括天然产品和工业产品,不问其是加工的或未加工的,也无论其是动产或不动产。

该公约为了避免受诉法院在定性问题上的困扰,明确规定无论诉讼性质如何,该公约都应予以适用。因此,无论原告是以侵权行为还是以违约行为为根据向法院提起损害赔偿之诉,只要符合该公约规定的适用条件,都应适用该公约。

(二)产品责任的准据法

《产品责任法律适用公约》在规定国际产品责任的准据法时,既考虑到保护消费者的利益,又兼顾诉讼当事人双方权利义务的平等,将法律适用分为四个顺序:

第一顺序即该公约第 5 条规定,关于国际产品责任的准据法,首先应该是直接遭受损害的人惯常居所地国家的内国法,只要该国同时又是被请求承担责任的人的主营业地,或直接遭受损害的人取得产品的地方。

第二顺序即如果不存在该公约第 5 条规定的情形,则按该公约第 4 条的规定,适用侵害地国家的内国法,只要该国同时又是直接遭受损害的人的惯常居所地,或被请求承担责任的人的主营业地,或直接遭受损害的人取得产品的地方。

第三顺序即该公约第 6 条规定,如果第 4 条和第 5 条指定的法律都不适用,原告可以主张适用侵害地国家的内国法。

第四顺序即该公约第 6 条规定,如果第 4 条和第 5 条指定的法律都不适用,并且原告未主张适用侵害地国家的内国法时,则适用被请求承担责任的人主营业地国家的内国法。

为了保护被请求承担责任的人的利益,使其得以避免适用不能预见的法律所致的损失,该公约第 7 条规定,如果被请求承担责任的人证明他不能合理地预见产品或他自己的同类产品会经商业渠道在该国出售,则第 4、5、6 条规定的侵害地国家和直接遭受损害的人的惯常居所地的内国法均不适用,而应适用被请求承担责任的人的主营业地国家的内国法。

《产品责任法律适用公约》规定的四个顺序,必须依次序适用,不得任意逾越。但是无论根据哪一顺序确定应适用的准据法,都必须遵循以下规则:第一,无论适用何国法律作准据法,均须考虑产品销售市场所在国家通行的有关规则和安全规则;第二,根据该公约规定适用的法律只有在其适用会明显地与公共秩序相抵触时,方可拒绝适用;第三,根据该公约规定适用的法律,即使是非缔约国的法律,也予以适用;第四,根据该公约规定适用的法律是指该国的内国法，而不能采取反致的做法。

（三）产品责任准据法的适用范围

《产品责任法律适用公约》第8条规定，依该公约确定的准据法应决定下列问题：责任的依据和范围；免除、限制和划分责任的依据；可以得到赔偿的损害的种类；赔偿的方式和范围；损害赔偿的请求权能否转让或继承；有权要求损害赔偿的人；本人对其代理人或雇主对其雇员的行为所负的责任；举证责任的规则；时效规则。其他未列举事项，只要属于非程序法上的问题，也应受到依该公约确定的准据法的支配。

四、其他特殊侵权行为的法律适用

除了上述几种特殊的侵权行为之债外，还有因不正当竞争而提出的损害赔偿，因大气、水源、土质等环境污染而提出的损害赔偿，因核物质或核设施致人损害引起的损害赔偿，因大众传播工具造成损害引起的损害赔偿等其他特殊的侵权行为之债。这些特殊侵权行为之债，也需用国际私法规则加以调整。对此，一些国家的立法作了相应规定。例如，1987年《瑞士联邦国际私法》第136条规定："基于不正当竞争行为而提出的诉讼请求，由这种行为所产生的损害后果的市场所属国的法律支配。如果这种行为专门影响着某一特定竞争者企业方面的利益，应适用的法律就是受损害者营业地所在国家的法律。"该法第139条规定："基于传播媒介，特别是报纸、无线电、电视或其他公共信息传递工具对个人人格的损害而提出的诉讼请求，经受害人选择，由下列法律支配：（1）受害人习惯居所地国家的法律，如果侵权行为人应当估计到侵害会在那里发生；（2）加害人习惯居所地国家的法律；（3）损害结果发生地国家的法律，如果加害人应当估计到结果会在该国发生。"

五、我国法律适用规则

我国关于特殊的涉外侵权的法律适用，主要分散规定在《海商法》《民用航空法》《涉外民事关系法律适用法》等立法之中。归纳起来，这些特殊涉外侵权的法律适用规则包括[3]：

航空侵权方面，我国《民用航空法》第189条规定："民用航空器对地面第三人的损害赔偿，适用侵权行为地法律。民用航空器在公海上空对水面第三人的损害赔偿，适用受理案件的法院所在地法律。"该法仅规定了对地面第三人损害赔偿的法律适用问题，而对于航空器内部的侵权行为，以及因航空事故致使乘客伤亡或载运物毁损的侵权行为，则没有作出明确规定。

涉外产品责任方面，我国《涉外民事关系法律适用法》第45条对涉外产品责任的法律适用作了规定。在产生涉外产品责任的情况下，首先，在被侵权人选择适用侵权人主营地法或损害发生地法，或者侵权人在被侵权人经常居所地没有从事相关经营活动时，适用侵权人主营地法

〔3〕我国《海商法》第273条和第275条规定了海上侵权和海事赔偿责任限制的法律适用。后文有专门讲解，此处不述。

或损害发生地法;其次,适用被侵权人经常居所地法。这一规定的合理之处在于:第一,有利于保护作为弱者的被侵权人;第二,引入了意思自治,提高了法律适用的弹性和可预期性。

人格侵权方面,我国《涉外民事关系法律适用法》第46条也规定了人格侵权的法律适用。该条规定:“通过网络或者采用其他方式侵害姓名权、肖像权、名誉权、隐私权等人格权的,适用被侵权人经常居所地法律。”这一规定的合理之处在于:第一,适用被侵权人经常居所地法,体现了有利于被侵权人的结果导向观念。第二,适用被侵权人经常居所地法,避免了网络侵权情况下,侵权行为地法所遭遇的困境,便利了连结点的确认和确定。第三,适用被侵权人经常居所地法,还体现了最密切联系的精神,因为人格侵权不同于一般侵权,被侵权人经常居所地是侵权效果所在地,也是人格侵权最密切联系地。

第三节 涉外不当得利和涉外无因管理的法律适用

一、涉外不当得利的法律适用

依据我国《民法典》的规定,得利人没有法律根据取得不当利益,受损失的人是可以请求得利人返还取得的利益的。由于各国法律对不当得利之债的具体规定不尽相同,因而在国际私法上,必须解决不当得利之债的法律适用问题。从各国立法和实践看,大多数国家都主张不当得利之债适用不当得利原因事实发生地法。例如,《日本法例》第11条第1款规定:“因无因管理、不当得利或不法行为而产生的债权成立及效力,依其原因事实发生地法。”《匈牙利国际私法》第35条规定:“不当得利及其法律后果,适用利益发生地法。”《秘鲁民法典》第2098条也规定:“因法律的实施、无因管理、不当得利和不适当交付某物所产生的债,依已经或者将要引起该债产生的原因事实发生地法。”主张不当得利之债适用不当得利原因事实发生地法的主要理由是,不当得利涉及不当得利发生地国的公共秩序、善良风俗以及道德和法律观念,只有适用发生地国家的法律才最为恰当。

不当得利之债依不当得利原因事实发生地法这一原则虽为大多数国家所承认和采用,但有些国家的立法和有关国际条约也作了一些例外的规定,主要有:

第一,依当事人的共同属人法。有些国家规定,如果双方当事人国籍相同或住所均在同一国内时,不当得利之债适用当事人的共同属人法,而不适用不当得利原因事实发生地法。例如,《波兰国际私法》第31条规定:“非法律行为所产生之债,依债务原因事实发生地法。但当事人有同一国籍,又在同一国内有住所时,依当事人本国法。”《布斯塔曼特法典》第221条也规定:“不当得利应依各当事人的共同属人法,如无共同属人法,则依给付地的法律。”

第二,依支配原法律关系的法律。有些国家规定,如果不当得利的形成和原来存在的某一法律关系有关(如合同的一方当事人因不可抗力无法履行而在此之前已接受了对方的给付),则适用支配原法律关系的法律,而不适用不当得利原因事实发生地法。例如,《奥地利联邦国际私法法规》第46条规定:“不当得利的求偿权,依不当得利发生地国家的法律。但在履行法律义务或关系的过程中发生的不当得利,依支配该法律义务或关系的国家的实体规则。”《土耳其国际私法和国际诉讼程序法》第26条也有类似规定。

第三,依当事人选择的法律。有些国家允许当事人协议选择不当得利之债的准据法,而排除不当得利原因事实发生地法的适用,如《瑞士联邦国际私法》第128条规定:“因不当得利而提起的求偿诉讼,如果不当得利起因于某一法律关系时,适用调整这种关系的法律。如果不存在这种法律关系,则适用不当得利行为发生地国家的法律,当事人也可以选择适用法院地法律。”

二、涉外无因管理的法律适用

我国《民法典》第979条第1款规定,“管理人没有法定的或者约定的义务,为避免他人利益受损失而管理他人事务的,可以请求受益人偿还因管理事务而支出的必要费用;管理人因管理事务受到损失的,可以请求受益人给予适当补偿”。虽然世界上大多数国家的立法中都规定有无因管理这一制度,但在无因管理的成立和效力等方面,各国的具体规定却不尽相同。因此,当无因管理之债涉及两个以上国家的法律时,该债的关系便可能发生法律冲突。

解决无因管理之债的法律冲突,各国大都主张适用无因管理行为实施地法。例如,《葡萄牙民法典》第34条规定:“无因管理适用管理人主要活动地法。”《日本法例》第11条、《泰国国际私法》第14条、《埃及民法典》第21条、《加蓬民法典》第42条、《奥地利联邦国际私法法规》第47条等,均有类似的规定。

对于无因管理之债适用无因管理行为实施地法这一原则,有些国家的立法中也有例外的规定,常见做法包括:依本人住所地法;依当事人的共同属人法;依支配原法律关系的法律等。例如,根据《波兰国际私法》第31条的规定,无因管理之债一般依管理行为实施地法,但如果双方当事人国籍相同且住所又在同一国内时,则依当事人本国法。

三、我国法律适用规则

《涉外民事关系法律适用法》第47条规定:“不当得利、无因管理,适用当事人协议选择适用的法律。当事人没有选择的,适用当事人共同经常居所地法律;没有共同经常居所地的,适用不当得利、无因管理发生地法律。”该条规定具有如下三个特点:

第一,法律适用层次严谨。从类型上分析,这是一条有条件的选择性冲突规范,它规定了三种递进的法律适用规则:首先,适用当事人所选择的法律;其次,适用共同经常居所地法;最后,适用不当得利或无因管理发生地法。

第二,法律适用理念先进。通过引入意思自治,最大限度地提高了法律适用的弹性和可预期性。

第三,法律适用规则科学。该条采取三级选法阶梯(choice ladder),按照选法弹性递减的方式,综合了意思自治、最密切联系和单点联系等选法技术,体现了法律适用规则的科学设计。

思考题

一、选择题

1. 新加坡民用航空公司一架客机飞往印度尼西亚途中,因机上物体坠落使在公海上捕鱼的越南渔船受损。后该渔船开往中国港口修理,并就该飞机造成的损害赔偿诉诸我国法院。对于该案,依《中华人民共和国民用航空法》规定,法院应适用哪个国家的法律?(　　)

   A. 新加坡法律　　B. 印度尼西亚法律

   C. 越南法律　　D. 中国法律

2. 甲国人 A 和 B 同受雇于韩国某公司,二人经常居所地均在中国上海。某日,他们同乘轮船自中国赴韩国,途经公海时,二人发生口角,A 顺手抓起 B 的旅行箱向 B 掷去,造成旅行箱内的贵重仪器被毁坏。B 向我国法院提起诉讼,要求 A 承担赔偿责任。下列说法正确的是(　　)

   A. 如果当事人选择适用韩国法,则适用韩国法

   B. 如果当事人没有选择法律,则适用韩国法

   C. 如果当事人没有选择法律,则适用甲国法

   D. 如果当事人没有选择法律,则适用中国法

二、简答题

1. 简述侵权行为法律适用的发展趋势。
2. 简述我国不当得利的法律适用。

三、论述题

试述特殊涉外侵权的法律适用。

延伸阅读

1. 刘想树:《涉外侵权行为之债的法律冲突与法律选择》,载《中央政法管理干部学院学报》1997 年第 1 期。
2. 肖永平、徐鹏:《网络诽谤国际管辖权问题初探》,载《法商研究》2003 年第 3 期。
3. 梅傲:《涉外人工智能侵权的司法进路》,载《中国高校社会科学》2022 年第 2 期。
4. William M. Richman, *A New Breed of Smart Empirically Derived Conflicts Rules: Better than "Better Law" in the Post – Tort Reform Era*, Tulane Law Review, 2008.

第十三章　涉外商事关系

内容提示

涉外商事关系是在国际经济贸易活动中产生的关系，主要包括国际货物买卖、国际技术转让、国际代理关系、国际票据关系等。这些关系大都通过合同来确立，并通过合同的履行以实现当事人的权利义务。本章将介绍调整上述几种国际商事关系的冲突规范和统一实体规范。其中，1985年《国际货物买卖合同法律适用公约》、1980年《联合国国际货物销售合同公约》等内容是本章的学习重点。

第一节　国际商事合同

一、国际商事合同法律适用的特点

国际商事合同，是指由于某种涉外因素的存在而涉及不同立法管辖权或不同国家之间法律的合同。国际私法上所讲的国际商事合同的法律适用，就是指在出现国际商事合同法律冲突时，运用国际私法的有关原理和规则来确定处理国际商事合同争议所应适用的法律。

第一，当事人意思自治原则是首要原则。国际私法上的当事人意思自治原则，是指国际商事合同当事人可以通过协商一致，自由选择支配合同的准据法的一项法律选择原则。意思自治原则是一项古老的原则，其本身具有确定性、一致性、可预见性及易于解决争议的显著优点，其在世界各国的立法和实践中得到肯定，已成为目前确定国际商事合同准据法的首要原则。

第二，最密切联系原则是补充原则。最密切联系原则作为意思自治原则的补充，是一种新的法律选择方法，其核心是通过对国际商事合同有关的各要素进行综合分析来寻找与合同有最密切联系的法律，其给予法官以较大的自由裁量权，提高了法律适用的灵活性、客观性和合理性。

第三，强制性规则必须适用原则。强制性规则，也称为“直接适用的法律”，是指那些具有强制力的，可以撇开冲突规范援引而直接适用的法律规范。该原则在国际商事合同领域较为突出，强制性规则具有直接适用的效力，当事人不能通过协议选择和减损而必须适用。

二、国际货物买卖合同

(一)国际货物买卖的概念和特征

国际货物买卖又称国际货物销售,是指营业地分别位于不同国家境内的买方和卖方之间进行的有形商品进出口交易。提供出口货物并收取货款的一方称为卖方,接受进口货物并支付货款的一方称为买方。国际货物买卖具有国际性,涉及不同国家的法律制度,不能单纯依照国内民法或商法处理,有时需要依照有关的国际条约或国际惯例来处理。

国际货物买卖主要有以下几个特征:

第一,买卖双方的营业地分别位于不同的国家。这既是国际货物买卖的基本特征,也是判定国际货物买卖的重要标准。

第二,买卖标的是有形动产商品。无形财产如股票、债券、流通票据等的买卖,以及不动产的买卖,均不属于国际货物买卖。

第三,国际货物买卖是为了通过货物的进出口以实现国际商品流转和买卖双方的经济目的,而不是为了满足个人消费的需要。

第四,买卖标的应进、出国境,即买卖双方要实现货物进出口目的,必须将货物作跨越国境的运输。

(二)国际货物买卖合同的法律适用

国际货物买卖,是由买卖双方签订和履行国际货物买卖合同来实现的。所谓国际货物买卖合同,是指营业地位于不同国家的当事人之间签订的关于一方出口货物并收取货款,另一方接受货物并支付货款的协议。

尽管当今各国关于货物买卖的法律规定逐渐趋于一致,但在某些具体问题上,有关国家的规定仍可能存在差异。这些不同的规定,往往会导致国际货物买卖合同的法律冲突。对国际货物买卖合同法律冲突的解决,传统的方法是依冲突规范来确定其应受何国法律支配。从各国冲突法和有关冲突法条约的规定来看,国际货物买卖合同的法律适用主要有以下原则。

1. 意思自治原则

根据各国立法和有关国际条约,国际货物买卖合同首先应当适用双方当事人明示或默示选择的法律。例如,1985 年《国际货物买卖合同法律适用公约》第 7 条第 1 项规定:"货物买卖合同依双方当事人所选择的法律。当事人选择法律的协议必须是明示的,或为合同条款和具体案情总的情况所显示。此项选择可限于适用合同的一部分。"有些国家的国际私法虽然没有专门针对国际货物买卖合同制定法律适用规则,但由于其调整一般国际合同的冲突规范赋予了当事人选择法律的自由,因此在这些国家,用于确定一般国际合同准据法的意思自治原则,同样适用于国际货物买卖合同。

2. 最密切联系原则

当事人未选择法律时,通常应按照最密切联系原则确定国际货物买卖合同的准据法。在一般情况下,与国际货物买卖合同有最密切联系的法律一般是合同订立时卖方营业所所在地国家的法律,但在某些情况下,也可以是买方营业所所在地国家的法律或者与国际货物买卖合同有更密切联系的国家的法律。例如,1985 年《国际货物买卖合同法律适用公约》第 8 条规定,当事人未选择法律时,合同依合同缔结时卖方设有其营业所的国家的法律,但如有下列情形之一时,依合同缔结时买方设有其营业所的国家的法律:(1)合同在买方营业所所在国谈判并签订;(2)合同明确规定卖方须在买方营业所所在国履行其交货义务;(3)合同主要依买方确定的条件并应买方发出的招标而订立。此外,如果从总的情况看,合同明显地与上述法律以外的另一法律有更密切的联系,则合同依该另一法律。

(三)调整国际货物买卖的实体法公约

在 19 世纪以前,各国对国际货物买卖主要是依冲突规范进行调整。到了 19 世纪末 20 世纪初,随着国际货物买卖迅速发展并日益复杂化,有关国家间开始酝酿用条约的形式制定统一实体规范,以避免国际货物买卖中的法律冲突。经过国际社会长期努力,国际上缔结了一系列调整国际货物买卖的实体法公约。例如,1964 年《国际货物买卖统一法公约》和《国际货物买卖合同成立统一法公约》、1974 年《联合国国际货物销售时效期限公约》、1980 年《联合国国际货物销售合同公约》、1983 年《国际货物销售代理公约》等。此外,有关国家之间还签订了大量的双边和多边交货共同条件。在上述国际条约中,规定最完善、影响最广泛的是 1980 年缔结并于 1988 年 1 月 1 日生效的《联合国国际货物销售合同公约》。我国也是该公约的缔约国之一。该公约共 101 条,正文分为四个部分,即适用范围和总则、合同订立、货物销售、最后条款。该公约核心内容包括以下几方面:

1. 公约的适用范围

《联合国国际货物销售合同公约》适用于下列合同:(1)营业地分别位于不同缔约国的双方当事人之间签订的货物买卖合同;(2)买卖双方或一方营业地不在缔约国内,但依国际私法规范(冲突规范)应适用某缔约国法律的货物买卖合同。缔约国对第 2 项规定可以声明保留。

《联合国国际货物销售合同公约》不适用于下列销售:(1)购买供私人或家庭使用的货物;(2)经由拍卖的销售;(3)根据法律执行令状或其他令状而进行的销售;(4)各种有价证券、票据、货币的销售;(5)船舶、气垫船、飞机或电力的销售;(6)补偿贸易。

此外,《联合国国际货物销售合同公约》的适用具有任意性。双方当事人可以约定不适用该公约,也可以在合同中对该公约的条款加以修改或变更,或者通过选择适用其他法律以排除该公约的适用。只有当事人未排除该公约的适用时,才依该公约的有关规定调整他们之间的买卖关系。

2. 合同的形式

《联合国国际货物销售合同公约》第 11 条规定,销售合同无须书面订立或书面证明,在形式上也不受任何其他条件的限制,销售合同可以用包括人证在内的任何方法证明。但其国内法规定国际货物买卖合同必须采用书面形式的缔约国,对这一规定可以声明保留。我国曾经对合同的形式提出保留,随着我国合同法相关规范与该公约的规定及适用趋于统一,我国撤回了对公约第11条的保留。

3. 合同的成立

《联合国国际货物销售合同公约》规定,合同经要约和承诺而成立。向一个或一个以上特定的人提出订立合同的建议,如果十分确定并且表示在得到承诺时承受其约束,即构成要约。一个建议如果写明货物并且明示或暗示地规定数量和价格或者规定如何确定数量和价格,即为"十分确定"。要约于送达被要约人时生效,因此,如果撤回要约的通知先于要约或与要约同时送达被要约人,该要约就可以被撤回。要约送达被要约人后,在被要约人表示承诺之前,要约人可以撤销要约,但有下列情形之一的,要约不可撤销:(1)写明了要约的有效期或者以其他方式表明该要约不可撤销的;(2)被要约人有理由信赖该要约不可撤销,并已基于此种信赖行事的。

被要约人声明或以某种行为同意一项要约,即为承诺。承诺的通知于送达要约人时生效。如果根据当事人之间的习惯做法,被要约人以作出某种行为来表示同意,则承诺于该行为作出时生效。承诺生效即合同成立。

根据《联合国国际货物销售合同公约》的规定,承诺可以撤回。如果撤回承诺的通知先于或与承诺同时送达要约人,承诺即被撤回,合同就不能成立。

4. 买卖双方的义务

根据《联合国国际货物销售合同公约》的规定,卖方的基本义务是:(1)按规定的时间、地点交付货物,移交与货物有关的单据并转移货物所有权;(2)承担货物的品质担保,即交付的货物须与合同规定的数量、质量、规格、包装等相符合;(3)承担货物的权利担保,即交付的货物必须是第三方不能提出任何权利或要求的货物,并不得侵犯任何第三方的知识产权。买方的基本义务是支付货款,接受货物。

如果一方当事人违反合同,另一方当事人可以采取相应的救济办法,包括要求违约方实际履行、宣布中止合同、宣布合同无效、要求支付违约金、请求损害赔偿等。

5. 货物风险的转移

《联合国国际货物销售合同公约》对货物风险的转移规定了以下几种情况:(1)合同中的运输条款规定卖方应在某一特定地点将货物交给承运人运输的,自卖方在该地点将货物交给承运人时起,货物风险转移给买方;(2)合同中的运输条款没有指明具体交货地点的,自卖方按合同将货物交给第一承运人时起,货物风险转移给买方;(3)对于正在运输中的货物的买卖,自该买卖合同成立时起风险转移给买方;(4)其他情况下,从买方接受货物时起,风险转移给买方。

6. 免责

《联合国国际货物销售合同公约》规定,当事人因某种"非所能控制的障碍"而不能履行合同时,可以免除责任。但因此种障碍而不能履行合同的当事人,必须在合理时间内通知另一方,否则,对另一方因未及时得到通知而遭受的损失应负赔偿责任。

7. 保全货物

《联合国国际货物销售合同公约》规定，买卖双方均有保全货物的权利义务。一方当事人因采取措施保全货物而支付的合理费用应由对方偿还。保全货物的一方有权保有货物，直到对方将其支付的合理费用偿还为止。

（四）国际货物买卖惯例

所谓国际货物买卖惯例，是指在国际货物买卖中通行的具有确定内容的习惯规则。国际货物买卖惯例本来是经各国商人的反复实践而形成的习惯做法，但其内容经有关国际机构或商业团体的解释和编纂，目前已逐渐趋于规范化。这些规范化的国际货物买卖惯例可以分为两大类型：一类是国际货物买卖价格术语，另一类是国际机构或商业团体制定的共同条件。[1]这两类惯例中，适用较广泛的是国际货物买卖价格术语。

目前，在国际上影响较大的解释国际货物买卖惯例的非官方文件主要有三个：一是1932年《华沙—牛津规则》，该规则由国际法协会制订，对CIF（成本、保险费加运费）这一价格术语作了解释；二是美国商会等九个商业团体制定的1941年《美国对外贸易定义修订本》，该修订本对CIF等六种价格术语作了解释；三是国际商会制定并多次修订和补充的《国际贸易术语解释通则》，[2]其中2000年版通则较为全面，对十三种价格术语进行了解释，并按照交货方式和卖方责任的大小，将十三种价格术语分为E、F、C、D四组。E组只有一个价格术语，即EXW（工厂交货）。F组包括三个价格术语，即FCA（货交承运人）、FAS（船边交货）、FOB（船上交货）。C组包括四个价格术语，即CFR（成本加运费）、CIF（成本、保险费加运费）、CPT（运费付至）、CIP（运费及保险费付至）。D组有五个价格术语，即DAF（边境交货）、DES（目的港船上交货）、DEQ（目的港码头交货）、DDU（未完税交货）、DDP（完税后交货）。

现以2000年版通则为依据，重点介绍FCA、FOB、CFR、CIF四种价格术语。

1. FCA（Free Carrier）

FCA即货交承运人，是指卖方在指定的地点将货物交由买方指定的承运人照管而履行其交货义务。此价格术语适合于一切运输方式。

按该价格术语，卖方的主要义务是：（1）提供合同规定的货物、商业发票或相等的电子单证，以及合同要求的其他凭证；（2）取得出口许可证或其他官方批件，办理货物出口的海关手续；（3）在指定的地点将货物交给买方指定的承运人，并通知买方；（4）向买方提供各项通常单证，如双方约定使用电子通证，则可以相等的电子资料单证代替；（5）承担货交承运人照管以前的一切风险和费用。

买方的主要义务是：（1）支付货款；（2）取得进口许可证及其他官方批件，办理货物进口及

---

〔1〕如联合国欧洲经济委员会在20世纪50年代和60年代就制定了三十多种共同条件，供当事人选择适用。这些共同条件是分别为不同种类货物的买卖而制定的，具有较强的针对性。

〔2〕国际商会于1936年形成定本，先后于1953年、1967年、1976年、1980年、1990年、2000年和2010年对该通则进行修订，并形成不同版本。其中，2010年版本与2000年版本并用，供当事人选择适用。

必要时经另一国境所需的海关手续;(3)订立运输合同并将承运人名称、交货时间和地点通知卖方;(4)承担货交承运人照管以后的一切风险和费用。

2. FOB(Free on Board)

FOB 即装运港船上交货,是指卖方在指定的装运港将货物装至买方指定的船上履行其交货义务。此价格术语仅适用于海上或内河运输方式。

按该价格术语,卖方的主要义务是:(1)提供合同规定的货物和商业发票或相等的电子单证,以及合同要求的其他凭证;(2)取得出口许可证或其他官方批件,办理出口海关手续;(3)按期在指定的装运港将货物装至买方指定的船上,并通知买方;(4)向买方提供通常运输单证,如双方约定使用电子通证,则可以相等电子资料单证替代;(5)承担货物在装运港越过船舷以前的一切风险和费用。

买方的主要义务是:(1)支付货款;(2)取得进口许可证或其他官方批件,办理货物进口及必要时经另一国境所需的海关手续;(3)订立运输合同,并将船名、装货时间和地点通知卖方;(4)承担货物自装运港越过船舷以后的一切风险和费用。

3. CFR(Cost and Freight)

CFR 即成本加运费,是指卖方自费订立运输合同,在指定的装运港船上履行交货义务。此价格术语仅适合于海上和内河运输方式。

按该价格术语,卖方的义务主要是:(1)提供合同规定的货物和商业发票或相等的电子单证,以及合同要求的其他凭证;(2)取得出口许可证或其他官方批件,办理出口海关手续;(3)订立运输合同;(4)按期在装运港将货物装船并通知买方;(5)向买方提供通常运输单证,如双方约定使用电子单证则可以相等电子资料单证代替;(6)承担货物在装运港越过船舷以前的一切风险和费用。

买方的主要义务是:(1)支付货款;(2)取得进口许可证或其他官方批件,办理货物进口及必要时经另一国境所需的海关手续;(3)接受运输单证,在目的港受领货物;(4)承担货物在装运港越过船舷以后的一切风险和除运费以外的一切费用。

4. CIF(Cost, Insurance and Freight)

CIF 即成本、保险费加运费,是指卖方自费订立保险合同和运输合同,在指定的装运港将货物装至船上履行其交货义务。此价格术语适合于海上和内河运输方式。

按该术语,卖方和买方的基本义务,除了卖方应办理货物的运输保险外,其余与 CFR 基本一致。同时要明确的是,在 CIF 价格条件下,除非双方另有约定,卖方只需办理最低险别的海运保险。如果买方要求投保较高险别或附加险的,卖方可代为办理,但费用由买方承担。

最后还需明确的是,上述国际货物买卖惯例都是任意性的惯例,它们并不是当然地对国际货物买卖合同具有强制性。任何一种国际货物买卖惯例,都只有经当事人双方在合同中引用或者有关当局认可,才能作为确定买卖双方权利义务的依据。同时,当事人双方在合同中引用某项国际货物买卖惯例时,还可以约定修改或者变更该惯例的既定规则,如果合同的规定与引用的惯例抵触的,应当以合同的规定为准。

三、国际技术转让合同

(一)国际技术转让的概念和特点

国际技术转让,是指住所或营业所位于不同国家的当事人之间进行的技术转让。转让技术的一方称技术输出方或供方,接受技术的一方称技术引进方或受方。国际技术转让包括商业性技术转让和非商业性技术转让。商业性技术转让是指以合同方式进行的技术有偿转让,也就是国际技术贸易。非商业性技术转让则是指通过政府援助、技术情报交换、学术交流和技术考察等形式进行的技术转让。这里所称的"技术",包括工业产权、专有技术使用权、计算机软件的许可使用权等。本节所讲的国际技术转让专指商业性技术转让。

国际技术转让有以下几个基本的特点:(1)双方当事人住所或营业所分别位于不同国家,以致技术跨国界转让;(2)国际技术转让由供方和受方订立和履行合同来实现,这种合同是双务、诺成、有偿合同;(3)国际技术转让的标的一般是技术的使用权。

(二)国际技术转让合同及其法律适用

1. 国际技术转让合同的种类

按照国际技术转让的方式,国际技术转让合同可以分为国际许可合同、国际技术咨询服务合同、国际技术培训合同、国际租赁中的技术转让合同、国际合作生产中的技术转让合同、BOT合同等不同的类型。在这些不同种类的技术转让合同中,最为重要的是国际许可合同。现将国际许可合同简要介绍如下:

国际许可合同又称国际许可证协议,是指住所或营业所位于不同国家的供方和受方签订的,由供方准许受方在一定时期和地域内使用供方的某项技术,受方取得该项技术的使用权并向供方支付使用费的合同。国际许可合同可按以下不同标准进行分类:

按所转让技术的性质,国际许可合同可分为专利技术许可合同、专有技术许可合同、商标使用许可合同和计算机软件许可合同等类型。在实践中,还有同时转让几种技术的使用权的混合许可合同。

按受方享有权利的大小,国际许可合同又可分为独占许可合同、排他许可合同、普通许可合同、从属许可合同和交叉许可合同等多种类型。独占许可合同是指在一定地域内,受方对其受让的技术享有独占的使用权,而供方及其他任何第三方都不得在该地域内同时拥有使用权的许可合同。排他许可合同是指在一定地域内,受方对其受让的技术享有使用权,任何第三方不得同时在该地域内享有使用权,但供方在该地域内仍保留使用权的许可合同。普通许可合同是指在一定地域内,受方和供方都享有对某项技术的使用权,同时,经供方同意的第三方也可在该地域内享有使用权的许可合同。从属许可合同是指在一定地域内,受方对其受让的技术享有使用权,同时,受方还可以将其从供方得到的使用权再转让给第三方的许可合同。交叉许可合同是指当事人双方将其各自拥有的技术提供给对方使用的许可合同。

目前,国际许可合同并无统一的格式,不同标的和不同类型的国际许可合同,具体内容也不完全一致。但一般说来,国际许可合同应包括以下基本条款:(1)序言,应订明合同名称、编号、双方当事人名称和地址,签约时间和地点等;(2)定义条款,即对合同中使用的关键名词术语作出解释;(3)标的条款,应订明转让技术的内容、授权范围和要求等;(4)价格条款,应订明技术使用费的计算方法以及支付使用费的时间、方式等;(5)技术资料的交付与验收条款,应订明有关技术资料的交付时间与条件,并具体规定技术资料的验收标准与方法;(6)担保与保证条款,应订明供方向受方担保或保证的有关事项;(7)保密条款,应订明受方保密的期限、范围、手段等,该条款通常见于专有技术许可合同,而在专利和商标许可合同中无须订立保密条款;(8)违约责任条款,应订明供方和受方违反合同所应承担的责任;(9)法律适用和争议解决条款,应订明支配合同的法律、解决争议的办法等。

2. 国际技术转让合同的法律适用

目前,国际上还没有形成专门调整国际技术转让合同的统一实体规范。由于不同国家之间特别是发达国家和发展中国家之间有关国际技术转让的法律规定存在较大差异,因此,国际技术转让合同不可避免地会发生法律冲突问题。国际技术转让合同究竟应受何国法律支配,不同国家的立法和理论存有较大分歧。综观各国的立法和理论,主要有下列几种主张:

一是适用当事人选择的法律。国际技术转让合同作为当事人之间的协议,与其他合同具有相同的性质。因而,当今大多数国家都允许将确定国际合同准据法的首要原则——意思自治原则适用于国际技术转让合同。在当事人没有选择合同应适用的法律时,这些国家中有的规定适用供方住所或营业所所在地国家的法律,有的规定适用受方住所或营业所所在地国家的法律,还有的规定适用与合同有最密切联系的国家的法律。

二是适用受方住所或营业所所在地国家的法律。一些发展中国家坚持国际技术转让合同只能适用受方住所或营业所所在地国家的法律。例如,《墨西哥技术转让法》规定,凡在墨西哥领土内产生效果的国际技术转让合同,应适用墨西哥法律和墨西哥参加的国际条约。

三是禁止当事人选择适用外国法律。阿根廷等国家采取的就是这种主张,如阿根廷法律规定,如果国际技术转让合同要求适用外国法律或者服从外国法院或仲裁机构的管辖,则国家不给予这种合同以注册。这样规定的目的在于:当住所或营业所在内国的当事人向外国转让技术时,国际技术转让合同受内国法律支配,即适用供方住所或营业所所在地国家的法律;当住所或营业所位于内国的当事人从外国引进技术时,国际技术转让合同仍应受内国法律的支配,即适用受方住所或营业所所在地国家的法律。

(三)我国关于国际技术转让合同法律适用的立法与实践

我国现行立法中没有专门针对国际技术转让合同制定特殊的法律适用规则,但对知识产权转让和许可使用进行了规范。因此,对于国际技术转让合同的法律冲突,应采取区分做法:如果合同转让的技术涉及知识产权,应适用《涉外民事关系法律适用法》第 49 条之规定;其他技术转让合同,则应根据我国调整国际合同的冲突原则加以解决。总体而言,我国解决国际技术转让合同的法律冲突应遵循以下原则:

第一,意思自治原则。我国《涉外民事关系法律适用法》第49条规定将意思自治原则作为确定国际合同准据法的首要原则,该原则同样适用于国际技术转让合同。但是,在我国境内履行的中外合资经营企业合同、中外合作经营企业合同以及中外合作勘探开发自然资源合同中涉及的技术转让问题,只能适用我国法律,当事人不得选择适用外国法。

第二,最密切联系原则。当事人没有选择法律时,国际技术转让合同应当适用与之有最密切联系的国家的法律。何国法律与国际技术转让合同有最密切的联系,应当根据国际技术转让的具体情况来判定。

此外,在应当适用外国法律的情况下,该外国法律的适用不得违反我国有关技术进出口管理的强制性规定。例如,我国《技术进出口管理条例》规定,属于禁止进口的技术,不得进口。如果有关外国法允许当事人在合同中约定进口上述技术,则我国应拒绝适用该外国法。

第二节　国际代理关系

一、国际代理的法律冲突

代理是各国民法中普遍存在的一个法律制度。但是各国,尤其是大陆法系国家和英美法系国家之间关于代理的法律制度存在非常大的差异,因此很难给代理下一个统一的概念。

(一)大陆法中的代理

现代大陆法系的代理制度是建立在《德国民法典》基础之上的。《德国民法典》首次将代理单独编入民法典总则当中,将代理作为一个独立的法律制度,进行了非常完善的规定。这一规定影响到日本等许多大陆法系国家的民法典,并被我国相关立法采纳。

在大陆法系国家,代理被分为直接代理和间接代理。直接代理是指代理人在代理权限范围内,以被代理人的名义同第三人进行法律行为,该行为的效力直接及于被代理人,即该行为产生的权利和义务由被代理人直接承担。间接代理则是指代理人接受被代理人的委托,为了被代理人的利益,但以代理人自己的名义与第三人进行法律行为,该行为的效力不直接及于被代理人,而是先由代理人承担,再由代理人转移给被代理人。

在大陆法系国家,代理有法定代理和意定代理之分。法定代理是通过法律规定设立的代理,即代理人的代理权通过法律规定产生。意定代理也称委托代理,是指代理人通过被代理人的委托授权获得代理权的代理。

大陆法上的委托代理制度是建立在严格区分代理的内部关系和外部关系,即将委托行为和代理权严格区分开来的区别论基础之上的。并且大陆法不要求代理人必须是完全行为能力人,如《德国民法典》第165条、《法国民法典》第1990条均有规定。

综上所述,大陆法系的代理是指代理人以被代理人的名义,在代理权限内与第三人之间为意思表示或接受意思表示的行为,其效力直接或间接及于被代理人。

(二)英美法中的代理

代理制度起源于英美普通法。英美普通法系的代理制度建立在被代理人与代理人等同论基础之上,其理论核心可以归纳为“通过他人所为的行为视同本人亲自所为”。因此,传统英美法中的代理一般不区分委托和代理权,只要是代理人为了被代理人的利益而与第三人实施的法律行为都可以称为代理。同时,英美法也要求代理人必须具备相应的行为能力。

英美法中的代理分为披露本人的代理和未披露本人的代理。披露本人的代理又分为显名代理和隐名代理。显名代理是指代理人既表明为他人代理,又具体指明委托人的姓名;隐名代理是指代理人虽然表明为他人代理,但不指出委托人究竟为谁。未披露本人的代理则指代理人根本不表明自己为他人代理的身份,更不指明委托人是谁,类似于大陆法中的间接代理。英美法中的代理一般仅指委托代理,而很少涉及法定代理,法定代理问题由家庭法律制度和信托制度解决。

二、国际代理的法律适用

(一)国际代理的准据法

在国际私法上,解决国际代理的法律适用问题时,一般应就被代理人(本人)和代理人的关系、被代理人和第三人的关系以及代理人和第三人的关系,分别确定准据法。

1. 被代理人和代理人关系的准据法

国际代理中,被代理人和代理人之间的关系,是根据双方订立的合同而建立的。有关代理人权限的范围、代理人的报酬、代理关系的终止以及代理人超越代理权限时对被代理人应负的责任等问题,一般都由被代理人和代理人通过书面或口头的合同予以约定。因此,被代理人和代理人关系的准据法,也应当依照调整合同的冲突原则来确定。

从各国立法和实践来看,大多数国家都主张将意思自治原则作为确定被代理人和代理人关系准据法的首要原则。但在当事人双方未合意选择代理合同准据法时,被代理人和代理人的关系应当适用什么法律,各国的立法和实践则有不同的主张。国际上主要有以下几种做法:

第一,适用与当事人和交易有最密切联系的法律。有些国家笼统地规定,当事人未选择法律时,被代理人和代理人的关系应当适用最密切联系的法律。例如,1971年《美国冲突法第二次重述》第291条规定:被代理人与代理人相互间的权利和义务,应适用当事人及交易与其有最密切联系的州的法律。

第二,适用代理人实施代理行为地的法律。有些国家认为代理人实施代理行为地的法律与代理关系有最密切的联系,因而主张对被代理人和代理人的关系适用代理人实施代理行为地的法律。例如,1978年《奥地利联邦国际私法法规》第49条规定:当事人未选择法律时,被代理人和代理人的关系应适用代理人按被代理人为第三人明显可见的意思而在其中行事的国家的法律;如果代理人受委托为几种行为,则应适用代理人在通常情况下按被代理人为第三人明显可见的意思而在其中行事的国家的法律;如果依前述规定不能作出法律选择的,适用代理人在其中为代理行为的国家的法律。

第三,适用代理人住所或机构所在地法律。采用这一冲突原则的国家比较多。例如:根据法国的司法实践,被代理人与代理人关系的准据法,在当事人无合意选择时,一般应适用代理人营业地法。1966 年《波兰国际私法》第 27 条第 1 款规定,如果双方当事人住所不在同一国内,又未选择法律时,则本人与代理人间代理合同适用该合同缔结时代理人的住所地法。1982 年《南斯拉夫法律冲突法》第 20 条也规定,代理合同,依代理人承诺时的住所地或其主事务所所在地法。此外,1979 年《匈牙利国际私法》第 25 条、1964 年《捷克斯洛伐克国际私法及国际民事诉讼法》第 10 条等也有类似的规定。

2. 被代理人与第三人关系的准据法

按照代理的一般原则,代理人是替被代理人同第三人订立合同或作其他法律行为,合同一经订立,其权利义务均归属于被代理人,应由本人直接对第三人负责,代理人对此一般不承担责任。但实际情况并非如此简单。在第三人究竟是同代理人还是同被代理人订立合同,以及被代理人是否受代理人与第三人所为行为的约束等问题上,大陆法系国家与英美法系国家所采用的标准并不相同。因此当发生法律纠纷时,适用不同国家的法律,会得出不同的结论。如何确定被代理人与第三人关系的准据法,归纳各国的立法和实践,主要有以下几种冲突原则:

第一,适用与当事人及交易有最密切联系的法律。该冲突原则为美国等国家所采用。例如,1971 年《美国冲突法第二次重述》第 292 条规定,被代理人是否受其代理人在交易中与第三人所为行为的约束,适用与当事人及交易有最密切联系的州的法律。在实践中,美国法院通常将代理人和第三人从事交易地州的法律视为与当事人及交易有最密切联系的法律。

第二,适用代理人营业地或主要活动地法律。该冲突原则被瑞士等国家所采用,如 1987 年《瑞士联邦国际私法》第 126 条规定:代理人与第三人之间的代理权的效力问题,受代理人营业机构所在地法律支配;如果代理人没有营业机构或缔约第三人不承认的,则受代理人主要活动地法律支配。

第三,适用代理人行为地法。在这里,行为地是指代理行为实施地。在瑞士,当代理人没有营业机构或缔约第三人对代理人的营业机构不予承认时,代理人与第三人之间的关系,通常是适用代理人行为地国家的法律。在美国,如果被代理人曾授权代理人在某地为代理行为,或已使第三人有理由相信代理人有此项代理权时,则一般也依代理人为代理行为地法来判定被代理人是否应对代理人和第三人的交易行为负责。

3. 代理人与第三人关系的准据法

综观各国立法和实践,代理人和第三人关系的准据法,大多与被代理人和第三人关系的准据法相同,即支配被代理人和第三人关系的法律,亦支配代理人和第三人之间的关系。这是因为在代理关系中,代理人在代理权限内以被代理人的名义所为的代理行为的法律后果直接由被代理人承担,代理人不负责任。

国际商务代理还涉及代理权的问题。许多国家规定,除非被代理人已向代理人授权,被代理人原则上不受约束。因此,代理人是否具有代理权,往往是代理人和第三人的行为能否约束被代理人的关键。由于该问题直接涉及各方当事人的利益,从保护不同当事人的利益出发,有关国家各自采用的法律适用规则并不完全相同。有些国家着眼于保护被代理人的利益,主张依被代理人住所地法或者被代理人和代理人关系的准据法来判定代理人有无代理权;有些国家出于保护第三人利益的考虑,主张依主合同(由代理人与第三人缔结的合同)的准据法来判定代理人有无代理权;还有的国家认为代理人行为地与代理的实质联系最多,因而主张依代理人行为地法来判定代理人有无代理权。

(二)关于代理法律适用的国际公约

目前有关国际代理法律适用的国际公约,主要是海牙国际私法会议于 1978 年通过的《代理法律适用公约》(以下简称《代理公约》)。该公约共 5 章 28 条,基本内容包括以下几方面:

1.《代理公约》的适用范围

《代理公约》主要适用于具有国际性质的商行为代理,即代理人代表被代理人与第三人进行或打算进行交易,但也并不排除适用于代理人负责以他人名义接收和传达意思表示,或者与第三人进行谈判等场合。并且,无论是显名代理还是隐名代理,也无论是常设代理还是临时代理,《代理公约》规定均应适用。

但对以船长身份从事的代理、诉讼代理、亲属继承法中的代理,《代理公约》明文规定不予适用。《代理公约》也不适用于代理关系中当事人的行为能力以及形式方面的要求。

2. 被代理人与代理人的关系

《代理公约》规定,被代理人与代理人之间的关系,适用当事人按照双方共同的意思表示所选择的某国国内法。此种选择必须是明示的或是从当事人间的协议以及案件的事实中合理而必然地可以推定的。如果当事人未作选择,则适用代理关系成立时代理人的营业所所在地法;假如代理人没有营业所,则改为适用其惯常居所地法。但如果被代理人在代理人为代理行为国家内有营业所或惯常居所,则应适用代理人为代理行为地法。在被代理人或代理人有一个以上的营业所时,上述所谓的营业所则是指与代理关系有最密切联系的营业所。

但在代理关系是基于雇佣合同而产生的场合,《代理公约》则规定被代理人与代理人关系的准据法的确定,不适用《代理公约》的上述规定。

按照《代理公约》的规定,被代理人与代理人关系的准据法适用范围为代理关系的成立及其效力、双方当事人的义务、履行的条件、不履行的后果以及此项义务的消灭。《代理公约》强调被代理人与代理人关系的准据法特别适用于下列事项:(1)代理权的存在和范围,变更或终止,代理人逾越权限或滥用代理权的后果;(2)代理人指定替补代理人、分代理人或增设代理人的权利;(3)在代理人和被代理人之间存在潜在的利益冲突的场合,代理人以被代理人名义订立合同的权利;(4)非竞争性营业的条款和信用担保条款;(5)在顾客中树立的信誉的补偿;(6)可以获得赔偿的损害的种类。

3. 被代理人与第三人的关系

《代理公约》第 11 条第 1 款规定,在被代理人与第三人关系中,代理权的存在与范围,以及代理人行使或意图行使代理权所产生的效力,应适用代理人为有关行为时其营业所所在地法。为保护第三人的利益,该条第2款又规定,有下列情形之一的,则改为适用代理人为代理行为地法:(1)被代理人在代理人为有关代理行为地国家内设有营业所,或虽无营业所但设有惯常居所,并且代理人以被代理人名义进行活动;(2)第三人在代理人为代理行为地国家内设有营业所,或虽无营业所但设有惯常居所;(3)代理人在交易所或拍卖行为代理行为;(4)代理人无营业所。《代理公约》第11条还指出,在当事人一方有数个营业所的场合,该条所指的营业所,系指与代理人所为的有关行为有最密切联系的营业所。《代理公约》还规定了第11条第2款适用代理人为代理行为地法的例外,即如果代理人与第三人在不同国家通过信件、电报、电传、电话或其他类似手段进行通讯联系的,则应视为在其营业所所在地从事此类代理活动,不适用代理人为代理行为地法,改为适用代理人营业所所在地法,无营业所的,则适用代理人惯常居所所在地法。

《代理公约》第12条规定,根据代理人与被代理人之间的雇佣合同而进行活动的代理人,如果没有营业所的,则被代理人的营业所视为代理人的营业所,从而适用被代理人的营业所所在地法来支配被代理人与第三人之间的关系。

《代理公约》还规定,如果被代理人或第三人已就第11条涉及的问题的法律适用作了书面约定,并且此项约定已为另一方当事人所接受的,则该约定的法律应适用于此类问题。

4. 代理人与第三人的关系

《代理公约》规定,支配被代理人与第三人关系的准据法,也应支配代理人与第三人之间因代理人行使其代理权、超越代理权或无权代理所产生的关系。

5. 一般条款

为防止当事人规避有关强制性规范,《代理公约》规定,在适用本公约时,如根据与案件有重大联系的任何国家的法律,该国强制性规范必须适用,则该项强制性规范可以予以实施,而无论该国国际私法规则规定的是应适用何种法律。

《代理公约》允许缔约国实行公共秩序保留,但同时又对公共秩序保留规定了严格限制,即本公约规定应适用的法律只有在其适用会明显地与公共政策相抵触时,才可拒绝适用。

《代理公约》允许缔约国声明本公约不适用于下述情况:(1)在银行交易中,为银行或银团进行的代理;(2)保险业务中的代理;(3)在行使职权时替私人从事这类代理活动的公职人员的行为。

第三节 国际票据关系

一、票据的法律冲突

票据是具有法定形式、写明一定数额货币单位的、由出票人或其指定的人无条件支付该项数额货币单位的凭证。由于票据具有与其票面所载数额货币单位相等的价值,能够代替货币流转以冲销当事人之间的债权债务,因而,它在国际贸易支付中已被广泛采用。

(一)票据的种类

作为国际贸易支付工具的票据,主要有本票、支票、汇票三种。

本票是出票人出具的保证由其本人于见票日或到期日无条件地支付票面所载数额货币单位给受款人的票据。本票有两个当事人:一个是签发本票并自负付款义务的出票人,另一个是持本票向出票人请求付款的受款人。

支票是出票人向银行开出的要求该银行于见票时无条件付给指定的人(或持票人)票面所载数额货币单位的凭证。支票涉及三方当事人,即出票人、付款人和受款人。其中,付款人是出票人有存款的银行。

汇票是出票人向受票人开出的,要求受票人在见票时或一定时期内付给指定的人(或持票人)票面所载数额货币单位的支付命令。这是在国际贸易支付中最常用的一种票据。汇票涉及三方当事人:一是出票人,即签发汇票的人;二是受票人,即汇票的付款人;三是受款人,即受领汇票所载数额货币单位的人。在国际贸易支付中,出票人可以开出以其自己为受款人的汇票,要求受票人支付一定的金额,在这种情况下,出票人和受款人实际上为同一人。按受票人付款的时间不同,汇票可分为即期汇票和远期汇票。即期汇票要求受票人于见票时立即付款。远期汇票则要求受款人见票后于汇票写明的到期日履行付款义务。

(二)票据行为

在票据流转的过程中,当事人之间会发生一系列的票据行为,并由此而引起一系列债权债务关系的产生、变更或消灭。

主要的票据行为有:(1)出票,是指出票人按照法定要求填写票据并将填写了的票据交给受款人的行为。出票行为导致出票人和受款人之间债权债务关系的发生。汇票和支票的出票人应保证受款人在法定条件下能够取得款项,本票的出票人在到期日应向受款人履行付款义务。(2)背书,是指受款人在票据背面签字转让该票据的行为。票据经背书转让后,受让人即成为受款人。背书人负有保证受让人在法定条件下得到承兑和付款的义务,如果日后票据遭到拒绝,受让人可以向背书人行使追索权。(3)提示,是指受款人在法定期限内向受票人出示票据,要求受票人承兑或付款的行为。提示分承兑提示和付款提示两种。远期汇票应先作承兑提示,然后于到期日再作付款提示。即期汇票的承兑提示和付款提示则同时进行。由于本票和支票无须承兑,因此,本票和支票的受款人都只作付款提示而不作承兑提示。(4)承兑,是指受票人在汇票上注明"承兑"字样,并签上自己的姓名和日期,以表示愿意按汇票金额承担付款义务的行为。汇票经受票人承兑后,受票人和受款人之间便形成了债权债务关系,受票人应当承担向受款人支付汇票所载金额的义务。(5)付款,是指受票人(或本票的出票人)向受款人实际支付票据所载数额货币单位的行为。付款人依法履行付款义务后,票据关系即告结束,该票据便不再继续流通。

（三）票据的法律冲突

当今各国票据法的规定并不完全相同。首先，从世界范围来看，两大票据法体系国家的票据法的规定存在较大的差异。由于欧洲大多数国家以及日本和拉丁美洲的部分国家已经加入了1930年在日内瓦签订的《本票、汇票统一法公约》和《关于解决本票、汇票若干法律冲突的公约》，以及1931年在日内瓦签订的《支票统一法公约》和《关于解决支票若干法律冲突的公约》，因而，这些国家调整票据关系的国内立法都在不同的程度上受到上述公约的影响，并由此而形成了日内瓦票据法体系。但英国、美国以及一些英联邦的国家一直拒绝参加上述日内瓦票据法公约，而是坚持其传统的票据法体系，从而也就形成了英美票据法体系。分属于这两大票据法体系的国家，其票据法对票据的种类、形式、流转等问题的规定有许多不同之处。其次，同一票据法体系内的不同国家之间，票据法的具体规定也不完全一致。因此，在国际贸易支付中，当一张流通的票据涉及不同国家的法律时，就必须解决票据的法律适用问题。

二、票据的法律适用

综观各国立法及有关国际条约的规定，票据的法律适用有如下特点：

第一，行为地法被有关国家广泛采用。在票据行为中，遵循“场所支配行为”原则，行为地国家的法律常常被作为准据法，如票据的形式依票据签发地法、背书的形式依背书地法、承兑形式依承兑地法、票据签字人所负义务依签字地法、票据追索权的行使期限依票据签发地法等。

第二，适用付款地法的情形较多，如承兑人所应负的义务、承兑可否限于票额的一部分、受款人是否必须接受部分付款、票据遗失或被盗时应采取的措施等，一般都是适用付款地法。

第三，当事人属人法在解决票据法律冲突时也常被适用。凡因票据而受约束的人，如出票人、背书人、受票人、受款人等，其权利能力和行为能力，适用各当事人属人法。但如果依当事人属人法为无权利能力或行为能力，而依行为地法为有权利能力或行为能力的，则依行为地法。

我国《票据法》对票据的法律适用作了如下规定：（1）票据债务人的民事行为能力，适用其本国法律。但如果票据债务人依其本国法律为无民事行为能力或者为限制行为能力而依行为地法律为完全民事行为能力的，适用行为地法律。（2）汇票、本票出票时的记载事项适用出票地法律。支票出票时的记载事项适用出票地法律，但经当事人协议，也可适用付款地法律。（3）票据的背书、承兑、付款和保证行为，适用行为地法律。（4）票据追索权的行使期限，适用出票地法律。（5）票据的提示期限、有关拒绝证明的方式、出具拒绝证明的期限，适用付款地法律。（6）票据丧失时，失票人请求保全票据权利的程序，适用付款地法律。

此外，我国《票据法》还规定，我国缔结或者参加的国际条约同我国《票据法》有不同规定的，适用国际条约的规定，但我国声明保留的条款除外。我国《票据法》和我国缔结或者参加的国际条约没有规定的，可以适用国际惯例。

思考题

一、选择题

1. 判断是否为国际货物买卖的重要标准是买卖双方的(　　)分别位于不同国家。

A. 主体　　B. 客体　　C. 营业地　　D. 法律事实

2. 在汇票流转的过程中,当事人之间会发生一系列的票据行为,包括(　　)。

A. 出票　　B. 背书　　C. 提示　　D. 承兑　　E. 付款

二、概念比较题

CFR 与 CIF 之概念比较。

三、简答题

1. 简述国际商事合同法律适用的特点。

2. 简述国际货物买卖中货物风险的转移。

四、论述题

1. 试述 1980 年《联合国国际货物销售合同公约》的主要内容。

2. 试述意思自治原则在国际商事关系中的运用。

延伸阅读

1. 杜涛:《国际经济贸易中的国际私法问题》,武汉大学出版社 2005 年版。

2. 屈广清主编:《国际私法导论》,法律出版社 2003 年版。

3. 杜新丽:《国际私法实务中的法律问题》,中信出版社 2005 年版。

4. 梅傲、陈杨:《理想照进现实:涉外消费者合同选法规则再检视》,载《国际经济法学刊》2022 年第 1 期。

第十四章　涉外海事关系

|内容提示|

国际私法所调整的海事关系,包括船舶关系和涉及海上运输的关系。船舶关系主要指船舶的所有权、租赁和担保关系;涉及海上运输的关系主要包括海上客货运输关系以及随之产生的海上侵权关系、海上保险关系、海上拖航关系、海难救助关系等。各国在解决海事法律冲突时,常常将船旗国法作为最基本的冲突原则。本章从船舶物权、海事合同、海上侵权、共同海损和海事赔偿责任限制五个方面,介绍有关海事关系的法律冲突以及调整国际海事关系的冲突规范和统一实体规范。通过本章学习,掌握海事法律适用的主要冲突规则和我国的相关规定。

第一节　船 舶 物 权

一、船舶物权及其法律冲突

船舶物权,是指权利人依法对船舶享有直接支配和排他的权利。典型的船舶物权包括船舶所有权、船舶抵押权和船舶优先权。由于各国立法对上述内容规定不尽相同,从而产生法律冲突。

(一)船舶所有权

船舶所有权,是指船舶所有人依法对船舶享有的占有、使用、收益和处分的权利。

有关船舶所有权的法律冲突主要体现在船舶登记上。基于种种原因,各国关于船舶所有权登记的法律规定存在若干差异,主要表现在:(1)登记方式上。有的国家立法要求强制登记,船舶只有通过登记,才能取得船舶国籍或者船舶执照,如英国1660年《航海法》和1894年《商船法》;有的国家则采取“开放登记”,即对登记进行柔性管理,基本无限制,手续相当简便。(2)所有权人的资格上。有的国家规定,一般情况下,只有本国公民或法人才能在本国进行船舶登记,如利比里亚;有的国家对船东的国籍没有硬性规定,如巴拿马;有的国家规定,原则上本国公民或法人才能在本国进行船舶登记,但在一定条件下,非本国国民也可以进行登记,如挪威;有的国家则区分船舶吨位,对不同吨位的船舶规定了不同的船东资格,如巴哈马、新加坡。(3)对登记船舶的限制上。各国在船舶长度、船名、船龄等方面也有不同规定。例如,利比里亚法律规定,登记的船舶不能超过20年船龄;新加坡对超过15年船龄的船舶不予登记;百慕大、挪威和我国对船龄没有限制。

(二)船舶抵押权

船舶抵押权,是指抵押权人对于抵押人提供的作为债务担保的船舶,在抵押人不履行债务时,可以依法拍卖,从卖得的价款中优先受偿的权利。

船舶抵押权通常是以签订书面合同的形式设立的。由于船舶被各国视作不动产,所以船舶抵押权也涉及主管机关登记的问题。各国大多规定未经登记的船舶抵押权不得对抗第三人,但登记是否属于抵押合同有效成立的必要条件,各国具体规定不完全相同。有些国家规定,船舶抵押登记只是对抗第三人的必备要件,而非抵押合同有效的必要条件。但有的国家规定,船舶抵押登记是抵押合同有效成立和对抗第三人的必要要件。

(三)船舶优先权

船舶优先权又称为船舶优先请求权、海上优先请求权、海上留置权或优先受偿权,是指海事请求人依照法律的规定向船舶所有人、船舶承租人或船舶经营人提出海事请求,对产生该海事请求的船舶具有优先受偿的权利。

各国船舶优先权制度的差异,主要体现在优先权的种类、标的、顺序和消灭等方面。

优先权种类方面,美国规定的船舶优先权范围最广,而英国规定的范围最窄。

在船舶优先权标的方面,英国将船舶、运费、货物、漂浮物、抛弃物、投弃物、残骸等作为优先权标的;美国将船舶、属具、货物及其残余物、运费、船舶和货物卖得的价金等作为优先权标的;德国将船舶、属具、运费、船舶卖得的价金和货物作为优先权标的;法国、波兰等国将货物排除在外,仅将船舶及其属具和运费作为优先权标的;我国将船舶和属具作为优先权标的。

在船舶优先权顺序方面,美国设定的顺序依次为司法费用、工资、海难救助和共同海损、侵权行为、抵押权请求、契约;英国设定的顺序为海事执行的手续费和开支、诉讼费、海难救助、碰撞损害、工资、抵押权请求。我国设定的船舶优先权顺序是诉讼费和拍卖费。我国《海商法》第22条第1款所列各项海事请求,依照顺序受偿,但海难救助后于其他请求发生的,先于其他请求受偿;同一类型的两个以上海事请求同时受偿,不足的则按比例受偿,但海难救助有多项的,则后者优先。

在船舶优先权的消灭方面,各国规定的消灭时效也长短不一。英国规定为2年,自损害发生之日起算;美国未规定固定的时效期限,船舶优先权的消灭受怠慢原则制约;韩国、日本规定了1年的时效期限;法国则区分优先权标的规定了不同的期限,即涉及船舶及其属具的优先请求权时效为1年,涉及供应品的优先请求权时效为6个月;我国规定优先权的诉讼时效期限为1年,自优先权产生之日起算。

二、有关船舶物权的国际公约

目前,有关船舶物权的国际公约主要是涉及船舶担保物权的公约。迄今为止,较为重要的公约有:1926 年《统一船舶优先权和抵押权某些法律规定的国际公约》(以下简称 1926 年公约)、1967 年《统一船舶优先权和抵押权某些法律规定的国际公约》(以下简称 1967 年公约)以及 1993 年《船舶优先权和抵押权国际公约》(以下简称 1993 年公约)。1926 年公约若干海运大国未加入,1967 年公约的缔约国仅有丹麦、挪威、瑞典等五个国家,影响甚微,故此处重点介绍 1993 年公约。

1993 年公约于 1993 年 4 月 19 日至 5 月 6 日在日内瓦召开的国际海事组织船舶优先权和抵押权公约全权代表会议上通过,2004 年 9 月生效。该公约共 22 条,主要包括以下内容。

(一)关于相互承认和执行船舶担保物权

1993 年公约规定,凡根据船舶登记国法律设定和登记的船舶担保物权,应在其他缔约国获得尊重;已登记的担保物权彼此之间的排列顺序及对第三方的效力,在不妨碍本公约的条件下,应根据登记国法律确定,遵守登记国法律。

(二)具有优先权的海事请求项目

1993 年公约规定,具有优先权的海事请求项目包括:(1)船长、船员和其他在编人员的工资、遣返费、社会保险费;(2)与船舶营运有关的人身伤亡费;(3)救助报酬费;(4)规费和引航费;(5)由于船舶营运所引起的侵权行为索赔的费用。

(三)受偿顺序

1993 年公约关于受偿顺序的规定,与 1967 年公约基本相同。对于船舶优先权、船舶抵押权和船舶留置权三者的受偿位序,1993 年公约规定船舶优先权第一,船舶留置权第二,船舶抵押权第三。

此外,1993 年公约还就其他船舶优先权、保险赔偿等问题作了规定。

三、船舶物权的法律适用

在船舶物权的法律适用中,船旗国法和法院地法由于符合船舶物权法律适用的特性,起着非常重要的作用。

(一)船旗国法

船旗国法,是指船舶悬挂旗帜所属国的法律。任何船舶均需通过登记获取一国国籍并在运营中悬挂该国国旗,所以船旗国通常就是船舶登记注册国。

船舶作为移动物,经常来往于不同国家,并牵涉到不同国家的法律,如果将解决物权法律冲突的一般原则——物之所在地法原则适用于船舶物权,必将影响船舶物权的稳定性。因此,以相对稳定且具有明示性的船旗国法作为船舶物权的准据法,得到了学者的普遍支持,并为众多国家的立法所采纳。《布斯塔曼特法典》第 275、277 条规定,凡转移船舶所有权所有需要公告的方式以及关于船舶出卖后各债务人的权利及此项权利的消灭,均应受船旗国法支配。《匈牙利国际私法》第23条规定,已经登记的船舶、飞机的财产权的成立、保持和终止,适用其旗帜或标志国法。《奥地利联邦国际私法法规》第33条规定,经备案或登记于一注册处的水上或空中运输工具的物权,除另有规定外,依注册国法律。

在特殊情况下,对船舶物权也可以依物之所在地法进行调整。例如,有关当局应权利人的申请将船舶扣押,并对扣押船舶进行处置,此时,可以适用物之所在地法。1978年《奥地利联邦国际私法法规》第31、33条就明确规定了交通工具的物权在某些情况下应当适用物之所在地法。

我国《海商法》第270条规定:"船舶所有权的取得、转让和消灭,适用船旗国法律。"第271条规定:"船舶抵押权适用船旗国法律。船舶在光船租赁以前或者光船租赁期间,设立船舶抵押权的,适用原船舶登记国的法律。"

(二)法院地法

法院地法,是指受理案件的法院所在国家的法律。法院地法通常用以解决程序性问题,在有的情况下也被用来调整某些实体性问题。在船舶物权方面,法院地法主要用于解决船舶优先权的法律冲突。

以法院地法作为船舶优先权的准据法,已为许多国家的立法所接受和确认。例如,《保加利亚海商法典》即规定,法院地法制约船舶优先权。以法院地法作为船舶优先权的准据法,其合理性在于:首先,船舶优先权的行使直接受到法院地法的干涉和控制,以法院地法作为其准据法,有利于船舶优先权的保护和行使;其次,船舶经常处于移动状态之中,以法院地法作为船舶优先权的准据法,有利于简化法律选择过程,降低法律适用的难度;最后,船舶优先权在实施过程中,常常涉及强制性程序问题,关涉到法院地的公共秩序。因此,适用法院地法调整船舶优先权是务实和合理的。

我国《海商法》第272条规定:"船舶优先权,适用受理案件的法院所在地法律。"

第二节　海事合同

一、海上货物运输合同

(一)海上货物运输及其法律冲突

海上货物运输,是指用海船将货物从一国港口运至另一港口的运输。主要有班轮运输和租船运输两种方式。班轮运输是指海上货物承运人按固定航期、固定航线、固定港口和固定运费率接受托运人货物并运输至目的港的运输方式。托运人和承运人之间的合同关系主要以提单的形式确立。租船运输是指船舶所有人或管理人出租船舶的一部分或全部舱位运送货主的货物的运输方式。租船运输法律关系的书面化，即为租船合同，简称为租约。租船合同已经高度标准化，按其方式不同，可以分为航次租船合同、定期租船合同、光船租船合同。

由于海上货物运输在海事关系中占有非常重要的地位，各国在加强比较研究的基础上，相关立法日益趋同，歧异之处并不多见。在承运人责任期间、承运人义务、承运人免责、赔偿的种类以及托运人责任等方面，各国立法都作出了几乎一致的规定。但是，在某些细节问题上，各国规定仍有差异，如在处理危险货物及损害赔偿责任方面，美国、英国的法律规定，承运人如果已知货物具有易燃易爆等性质仍然同意装载的，当该货物危及船舶或者货载安全时，承运人有权卸在任何地点或者将其毁坏，而不承担任何赔偿责任，但发生共同海损时除外。日本、法国、韩国、希腊、挪威、荷兰、瑞典等国立法规定并没有“共同海损除外”的内容。此外，各国关于承运人赔偿责任限制的规定也有所不同。

（二）有关海上货物运输的国际公约

调整海上货物运输的国际公约主要是针对提单达成的1924年《统一提单若干法律规则的国际公约》（以下简称海牙规则）、1968年《关于修改1924年统一提单若干法律规则的国际公约的议定书》（以下简称维斯比规则）、1978年《联合国海上货物运输合同公约》（以下简称汉堡规则）和2008年《联合国全程或部分海上国际货物运输合同公约》（以下简称鹿特丹规则）。

1. 海牙规则

海牙规则于1936年生效，是目前调整海上货物运输最重要、最有影响力的国际公约。海牙规则共16条，其中第1～10条是实质性条款，主要内容包括承运人的义务、责任期间、责任限制、诉讼时效等；第11～16条是程序性条款，主要是关于公约的批准、加入和修改。我国未参加海牙规则，但我国海商法关于承运人责任的规定基本采用该规则。

海牙规则规定，承运人的基本项义务是提供适航船舶和适当而谨慎地装载、搬移、配载、运输、保管、照料及卸载承运货物。

海牙规则规定了承运人的责任期间和责任限额。责任期间实行“钩到钩”原则，即货物自装载港装船时起至目的港卸货后为止。责任限额为每件货物或每一计费单位的货物的损害或灭失，最高赔偿额为100英镑，但托运人于装货前已就该项货物的性质和价值提出声明并已在提单中注明的，不在此限。

海牙规则规定了承运人的免责事项。无论是承运人还是船舶，对下列原因所引起或造成的灭失或损失都不负责：船长、船员、引水员或承运人的受雇人在航行或管理船舶中的行为、疏忽或不履行义务；火灾，但承运人过失或私谋所引起的除外；海上或其他通航水域的灾难、危险或意外事故；天灾；战争行为；公敌行为；有关当局或人民的扣押或管制；检疫限制；托运人的行为或不行为；罢工；暴动或骚乱；救助或企图救助海上人命或财产；货物本身的缺点、性质或缺陷；包装不良；标志不清或不当；虽恪尽职守亦不能发现的潜在缺点；非由于承运人的过失或私谋，或承运人的代理人或受雇人的过失或疏忽所引起的其他任何原因。

此外，海牙规则还规定了1年的诉讼时效，自货物交付之日或应交付之日起算。

2. 维斯比规则

由于海牙规则存在明显缺陷,在广大发展中国家的强烈要求下,一些海运国家在国际海事委员会协助下于1968年在布鲁塞尔签订了维斯比规则,因其准备工作在瑞典维斯比完成而得名。

维斯比规则共17条,对海牙规则第3、4、9、10条进行了修改,其修改内容为:(1)提高了承运人的赔偿限额,将最高赔偿限额规定为每件或每单位货物不超过10000法郎,或者按灭失或损坏货物的毛重每公斤不超过30法郎。(2)扩大了责任主体,把承运人的责任限制的各项抗辩延及其雇员和代理人。(3)有条件地延长诉讼时效,即在诉讼事由发生后,双方当事人同意,可以延长诉讼时效。

3. 汉堡规则

汉堡规则于1992年11月1日生效,与海牙规则相比,作了如下重大变革:

第一,改变承运人责任的归责原则,将不完全过失责任制度改为推定过失责任制度,废除了对航行和管理船舶的过失免责的规定。

第二,延长了承运人的责任期限,将"钩到钩"原则改为"港到港"或"接到交"原则。

第三,改变了承运人责任限额。承运人对货物灭失或损坏造成的损失所负的赔偿责任,以灭失或损坏的货物每件或每其他货运单位相当于835记账单位或毛重每公斤2.5记账单位的数额为限,两者中以较高的数额为准。

第四,延长了诉讼时效,时效期限为2年。

从海牙规则到汉堡规则,国际立法历程实质上是承运人利益与货主利益之间的博弈过程。前者的承运人中心主义受到后者的矫正,在承运人和货主之间获得了一定的衡平。

4. 鹿特丹规则

2008年12月11日,联合国第63届大会第67次会议通过了联合国贸法会提交的《联合国全程或部分海上国际货物运输合同公约》,此次会议授权2009年9月23日在荷兰鹿特丹举行新公约开放签署仪式,因此该公约又被简称为鹿特丹规则。根据规定,鹿特丹规则将在20个国家批准或者加入一年后生效,该公约目前尚未生效。

鹿特丹规则共18章96条,是迄今为止条文最多、调整运输范围最广和吸收、创设新规则最多的国际货物运输合同公约。鹿特丹规则与现在国际上普遍采用的海牙规则、维斯比规则相比较,对承运人责任制度的规定有很大的变化,扩大了承运人责任期间,改变了承运人的责任基础,取消了传统的承运人免责事项,提高了承运人责任限额。如果该规则生效,将大大加重承运人的责任,从而对航运业及保险业带来重大影响。

(三)海上货物运输合同的法律适用

海上货物运输合同的法律适用原则主要是意思自治原则和最密切联系原则。

第一,意思自治原则。在班轮运输中,运输合同的存在是由承运人签发提单来证明的,当事人的权利和义务,也依提单条款来确定。提单载明的格式条款中通常都有一项"首要条款”,即关于该提单受何种法律支配的条款。因此,根据意思自治原则确定的班轮运输合同的准据法,也就是提单“首要条款”中指定的法律。在租船运输中,各国也普遍主张适用租船合同当事人自己选择的法律。

第二,最密切联系原则。在班轮运输中,当提单没有指定适用的法律时,多数国家都根据最密切联系原则,主张适用承运人营业所所在地法。在租船运输中,当事人没有选择法律时,有的国家主张适用船旗国法,有的国家主张适用合同缔结地法,还有的国家笼统地规定适用与租船合同有最密切联系的国家的法律。

二、海上旅客运输合同

(一)海上旅客运输及其法律冲突

海上旅客运输,是指承运人以适合旅客运输的船舶将旅客及其行李经海路从一港运至另一港,由旅客支付票款、购买客票的行为。客票包括船票和行李票。客票在海上旅客运输中具有重要的意义:(1)客票是海上旅客及其行李运输合同成立的证明;(2)客票是旅客已支付运费的证明;(3)客票是旅客乘船和提取行李的凭证;(4)客票是旅客索赔、承运人赔付的重要依据。

从调整海上旅客运输的法律来看,国际社会只在有限的范围内达成了统一实体规范,有关海上旅客运输的大量法律问题,主要由各国的国内立法进行调整。由于各国对承运人的责任、承运人免责、责任限制、索赔、旅客责任以及司法管辖权等问题具体规定存在差异,因而,国际海上旅客运输不可避免地会产生法律冲突。

(二)有关海上旅客运输的国际公约

目前调整海上旅客运输的国际公约主要是雅典公约体系。雅典公约是在1974年12月由现今的国际海事组织制定的,全称为《海上旅客及其行李运输雅典公约》,1987年4月生效。1994年5月我国决定加入该公约,1994年8月该公约对我国生效。雅典公约主要包括以下内容。

1. 适用范围

雅典公约以肯定和否定两种方式对其适用范围进行了界定。肯定适用的范围为船旗国为公约缔约国,或者运输合同在缔约国订立,或者起运地或目的地在缔约国境内。否定适用的范围为:(1)承运人和旅客同属一缔约国国民,则该缔约国可书面保留雅典公约的适用;(2)核事故造成的损害赔偿;(3)其他国际公约在以其他运输方式运输旅客或行李方面存在某种民事责任制的规定,则在这些规定强制适用于海上运输的范围内,雅典公约不适用。

2. 归责原则与免责制度

在归责原则方面,两种责任制并存,一般实行过失责任制,但在特定的范围内实行推定过失责任制。

在免责制度方面,如果旅客人身伤亡或行李灭失是由于其自身的过失造成,则承运人在举证证明的范围内免责;对于诸如黄金、珠宝、艺术品等贵重物品的毁损灭失,也是承运人的免责范围,但当事人另有约定的除外。

3. 承运人的责任限制

雅典公约对旅客伤亡、自带行李、其他行李和车辆规定了不同的赔偿限额,但若承运人对损失的发生存在主观故意或明知,则丧失责任限制权。当事人也可约定高于上述限额的赔偿。此外,责任限额不包括损害赔偿金的利息和诉讼费用。

4. 无效合同条款

雅典公约规定,合同中存在的下列条款无效:(1)旨在解除承运人对旅客承担责任的条款;(2)降低雅典公约确定的责任限额的条款;(3)旨在推卸承运人举证责任的条款;(4)限制旅客依雅典公约规定选择诉讼法院的条款。

5. 诉讼时效和司法管辖权

雅典公约规定,旅客人身伤亡、行李灭失所引起的损害赔偿诉讼时效为两年;原告可以选择司法管辖,当事人双方也可协商确定司法管辖。

(三)海上旅客运输合同的法律适用

海上旅客运输合同和其他合同关系一样,其准据法主要也是依意思自治原则和最密切联系原则来确定。

第一,意思自治原则。海上旅客运输合同当事人选择法律的方式,通常表现为在客票中订立法律适用条款。客票是格式化的海上旅客运输合同,一般记载有船名、航次、日期、起运港、目的港、客舱等级、票价、承运人的名称与地址、旅客姓名与地址、船舶抵达目的港日期以及调整旅客和承运人权利义务关系所应适用的法律等事项。其中的法律适用条款,就是海上旅客运输合同当事人意思自治的体现。

第二,最密切联系原则。当事人没有选择适用的法律或其选择无效时,各国大都主张依最密切联系原则确定海上旅客运输合同的准据法。在具体实践中,有关国家一般认为承运人主营业所所在地法律与海上旅客运输合同存在最密切的联系。

三、海难救助合同

(一)海难救助及其法律冲突

海难救助又称海上救助,是指救助方在海上或者与海相通的可航水域,对遇险的船舶和其他财产进行救助的行为。海难救助最初从纯救助开始,后来发展为当前普遍适用的"无效果,无报酬"合同救助。当救助有效果时,救助人有权获得救助报酬。在现代各国海商法及有关国际公约中,海难救助合同关系始终是海难救助法律所调整的基本范畴。

海难救助作为海事国际私法中特有的一种法律制度,不同国家对海难救助的定性、救助标的以及救助报酬请求权等内容的具体规定存在一定差异。例如,《德国商法典》规定,海难救助标的为遇难船舶和货物;《希腊商法典》规定救助标的包括处于危险中的船舶、船上财产、运费及人的生命;我国《海商法》规定救助标的为遇险的船舶和其他财产。

(二)有关海难救助的国际公约

海难救助进入国际统一化时代,最早是1910年在布鲁塞尔召开的第3届海洋法外交会议上签订的《关于统一海上救助某些法律规定的公约》(以下简称《1910年救助公约》)。随着航运业的发展,尤其是油污问题日益严重,《1910年救助公约》无法继续适应新的时代要求。于是,1981年国际海事委员会在《1910年救助公约》基础上又起草了新的救助公约草案,该草案于1989年4月28日在国际海事组织外交大会上正式通过,定名为《1989年救助公约》。目前调整海难救助的国际公约主要是《1989年救助公约》。中国于1993年12月29日加入该公约,1996年7月14日该公约对我国生效。《1989年救助公约》共5章35条,主要内容包括以下几方面。

1. 适用范围

《1910年救助公约》只适用于当事一方为缔约国的救助,但《1989年救助公约》规定只要是在缔约国提起的有关救助的诉讼或仲裁均可适用该公约。同时,《1989年救助公约》对救助作业的地理范围也进行了扩大,除海难救助外,还包括不与海相通的内陆水域发生的救助,对此我国在加入《1989年救助公约》时提出了保留。

2. 救助标的

《1910年救助公约》规定的救助标的主要是船舶及船上财产,且要求救助的船舶至少一方为海船,但《1989年救助公约》为吸引更多国家加入,规定船舶包括任何船只、艇筏或任何能够航行的构造物。同样,我国在加入《1989年救助公约》时对内河船之间的救助提出了保留。

3. 增设特别补偿条款

《1910年救助公约》采用的是"无效果,无报酬"的原则,但该原则不利于鼓励对邮轮的救助,因为实践中对邮轮的救助通常是救助人花费很大代价所获补偿却甚微。为此,《1989年救助公约》规定在涉及环境污染的救助中,采用"无效果,也给予补偿"的特别补偿原则。《1989年救助公约》规定,当船舶或船上货物对环境污染构成威胁时,救助方对其进行了救助作业,即使救助财产无效果或者效果不明显、且未能减轻或防止环境污染,但根据《1989年救助公约》确定的救助报酬少于救助费用时,救助人也有权获得相当于该费用的特别补偿。

4. 明确船长签订救助合同的代理权

《1989年救助公约》首次明确规定,船长有权代表船舶所有人签订救助合同。《1989年救助公约》之所以作出此规定,主要是考虑到当船舶遇险时,船长最了解危险程度,更能客观考虑救助的必要性。赋予船长签订救助合同的代理权,可以有效避免船长因顾虑法律授权问题而延误救助。

(三)海难救助合同的法律适用

海难救助合同的准据法也主要是依据意思自治原则和最密切联系原则确定。救助人与被救助人双方当事人既可以在签订海难救助合同时选择合同适用的法律,也可以在救助行为发生后选择适用的法律。如果双方当事人并没有选择救助合同适用的法律,则依据最密切联系原则确定准据法。

实践中,也有些国家规定,如果当事人在救助合同中未选择法律时,按照救助作业发生的水域决定适用的法律。例如,依据德国法律规定,当事人有自由选择救助合同适用法律的权利。在当事人未选择法律的情况下,如果救助地点位于领海或内水,则适用该领海或内水所属国的法律;如果救助地点位于公海,则适用被救助船舶的船旗国法律。

四、海上保险合同

(一)海上保险及其法律冲突

海上保险也称水险,是指投保人向保险人支付保险费,保险人对于合同约定的风险造成的海上财产的灭失或损害承担赔偿责任的行为。海上保险属于财产保险的范畴,不包括人身保险,因此,海上旅客意外伤害保险、船员意外伤害保险等不在海上保险之列。海上保险的种类很多,按照保险标的的不同可以分为两大类:一是海上财产保险,主要包括船舶保险、货物运输保险、运费保险和海上石油开发保险等;二是海上责任保险,主要有碰撞责任险、油污责任险和保赔责任险等。责任险通常是附加在财产保险中。

各国保险立法和保险人制定的保险条款对承保范围、风险归类、保险期限、索赔时效等均有不同的规定。以中国人民财产保险股份有限公司与伦敦保险协会的相关规定为例,两者的规则冲突主要体现在:在风险归类方面,伦敦保险协会制定的协会货运险条款将海盗行为作为一般货运险;中国人民财产保险股份有限公司则将其划入除外责任,而在罢工险项下承保此险。在索赔时效方面,伦敦保险协会没有规定明确期限,按英国普通法的实践,货物保险索赔时效为6年;中国人民财产保险股份有限公司规定的时效为2年。在船舶保险中,各国保险条款对险别、责任范围、保险期限、索赔时效等问题的规定也存在较大的差异。以险别为例,伦敦保险协会将船舶保险的主险别分为一切险、单独海损绝对不赔险、损坏责任绝对不负责任险、全损险;中国人民财产保险股份有限公司划分的种类有全损险和一切险。

(二)海上保险合同的法律适用

目前还没有统一的关于海上保险的国际公约,调整国际海上保险关系,主要是借助于各国的冲突法和有关的国际惯例。在冲突法调整方面,由于海上保险法律关系都是通过保险合同来体现,所以用于确定海上保险准据法的冲突原则仍然主要是意思自治原则和最密切联系原则。

海上保险当事人的意思自治,集中体现在保险单证的法律适用条款上。保险单是保险人向投保人提供的格式化合同,它除了规定当事人的权利和义务外,往往还有专门的争议解决条款和法律适用条款,法律适用条款中指定的法律,便被视为保险合同当事人选择的法律。最密切联系原则是对意思自治原则的补充,具体到海上保险合同中,各国一般认为保险人营业所所在地法律与保险合同有最密切的联系。

我国《海商法》第269条规定："合同当事人可以选择合同适用的法律，法律另有规定的除外。当事人没有选择的，适用与合同有最密切联系的国家的法律。"此条对我国各类涉外海事合同的准据法作出了统一规定。在我国，对于海上货物运输合同、海上旅客运输合同、海难救助合同、海上保险合同等一切海事合同关系争议都首先适用当事人选择的法律，当事人未进行法律选择时，则依最密切联系原则确定准据法。

第三节　海上侵权

一、船舶碰撞及其法律冲突

船舶碰撞，一般是指两艘或两艘以上的船舶的某一部位同时占据同一空间，致使一方或几方发生损害的物理状态。船舶碰撞同船舶与海上设施碰撞的不同，主要在于发生碰撞的物体是船舶和海上设施。

各国对船舶碰撞的立法规定存在较大差异，表现在：船舶的范围和种类，如是否包括非商业性船舶、是否对船舶的吨位等指标有特殊要求；碰撞损失的赔偿范围和责任限制；管辖权的确定；归责与免责原则；等等。例如，在双方互有过失的船舶碰撞的归责原则上，英国、法国、荷兰、挪威、瑞典、日本、加拿大、俄罗斯、加拿大等加入了1910年《统一船舶碰撞若干法律规定的国际公约》的国家采纳了过失比例原则，而未加入该公约的美国沿袭的是平分过失原则，一直到1975年才第一次出现以过失比例判定碰撞责任的案例，但至今美国没有从法律上把这一原则确定下来。[1]

（一）有关海上碰撞的国际公约

关于船舶碰撞的国际公约数量较多，如1910年《统一船舶碰撞若干法律规定的国际公约》、1952年《统一船舶碰撞中民事管辖权方面若干规定的国际公约》、1972年《国际海上避碰规则》等，但至今还没有出现影响较大的有关船舶与海上设施碰撞的国际公约。下面简要介绍1910年《统一船舶碰撞若干法律规定的国际公约》。

该公约是在国际海事委员会的主持下于1910年9月在布鲁塞尔召开的第3届海洋法会议上签订的，于1931年生效，我国于1994年加入了该公约。其是有关船舶碰撞的最早最重要的国际公约，主要内容包括：(1)适用范围。公约适用于海船之间、海船与内河航运船舶之间碰撞的损害赔偿，不适用于军舰或政府公务船的碰撞。(2)碰撞种类与责任划分。按是否存在过失，将碰撞分为无过失碰撞、单方过失碰撞和共同过失碰撞，并规定了对应的责任负担，即自负责任、过失方负责任和按过失比例负责任（若不能确定过失比例，则均担责任）。(3)诉讼时效。自事故发生之日起2年；连带责任者的追偿权时效为自付款日起1年。(4)碰撞中的救助责

[1] 参见王国华：《海事国际私法研究》，法律出版社1999年版，第128～129页。

任。救助责任对相碰撞船舶的船长而言,是一种强制性的义务,缔约国应采取措施防范违反此类责任的行为发生。

(二)船舶碰撞和船舶与海上设施碰撞的法律适用

船舶碰撞是最主要的碰撞形式。国际上确定船舶碰撞准据法的冲突原则主要有以下几种:

第一,侵权行为地法。这一冲突原则在理论上得到了许多学者的支持。有的学者甚至认为,即使是公海上之碰撞,无论国籍如何,根据"船舶领土说",也应当适用船舶所属国法,或者是加害船舶所属国法,或者是受害船舶所属国法。从各国立法来看,也有许多国家将侵权行为地法作为船舶碰撞的基本准据法。

第二,船旗国法。在当事船舶为同一国籍时,可适用船旗国法。该冲突原则的优点在于:一是方便明了,易于确定准据法;二是船舶所有权变换并不频繁,准据法比较稳定;三是船旗国法通常与碰撞双方联系最密切,依该法律解决碰撞双方的损害赔偿纠纷,比较公平合理。

第三,法院地法。该冲突原则的优点在于无须解决外国法的查明问题。有学者认为,公海上发生的碰撞案件,除非国籍相同或当事人在同一国家有住所,否则,法院地法很可能是唯一可行的选择。

第四,重叠适用侵权行为地法和法院地法。这是折中主义的路径。折中的优点在于提高可接受性。持此观点者认为,对于不在法院地国发生的碰撞提起诉讼,原告必须证明,根据侵权行为地法和法院地法,被告都须承担侵权责任。有学者称此为"双重可诉性原则"。

对于船舶与海上设施之间的碰撞,可比照船舶碰撞的法律适用原则,一般适用碰撞发生地法,也可视具体情况选择适用船旗国法、法院地法。

我国《海商法》第 273 条规定:"船舶碰撞的损害赔偿,适用侵权行为地法律。船舶在公海上发生碰撞的损害赔偿,适用受理案件的法院所在地法律。同一国籍的船舶,无论碰撞发生于何地,碰撞船舶之间的损害赔偿适用船旗国法律。"

二、海上油污损害

海上污染种类繁多,此处仅探讨海上油污损害。海上油污损害是指船舶或其他海上装置在正常营运或发生事故时,逸出或排放油类物质,对海洋生物资源、人类健康、渔业生产、海水和环境质量等造成损害的行为。海上油污损害侵权行为涉及不同国家的法律时,该侵权行为应当受到何国法律支配,也是国际私法所要解决的问题。

(一)有关海上油污损害的国际公约

关于海上油污损害的国际公约主要有 1954 年《防止海洋油污国际公约》(经 1962 年、1969 年、1971 年三次修订)、1969 年《国际油污损害民事责任公约》(1976 年、1984 年制定了两个议定书)、1971 年《设立国际油污损害赔偿基金国际公约》(1976 年、1984 年制定了两个议定书)。

我国于1984年加入了1969年《国际油污损害民事责任公约》，现就该公约择要介绍。

1. 适用范围

公约适用于在缔约国领土和领海以及专属经济区上由于船舶逸出或排放持久性油类而发生的污染损害以及防止油污损害或将这种损害减小到最低限度而采取预防措施所造成的损失或损害。军舰和政府公务船不在公约管辖之内。责任主体是登记的船舶所有人；没有登记的，则指拥有船舶的人；但如船舶为国家所有而由在该国登记为船舶经营人的公司所经营，船舶所有人即指这种公司。此时，国家不能以主权国家的地位和身份进行抗辩和答辩。

2. 赔偿范围

公约规定，赔偿范围由两部分构成：一是直接损害，指船舶逸出或排放油类物质在船舶本身以外造成污染而产生的灭失或损害；二是附加费用，指为抑制或减小油污损害而采取预防措施的费用以及由于采取预防措施而造成的其他灭失或损害。

3. 责任构成和免责

公约规定，只要船舶逸出或排放散装油类，并污染了缔约国的领土或领海而且对缔约国造成损害，则无论这种逸出或排放发生在何处，油污责任即告成立。公约为加重船舶所有人的责任，实行推定过失责任制，即只有船舶所有人能证明油污是下列原因造成的，方能免责：(1)战争行为、敌对行为、内战或武装暴动、特殊的不可抗拒的自然现象等；(2)第三者有意的行为或怠慢；(3)负责灯塔或其他助航设备的政府或其他主管当局在执行其职责时的疏忽或其他过失行为。

4. 责任限制与例外

公约规定赔偿责任限额按船舶吨位计算，不超过5000吨的船舶为300万特别提款权；超过5000吨的，每吨再增加420特别提款权，但总额不超过5970万特别提款权。若船舶所有人实际过失或暗中参与造成了油污损害，则责任限制对其不予适用。

5. 赔偿基金的设置和分配

公约规定，船舶所有人应在受理诉讼的法院或其他主管当局设立相当于其责任限度的基金，载运2000吨以上散装油料的船舶的所有人必须进行保险或取得财务保证。赔偿基金应在索赔人之间依其索赔额比例分配，基金所在国法院可独自决定有关基金的分摊和分配的一切事项。

6. 诉讼时效、管辖权、判决的承认与执行

自损害发生之日起，诉讼时效为3年。油污所涉及的国家和采取预防措施所在地国家的法院享有管辖权。判决应得到其他缔约国的尊重，但在下列情况下可不予承认和执行：(1)判决是以欺诈取得；(2)未给被告人适当的通知和陈述其立场的公正机会。

(二)海上油污损害的法律适用

1. 侵权行为地法

油污损害作为一种特殊侵权行为，应当首先适用侵权行为地法，即海上油污损害行为和结

果所在领海或内水的沿岸国的法律。

2. 法院地法

油污损害发生在公海时,由于公海被认为是全人类的财产,任何国家都不能在公海行使管辖权和设定法律制度,因而在全人类的财产受到损害的情况下,可能出现损害行为不能受到法律追究的尴尬局面。基于此,国际社会于1969年签订的《国际干预公海油污事故公约》规定:当公海遭遇"重大的和紧急的危险,有理由预料会导致重大有害情形"时,沿海国可以采取干预行动,但干预措施应当与实际或将要发生的损害相适应。在判断何谓重大紧急危险、采取干预措施的种类、干预是否得当、干预措施所耗费用的补偿等方面依据的准据法,最适当的是法院地法。

三、海上运输中的侵权行为和船舶内部发生的侵权行为

海上运输中的侵权行为,是指海上运输导致旅客伤亡或物品毁损的侵权行为。目前,国际上还没有专门调整海上运输侵权行为的国际公约。海上运输侵权之债,涉及侵权责任和海上运输合同的违约责任竞合的问题。若当事人选择契约之债进行索赔,则应按前节海上运输的规定确定法律适用;若当事人选择侵权之债进行索赔,一般可适用侵权行为地法,或船旗国法(侵权时船舶处于公海)或法院地法。如果双方国籍相同或在同一国内有住所的,也可以适用共同的属人法。

船舶内部发生的侵权行为,主要是指发生在同一船上的旅客之间、船员之间、旅客和船员之间的侵权行为。对于此类侵权行为,多数国家主张适用船旗国法,而无论船舶所处何地;有的国家主张,当船舶处于一国管辖水域,此时应当适用该水域管辖国法;也有国家认为,如果双方当事人具有同一国籍或在同一国内具有住所的,可适用当事人的属人法。

第四节 共同海损

一、共同海损及其法律冲突

共同海损,是指在同一海上航程中,船舶、货物和其他财产遭遇共同危险时,为了共同安全,有意地、合理地采取措施所直接造成的特殊牺牲及支付的特殊费用。共同海损的成立必须满足四个条件:(1)船舶和货物必须遭遇共同的真实危险;(2)采取的措施必须是有意和合理的;(3)作出的牺牲和支付的费用必须是特殊的;(4)措施必须要有船舶和货物共同获救的效果。

各国有关共同海损的立法存在差异。在共同海损牺牲的构成方面,各国对船、货、其他财产损失等应否纳入共同海损的规定存在差异,如机器和锅炉的损害、卸货过程中造成的损害等;在共同海损费用的构成和理算方面,各国对救助报酬、避难港费用、修理费用、代替费用等应否纳入共同海损以及理算的程序、方法的规定均有一定的差异。这些不同的规定,常常会引

起共同海损的法律冲突。

二、世界上主要的共同海损理算规则

共同海损理算是在船方宣布共同海损后,各受益方雇请专门机构和人员对共同海损的损失金额、如何分摊等问题进行调查研究和审核计算的过程。由于各国对共同海损的立法规定不同,导致处理结果差距过大,国际航运界、保险界、理算界强烈要求统一国际立法。一些主要的海运国家经过努力和协调制定了一套著名的理算规则即《约克—安特卫普规则》,供各国参考。该规则正式诞生于1877年,经过1890年、1924年、1950年、1974年、1990年和1994年数次修订,形成多规则并存、自由选用的格局。中国国际贸易促进委员会于1975年也制定了一个《共同海损理算暂行规则》。下面择要介绍几个规则。

(一)1974年《约克—安特卫普规则》

该规则是在1950年《约克—安特卫普规则》的基础上经过修订于1974年在汉堡通过的。这是在国际上被广泛使用的共同海损理算规则。该规则由22条数字规则和7条字母规则构成,字母规则规定基本原则,数字规则规定具体办法。数字规则的适用优先于字母规则。

数字规则规定了共同海损的损失和费用、货物因牺牲所损失的补偿数额、共同海损的分摊价值及共同海损利息及保证金。

字母规则的内容包括共同海损行为及其分摊原则、可作为共同海损的损失和费用、共同海损与过失的关系、举证责任及替代费用。

与1950年《约克—安特卫普规则》相比,1974年《约克—安特卫普规则》主要是简化了两项确定共同海损损失的方法,即火烤和烟熏造成的损失不得列入共同海损,以及无论船舶是否势将搁浅,只要是为了共同安全而有意搁浅,其损失可以作为共同海损得到补偿。

(二)1994年《约克—安特卫普规则》

该规则由国际海事委员会在澳大利亚召开的第35届大会上通过。与1974年《约克—安特卫普规则》相比,1994年《约克—安特卫普规则》修订的主要内容有:(1)增加首要规则,强调牺牲和费用的合理性;(2)规定在拖带或顶推作业中的船舶可处于同一航程中;(3)规定如何处理环境污染损害和清除污染的费用问题;(4)规定通知共同海损索赔和提供理算所需材料的期限;(5)增加了不可分离协议的内容;(6)规定了货物运转时船舶、货物分摊价值的计算方法;(7)规定了延长计息的时间。

(三)《共同海损理算暂行规则》

该规则内容基本承袭《约克—安特卫普规则》,共8条,主要规定了共同海损的范围、共同海损理算的原则、共同海损损失金额的计算、共同海损的分摊、利息和手续费、共同海损担保、共同海损时限和理算的简化等内容。

该规则有三个明显的特征:一是以存在共同危险为共同海损成立的前提,以求得共同安全为目的,不包括为恢复续航能力而产生的费用和损失;二是简化了共同海损的理算手续;三是该规则是一个民间规则,只有双方当事人约定采用时,才对当事人具有法律拘束力。

三、共同海损的法律适用

关于共同海损的法律适用,国际上主要有以下几种冲突原则:

第一,意思自治原则,即当事人可以协商选择共同海损的准据法。共同海损一般与海上货物运输合同联系在一起,当事人可在提单或合同中约定共同海损所应适用的法律。日本和我国均有意思自治的立法规定。

第二,船旗国法。当共同海损发生在公海时,有学者主张适用船旗国法。《布斯塔曼特法典》也规定,共同海损的确定及分担比例额适用船旗国法。意大利和阿根廷也有依船旗国法的规定。

第三,理算地法。有的国家对共同海损的理算主张适用理算地法。例如,《阿根廷航海法》第 607 条规定,理算国法适用于理算;德国规定,有关共同海损事宜适用理算地法;我国《海商法》第 274 条规定:"共同海损理算,适用理算地法律。"

第五节　海事赔偿责任限制

一、海事赔偿责任限制及其法律冲突

海事赔偿责任限制,是指在发生重大海损事故时,作为责任人的船舶所有人、经营人和承租人等,可根据法律的规定,将其赔偿责任限制在一定范围内的法律制度。

在国际上,海事赔偿责任限制有四种基本制度:一是委付制,其赔偿额以船舶所有人委付的该船舶和该航次的运费为限。委付以船舶所有人意思表示为之。二是执行制,其赔偿额以船舶所有人的该项海上财产(如该航次的船舶和运费)为限。无须船舶所有人的意思表示,即可强制执行该项海上财产。三是船价制,其赔偿额以发生海损事故的航次终了时船舶的价值和运费为限。四是金额制,赔偿额以船舶总吨位与每吨限赔额之积为限。前三种制度均以航次为单位,一个航次一个责任限额,无论这一航次发生多少海损事故;金额制以事故为单位,一次事故一个责任限额。在实践中,有些国家允许船舶所有人在金额制、船价制、委付制之中进行选择,如比利时;有些国家兼采船价制和金额制,如美国。

各国有关海事赔偿责任限制的立法差异,除体现在上述制度层面以外,还表现在海事赔偿责任主体、海事赔偿责任限制条件、限制性债权与非限制性债权的区分与构成、责任限额、程序等具体问题上。以责任限额为例,我国立法规定,承运人对于货物毁损灭失的赔偿限额,散装货物每件不超过 666.67 计算单位,或者按照货物毛重计算,每公斤为 2 计算单位,以二者中赔偿限额较高者为准。英国相关立法则规定,无论是承运人还是船舶,对于货物的毁损灭失,每

包或者每单位不超过100英镑或者与其等值的其他货币,除非托运人在装运货物时已经声明了其价值并在提单上注明。美国相关立法规定,承运人对于货物的毁损灭失,每包不超过500美元或者与其等值的货币。日本法律规定,承运人的赔偿限额为每包不超过10万日元。德国的立法规定与我国大致相同。

二、有关海事赔偿责任限制的国际公约

有关海事赔偿责任限制的国际公约主要有1924年《关于统一海运船舶所有人责任限制若干法律规定的国际公约》、1957年《关于海运船舶所有人责任限制的国际公约》、1976年《海事赔偿责任限制公约》、1974年《海上旅客及其行李运输雅典公约》。1924年《关于统一海运船舶所有人责任限制若干法律规定的国际公约》签订于布鲁塞尔,因没有达到生效的国家数目,一直未能生效。1974年雅典公约在本章第二节已作介绍,此处不再重复。现将1976年《海事赔偿责任限制公约》简介如下。

该公约于1976年11月通过,1986年生效,我国于1997年7月1日交存批准书,但该公约仅适用于我国香港特别行政区。该公约的目的是统一各国在船舶所有人责任限制上的分歧,其主要内容包括:

第一,责任主体。该公约规定的责任主体除了包括1957年《关于海运船舶所有人责任限制的国际公约》规定的责任主体以外,还包括救助人及其雇佣人员、责任保险人。

第二,责任限制与例外。1957年《关于海运船舶所有人责任限制的国际公约》将船舶所有人的实际过失作为责任限制的例外,1976年《海事赔偿责任限制公约》则将责任限制的例外改为"责任人本身有意造成,或明知可能造成这一损失而轻率地采取的行为或不为所引起"。

第三,限制性债权与非限制性债权。根据该公约,限制性债权有:船上或与船舶营运、救助直接相关的人身伤亡或财产灭损引起的债权;海上货物、旅客或行李运输的迟延导致损害引起的债权;与船舶营运或救助直接相关的侵犯合同外利益导致损害所引起的债权;清除沉没、搁浅、遗弃船舶或船上货物所引起的债权;非责任人为避免或减少责任人的限赔损失所采取的措施,以及由此措施导致的进一步损失所引起的债权。非限制性债权有:海难救助或共同海损分摊引起的债权;根据1969年《油污损害民事责任公约》及其生效议定书确定的油污损害所引起的债权;制约或禁止责任限制的国际公约或国内法所确定的债权;核动力船舶所有人因核损害引起的债权;船舶所有人或救助人与其受雇人签订的合同的准据法规定船舶所有人或救助人不得限制责任,或虽可限制责任,但限额高于该公约规定金额的债权。

第四,责任限额。对责任限额,该公约主要规定了三种计算方法:(1)按船舶吨位计算。对于人身伤亡的索赔,该公约规定了五级计算单位制,即将船舶吨位分为500吨以下、500~3000吨、3000~30000吨、30000~70000吨、70000吨以上,并相应规定了责任限额。对于非人身伤亡索赔,该公约规定了四级计算单位制,即将船舶吨位分为500吨以下、500~30000吨、30000~70000吨、70000吨以上,并相应规定了责任限额。(2)对于不从任何船舶进行救助或只是在被救助船舶进行救助的救助人,责任限额按1500吨计算。(3)对于旅客伤亡的赔偿,按船舶载额

定员乘以 46666 计算单位,最高为 2500 万计算单位。

第五,准据法。该公约规定,对于责任基金的设立与分配的原则,以及与之有关的一切程序性规则,适用基金设立国法律。

三、海事赔偿责任限制的法律适用

海事赔偿责任限制的法律适用有同一制与分割制之分。同一制认为,船长和其他受雇人的行为可以视作船舶所有人的行为,调整船长和其他受雇人的行为引起的侵权之债或契约之债的准据法,也就是船舶所有人海事赔偿责任限制的准据法;分割制则将海事赔偿责任限制问题分离出来,不依侵权之债或契约之债的准据法调整,而是单独确定其准据法。采取分割制的做法时,海事赔偿责任限制的法律适用主要有以下几种规则:

第一,依船旗国法。由于船旗国法关于海事赔偿责任限制的规定对于责任主体和潜在的受害人来说是透明、清晰、稳定的,因而适用起来简便易行,能够得到较为广泛的接受。英国、意大利、阿根廷即有如此规定。

第二,依法院地法。海事赔偿责任限制涉及有关责任限制的举证责任、船舶所有人过错、设立基金的程序和分配规则、时效等问题,而法院地法经常用以调整海事赔偿责任限制基金的设立及其程序性事项,举证责任以及时效问题也因其具有公法性质而多适用法院地法,因此,法院地法作为海事赔偿责任限制的准据法具有务实性。

第三,依有关雇佣合同的准据法。这一法律适用规则为 1976 年《海事赔偿责任限制公约》所确立。该公约第 3 条规定了非限制性海事赔偿责任的五种情况,其中一种就是,根据调整船舶所有人或救助人与其受雇人之间签订的合同的准据法规定,对海事赔偿没有限制或限制额高于该公约规定的限额,则该债权为非限制性债权。根据这一规定,如果调整雇佣合同的准据法对海事赔偿责任限额没有规定,或者规定的数额超过该公约规定的数额,则海事赔偿责任限制应当依该合同的准据法调整。

我国《海商法》第 275 条规定:“海事赔偿责任限制,适用受理案件的法院所在地法律。”

思考题

一、选择题

1. 一艘悬挂巴拿马国旗并由巴西海运公司经营的海船,运送一批属一家日本公司的货物从日本到中国,在韩国附近海域发生意外。为了安全完成本航程,该海船驶入韩国某港口避难,发生共同海损,后在中国某港口进行理算。该共同海损理算应适用什么法律?(　　)

　A. 船旗国法律　　B. 共同海损发生地法律　　C. 巴西的法律　　D. 理算地法律

2. 某批中国货物由甲国货轮“盛京”号运送,提单中写明有关运输争议适用中国《海商法》。“盛京”号在公海航行时与乙国货轮“万寿”号相撞。两轮先后到达中国某港口后,“盛京”号船舶所有人在中国海事法院申请扣押了“万寿”号,并向法院起诉要求“万寿”号赔偿依其过失比例造成的撞碰损失。根据中国相关法律规定,下列选项正确的是(　　)。

A. 碰撞损害赔偿应重叠适用两个船旗国的法律

B. “万寿”号与“盛京”号的碰撞争议应适用甲国法律

C. “万寿”号与“盛京”号的碰撞争议应适用中国法律

D. “盛京”号运输货物的合同应适用中国《海商法》

二、判断分析题

甲国公司与乙国航运公司订立海上运输合同,由丙国籍船舶“德洋”号运输一批货物,有关“德洋”号的争议现在中国法院审理。根据我国相关法律规定,该海上运输合同应适用船旗国法律。

三、简述题

简述海事法律适用的特点。

四、论述题

试述船旗国法在海事关系法律适用中的地位。

延伸阅读

1. 屈广清主编:《海事国际私法新编》,法律出版社 2005 年版。
2. 王国华:《海事国际私法研究》,法律出版社 1999 年版。
3. 禹华英:《海难救助的性质与法律适用》,载《西南政法大学学报》2010 年第 4 期。
4. 田园:《论海事冲突法中的船旗国法原则》,载《法商研究》2001 年第 6 期。

第十五章　涉外婚姻家庭

| 内容提示 |

国际私法所调整的婚姻家庭关系是具有涉外因素的婚姻家庭关系，包括涉外结婚、涉外离婚、涉外夫妻关系、涉外父母子女关系、涉外扶养关系和监护关系等。这些法律关系常常因为有关国家法律规定不同而产生法律冲突。迄今为止，国际上尚未形成调整婚姻家庭关系的统一实体规范，对于包含外国因素的婚姻家庭关系，各国一般根据冲突规范进行调整。由于婚姻家庭关系与当事人的身份或能力密切相关，各国在解决婚姻家庭关系的法律冲突时，常常将属人法作为基本的选法规则。此外，由于婚姻家庭关系涉及法院地的道德观念和善良风俗，法院地法在婚姻家庭问题上也得到了比较广泛的采用。对于婚姻家庭领域的法律行为（尤其是法律行为的方式），一些国家根据场所支配行为原则，主张适用行为地法。值得注意的是，保护弱者权益的原则为晚近国际私法立法所采纳，并在涉外婚姻家庭关系的法律适用中有直接体现。

第一节　涉 外 结 婚

结婚是指男女双方依照法定程序和条件确立夫妻关系的一种法律行为。婚姻的有效成立，既应符合法律规定的实质要件，也应符合法律规定的形式要件。

一、结婚实质要件的法律适用

（一）结婚实质要件的法律冲突

结婚的实质要件是指结婚必须具备的条件和必须排除的条件。包括达到法定婚龄、男女双方自愿、不具有法律禁止结婚的情形等。各国立法对上述条件的规定不尽相同，具体表现在：

第一，法定婚龄。法定婚龄是各国法律所规定的最低结婚年龄，属强制性规定。由于各国社会经济状况、人口政策、宗教信仰、道德观念、传统习惯乃至气候、地理和种族的生理状况等因素各不相同，因而各国关于婚龄的规定差异极大。例如，西班牙、希腊等国最低婚龄为男 14 岁，女 12 岁；菲律宾、墨西哥等国最低婚龄为男 16 岁，女 14 岁；法国、比利时等国最低婚龄为男 18 岁，女 15 岁；日本、荷兰等国最低婚龄为男 18 岁，女 16 岁；英国、匈牙利、新加坡等国最低婚龄为男女各18岁;美国各州对婚龄的规定一般为男15~21岁,女14~18岁,但《美国统一结婚离婚法》把法定婚龄规定为男女各18岁;澳大利亚最低婚龄为男21岁,女16岁;瑞士、挪威、丹麦等国最低婚龄为男20岁,女18岁;印度、瑞典最低婚龄为男21岁,女18岁,我国的法定最低结婚年龄为男22周岁,女20周岁。

第二,结婚的意思表示。当代大多数国家和地区的法律都明确规定结婚必须男女双方自愿。但是,有些国家法律规定,未成年人结婚,除须双方自愿外,还须征得监护人的同意或有关机关的认可。例如,《法国民法典》第148条规定,未成年人"非经父母同意,不得结婚";《美国统一结婚离婚法》规定,未满16岁的当事人经父母或监护人同意,或者法庭认可,始得结婚;英国、日本、意大利等国也有类似的规定。而法定婚龄高于或者等于成年年龄的国家,一般都不把父母或监护人同意作为结婚的要件。

第三,禁止近亲结婚。基于优生学原理和伦理规范,各国都有禁止近亲结婚的规定。但由于各国风俗习惯不同,所限范围宽窄不一。直系血亲间禁止结婚为各国通例。但旁系血亲间的禁婚,各国规定差异较大:德国、古巴等禁止二亲等旁系血亲间通婚;日本、法国、英国、匈牙利、瑞士、秘鲁、墨西哥及美国一些州禁止三亲等以内旁系血亲间通婚;美国尚有一些州禁止四亲等以内旁系血亲间通婚;罗马尼亚、保加利亚禁止五亲等以内的旁系血亲间通婚。关于姻亲间和养亲间通婚,各国所作的限制也不尽相同。我国禁止直系血亲和三代以内的旁系血亲结婚。

第四,禁止重婚。现代大多数国家都实行一夫一妻制,在某些宗教势力强大的国家,允许多偶制婚姻的存在。例如,1964年《新加坡穆斯林婚姻法》规定一个男子可同时有四妻,其1967年颁布的第18号令,虽然原则上规定了一夫一妻制,但如果双方均为穆斯林,或者一方为穆斯林并按穆斯林仪式举行婚礼,仍可按照《新加坡穆斯林婚姻法》实行一夫多妻制。我国实行一夫一妻制,禁止重婚。

第五,禁止某些疾病患者结婚。禁止结婚的疾病一般分为两大类:一类是严重的精神方面的疾病;另一类是妨碍婚姻生活的疾病或某些传染性疾病。各国法律对禁止结婚的疾病所作的具体规定不尽相同。在美国,各州一般规定结婚当事人不得是精神病患者,有些州禁止有传染病的人在传染期间结婚,有些州要求对性病作检查,有些州要求作梅毒检查。瑞典法律禁止癫痫病人结婚。《法国民法典》要求当事人提供健康证明,但未具体规定患有哪些疾病的人不能结婚。

此外,有些国家的法律还规定,女方因丧偶、离婚而解除前婚后,必须经过法定期间才能再婚,即所谓"待婚期"。但这些国家对该期间的规定长短不一。例如,日本规定女方在解除前婚之日起6个月内不得再婚;法国规定女方解除前婚后须满300日,始得再婚。[1]

由此可见,各国关于结婚实质要件的规定存在明显差异,涉外结婚实质要件的法律冲突在所难免。

---

〔1〕 参见《日本民法典》第733条、《法国民法典》第228条。

(二)结婚实质要件的法律适用

解决结婚实质要件的法律冲突,国际上主要有以下几种法律适用原则。

1. 依婚姻缔结地法

凡依婚姻缔结地法有效成立的婚姻,在其他任何地方都应有效;反之,凡依婚姻缔结地法无效的婚姻,在其他任何地方都不应有效。主张结婚实质要件依婚姻缔结地法的理由包括:(1)婚姻关系在本质上是一种契约关系,既然财产性质的契约关系可以依场所支配行为原则处理,那么婚姻这种契约关系也应受到行为地法的支配。(2)结婚实质要件依婚姻缔结地法,在实际运用中简便易行,可以给婚姻登记机关和当事人省去不少麻烦,不需要他们去了解外国法。(3)对于外来移民较多的国家,采用这一原则可以扩大其法律适用的范围。该原则被美国和其他多数美洲国家如阿根廷、墨西哥、智利、厄瓜多尔、危地马拉、哥斯达黎加、巴西等国所采用。

但是,对结婚的实质要件适用婚姻缔结地法,会给当事人提供规避法律的机会。当事人可能利用这一原则通过选择婚姻缔结地来缔结原本不能成立的婚姻,而婚后他们又不定居该地,从而造成大量的"候鸟婚姻"。

2. 依当事人属人法

主张结婚实质要件依当事人属人法的观点认为,婚姻关系本质上是一种人身关系,结婚涉及当事人的特别行为能力并导致当事人之间特定身份关系的建立,故应适用当事人属人法。凡依属人法有效成立的婚姻,在其他任何地方均应有效;反之则无效。由于各国对属人法有不同的理解,所以在不同的国家,当事人的属人法可能指向不同的法律。在英国及英联邦国家,属人法一般指当事人住所地法。在德国、日本、荷兰、意大利、法国等国家,属人法一般是指当事人的本国法。

当事人双方的属人法不同时,主张结婚实质要件依当事人属人法的国家怎样适用当事人的属人法? 在一段时间内,曾有国家主张依男方本国法或住所地法作为结婚实质要件的准据法。但随着社会进步和男女平等理念的贯彻,这种以男方属人法作为结婚实质要件准据法的做法受到批评。在现代一些国家的立法中,结婚实质要件适用属人法,一般表现为依当事人各自的属人法。日本、德国、奥地利、土耳其、加蓬、埃及、塞内加尔、约旦、秘鲁等国就主张依当事人各自的属人法。例如,1999 年修正的《日本法例》第 13 条第 1 款规定:"婚姻成立的要件,就各当事人而言,依其本国法定之。"[2]

依当事人属人法解决结婚实质要件的法律冲突,虽能使有关婚姻得到当事人本国或住所地国承认,并可减少当事人规避法律的机会,但如果单纯适用当事人属人法,也可能造成当事人属人法与婚姻缔结地公共秩序相抵触的现象,从而给婚姻的成立带来障碍。同时,要求侨居

---

〔2〕《日本法例》,陈卫佐译,载中国国际私法学会主办:《中国国际私法与比较法年刊》2005 年卷,法律出版社 2006 年版。

外国的内国人必须遵守内国法律规定的结婚实质要件，也不太符合情理。

3. 采用混合制

所谓混合制，是指在结婚实质要件的法律适用上，将婚姻缔结地法和当事人属人法结合起来，或选择适用或重叠适用的制度。前者如2010年修订的《瑞士联邦国际私法》第44条曾规定：在瑞士结婚的实质要件，依照瑞士法律；外国人之间的婚姻，虽不满足瑞士法律规定的条件，但符合已订婚的男女中的一方的本国法所规定的要件的，仍可举行。[3] 后者如1982年《南斯拉夫法律冲突法》第32条第1款规定，婚姻成立的实质要件，适用各方当事人缔结婚姻时的本国法。该条第2款又规定，即使依要求在南斯拉夫结婚的当事人的本国法具备结婚的实质要件，但如果依南斯拉夫法认为该当事人存在早婚、近亲或精神上无能力等婚姻障碍的，仍不应允许结婚。

二、结婚形式要件的法律适用

（一）结婚形式要件的法律冲突

结婚的形式要件又称结婚的方式，是指婚姻合法成立必须履行的法定手续。综观世界各国立法与实践，结婚的方式主要有以下几种。

1. 民事登记方式

这是指婚姻当事人必须到指定的婚姻登记机关履行结婚登记手续，该婚姻才能有效成立。中国、日本、法国、保加利亚等国采用这一方式。例如，《法国民法典》第63条规定，举行结婚前，身份官员应在市镇政府门前张贴公告。公告应载明未婚夫妻姓名、职业、永久住所、临时住所以及举行结婚的地点；我国《民法典》第1049条也明确规定，要求结婚的男女双方应当亲自到婚姻登记机关申请结婚登记。

2. 宗教婚姻方式

这是指婚姻当事人必须依照宗教教规举行结婚仪式，婚姻才能合法成立。不同的宗教，在婚姻仪式、程序上的要求也不相同。西班牙、马耳他、塞浦路斯等国要求天主教徒之间必须按天主教规定的仪式缔结婚姻。伊朗等伊斯兰教国家则要求穆斯林教徒的婚姻按伊斯兰教的宗教仪式举行。

3. 普通法婚姻方式

这是指婚姻当事人无须履行法律手续和仪式，只要双方同意结婚并以夫妻身份同居，婚姻关系即可成立。目前，冰岛、苏格兰及美国的一些州承认这一方式。

4. 领事婚姻方式

这是指一国公民在其本国驻外国的使（领）馆或其他外交代表机构按本国法律规定的方式

---

[3] 值得注意的是，2017年修订的《瑞士联邦国际私法》第44条规定：在瑞士结婚，一概依照瑞士法律。根据邹国勇博士的译注，该条系根据瑞士2012年6月15日《关于打击强迫婚姻的措施的联邦法》第15项而修订，自2013年7月1日起生效。见邹国勇译注：《外国国际私法立法选译》，武汉大学出版社2017年版，第385页。以下所引德国、奥地利、瑞士、土耳其等国国际私法晚近立法的条文，如无说明，均出自该书。

办理结婚手续,成立婚姻关系。领事婚姻方式是民事登记方式在国外的延伸,大多数国家通过签订办理领事婚姻的条约或在互惠的基础上,互相认可这种结婚方式。

需要注意的是,在上述结婚方式中,各国各自承认和采用的方式并不完全相同。有些国家除了在互惠基础上承认领事婚姻的效力以外,只承认登记的方式,如中国、法国等;有些国家则允许当事人在登记方式和宗教方式中进行选择,采用任何一种方式缔结婚姻均为有效,如英国、巴西、瑞典、挪威、丹麦等。基于有关国家各自认可的结婚方式的不同,结婚的形式要件也可能产生法律冲突。

(二)结婚形式要件的法律适用

解决结婚形式要件的法律冲突,国际上主要有以下几种冲突原则。

1. 依婚姻缔结地法

大多数国家都按场所支配行为的原则,允许当事人按照婚姻缔结地法所规定的结婚方式成立婚姻关系。在一般情况下,依照婚姻缔结地法规定的方式成立的婚姻,在其他国家应是有效的。1980 年海牙《结婚仪式和承认婚姻有效公约》也确认了这一原则。[4]

2. 依当事人本国法

西班牙、伊朗、塞浦路斯、马耳他等国,都以宗教仪式为缔结有效婚姻的唯一方式。这些国家的法律规定,本国公民即使在外国结婚,也必须遵守本国法规定的宗教方式,不承认本国公民在国外依其他方式成立的婚姻。鉴于这种情况,1902 年的《婚姻法律冲突公约》第 5 条也规定:“以宗教方式为必要方式之国家,对于本国人民在外国不遵守本国法之规定而为之婚姻,不认为有效。”

3. 混合原则

采取混合原则的国家大都规定,结婚的形式要件可以选择适用婚姻缔结地法或当事人属人法。例如,《奥地利联邦国际私法法规》第 16 条第 2 款规定,在外国结婚的形式,依照许婚各方的属人法判定;但符合结婚地的形式规定者亦属有效。[5]

三、我国关于结婚法律适用的立法与实践

我国《民法通则》(已失效)第 147 条曾规定:“中华人民共和国公民和外国人结婚适用婚姻缔结地法律……”该条规定具有以下不足:(1)适用对象狭窄。只适用于中国人和外国人在中国境内和境外缔结婚姻,至于中国公民双方在外国缔结婚姻或外国人在中国境内缔结婚姻等其他涉外结婚情形应如何适用法律,该条未作出规定。(2)针对涉外结婚的所有问题一概适用单一的法律适用规则,即对于中国公民和外国人缔结婚姻,不区分结婚的形式要件和实质要件,统一适用婚姻缔结地法。

---

〔4〕 参见 1980 年海牙《结婚仪式和承认婚姻有效公约》第 2 条规定:婚姻的形式要件依婚姻仪式举行地国家的法律。

〔5〕 见邹国勇译注:《外国国际私法立法选译》,武汉大学出版社 2017 年版,第 154 页。

《涉外民事关系法律适用法》作出了不同规定，并在第八章“附则”第51条中特别强调，“《中华人民共和国民法通则》第一百四十六条、第一百四十七条，《中华人民共和国继承法》第三十六条，与本法的规定不一致的，适用本法”。《涉外民事关系法律适用法》第21条规定：“结婚条件，适用当事人共同经常居所地法律；没有共同经常居所地的，适用共同国籍国法律；没有共同国籍，在一方当事人经常居所地或者国籍国缔结婚姻的，适用婚姻缔结地法律。”第22条规定：“结婚手续，符合婚姻缔结地法律、一方当事人经常居所地法律或者国籍国法律的，均为有效。”

《涉外民事关系法律适用法》针对涉外结婚的规定，从总体上克服了《民法通则》的局限性，涵盖了涉外结婚的不同类型，并区分结婚的实质要件和形式要件，分别规定了不同的冲突规范。在具体的法律适用规则上，一是针对结婚的实质要件，采用了有条件的选择性冲突规范，即首先适用当事人的共同属人法，在当事人没有经常居所地或共同国籍时，如婚姻缔结地与一方当事人的经常居所地或者国籍国重合，则适用婚姻缔结地法。二是针对结婚的形式要件，确立了使涉外结婚形式尽量有效的政策目标，即只要结婚手续符合婚姻缔结地法律、一方当事人经常居所地法律或者国籍国法律其中之一的，便可认为有效。这就减少了当事人缔结的涉外婚姻，仅仅由于不符合某一特定国家有关结婚形式的法律规定就被整体认定为无效的风险。

第二节　涉外离婚

一、离婚的法律冲突

离婚是夫妻之间依法定程序和条件解除现存婚姻关系的行为。尽管目前绝大多数国家都允许通过离婚解除婚姻关系，但由于各国宗教信仰、历史文化、传统习惯、道德观念的不同，各国对离婚的实质要件和形式要件的规定并不一致。这些不同的规定，导致了离婚的实质要件和形式要件的法律冲突。

离婚的实质要件又称离婚的理由或离婚的原因。对离婚的实质要件，各国立法采取的规定方式不尽相同，主要有三种方式：一是概括式规定，即仅对离婚的条件作原则性规定，而不具体列举离婚的理由。例如，《罗马尼亚家庭法典》第30条规定：“如提出解除婚姻的一方具有充足的理由证明婚姻不可能继续下去，法院可以根据任何一方的要求，判决离婚。”二是列举式规定，即在法律上对离婚的具体理由作列举式规定，如《日本民法典》第770条第1款规定：“夫妻一方，限于下列情形，可以提起离婚之诉：(1)配偶有不贞行为时；(2)被配偶恶意遗弃时；(3)配偶生死不明在三年以上；(4)配偶患强度精神病没有康复希望；(5)有其他难以继续婚姻的重大事由。”三是例示性规定，既列举离婚的具体理由，又规定一个相对抽象的原则作为补充。我国《民法典》第1079条第2款规定，人民法院审理离婚案件，应当进行调解；如果感情确已破裂，调解无效的，应当准予离婚。同时第3款又规定，有下列情况之一，调解无效的，应准予离婚：一是重婚或者与他人同居；二是实施家庭暴力或虐待、遗弃家庭成员；三是有赌博、吸毒等恶习屡教不改;四是因感情不和分居满2年;五是其他导致夫妻感情破裂的情形。

离婚的形式要件是指解除婚姻关系的程序或应办理的手续,又称离婚的方式。对离婚的形式要件,国际上主要有两种制度:一是仅允许通过法院判决离婚。德国、法国、意大利、荷兰、瑞典及部分英美法系国家持这种主张。二是既允许通过法院判决离婚,也允许夫妻双方在合意离婚的情况下,向有关行政部门申请离婚。中国、丹麦等国均采用判决离婚和行政离婚相结合的制度。此外,一些宗教国家,要求按宗教仪式解除婚姻。

二、离婚的法律适用

关于离婚的法律适用,国际上主要有以下几种原则。

(一)依当事人属人法

鉴于离婚涉及当事人身份的变更,与其本国或住所地关系密切,因此,欧洲和拉丁美洲一些国家的法律规定,离婚适用当事人的属人法。在双方当事人国籍或住所不同时,各国采取了不同的解决方法:(1)适用丈夫的本国法,希腊、埃及等国持此主张。(2)适用原告的本国法,1950年以前的法国和比利时等国持此观点。(3)重叠适用夫妻各自的本国法,南斯拉夫的法律作此规定。

采用这一规则的问题在于:如当事人属人法所允许的离婚原因违反法院地国的公共秩序,或依当事人属人法不允许离婚而依法院地法允许离婚,当事人的属人法将很难得到法院的承认和适用。

(二)依法院地法

这一原则最早为19世纪德国学者萨维尼所倡导,其后被英国、挪威、丹麦、瑞典及美国的许多州和一些拉美国家所采纳。采取这一冲突原则的理由是,婚姻的解除涉及法院地国的伦理道德和善良风俗,而且有关离婚的法律规定多为强行法,为避免因适用外国法而损害内国公共秩序的情况发生,应该适用法院地法。

但反对者认为采用这一冲突原则有两点不足:一是适用法院地法,原告可以通过挑选法院规避其本国法律;二是各国概依本国社会经济条件和伦理道德观念等确立离婚条件,如果当事人属人法认为不具备离婚条件,而受案法院径行依据法院地法作出离婚判决,该判决就可能在当事人国籍国或住所地国不能得到承认,从而造成“跛脚婚姻”。

(三)重叠适用当事人属人法和法院地法

为克服在解决离婚法律冲突时单纯适用当事人属人法或法院地法所出现的问题,有主张重叠适用当事人属人法和法院地法,即只有同时具备当事人属人法和法院地法所规定的离婚条件时,才准予离婚。例如,1902年海牙《离婚及分居法律冲突与管辖冲突公约》第2条规定:“离婚之请求,非依夫妻本国法及法院地法均有离婚之原因者,不得提出。”这一做法大大增加了当事人离婚的难度，与各国立法对离婚日益放宽的趋势不符，已很少有国家采用。

（四）选择适用当事人属人法或法院地法

此规则为波兰、奥地利、德国、瑞士等国家所采用。这些国家原则上规定离婚适用当事人属人法，但同时规定在一定条件下可以适用法院地法。按选择的条件不同，可以分为两种情况：一是规定离婚适用当事人共同属人法，在当事人无共同属人法时，转而适用法院地法。例如，2007 年《土耳其国际私法和国际诉讼程序法》第 14 条规定："离婚和别居的原因及后果，依夫妻双方的共同本国法。双方当事人国籍不同的，适用共同惯常居所地法。如无共同惯常居所地，则适用土耳其法律。"二是如果当事人属人法不允许离婚或对离婚有异常严格的限制，而依法院地法可以离婚时，则可适用法院地法。例如，2010 年修订的《瑞士联邦国际私法》第 61 条第 3 款曾规定："依照夫妻双方共同的本国法律不能离婚或者只允许在非常严格的条件下离婚时，如果夫妻一方亦为瑞士国民或者在瑞士居住满两年时，则应适用瑞士法律。"〔6〕

三、我国关于离婚法律适用的立法与实践

（一）协议离婚的法律适用

《涉外民事关系法律适用法》第 26 条规定："协议离婚，当事人可以协议选择适用一方当事人经常居所地法律或者国籍国法律。当事人没有选择的，适用共同经常居所地法律；没有共同经常居所地的，适用共同国籍国法律；没有共同国籍的，适用办理离婚手续机构所在地法律。"此项规定吸纳了当事人意思自治原则，赋予当事人有限的选择准据法的权利；在当事人未作出选择时，实际上依最密切联系原则确定应适用与婚姻关系有密切关联的法律，即当事人的共同经常居所地法律或共同国籍国法律；在当事人无共同经常居所地或共同国籍时，适用办理离婚手续机构所在地法律。该条规定所采用的当事人意思自治原则具有以下特点：（1）在选择法律的方式上，依据《涉外民事关系法律适用法》第 3 条的规定，当事人得明示选择特定法律；（2）在选择法律的范围上，当事人只能选择与婚姻有实际关联的当事人的属人法，即一方当事人经常居所地法律或者国籍国法律；（3）在所选法律的调整事项上，该条未作出明确和具体的规定。

当事人要求我国内地婚姻登记机关办理涉外离婚登记，须满足一系列条件。根据 2003 年《婚姻登记条例》第 10 条的规定，中国公民同外国人在中国内地自愿离婚的，男女双方应当共同到内地居民常住户口所在地的婚姻登记机关办理离婚登记。就当事人出具的证件和证明材料，《婚姻登记条例》第 11 条作出了具体规定，即办理离婚登记的内地居民应当出具本人的户口簿、身份证、结婚证以及双方当事人共同签署的离婚协议书。办理离婚登记的外国人除应当出具上述证件、证明材料外，还应当出具本人的有效护照或者其他有效国际旅行证件。离婚协

〔6〕　值得注意的是，2017 年修订的《瑞士联邦国际私法》第 61 条规定：离婚和分居，适用瑞士法律。该条原第 2 ~ 4 款规定，根据 2015 年 6 月 19 日的联邦法附件 3（离婚时的养老金补偿）修订后的文本已被废除。参见邹国勇译注：《外国国际私法立法选译》，武汉大学出版社 2017 年版，第 388 页。

议书应当载明双方当事人自愿离婚的意思表示以及对子女抚养、财产及债务处理等事项协商一致的意见。不应忽视的是,当事人必须是先前在中国内地办理的结婚登记,否则,依据《婚姻登记条例》第12条的规定,婚姻登记机关将不予受理。换句话说,只有原先在中国内地办理结婚登记的当事人,才能请求内地婚姻登记机关办理彼此之间的涉外离婚登记。[7]

此外,我国同一些国家签订的领事条约还规定,双方领事既可办理结婚登记,也可办理离婚登记。例如,1960年《中捷领事条约》第15条规定,双方领事可办理双方都是派遣国公民的离婚登记。

(二)诉讼离婚的法律适用

我国《民法通则》(已失效)第147条曾规定,中国公民和外国人离婚适用受理案件的法院所在地法律。这一规则仅涉及一方是中国公民、另一方是外国人的离婚纠纷,而没有涉及外国人和外国人在我国境内离婚、中国公民和中国公民在我国境外离婚等的法律适用问题。《涉外民事关系法律适用法》弥补了《民法通则》的不足,该法第27条规定,诉讼离婚,适用法院地法律。依此,我国法院受理的涉外离婚案件,包括外国人与外国人之间的离婚案件,将适用作为法院地法的中国法律。

第三节 涉外夫妻关系

夫妻关系,是指婚姻关系存续期间夫妻双方的权利义务关系,包括夫妻人身关系和夫妻财产关系两个方面。各国立法关于夫妻关系的具体规定不尽相同,因此,国际私法必须解决涉外夫妻关系的法律适用问题。

一、夫妻人身关系的法律适用

夫妻人身关系,是指具有合法婚姻关系的男女双方,在社会和家庭中的地位、身份等方面的权利与义务关系。如夫妻姓氏权、婚姻住所决定权、日常家事代理权、同居义务、忠实义务等方面的权利义务。在这些方面,各国法律规定差异较大。

对夫妻人身关系的法律冲突,各国主要采用以下原则加以解决。

(一)依当事人的本国法

许多国家主张夫妻人身关系适用当事人本国法。但在如何适用当事人本国法的问题上,又有不同的规定:(1)依丈夫的本国法,如《约旦国际私法》第14条规定,婚姻的效力,包括婚姻

---

[7] 2003年《婚姻登记条例》第12条规定:"办理离婚登记的当事人有下列情形之一的,婚姻登记机关不予受理:(一)未达成离婚协议的;(二)属于无民事行为能力人或者限制民事行为能力人的;(三)其结婚登记不是在中国内地办理的。"

对夫妻财产的效力，适用婚姻缔结时丈夫国家的法律。阿拉伯联合酋长国及《阿拉伯国家联盟统一国际私法》也持这种观点。（2）依夫妻双方共同的本国法，如果夫妻双方无共同的本国法，则依夫妻住所地法或法院地法。例如，1982 年《南斯拉夫法律冲突法》第 36 条规定，夫妻之间的身份关系依双方共同的本国法；如夫妻为不同国家的公民，依他们共同的住所地法；如既无共同国籍，又无共同住所，依他们最后的共同住所地法；而在依上述各种方法均不能确定其准据法时，则依南斯拉夫法。

（二）依当事人的住所地法

英国、美国、丹麦、乌拉圭、秘鲁、巴西等国即是以住所地法作为夫妻人身关系的准据法。例如，《秘鲁民法典》第 2007 条规定："夫妻人身关系的权利和义务，适用婚姻住所地法。如无婚姻住所，则适用最后的共同住所地法。"1940 年订于蒙得维的亚的《关于国际民法的条约》第 14 条也规定："配偶之间有关于身份关系的权利和义务，依婚姻住所地法。"这一冲突原则所依据的理由是，夫妻人身关系不但涉及当事人的身份关系，而且可能影响夫妻住所地的公共秩序，同时还涉及住所地的经济负担。此外，住所地作为夫妻生活中心，与夫妻人身关系的联系也较为密切。

（三）以属人法为主，兼采其他法律

近年来，最密切联系原则逐渐被引入婚姻人身关系领域。欧洲一些国家新近颁布的冲突法，确立了以夫妻属人法为主，同时允许适用其他法律的夫妻人身关系法律适用原则。例如，《奥地利联邦国际私法法规》第 18 条就依次列举了六种准据法：（1）依配偶双方共同的属人法；（2）依配偶双方最后的共同属人法（只要其中一方仍保有该国国籍）；（3）依配偶双方的惯常居所地国法律；（4）依配偶双方最后的惯常居所地国法律（只要其中一方仍保有该居所）；（5）依奥地利法律（如果根据上述共同属人法或最后共同属人法婚姻不成立，但在奥地利法律管辖范围内为有效）；（6）依与配偶双方有更强联系的第三国法律（如根据该第三国法律婚姻为有效，则以该法为准并取代奥地利法律）。

二、夫妻财产关系的法律适用

夫妻财产关系，是指具有合法婚姻关系的男女双方对家庭财产的权利义务关系，其内容主要包括夫妻扶养义务、夫妻继承权和夫妻财产制。其中，夫妻财产制是夫妻财产关系的核心内容。从世界各国的立法看，夫妻财产制可以分为法定财产制和约定财产制。本节主要以夫妻财产制为中心探讨夫妻财产关系的法律适用。

关于夫妻财产关系的法律适用，各国有不同规定。主要有以下几种主张。

（一）依当事人选择的法律

一些国家将夫妻财产关系看作一种特殊的契约关系，不仅允许当事人约定其内容，还允许当事人选择支配夫妻财产关系的准据法,从而将解决契约关系法律冲突的原则——意思自治原则直接适用于夫妻财产关系。目前,这一做法已为许多国家所采用。所不同的是,对当事人选择法律的范围,有的国家未作限制,而有的则作了限制。法国、奥地利、美国、卢森堡等国对当事人选择法律不加限制,允许其作广泛的自由选择,如《奥地利联邦国际私法法规》第19条就规定:“婚姻财产制,依照当事人明示选择的法律判定,如无此种法律选择,则依照结婚时支配婚姻的人身法律效力的法律判定。”德国、土耳其等对当事人选择法律作了明确的限制,如2007年《土耳其国际私法和国际诉讼程序法》第15条规定:“就夫妻财产关系而言,夫妻双方可在其结婚时的惯常居所地法或者结婚时夫妻一方的本国法中作出明确选择;未作出法律选择的,适用结婚时夫妻双方的共同本国法,没有共同本国法的,适用结婚时夫妻的共同惯常居所地法,如果连共同惯常居所地也没有的,则适用土耳其法律。”

(二)依当事人属人法

一些大陆法系国家曾主张夫妻财产关系适用当事人的本国法,如1942年《意大利民法典》第19条规定:“夫妻之间的财产关系,适用婚姻缔结时丈夫本国法。夫妻国籍的变更不影响他们的财产关系,但夫妻双方依据新的共同本国法作出的其他安排不在此列。”[8]

(三)依支配夫妻人身关系的法律

在一些国家的实践中,夫妻财产关系的法律适用规则与夫妻人身关系的法律适用规则相同。例如,1964年《捷克斯洛伐克国际私法及国际民事诉讼法》第21条第1款规定:“夫妇之间身份及财产关系,依夫妇本国法;夫妇国籍不同时,依捷克法。”

为了统一夫妻关系法律适用规则,国际上先后缔结了两个国际公约,即1905年海牙《婚姻对夫妻身份和财产关系效力的法律冲突公约》(以下简称1905年公约)和1978年海牙《夫妻财产制法律适用公约》(以下简称1978年公约)。关于夫妻人身关系的法律适用,1905年公约规定了重叠适用当事人本国法和行为地法的原则。关于夫妻财产关系的法律适用,两个公约都接受了约定财产制。对于夫妻选择财产关系准据法的范围,1905年公约未作限制,但1978年公约则采取了有限制的意思自治,即规定配偶双方只能在婚前指定下列法律之一:(1)配偶一方国籍所属国家的法律;(2)配偶一方有其惯常居所所在国的法律;(3)配偶一方婚后所设定的第一个新惯常居所所在国的法律。对于夫妻未作法律选择时应该适用什么法律,1905年公约未作规定,而1978年公约则作出了明确规定,即适用夫妻婚后设定的第一个惯常居所地国家的国内法,但在1978年公约规定的某些情况下,应受配偶双方共同国籍所属国的国内法支配。

我国法律一直没有关于夫妻关系法律适用的明文规定,《涉外民事关系法律适用法》填补了这一空白。该法第23条规定,夫妻人身关系,适用共同经常居所地法律;没有共同经常居所

---

[8] 但1995年《意大利国际私法制度改革法》第29条规定,夫妻财产关系应由适用于夫妻人身关系的法律支配。但是,夫妻可通过书面协议约定,其财产关系由夫妻至少一方的国籍国或夫妻至少一方居住地国的法律支配。

地的，适用共同国籍国法律。第24条则规定，夫妻财产关系，当事人可以协议选择适用一方当事人经常居所地法律、国籍国法律或者主要财产所在地法律。当事人没有选择的，适用共同经常居所地法律；没有共同经常居所地的，适用共同国籍国法律。

第四节　涉外父母子女关系

父母子女关系又称亲子关系，系指父母子女间的人身关系和财产关系。其主要内容包括父母与婚生子女的关系、父母与非婚生子女的关系以及养父母与养子女的关系。本节将介绍这些法律关系的法律适用规则。

一、父母与婚生子女关系的法律适用

（一）婚生子女身份的准据法

各国一般承认在有效婚姻关系存续期间受胎所生的子女为婚生子女，但在婚生推定制度上，各国则有所不同。例如，《日本民法典》第722条规定，自婚姻成立之日起200日后或者自婚姻解除或撤销之日起300日以内所生子女为婚生子女。《德国民法典》第341条则规定，结婚180天出生之子女，视为自怀孕起即为婚生子女。《罗马尼亚婚姻家庭法典》第53条规定，解除婚姻后未再婚前所生子女，也为离婚夫之婚生子女。因而，在子女是否婚生问题上，也易造成法律冲突。

婚生子女身份的准据法，主要有以下几种：

1. 父母的属人法

希腊、意大利、日本、韩国、泰国、南斯拉夫等，均主张婚生子女身份依父母的属人法。例如，1982年《南斯拉夫法律冲突法》第41条规定："对承认、确认或否认父亲身份或母亲身份，适用被承认、确认或否认有父亲身份或母亲身份的那个人在子女出生时的本国法。"1999年修正的《日本法例》第17条规定，根据子女出生时夫妇一方的本国法，子女为婚生子女时，即视为婚生子女。生父于子女出生前死亡时，生父死亡时的本国法为前面所指的本国法。英国、丹麦等国则主张适用生父的住所地法来决定子女是否为婚生。

2. 子女的属人法

有些国家认为，婚生子女的认定与子女的身份密切相关，为了保护子女的利益，应适用子女的属人法。波兰、捷克等采用这一主张。可是，这一做法并不一定对子女有利，因为对子女利益的保护取决于冲突规则所指向的实体法，而不是取决于冲突规则本身。另外，依子女的属人法在适用过程中还会遇到一些困难，比如在依血统确定国籍的国家中，子女在没有被确定为婚生之前其国籍是无法确定的，由此就会形成恶性循环，使问题不能得到解决。

3. 支配父母婚姻效力的法律

按照英国早先关于婚生问题的理论，一个子女只有在合法婚姻中受胎或出生，才为婚生子

女。因而,父母婚姻的效力直接影响子女的婚生地位。由此英国就把父母婚姻效力的准据法作为子女婚生的准据法。当然,以支配婚姻效力的法律作为子女婚生的准据法,并不意味着只要婚姻无效,子女即为非婚生。因为子女是否婚生是由支配婚姻效力的冲突规则所指向的实体法来决定,如果该实体法以有效婚姻作为婚生的前提条件,该子女即为非婚生;否则,即使婚姻无效,也不影响子女婚生地位。

4. 有利于子女为婚生的法律

如前所述,适用子女的属人法,不一定对子女就有利。故近年来,一些国家的立法更明确地规定适用对子女更为有利的法律,如 1979 年《匈牙利国际私法》第 46 条规定,如果匈牙利法律对子女比较有利,对匈牙利公民或者永久居住匈牙利的子女的家庭法律地位、父母子女间的家庭法律关系和抚养子女的义务,应适用匈牙利法律。

(二)父母与婚生子女关系的准据法

对于父母与婚生子女关系,各国主要是依属人法调整。但在适用属人法时,又有以下几种主张:

1. 依父之本国法

一些国家以父权为主,亲权主要由父亲行使。因而主张父母与婚生子女的关系主要依父之本国法。例如,1939 年《泰国国际私法》第 30 条规定:“嫡出亲子间的权利和义务,依父之本国法。”1942 年《意大利民法典》也有类似的规定。

2. 依子女的本国法

一些国家认为父母子女关系主要涉及子女的身份和利益,因此主张适用子女的本国法,如 1966 年《波兰国际私法》第 19 条第 1 款规定:“亲子之间法律关系,依子女本国法。”

3. 依亲子共同的本国法或双亲的本国法

依亲子共同的本国法或双亲的本国法,即父母子女国籍相同时,适用其共同的本国法;国籍不同时,则适用父亲或母亲的本国法。例如,1946 年《希腊民法典》第 18 条规定:“父母和子女的关系适用父母和子女的最后共同本国法,如无共同国籍,适用子女出生时父亲的本国法。在父亲死亡后,这种关系适用父亲死亡后母亲与子女最后共同本国法,如无共同的国籍,适用父亲死亡时母亲的本国法。”

4. 依亲子属人法兼内国法

该冲突原则的含义为:如果父母子女有共同属人法,依其共同的属人法;如果没有共同属人法,则依内国法。例如,1982 年《南斯拉夫法律冲突法》第 40 条规定:“父母和子女关系依其本国法;如果父母和子女国籍不同,依他们共同的住所地法;如果父母和子女国籍不同,而且住所又不在一国,只要子女或父母之中一人是南斯拉夫公民,则依南斯拉夫法律。”

此外,也有国家主张父母子女关系适用支配父母婚姻效力的法律,如《塞内加尔家庭法》第 884 条第 1 款就采用这一规则。

二、父母与非婚生子女关系的法律适用

非婚生子女，是指没有婚姻关系的男女所生的子女，其范围包括未婚同居所生之子女、配偶一方与第三者通奸所生之子女和无效婚姻所生之子女。在过去，一些西方国家长期对非婚生子采取歧视政策，第一次世界大战后，非婚生子的地位才有所改善。目前世界各国普遍采用"准正"法律程序，使非婚生子女取得婚生子女的资格。

（一）非婚生子女准正的准据法

所谓准正，是指非婚生子女在一定条件下依法取得婚生子女地位的法律制度。在国际上，非婚生子女的准正大致有三种方式：一是父母后为婚姻，即非婚生子女出生后，只要其父母结婚，该非婚生子女便取得婚生子女资格，这是大多数国家普遍采取的做法；二是认领，即除父母后为婚姻外，还须生父母对非婚生子女认领，非婚生子女才能取得婚生子女资格；三是司法程序，即发生拒绝认领或者父母死亡而不能后为婚姻情况时，法院可以判决确认非婚生子女与其生父母间的血缘关系。在上述几种方式中，各国规定的具体条件不完全相同，因而非婚生子女的准正也会产生法律冲突，需要用国际私法规则解决其法律适用问题。

1. 因父母后为婚姻而准正的准据法

在父母后为婚姻的情况下，有关国家通常是以父母的属人法作为非婚生子女准正的准据法，如 1926 年《英国婚生了女法》规定，非婚生了女准正，依结婚时生父母之住所地法。

2. 因认领而准正的准据法

非婚生子女因父母认领而准正时，各国所采用的冲突原则差异较大，主要有以下几种原则：(1)依父母属人法，如《泰国国际私法》第 31 条规定，非婚生子女的认领，依认领时父的本国法；如父已死，则依父死亡时的本国法。(2)依子女属人法，如 1966 年《波兰国际私法》第 19 条第 2 款规定，父子关系或母子关系的承认或否认，依出生时子女的本国法。子女的认领，依认领时子女所属国法。(3)分别依父母和子女的属人法，如 1989 年《日本法例》第 18 条规定，非婚生子女的认领，对其父或母，依认知时父或母的本国法；对其子，依认知时子的本国法。(4)选择适用子女或父母的属人法，如《瑞士联邦国际私法》第 72 条第 1 款规定："在瑞士境内认领子女的，依照子女惯常居所地法律、国籍国法律或者其父母一方住所地法律或本国法律进行，并以认领的日期为准。"

3. 因司法程序而准正的准据法

非婚生子女因司法程序而准正时，有关国家规定同时适用父母属人法和子女属人法，如《秘鲁民法典》第 2086 条规定："行政或司法宣告准正……依准正宣告时父母一方住所地法或子女住所地法。准正效力必须符合上述两地法律。"但也有一些国家从有利于非婚生子女准正出发，允许法院参照父母后为婚姻或父母认领的冲突原则决定应当适用的准据法。

值得注意的是，在当代，保护弱者的观念已对许多国家产生重大影响。在这一观念影响之下，越来越多的国家主张准正应当适用更有利于非婚生子女的法律。

(二)父母与非婚生子女关系的准据法

父母与非婚生子女的关系,是指未获准正的非婚生子女与其生父母之间的人身关系和财产关系。根据各国立法和实践,父母与非婚生子女关系的准据法,主要依以下冲突原则确定:

1. 依母之本国法

如《塞内加尔家庭法》第844条规定:非婚生亲子关系,依母亲本国法,但子女与未婚父母国籍不同时,可以适用子女的本国法。

2. 依子女属人法

如《德国民法施行法》第20条规定:"可根据导致出身要件得以产生的任何法律对(子女的)出身提出异议。在任何情况下,子女均可根据其惯常居所地国法律对其出身提出异议。"

3. 分别依父或母之本国法

如早前《土耳其国际私法和国际诉讼程序法》第17条曾规定:"非婚生子女的母子关系适用母亲的本国法律。非婚生子女的父子关系适用父亲的本国法律。"

4. 依父母共同属人法或子女属人法

如《葡萄牙民法典》第59条规定,父母与非婚生子女的关系,适用父母的共同本国法。没有共同本国法的,适用其共同惯常居所地法。如果父母的惯常居所地不在同一国家的,适用子女的属人法。

我国《涉外民事关系法律适用法》只笼统地对父母子女关系作出规定,该法第25条规定:"父母子女人身、财产关系,适用共同经常居所地法律;没有共同经常居所地的,适用一方当事人经常居所地法律或者国籍国法律中有利于保护弱者权益的法律。"从该条所用的措辞以及我国平等对待婚生子女和非婚生子女的态度,该条可以理解为既适用于父母与婚生子女的关系,也适用于父母与非婚生子女的关系。

三、收养关系的法律适用

收养,是指通过法律程序领养他人子女,从而在领养人和被领养人之间创设拟制的亲子关系的一种制度。由于各国立法对收养关系成立的实质要件、形式要件以及收养关系的效力和终止等有不同的规定,因而在具有外国因素的收养关系中,必须解决收养成立要件、收养效力和收养解除等法律适用问题。

(一)收养成立要件的法律适用

收养成立的要件可分为收养的实质要件和收养的形式要件。

1. 收养实质要件的法律适用

收养的实质要件包括收养人和被收养人的年龄、身份和意思表示等内容。确定收养实质要件的准据法,主要有以下几种冲突原则:(1)依收养人属人法。例如,《葡萄牙民法典》第60条第1款规定,养子女的亲子关系的成立适用收养人的属人法。如果收养人为配偶双方或被收养人是收养人的配偶的子女，适用收养人夫妻共同本国法。没有共同本国法的，适用共同惯常居住地法，没有惯常居所的，适用丈夫的属人法。(2)重叠适用收养人和被收养人的属人法。例如，《秘鲁民法典》第2087条第1款规定："在收养人和被收养人的住所地法均允许时，才能收养。"(3)依收养人和被收养人各自属人法。例如，《希腊民法典》第23条规定，收养的实质要件适用收养人和被收养人各自的本国法。(4)依法院地法。例如，《美国冲突法第二次重述》第289条规定，法院应适用其本地法决定是否准许收养。

2. 收养形式要件的法律适用

收养的形式要件是指收养需要经过的程序和手续。各国对收养的法律程序也有不同规定。英、美、法、德等国采用司法程序方式，当事人须向法院呈交申请书或有关证件，经法院裁定许可或发出收养令，收养关系才能成立。瑞士、日本、中国等国采用行政程序方式，当事人须向行政机关申报，经行政机关登记或批准后，收养关系才能成立。对收养形式要件的法律适用，大多数国家依场所支配行为原则，主张适用收养成立地法。例如，1982年《南斯拉夫法律冲突法》第44条第4款规定，收养的方式，依收养实行地法律。也有一些国家在规定收养要件的法律适用时未将实质要件和形式要件分开，采用同一冲突原则加以解决。

(二)收养效力的法律适用

收养效力是指收养关系成立后，对养子女与养父母及养子女与生父母人身和财产关系的影响。各国对这一问题作了不同规定。在收养后养子女与生父母的关系问题上，大多数国家采用完全收养制，即收养一旦成立，养子女与生父母的亲子关系完全解除，养子女的法律地位等同于婚生子女的法律地位；少数国家则采用不完全收养制，即收养关系成立后，养子女与生父母之间仍保留一定的权利义务关系；还有些国家同时采用完全收养制和不完全收养制，由当事人自行选择。

各国主要采用以下冲突原则解决收养效力的法律冲突：

1. 依收养人属人法

如《奥地利联邦国际私法法规》第26条第2款规定，收养的效力，依收养人属人法；如为配偶双方所收养，依支配他们婚姻的人身效力的法律；但在配偶一方死亡后，依另一方的属人法。

2. 依被收养人的属人法

如《秘鲁民法典》第2087条第3款规定，被收养人与其生父母家庭最终断绝亲子关系适用被收养人住所地法。

3. 适用收养人和被收养人的共同属人法

如《希腊民法典》第23条第2款规定，收养人同被收养人的关系适用收养存续中双方的最后共同本国法，如无共同国籍，适用收养成立时收养人本国法。

4. 分别适用收养人和被收养人的属人法

如1928年《布斯塔曼特法典》第74条规定，收养的效力，就收养人的遗产而言，依收养人的属人法调整。但关于姓氏、被收养人对其原来家庭所保留的权利义务以及收养人对其遗产的关系依被收养人的属人法调整。

(三)收养解除的法律适用

关于收养解除的法律适用原则,有的国家采取与收养成立相同的准据法,另有国家采用与收养效力相同的准据法。

我国《民法典》第1109条第1款和第2款规定:“外国人依法可以在中华人民共和国收养子女。外国人在中华人民共和国收养子女,应当经其所在国主管机关依照该国法律审查同意。收养人应当提供由其所在国有权机构出具的有关其年龄、婚姻、职业、财产、健康、有无受过刑事处罚等状况的证明材料,并与送养人签订书面协议,亲自向省、自治区、直辖市人民政府民政部门登记。”这表明,对外国人在我国境内收养子女,我国采用的是一条重叠性冲突规范,即外国人在华收养子女应重叠适用我国法律和其所在国法律。这一冲突原则适用于收养的实质要件、形式要件和收养的效力。

《涉外民事关系法律适用法》第28条规定:“收养的条件和手续,适用收养人和被收养人经常居所地法律。收养的效力,适用收养时收养人经常居所地法律。收养关系的解除,适用收养时被收养人经常居所地法律或者法院地法律。”该条规定有以下特点:(1)扩大了调整范围。不再单纯针对外国人在华收养子女作出规定,而是针对具有涉外要素的收养关系确定了法律适用原则,这就填补了《收养法》中并未规定中国人在境外收养子女或外国人在境外收养子女等涉外收养情形的空白。(2)强化了法律适用的针对性。分别针对涉外收养的条件和手续、收养的效力和收养的解除制定了冲突规范,而不是以单一的冲突规范统一调整涉外收养的所有问题。(3)灵活运用了属人法原则。针对收养的条件和手续,重叠适用收养人和被收养人经常居所地法律,是总结我国实践经验而作出的规定,有利于保护被收养人的利益。收养的效力涉及收养对养子女与养父母的法律效力和收养对子女与生父母的法律效力,立法者将收养人经常居所地法作为法律适用原则,可以认为是强调收养人经常居所地作为收养人和被收养人建立权利义务的中心地,其法律对于调整养子女与养父母关系可能发挥更大作用。

第五节 涉外扶养与监护

一、扶养的法律适用

扶养,是指特定的亲属间,一方对他方给予生活上的扶助。负有供养义务的一方被称为扶养人或扶养义务人,享有受供养权利的一方称为被扶养人或扶养权利人。扶养有广义和狭义之分。广义的扶养,是指特定范围内的亲属间相互在经济上供养和生活上扶助的法定权利义务。它不区分身份或辈分,是赡养、抚养和扶养的统称,包括晚辈亲属对长辈亲属的赡养、长辈亲属对晚辈亲属的抚养和平辈亲属间的扶养。狭义的扶养,仅指平辈亲属之间相互在经济上供养和生活上扶助的法定权利义务。本节采用广义理解。

各国法律对扶养的范围、顺序、终止及扶养费的计算等有不同的规定,可能导致涉外扶养的法律冲突。关于扶养的法律适用规则,国际上有两种立法模式。

(一)对不同类型的扶养规定不同的准据法

这种立法模式将扶养区分为夫妻之间的扶养、父母子女之间的扶养和其他亲属之间的扶养,并分别规定其准据法。例如,1979 年《匈牙利国际私法》规定:夫妻之间的扶养,适用起诉时夫妻共同的属人法;如起诉时属人法不同,适用其最后的共同属人法,若没有共同属人法,则适用夫妻最后的共同住所地法;如无夫妻共同住所,则适用法院地或其他机构地法。父母子女间的扶养关系适用子女的属人法。亲属互相扶养的义务、条件、程序和方法,应适用扶养权利人的属人法。[9]

(二)对各种扶养规定统一的准据法

采用该立法模式的国家,主要规定了以下几种法律适用原则:

1. 依扶养人的属人法

如 1982 年《土耳其国际私法与国际诉讼程序法》第 21 条规定,扶养义务适用义务人本国法。

2. 依被扶养人的属人法

如 1966 年《波兰国际私法》第 20 条规定,亲族与姻亲之间的扶养义务,由有权得到扶养的人的本国法决定。

3. 采用选择性的冲突规范

为了使被扶养人尽可能得到扶养,以保护弱者的利益,1973 年海牙国际私法会议通过的《扶养义务法律适用公约》规定,凡因家庭关系、亲属关系、婚姻或姻亲关系而产生的扶养义务,首先适用扶养权利人惯常居所地法;如依该法被扶养人不能获得扶养,则依扶养权利人和扶养义务人共同本国法;如依该法仍不能使扶养权利人获得扶养,则依管理机关的国内法,即法院地法。该公约的规定,对一些国家的立法和实践具有重大影响。有些缔约国在立法中明确规定扶养问题直接适用该公约的规定,如瑞士;有的国家则在立法中采纳了该公约的做法,如日本、德国等。

我国冲突法中的"扶养"包括各种类型的扶养关系,我国采取的是对各种扶养关系规定统一法律适用规则的立法模式。但是,在冲突规范中以最密切联系原则取代传统的固定连结点,虽然增强了法律适用的灵活性,但对被扶养人权利给予特殊保护的立法意图并不明确。

《涉外民事关系法律适用法》第 29 条规定:"扶养,适用一方当事人经常居所地法律、国籍国法律或者主要财产所在地法律中有利于保护被扶养人权益的法律。"该条规定实现了法律选择灵活性和针对性的有机统一,一方面,该条采用了选择性的冲突规范,法官可在当事人的经常居所地法、本国法和主要财产所在地法之间进行法律选择;另一方面,法官在法律选择过程

---

〔9〕 参见 1979 年《匈牙利国际私法》第 39、45、47 条。

中的自由裁量权须受到立法者明确设定的价值目标的限制,即法官应选择数个国家或地区的法律中有利于保护被扶养人权益的法律。该条规定在保持了法律选择灵活性的同时,也注重了法律适用的针对性,反映了扶养法律适用的新趋势,体现了对弱方当事人的保护,有利于维护被扶养人的合法权益。

二、监护的法律适用

监护,是指对无民事行为能力人和限制民事行为能力人的人身、财产权益依法实行监督、管理和保护的制度,其中承担监护义务一方为监护人,受监护一方为被监护人。在监护问题上,由于各国法律对被监护人的范围、监护的设立、监护人应具备的条件、监护的方式、监护人的人数、监护人的职责等作了不同规定,因而,具有外国因素的监护关系,可能因为适用法律不同而产生法律冲突。

从各国立法和实践来看,监护的法律适用原则主要有以下几种。

(一)依被监护人属人法

由于监护制度是为保护被监护人的利益而设置的,因此,大多数国家都主张监护依被监护人的属人法。具体又有以下几种做法:

1. 依被监护人本国法

如 1978 年《意大利民法典》第 21 条规定,监护和其他保护无行为能力人的制度,适用无行为能力人的本国法。

2. 依被监护人住所地法

如 1984 年《秘鲁民法典》第 2071 条第 1 款规定,监护和其他保护无行为能力人的制度,依无行为能力人住所地法。

3. 依被监护人本国法或住所地法

该冲突原则又可具体分为两种情况:一是原则上适用被监护人本国法,但对在内国有住所或居所的外国人,也可适用住所地法或居所地法。例如,1989 年《日本法例》第 24 条规定:“监护依被监护人的本国法。在日本有住所或居所的外国人的监护,如果依其本国法有监护的原因但无监护人,以及在日本有禁治产的宣告者,依日本的法律。”二是原则上适用被监护人惯常居所地法,在一定条件下也可适用被监护人本国法。1961 年海牙《保护未成年人的管辖权和法律适用公约》采取了这一做法。

(二)依被监护人属人法兼法院地法

由于监护的情况复杂多样,有时单纯适用被监护人的属人法难以保障被监护人的权益,因而有些国家在规定原则上适用被监护人属人法的同时,又规定在一定条件下适用法院地法予以补充。例如,1982 年《土耳其国际私法和国际诉讼程序法》第 9 条规定,监护及财产管理的设立和撤销,适用当事人本国法律。但是根据外国人的本国法律,监护及财产管理无法设立和撤销,当事人若在土耳其有惯常居所的,则可依土耳其法律作出设立和撤销的判决。与监护及财产管理的设立和撤销无关的其他关系适用土耳其法律。

(三)依法院地法

少数国家采用这一规则。例如,英国对监护问题首先从管辖权入手,只要英国法院对某一监护案件有管辖权,便只适用英国的法律。又如,1972 年《加蓬民法典》第 39 条规定,监护和各种对个人保护的措施,以及因此产生的身份与能力问题,依加蓬法。

从晚近国际私法立法来看,监护的法律适用不断强化对被监护人权利的保护。《涉外民事关系法律适用法》反映了这一立法趋势,该法第 30 条规定:“监护,适用一方当事人经常居所地法律或者国籍国法律中有利于保护被监护人权益的法律。”

思考题

一、选择题

1. 依据《涉外民事关系法律适用法》,扶养应适用(　　)。

A. 与被扶养人有最密切联系国家的法律

B. 扶养人和被扶养人的国籍国法、经常居所地法律或者供养被扶养人的财产所在地法律中与被扶养人有最密切联系国家的法律

C. 抚养关系所涉国家法律中有利于保护被扶养人权益的法律

D. 一方当事人经常居所地法律、国籍国法律或者主要财产所在地法律中有利于保护被扶养人权益的法律

2. 依据《涉外民事关系法律适用法》,监护适用(　　)。

A. 当事人住所地法律、国籍国法律或者主要财产所在地法律中与被监护人有最密切联系的法律

B. 双方当事人共同住所地法律、共同国籍国法律中有利于保护被监护人权益的法律

C. 一方当事人经常居所地法律或者国籍国法律中有利于保护被监护人权益的法律

D. 被监护人的本国法律。但是,被监护人在我国境内有住所的,适用我国法律

二、简答题

1. 简述我国关于涉外离婚法律适用的立法与实践。

2. 简述我国关于涉外收养法律适用的规定。

三、论述题

试述我国关于涉外结婚法律适用的立法与实践。

延伸阅读

1. 李浩培:《关于婚姻成立问题的国际私法》,载《李浩培文选》,法律出版社 2000 年版。

2. 李浩培:《关于离婚及别居的国际私法》,载《李浩培文选》,法律出版社 2000 年版。
3. 李双元:《国际私法(冲突法篇)》(修订版),武汉大学出版社 2001 年版。
4. [德]马丁·沃尔夫:《国际私法》,李浩培、汤宗舜译,北京大学出版社 2009 年版。
5. 焦燕:《婚姻冲突法问题研究》,法律出版社 2007 年版。

第十六章　涉外继承

| 内容提示 |

涉外继承分为法定继承和遗嘱继承两类。针对法定继承准据法的确定,国际上主要有同一制和区别制两种方式。法定继承的准据法主要用于解决继承人的范围,继承的顺序,应继份额,代位继承,继承权的丧失、放弃和恢复,遗产管理等问题。针对遗嘱继承,各国立法和有关的国际条约通常针对遗嘱能力、遗嘱方式、遗嘱的内容和效力等问题分别规定不同的法律适用规则。对于无人继承财产归属的法律冲突的解决,大致有依死者本国法和依遗产所在地法两种不同的主张。国际社会围绕遗产继承、遗嘱处分方式、遗产国际管理等问题形成了相应的国际公约。

第一节　涉外法定继承

法定继承又称无遗嘱继承,是指在被继承人没有订立遗嘱或者虽然订有遗嘱但该遗嘱无效的情况下,由法律规定的继承人依照法定的继承顺序、继承份额和遗产分配原则取得被继承人的遗产的一种制度。法定继承中如果包含有和外国有关的因素,如被继承人或继承人是外国人,或者遗产位于国外,或者被继承人死亡这一法律事实发生在国外,该法定继承便可能因为涉及不同国家法律的适用而发生法律冲突,从而需要根据冲突规范的规定确定其准据法。

一、法定继承准据法的确定

各国因对法定继承的性质认识不同,各自采取的确定法定继承准据法的方法也不一样。目前,国际上主要有同一制和区别制两种确定法定继承准据法的制度。

(一)同一制

同一制又称为单一制,是指把继承中的遗产当作一个整体,不分动产和不动产,统一地以一个法律作为法定继承的准据法。采取同一制的国家,关于法定继承准据法的具体规定有一些差异,主要有以下两种主张:

1. 依遗产所在地法

有的国家认为继承与财产所有权的取得和变更密切相关,因而把遗产继承归入物权的范畴,主张继承应适用物之所在地法(遗产所在地法)。在封建时期,由于国际经济和民事交往尚不发达,遗产的所在地通常比较集中,并且遗产所在地往往就是被继承人的住所地,因而在当时,以遗产所在地法作为法定继承的准据法并无大的障碍。然而,在物质财富不断丰富和国际交往迅速发展的今天,私人财产已呈现出数量增多、动产比例高、分布广泛且流动性大等特点。在这种情况下,如果法定继承概依遗产所在地法,则对于同一被继承人遗产的继承,因遗产位于不同国家就要适用不同国家的法律,这势必给法定继承准据法的确定带来困难,而且,这种做法也不符合日益频繁的国际交往的需要。正因如此,目前除乌拉圭等极少数国家以外,其他国家已不再采用继承概依遗产所在地法这一冲突原则。

2. 依被继承人属人法

遗产继承依被继承人属人法这一原则,是从古罗马法的"普遍继承"制度演变而来的。依古罗马法的观点,继承的本质是继承人在法律上取得被继承人的地位,其意义在于使死者的人格得以延续。正因为继承是以继承人与被继承人之间特定的身份关系为基础,所以,根据人的身份关系适用属人法这一传统原则,法定继承也应当适用被继承人的属人法。

目前,实行同一制的国家大多主张法定继承依被继承人属人法。但是,由于各国对属人法的理解不同,采用这一冲突原则的国家在立法上的具体规定又有所差别。有些国家规定法定继承依被继承人本国法,如德国、意大利、奥地利、荷兰、西班牙、波兰、瑞典、希腊、葡萄牙、日本、韩国等;有些国家则规定法定继承依被继承人住所地法,如瑞士、挪威、丹麦、冰岛、哥伦比亚以及大多数南美洲国家。

同一制在一些国际条约中也得到了支持和采纳。例如,《布斯塔曼特法典》第 144 条规定:法定继承和遗嘱继承,包括继承顺序、继承权利的数量和处分的内在效力,无论遗产的性质及其所在地,均受被继承人的属人法支配。至于"属人法"是指本国法还是指住所地法,该法典未作统一规定,而是将该问题留给各缔约国自行决定。1988 年缔结于海牙的《遗产继承法律适用公约》也采用了同一制。

(二)区别制

区别制又称为分割制,是指将继承中的遗产区分为动产和不动产,并分别确定动产继承和不动产继承的准据法,即动产继承依被继承人属人法,不动产继承依不动产所在地法。

早在 14 世纪,意大利后期注释法学派代表人物巴尔多(Bardus)就提出了对动产继承和不动产继承分别适用不同法律的学说,他把动产继承归入"人法"调整的范围,主张适用被继承人住所地法,而把不动产继承归入"物法"调整的范围,主张适用物之所在地法。这一学说在 16 世纪得到了法国学者杜摩兰的支持和推崇。目前,区别制已为许多国家所接受。英国、美国、法国、比利时、卢森堡、泰国以及一些英联邦国家在继承的法律适用问题上一般实行区别制。

实行区别制的国家,在其立法上均规定了"不动产继承依不动产所在地法"这一冲突原则。

但是，对“动产继承依被继承人属人法”这一原则，各国立法的具体规定却不完全一致。实行区别制的多数国家的规定是动产继承依被继承人死亡时的住所地法，但玻利维亚、保加利亚和卢森堡等少数国家规定动产继承依被继承人死亡时的本国法。

二、法定继承准据法的适用范围

根据各国立法和实践，法定继承的准据法主要用于解决下列问题的法律冲突。

（一）继承人的范围

哪些人属于继承人的范围，不同国家的规定存在很大的差异。许多私有制国家从私有财产神圣不可侵犯这一原则出发，为了使被继承人的财产不致因其死亡而外流、分散，都把继承人的范围规定得相当广泛。例如，《联邦德国民法典》第1924～1929条所规定的继承人范围是配偶、直系血亲卑亲属、父母及其直系血亲卑亲属、祖父母（外祖父母）及其直系血亲卑亲属、曾祖父母及其直系血亲卑亲属、高祖父母及其直系血亲卑亲属。这一规定，几乎把与死者有血亲关系的所有尚生存的人都纳入了法定继承人的范围。《法国民法典》规定的继承人范围除包括直系卑亲属和直系尊亲属外，还包括十二亲等以内的旁系血亲。但另一些国家对继承人范围的规定却比较狭窄。此外，在配偶、兄弟姐妹、养子女等能否作为法定继承人的问题上，各国的规定亦不尽相同。我国《民法典》第1127～1129条所规定的继承人范围仅包括配偶、子女、父母、兄弟姐妹、祖父母和外祖父母。如果丧偶儿媳对公婆或者丧偶女婿对岳父母尽了主要赡养义务的，亦可作为继承人。

在涉及不同国家法律的继承关系中，当继承人的范围问题存在法律冲突时，哪些人属于法定继承人的范围，应当依法定继承的准据法来确定。

（二）继承的顺序

继承的顺序，是决定哪些法定继承人有权取得被继承人遗产的重要因素之一。在继承顺序确定以后，只要前一顺序的继承人存在并具有继承权，后面顺序的继承人就不得继承遗产。各国立法通常是按照亲等远近或者生活上相互依赖的程度来确定继承顺序，但各国对继承顺序的划分，仍有很大的差异。例如，日本将继承分为三个顺序：直系卑亲属；直系尊亲属；兄弟姐妹及其代位人。日本未将配偶固定在某一顺序中，而是规定配偶可与任何一个顺序的继承人共同继承，只有当上述继承人均不存在时，配偶方可单独继承。瑞士规定了四个继承顺序：直系卑亲属；父母及其代位人；祖父母（外祖父母）及其代位人或继承人；曾祖父母。瑞士也未将配偶固定在某一顺序，而是规定配偶可以作为任何一个顺序的继承人。但我国《民法典》第1127、1129条只把继承分为两个顺序：配偶、子女、父母；兄弟姐妹、祖父母、外祖父母。丧偶儿媳对公婆或者丧偶女婿对岳父母尽了主要赡养义务的，可以作为第一顺序的继承人。

各国关于继承顺序的不同规定，很容易导致法律冲突的产生。对继承顺序的法律冲突，各国立法和实践以及有关的国际条约均主张依法定继承的准据法加以解决。

(三)应继份额

应继份额,是指同一顺序中的各共同继承人在继承遗产时所应取得的份额。各国法律对应继份额的规定很不一致。例如,《法国民法典》第745、746条对应继份额的规定基本上是采取平均原则,即继承人均为被继承人的一等直系卑亲属,且以自己的名义继承时,应依人数平均继承;继承人全部或者部分代位继承时,应依人数平均继承;死者无直系卑亲属,也无兄弟姐妹和兄弟姐妹的直系卑亲属时,遗产由父系尊血亲和母系尊血亲各分半数,亲等最近的尊血亲取得归属于该亲系的遗产并按人数平均分配。我国的规定有所不同。根据我国《民法典》第1130条的规定,同一顺序的继承人继承遗产的份额,一般应均等。但对生活有特殊困难又缺乏劳动能力的继承人,分配遗产时应予以照顾。对被继承人尽了主要扶养义务或与被继承人共同生活的继承人,分配遗产时可以多分。有扶养能力和有扶养条件的继承人,不尽扶养义务的,分配遗产时,应当不分或者少分。继承人协商同意的,也可以不均等。

在具有外国因素的继承关系中,各共同继承人究竟可以取得多少遗产份额,各国多数主张依法定继承的准据法决定。

(四)代位继承

代位继承,是指法定继承人先于被继承人死亡时,由死亡的继承人的直系卑亲属取代其地位参加继承的制度。大多数国家的立法中都规定有代位继承制度,但各国的具体规定不尽相同。例如,根据《法国民法典》第740条的规定,直系卑血亲都可以代位继承,并且没有代数的限制。但根据《日本民法典》第817、819条的规定,代位继承人除被继承人的直系卑亲属之外,兄弟姐妹的子女及其直系卑亲属也可以代位继承。日本还承认丧失继承权的继承人的直系卑亲属仍有继承权。我国《民法典》第1128条也规定有代位继承制度,即被继承人的子女先于被继承人死亡的,由被继承人的子女的直系晚辈血亲代位继承;被继承人的兄弟姐妹先于被继承人死亡的,由被继承人的兄弟姐妹的子女代位继承;代位继承人一般只能继承被代位继承人有权继承的遗产份额。

当法定继承因有关国家对代位继承的规定不同而产生法律冲突时,哪些人得享有代位继承权,应当依法定继承的准据法来确定。

(五)继承权的丧失

继承权的丧失,又称为继承权的剥夺,是指继承人因对被继承人或其他继承人犯有严重的不道德行为或违法行为,而被依法剥夺继承权。各国对此规定的差异,主要体现在继承权丧失的原因以及该丧失是否具有终局性这两个问题上。例如,《法国民法典》第727条规定,下列几种人没有资格继承:因杀害被继承人而被判刑者;控告被继承人应受死刑而该控告纯属诬陷者;成年的继承人明知被继承人被谋杀而不向司法机关告发者。法国还规定这种继承权的丧失是终局性的。《匈牙利民法典》第602条规定,下列几种人丧失继承权:谋害被继承人的人;

蓄意阻挠被继承人自由表达临终嘱咐、阻挠遗嘱的实现或企图实施上述行为之一的人;为了夺取遗产,在被继承人死后对根据法律或遗嘱召来的继承人施行谋害的人。不过,匈牙利规定这种继承权的丧失是非终局性的,如果被继承人或上述被害人对行为人表示了宽恕,则其仍可继承遗产。我国《民法典》对于继承权的丧失也作出了相应规定。

在有关国家对继承权的丧失有不同规定的情况下,某继承人是否丧失继承权或者其继承权丧失后能否恢复,亦应当依法定继承的准据法来确定。

(六)继承权的放弃

尽管各国继承法都允许继承人自由地放弃其继承权,但是,对放弃继承权所涉及的一些具体问题,各国的规定却存在差异。例如,《瑞士民法典》规定,允许继承人于继承开始前为承认继承或放弃继承的意思表示,并承认其法律效力。但另一些国家则主张,继承人只有在继承开始后才能作出放弃继承的意思表示。据此,尽管某继承人在被继承人死亡以前曾明确地作出过放弃继承的意思表示,但在被继承人死亡后没有重申这种意思表示的,他仍将被视为接受继承。

当继承权的放弃产生法律冲突时,有关放弃的意思表示及其效力等,都应当受到法定继承准据法的支配。

(七)继承权的恢复

继承权的恢复,是指合法继承人的继承权遭受侵害时,根据该继承人的请求,将其继承权恢复到继承开始时的状态。各国都有继承权恢复的规定,但在行使继承恢复请求权的时效问题上,各国规定有所不同。例如,《日本民法典》第884条规定,继承恢复请求权因继承人或其代理人知道继承权被侵害之事实时起,5年内不行使,则因时效而消灭;或自继承开始时起,经过20年消灭。

继承权能否恢复,直接关系到法定继承人的继承权能否实现,该问题发生法律冲突时,也应当依法定继承的准据法加以解决。

(八)遗产管理

在一些普通法系国家,遗产并不直接转移给继承人或受遗赠人,而是首先交由遗嘱指定的或由法院任命的遗产管理人,管理人负责对遗产的清算管理,在清偿死者债务和支付遗产税后,根据法定继承的规定或遗嘱向受益人分配被继承人的净额遗产。财产的管理包括为了保存财产而采取的一切事实上的和法律上的行为。它既包含了义务,即管理人收取死者的债权、将财产变现、清偿财务等,也包含了管理人为履行以上义务而需要的权利,如占有和处分财产的权利、订立契约从而使财产负担新的债务的权利等。遗产的管理一般按照管理地的法律决定,即由管理人获得其权力所根据的法律决定。[1]

在多数大陆法系国家,当有无继承人处于不明状态时,由法院选任遗产管理人,该管理人在管理清算债务,向受遗赠者转移财产的同时,寻找继承人。在日本,对于继承人不明的遗产的管理清算,通常被认为是属于继承中确定遗产以及继承人的一个环节,应该由继承准据法确定。但由于其中涉及公告的程序和期间等程序性事项,必要时法院地法可能对适用的继承准据法加以修正或调整。[2]

法定继承的准据法虽然原则上应当支配法定继承的有关事项,但在某些情况下,该准据法的适用范围也可能受到有关国家的限制。有些国家规定,如果本国公民根据本国法律有继承权,而依作为法定继承准据法的外国法律没有继承权时,法院仍然可以依本国法律的规定允许本国公民继承遗产,而并不依作为继承准据法的外国法律来决定本国公民有无继承权的问题。例如,根据1896年《德国民法施行法》的规定,死亡时在德国有住所的外国人,其遗产继承的准据法应当是该外国人的本国法,但德国人可依德国继承法的规定主张继承权。又如,根据法国法,法国人只要依法国法是继承人,即便其依作为继承准据法的外国法不是继承人,对位于法国境内的遗产,该法国人仍然可以从中优先取得依法国法应归他继承的份额。这些规定和做法表明,法定继承准据法的适用范围并非一成不变,对法定继承中的个别特殊问题,有关国家可能并不依法定继承的准据法加以解决。

三、我国关于法定继承法律适用的规定

1954年9月,经当时的政务院批准,外交部和最高人民法院就发布了《外国人在华遗产继承问题处理原则》。该原则规定:外国人在华土地,不属于外国人遗产的范围,其死亡后,任何人不得继承;外国人在华遗产中的动产,在互惠的原则下,可按被继承人国家的法律处理。对于不存在互惠关系的国家公民遗留在我国境内的遗产,原则上依我国法律处理。这是新中国最早的遗产继承法律适用规则。

1985年《继承法》(已失效)第36条对继承的法律适用曾作如下规定:“中国公民继承在中华人民共和国境外的遗产或者继承在中华人民共和国境内的外国人的遗产,动产适用被继承人住所地法律,不动产适用不动产所在地法律。外国人继承在中华人民共和国境内的遗产或者继承在中华人民共和国境外的中国公民的遗产,动产适用被继承人住所地法律,不动产适用不动产所在地法律。中华人民共和国与外国订有条约、协定的,按照条约、协定办理。”1986年《民法通则》(已失效)第149条也曾规定:“遗产的法定继承,动产适用被继承人死亡时住所地法律,不动产适用不动产所在地法律。”

《涉外民事关系法律适用法》第31条规定:“法定继承,适用被继承人死亡时经常居所地法律,但不动产法定继承,适用不动产所在地法律。”该条规定实际上延续了我国长期以来针对法

---

〔1〕 参见[德]马丁·沃尔夫:《国际私法》,李浩培、汤宗舜译,北京大学出版社2009年版,第665页。

〔2〕 参见韩德培主编:《国际私法新论》,武汉大学出版社1997年版,第354页。

定继承所采用的“区别制”法律适用模式，但在动产法定继承连结点的选择上，以被继承人死亡时的经常居所地代替了原先一直采用的住所地。《涉外民事关系法律适用法》第34条规定：“遗产管理等事项，适用遗产所在地法律。”该条规定采纳了“有利于涉外的遗产管理问题的解决”的观点，采用遗产所在地法。[3]

第二节 涉外遗嘱

自然人通过订立遗嘱处分其财产，不仅应当具备相应的行为能力，而且遗嘱的方式和内容必须合法，否则，遗嘱将不具有法律效力。

一、遗嘱的法律冲突

遗嘱是自然人生前对其财产进行处分并于死后发生法律效力的单方法律行为。遗嘱人通过遗嘱处分其财产，有两种基本情况：一种情况是通过遗嘱规定在其死亡后遗产由哪些法定继承人继承，或规定各法定继承人的继承份额。在这种情况下，法定继承人依照遗嘱的规定继承遗产，称为遗嘱继承。另一种情况是通过遗嘱规定在其死亡后将其财产的全部或一部分赠给国家或者法定继承人以外的个人或组织，即遗赠。

无论是遗嘱继承还是遗赠，都是通过遗嘱人订立遗嘱来实现的。由于各国立法对遗嘱能力、遗嘱的方式和遗嘱的内容规定存在差异，因而，当一项遗嘱涉及两个或者两个以上国家的法律时，该遗嘱便可能因为有关国家对下列问题的规定不同而发生法律冲突。

（一）遗嘱能力

遗嘱能力，是指自然人能够订立有效遗嘱的法律资格。各国虽然都将遗嘱人具有遗嘱能力作为遗嘱有效的条件之一，但各国立法对遗嘱能力的具体规定却存在很大的差异。

许多国家规定，只有具有完全行为能力的人才有遗嘱能力。例如，我国《民法典》第1143条第1款规定，无行为能力人或限制行为能力人所立的遗嘱无效。加拿大、美国、英国、保加利亚等国也有类似规定。不过，这些国家关于自然人完全行为能力的标准尤其是年龄标准并不相同。

另有一些国家将遗嘱能力视为一种特殊的行为能力，规定某些不具有完全行为能力的人也具有遗嘱能力，日本、德国、西班牙、法国、瑞士、比利时、奥地利等国即是如此。例如，日本规定满20岁为成年，但已满15岁的人就可以订立遗嘱；德国规定满18岁为成年，但年满16岁的人或暂时受监护的成年人，无须经过法定代理人的允许，得为遗嘱；西班牙规定满25岁的人才具有完全行为能力，但已满14岁的人便可以订立遗嘱。

---

[3] 参见中国国际私法学会编：《中华人民共和国国际私法示范法》，法律出版社2000年版，第174页。

(二)遗嘱方式

遗嘱是一种要式法律行为,非依法定方式不得成立。虽然各国立法对遗嘱的方式均有明文规定,但各国各自承认和采用的方式却有较大差异。例如,《法国民法典》第969~971条规定的遗嘱方式分为通常情况下的遗嘱和特殊情况下的遗嘱两类。通常情况下的遗嘱又分为自书遗嘱、公证遗嘱、密封遗嘱三种。特殊情况下的遗嘱则分为军人遗嘱、隔绝地遗嘱、海上遗嘱等。英美等国通常采用自书遗嘱、公证遗嘱和口授遗嘱三种形式。我国《民法典》第1134~1139条规定了六种遗嘱方式:自书遗嘱、代书遗嘱、打印遗嘱、录音录像遗嘱、在危急情况下的口头遗嘱以及公证遗嘱。

除了各国规定的遗嘱方式的种类存在差异以外,对于同一种遗嘱方式,各国的规定也不相同。例如,日本和中国都允许遗嘱人在危急情况下订立口头遗嘱,但两个国家对口头遗嘱的具体要求并不一样。日本规定,死亡危急的人订立口头遗嘱时应有三个以上的人在场,其中一人按遗嘱人口授笔录,到场的人签名盖章,并在20天内由家庭裁判所确认。而我国《民法典》第1138条规定,遗嘱人在危急情况下,可以立口头遗嘱。口头遗嘱应当有两个以上见证人在场见证。危急情况消除后,遗嘱人能够以书面或者录音录像形式立遗嘱的,所立的口头遗嘱无效。

(三)遗嘱的内容

遗嘱的实质内容主要是遗嘱人在遗嘱中对其财产进行处分的意思表示。各国立法虽然赋予了遗嘱人处分自己财产的权利,但同时又对遗嘱人处分其财产作了相应的限制。如果遗嘱的内容违反法律的限制性或禁止性规定,则遗嘱将全部或部分无效。

遗嘱人究竟可以在何种程度上自由处分其财产,各国具体规定并不相同。《法国民法典》第916条规定,无直系尊血亲和卑血亲时,处分人得以生前赠与或遗嘱处分其全部财产。第913、914条规定,在有直系尊血亲或直系卑血亲时,遗嘱人只能处分其部分财产:如遗嘱人死亡时遗有一个子女,则遗嘱人处分财产的比例不得超过其所有财产的半数;遗有两个子女时,遗嘱人处分其财产不得超过1/3;遗有子女三人以上时,遗嘱人处分其财产的比例不得超过1/4;父系和母系各有尊亲属一人或数人时,遗嘱人处分其财产不得超过半数;只有一系遗有尊亲属时,处分财产不得超过3/4。

英国在1938年以前是一个比较典型的奉行“遗嘱自由”的国家。正如英国学者托马斯在其所著的《国际私法》一书中所言:“英国国内法长期以来就承认任意处分自己财产的绝对自由……一个人可以把他的所有财产留给他的情妇,而对于妻室儿女道德上的义务完全不顾。”这种现象,直到1938年《英国继承法》和1952年修正该继承法的《英国无遗嘱条例》公布之后才有所改变。按照英国现行法律,被继承人的未亡配偶、未成年或无劳动能力的儿子以及未成年或未出嫁的女儿,有权取得一定数额的遗产。

我国允许自然人通过遗嘱处分其财产,但同时规定了必要的限制。根据《民法典》第1133、1141条的规定,自然人可以依法立遗嘱处分个人财产,并可以指定遗嘱执行人。自然人可以立遗嘱将个人财产指定由法定继承人中的一人或者数人继承,也可以立遗嘱将个人财产赠与国家、集体或者法定继承人以外的组织、个人,还可以依法设立遗嘱信托。但遗嘱应当为缺乏劳动能力又没有生活来源的继承人保留必要的遗产份额。

(四)遗嘱的变更和撤销

遗嘱是一种在遗嘱人死亡后才发生法律效力的单方法律行为。从遗嘱人订立遗嘱时起到其死亡为止这段期间,遗嘱人可随时依法变更遗嘱的部分内容或撤销其原来订立的遗嘱。不过,各国立法对变更或撤销遗嘱的方式的规定存在较大的差异。例如,《法国民法典》第1005条规定:“遗嘱,仅得以日后重订的遗嘱或在公证人面前作成证书以声明改变意志而全部或部分取消。”第1003条规定:“日后重订的遗嘱未明白取消以前的遗嘱时,以前的遗嘱中与新订的遗嘱相抵触或相反的条款无效。”《日本民法典》第1024条规定:“遗嘱人故意毁弃遗嘱时,毁弃部分视为撤销。遗嘱人故意毁弃遗赠标的物时,亦同。”《美国统一继承法典》规定的撤销和变更遗嘱的方式主要有两种:一是重新制作明确撤销前一遗嘱的全部或其中一部分的遗嘱,或者制作与前一遗嘱相矛盾的遗嘱;二是遗嘱人基于撤销遗嘱的目的,烧毁、撕毁、盖销、涂抹或消除遗嘱。我国《民法典》第1142条规定,遗嘱人可以撤回、变更自己所立的遗嘱。立遗嘱后,遗嘱人实施与遗嘱内容相反的民事法律行为的,视为对遗嘱相关内容的撤回。立有数份遗嘱,内容相抵触的,以最后的遗嘱为准。

二、遗嘱的法律适用

由于遗嘱能力、遗嘱方式、遗嘱的内容和效力等各自具有不同的性质,因此,在遗嘱的法律适用问题上,各国立法和有关的国际条约通常是对不同方面的问题分别规定不同的法律适用规则。

(一)遗嘱能力的法律适用

关于遗嘱能力的法律适用,国际上有同一制和区别制两种制度。

1. 遗嘱能力法律适用的同一制

这种制度是指对遗嘱处分的财产不作动产和不动产的区别,遗嘱能力概依遗嘱人的属人法。不少国家认为,从性质上讲,遗嘱人订立遗嘱的能力是一种特殊的行为能力,因而,遗嘱能力的法律冲突,应当依遗嘱人行为能力的准据法即遗嘱人的属人法加以解决。

遗嘱人订立遗嘱以后,往往要经过一段时间才死亡,在这段时间内,遗嘱人的住所和国籍都可能发生变更,因此,在适用遗嘱人的属人法时,有两个问题必须同时予以考虑:一是遗嘱人的属人法应当依其国籍还是依其住所来确定。二是遗嘱人的属人法是指其在什么时候的属人法。由于各国对这些问题的理解不同,因而在采用“遗嘱能力依遗嘱人属人法”这一冲突原则的国家中,其具体规定又存在一定差异。主要有以下几种规定:(1)依遗嘱人立遗嘱时的本国法。例如,《捷克斯洛伐克国际私法及国际民事诉讼法》第18条规定:“订立遗嘱和撤销遗嘱的能力、意思表示及意思表示瑕疵的效力,依意思表示时死者的本国法。”(2)依遗嘱人立遗嘱时或死亡时的本国法。例如,《奥地利联邦国际私法法规》(2009 年文本)第 30 条第 1 款曾规定:“立遗嘱的能力……依死者为该法律行为时的属人法;如该法不认为有效,而死者死亡时的属人法认为有效时,以后者为准。”该法规第 9 条第 1 款规定,自然人的属人法是指其所属国家的法律。(3)依遗嘱人立遗嘱时的住所地法。例如,1974 年《阿根廷国际私法草案》第 31 条规定:“成立、变更或撤销遗嘱的能力……依遗嘱人立遗嘱时的住所地法。新住所的取得,不得剥夺遗嘱人在原住所已取得的撤销遗嘱的能力。”(4)选择适用遗嘱人的住所地法、习惯居所地法或本国法。例如,《瑞士联邦国际私法》第 94 条规定:“如果一人在实施处分行为时根据其住所地法律、惯常居所地法律或其任何一个本国法律有处分能力,即可进行死因处分。”

2. 遗嘱能力法律适用的区别制

这种制度是指根据遗嘱处分的财产的性质,对处分动产的遗嘱能力和处分不动产的遗嘱能力分别适用不同的法律。鉴于单纯依属人法来确定遗嘱能力可能有违不动产所在国家的强制性规定,因此,英国、美国、法国等国家对遗嘱处分的财产作动产和不动产的区别,并主张处分动产的遗嘱能力适用遗嘱人的住所地法,处分不动产的遗嘱能力适用不动产所在地法。

(二)遗嘱方式的法律适用

遗嘱方式作为一种法律行为方式,其法律适用长期受到场所支配行为原则的影响。早在 14 世纪,法则区别说的奠基人巴托鲁斯就提出,遗嘱方式应依遗嘱订立地法。巴托鲁斯的这一主张,虽然至今对许多国家仍有影响,但随着时代的发展,遗嘱方式的法律适用规则已经出现了一些新的变化。综观当代各国立法和实践,遗嘱方式的法律适用亦有同一制和区别制两种不同的制度。

1. 遗嘱方式法律适用的同一制

这种制度是指无论动产和不动产,对遗嘱方式都适用相同的法律。采用同一制的国家主要有埃及、泰国、波兰、奥地利、意大利、塞内加尔、土耳其等。这些国家的立法大多规定遗嘱方式可以选择适用遗嘱人属人法或遗嘱订立地法。例如,《埃及民法典》第 17 条第 2 款规定:“遗嘱的形式由遗嘱人立遗嘱时的本国法或遗嘱成立地法规定。其他死亡遗赠的形式亦同。”《泰国国际私法》第 40 条规定:“遗嘱的方式,依遗嘱人本国法,或依遗嘱订立地法。”

2. 遗嘱方式法律适用的区别制

这种制度是指对处分动产的遗嘱方式和处分不动产的遗嘱方式分别适用不同的法律。英国、美国、日本、匈牙利等都是采用区别制来解决遗嘱方式的法律冲突问题。这些国家的规定通常是处分动产的遗嘱方式依遗嘱人属人法或遗嘱订立地法,处分不动产的遗嘱方式依不动产所在地法。

在英国,1861 年以前有两条关于遗嘱方式法律适用的规则:一条是处分不动产的遗嘱方式依不动产所在地法,另一条是处分动产的遗嘱方式依遗嘱人死亡时住所地法。按照后一规则,英国法院曾于 1857 年判决一个死亡时住所在法国的英国妇女生前依英国法规定的遗嘱方式所立下的遗嘱无效。该案判决后,在英国法学界引起了强烈反响。后来,英国根据国会议员金斯唐勋爵的提案,于1861年重新修订了有关英国臣民订立遗嘱的法律,通过了《金斯唐法》。根据该法律,处分不动产的遗嘱方式仍适用不动产所在地法,而处分动产的遗嘱方式的法律适用,则重新规定为:英国臣民在英国境内所立的遗嘱,其方式依遗嘱订立地法或遗嘱人死亡时住所地法;在英国境外所立遗嘱,其方式符合遗嘱订立地法,或者符合立遗嘱时遗嘱人住所地法,或者符合遗嘱人在英国的原始住所地法的,均为有效。显然,上述规定扩大了遗嘱方式准据法的范围。

日本关于遗嘱方式准据法的规定,也有一个变化的过程。《日本法例》原第26条规定:"关于遗嘱的方式,依行为地法。"但1964年日本公布的《关于遗嘱方式准据法的法令》对遗嘱方式的法律适用规则作了重大修改。该法令规定,遗嘱方式,符合下列法律之一的,即为有效:(1)行为地法;(2)遗嘱人立遗嘱时或死亡时的本国法;(3)遗嘱人立遗嘱时或死亡时的住所地法;(4)遗嘱人立遗嘱时或死亡时的惯常居所地法;(5)至于不动产遗嘱,依不动产所在地法。

总之,从遗嘱方式的法律适用规则来看,采用选择性冲突规范,扩大遗嘱方式准据法的范围,尽可能使遗嘱方式有效,已成为一种世界性的倾向。

(三)遗嘱内容和效力的法律适用

对于遗嘱的内容和效力所应适用的法律,各国的规定不完全一致。主要有以下几种主张。

1. 依遗嘱人的本国法

日本、波兰、捷克、奥地利等国采用这一冲突原则。由于遗嘱人立遗嘱时的国籍与死亡时的国籍可能不同,因此,究竟适用遗嘱人何时的本国法,有关国家又有不同的主张。有的国家主张适用遗嘱人立遗嘱时的本国法,如1999年修正的《日本法例》第27条规定:"遗嘱的成立及效力,依立遗嘱时遗嘱人本国法。撤销遗嘱,依撤销遗嘱时遗嘱人本国法。"《波兰国际私法》第35条、《捷克斯洛伐克国际私法及国际民事诉讼法》第18条亦有类似的规定。有的国家主张适用遗嘱人死亡时的本国法,如《埃及民法典》第17条规定:"继承遗嘱以及其他死亡遗赠,适用被继承人、遗嘱人或者遗赠人死亡时的本国法。"还有的国家主张选择适用遗嘱人立遗嘱时或死亡时的本国法,如《奥地利联邦国际私法法规》(2009年文本)第30条曾规定:"立遗嘱的能力和遗嘱、继承契约或抛弃继承的契约的有效性的其他要件,依被继承人实施该法律行为时的属人法。如该法不认为有效,而依被继承人死亡时的属人法为有效时,以后者为准。"

2. 依遗嘱人的住所地法

阿根廷、泰国等国家采用这一冲突原则。但采用这一冲突原则的国家,在适用遗嘱人何时的住所地法这一问题上,具体规定又有所不同,有的国家规定适用遗嘱人立遗嘱时的住所地法,有的国家则规定适用遗嘱人死亡时的住所地法。

3. 依遗产所在地法

少数拉丁美洲国家从继承权属物权范畴的观念出发,主张以物之所在地法作为遗嘱内容和效力的准据法。例如,1941年《乌拉圭国际私法》规定,对死者遗留的财产,完全按其死亡时财产所在地的法律规定行使法定继承权或遗嘱继承权。美洲国家于1940年在蒙得维的亚订立的《国际民法条约》第45条也规定,有关遗嘱的有效性及其效力、特留份的存在和份额、可以继承的资产的存在和份额等事项,受被继承人死亡时遗产所在地法支配。

4. 区别制

英国、美国、法国等主张对遗嘱处分的财产作动产和不动产的区别,并分别适用不同的法律,即对动产的处分,适用遗嘱人住所地法;对不动产的处分,适用不动产所在地法。当遗嘱人立遗嘱时的住所和死亡时的住所不一致时,处分动产的遗嘱应适用遗嘱人什么时候的住所地法,这些国家又有不同的规定。

关于遗嘱实质内容的法律适用问题,这里需要特别提到的是,有些国家的立法和有关国际公约允许遗嘱人在一定条件下自己指定遗嘱所适用的法律,即实行有限制的遗嘱人"意思自治"。例如,《瑞士联邦国际私法》第91条第1款规定:"最后住所在外国的人,其遗产继承适用其最后住所地国家的冲突法所指引的法律。"但该条第2款又规定:"在原籍地的瑞士法院或行政机关根据本法第87条规定有管辖权的范围内,最后住所在外国的瑞士被继承人的遗产继承适用瑞士法律,但被继承人在遗嘱或继承合同中明确表示保留适用其最后住所地法律的除外。"1988年海牙《遗产继承法律适用公约》也规定遗嘱人可以依符合遗嘱形式要件的方式指定应适用的法律来支配其遗嘱继承,但被指定的法律必须是遗嘱人死亡时的本国法或者惯常居所地国法律。

(四)遗嘱变更和撤销的法律适用

遗嘱的变更和撤销,主要涉及变更和撤销遗嘱的能力及变更和撤销遗嘱的方式两方面的问题。在许多国家,这两个方面的法律适用规则,与订立遗嘱能力和遗嘱方式的法律适用规则基本相同。例如,《葡萄牙民法典》第63条和第65条分别规定:"立遗嘱或变更、撤销遗嘱的能力,以及因遗嘱人年龄原因对遗嘱的方式提出的特殊要求,依遗嘱人立遗嘱时的属人法。""立遗嘱以及变更、撤销遗嘱的方式,只要符合立遗嘱时或死亡时的遗嘱地法,或符合当地冲突规范所指向的准据法的规定即可。"但也有一些国家的立法对遗嘱的变更和撤销的法律适用问题作了特殊的规定,如《泰国国际私法》第42条规定:"撤销全部或部分遗嘱,依撤销时的遗嘱人住所地法。"这一规则,与泰国关于遗嘱能力和遗嘱方式的法律适用的规定均不相同。[4]

长期以来,我国立法和司法解释中对遗嘱的法律适用问题未作出明文规定。在国际私法理论界,许多学者认为,对遗嘱的法律冲突,我国可按照以下原则加以解决:(1)遗嘱能力,依遗嘱人立遗嘱时的本国法或住所地法或惯常居所地法。若依此规定遗嘱人无遗嘱能力而依立遗嘱行为地法有遗嘱能力的,视为有遗嘱能力。(2)遗嘱的内容和效力,依遗嘱人明示选择的立遗嘱时或死亡时的本国法或住所地法或惯常居所地法。如果遗嘱人没有选择的,则依上述法

---

〔4〕《泰国国际私法》第39条和第40条分别规定:"遗嘱的能力,依立遗嘱时遗嘱人的本国法。""遗嘱的方式,依遗嘱人本国法,或依遗嘱地法。"

律中有利于遗嘱成立的国家或地区的法律。(3)遗嘱的方式,只要符合下列法律之一,即为有效:遗嘱人立遗嘱时的行为地法;遗嘱人立遗嘱时或死亡时的本国法、住所地法或惯常居所地法;涉及不动产的,依不动产所在地法。[5]

《涉外民事关系法律适用法》针对遗嘱方式和遗嘱效力分别作出了规定,弥补了立法空白。该法第32条规定:"遗嘱方式,符合遗嘱人立遗嘱时或者死亡时经常居所地法律、国籍国法律或者遗嘱行为地法律的,遗嘱均为成立。"该条规定通过选择性冲突规范的采用,体现了使遗嘱方式尽量有效的政策目标。《涉外民事关系法律适用法》第33条规定:"遗嘱效力,适用遗嘱人立遗嘱时或者死亡时经常居所地法律或者国籍国法律。"

第三节　涉外无人继承财产

无人继承财产又称绝产,是指继承开始后,在法定期限内无人接受继承并且无人受领遗赠的财产。对无人继承财产,虽然各国普遍采取的处理办法是收归国库,但是,当外国人死亡后遗留在内国的财产或者内国人死亡后遗留在外国的财产构成无人继承财产时,该无人继承财产应当由哪个国家取得,各国的立法和实践却存在差异。因这种差异而导致的无人继承财产处理的法律冲突,亦需要国际私法加以调整。

一、国家取得无人继承财产的依据

关于国家取得无人继承财产的根据,国际上主要有两种不同的主张。

(一)国家以继承人身份取得无人继承财产

这种主张,即所谓的继承权主义。最早提出这一主张的是19世纪德国著名学者萨维尼。萨维尼认为,国家和地方团体可被假定为最后的继承人,在发生财产无人继承并且无人接受遗赠的情况下,死者所属的国家可以特殊继承人的资格取得这一财产。目前,德国、意大利、瑞士、匈牙利等均持这一主张。例如,《德国民法典》第1936条规定:"如继承开始时死者无亲属或配偶存在,死者死亡时所属邦的国库即成为法定继承人。如死者是不属于任何邦的德国人,联邦国库就是法定继承人。"《瑞士民法典》第555条规定,主管官厅以适当方式公告后一年内无人申请继承,且继承人仍不详时,遗产归属于有继承资格的国家机关。

继承权主义的核心在于,有关的遗产并非"无人继承财产",只要国家存在,基于国家(主权者)与具有该国国籍的公民(臣民)之间的密切联系,任何本国公民的遗产永远有法定继承人,只不过国家的继承顺序被排在最后罢了。

---

[5] 参见中国国际私法学会编:《中华人民共和国国际私法示范法》,法律出版社2000年版,第140~144条。

(二)国家以先占的名义取得无人继承财产

这一主张,即所谓的先占权主义。法国学者魏斯在阐释先占权主张时指出,对于无人继承财产,为防止个人先占,引起社会紊乱和公共利益受到侵害,应由国家根据领土主权以先占权取得,即由遗产所在地国家取得无人继承财产。采用这一主张的国家有英国、美国、法国、日本、奥地利、土耳其、秘鲁等。例如,《法国民法典》第539条中规定:"一切无主或无继承人的财产,或继承人放弃继承的财产,均归国家所有。"1925年《英国遗产管理法》和1952年《英国未立遗嘱人遗产法》都规定,无人继承财产归国家所有,国家以先占权取得无人继承财产。《美国冲突法第二次重述》第266条规定:"在依法确定无人有权继承无遗嘱动产时,该项财产归管理州所有。"

关于先占权主义应当注意两点:首先,先占是民法上财产所有权原始取得的一种方式,在西方的法律制度中属私权范畴。但依照法国学者巴迪福尔的观点,无主财产(无人继承财产)所在地的国家(或地方政府)并非因私法上的权利,而是基于公权而取得该财产。他认为,法国国库的这种先占取得"系基于公安之观念而来,因为由外国取得处于法国之无主财产,有违公安"。其次,先占权主义会引起对无人继承财产归属问题的一种识别,即不把它视为"继承"问题,而是把它视为对无主财产所有权的一种原始取得方式。

二、无人继承财产归属的法律适用

对无人继承财产的处理,由于有的国家主张依继承权主义收归死者所属国的国库,有的国家主张依先占权主义收归财产所在地国的国库,因此,当外国人死亡后遗留在内国的财产或者内国人死亡后遗留在外国的财产构成无人继承财产时,该无人继承财产的归属,便可能因为有关国家的规定和实践不同而发生法律冲突。例如,一个住所在德国的德国人,在英国死亡时未留下遗嘱而在英国遗留一笔动产。根据英国的冲突规范,动产继承应适用死者住所地法,因而该动产继承应适用德国法。如果依德国法该德国人无法定继承人,该动产便属于无人继承财产。根据动产继承的准据法(德国法),该无人继承财产应由德国国库以最后继承人资格"继承取得";而依遗产所在地法(英国法),该无人继承财产,却应由英国国库以属地先占权"先占取得"。

对于无人继承财产归属的法律冲突的解决,目前只有少数国家在立法上作了明确规定。从有关国家的立法和司法实践来看,大致有以下两种不同主张。

(一)依死者本国法

采取继承权主义的国家,大都主张依死者本国法决定无人继承财产的归属,即如果死者本国法认为国家应以先占权取得无人继承财产的,该无人继承财产应收归财产所在地国的国库;如果死者本国法规定国家应以继承人身份取得无人继承财产的,该无人继承财产就收归死者所属国的国库。德国的审判实践便是如此。《布斯塔曼特法典》第157条也规定,在没有其他继承人时,如法律指定国家为继承人,“则应适用权利归属者的属人法”。

（二）依遗产所在地法

采取先占权主义的国家,通常是依财产所在地法决定无人继承财产的归属。《奥地利联邦国际私法法规》第29条曾规定,如依继承的准据法（被继承人死亡时的属人法）遗产无人继承,或将归于作为法定继承人的领土当局,则在该情况下,应以被继承人死亡时其财产所在地国家法律为准并取代前述法律。这一规定表明,奥地利是依财产所在地法来决定无人继承财产的归属。《土耳其国际私法和国际诉讼程序法》第20条第3款也规定:“位于土耳其境内的无人继承财产,归土耳其国库所有。”由于土耳其是以先占权取得无人继承财产,因此,将位于土耳其境内的无人继承财产收归土耳其国库,实际上也就是依财产所在地法决定无人继承财产的归属。在法国的司法实践中,对外国人死亡后遗留在法国境内的无人继承财产,也是抛开原来的继承关系准据法,而另行适用遗产所在地法（法国法）来决定该无人继承财产的归属,并最终由法国国库先占取得。

有些国家之间还通过签订国际条约的方式来解决无人继承财产的归属问题,如保加利亚和匈牙利《司法协助条约》第35条规定,缔约一方的公民死亡后遗留在缔约对方领土上的无人继承财产,动产归死者国籍所属的缔约一方所有,不动产归不动产所在地的缔约一方所有。

三、我国处理无人继承财产的国际私法规则

最高人民法院《关于贯彻执行〈中华人民共和国民法通则〉若干问题的意见（试行）》（已失效）第191条曾规定,在我国境内死亡的外国人,遗留在我国境内的财产如果无人继承又无人受遗赠的,依照我国法律处理,两国缔结或者参加的国际条约另有规定的除外。据此,我国处理外国人死亡后遗留在我国境内的无人继承财产应遵循两个原则:（1）有条约规定时,应按条约的规定处理,如根据1987年《中蒙领事条约》第29条的规定,缔约对方的公民死亡后遗留在我国境内的无人继承财产,动产部分应移交给缔约对方的领事处理。（2）无条约规定时,外国人死亡后遗留在我国境内的无人继承财产应依我国法律处理,即归我国国家所有,或归死者生前所在集体所有制组织所有。

《涉外民事关系法律适用法》第35条则规定:“无人继承遗产的归属,适用被继承人死亡时遗产所在地法律。”

第四节　关于继承的国际公约

自20世纪60年代以来,海牙国际私法会议先后制定了三个关于继承的国际公约:1961年《遗嘱处分方式法律适用公约》、1973年《遗产国际管理公约》和1988年《遗产继承法律适用公约》。现对这三个公约的内容分别予以简要介绍。

一、《遗嘱处分方式法律适用公约》

为了统一各国关于遗嘱方式的法律适用规则,海牙国际私法会议于1961年10月5日制定了《遗嘱处分方式法律适用公约》。该公约已于1964年1月生效,包括以下主要内容。

(一)遗嘱处分方式的准据法

《遗嘱处分方式法律适用公约》第1条规定,遗嘱处分的方式只要符合下列法律之一,即为有效:(1)遗嘱人立遗嘱时所在地法;(2)遗嘱人立遗嘱时或死亡时的本国法;(3)遗嘱人立遗嘱时或死亡时的住所地法;(4)遗嘱人立遗嘱时或其死亡时的惯常居所地法;(5)在涉及不动产时,不动产所在地法。此外,第3条还规定:"本公约不妨碍缔约国现有或将来制定的法律规则承认上述条款所指法律以外的法律所规定的遗嘱方式。"也就是说,缔约国还可以在其立法中规定以其他法律作为遗嘱处分方式的准据法。

《遗嘱处分方式法律适用公约》第1条同时规定了区际法律冲突的解决办法:当准据法所属国的法律制度不统一时,应适用的法律应由该国有效的规则(区际私法规则)确定,如果没有此类规则,则适用该国有关法律制度中与遗嘱人最有实际联系的法律。

(二)遗嘱处分方式准据法的适用范围

根据《遗嘱处分方式法律适用公约》第1条和第2条的规定,遗嘱处分方式的准据法,既适用于遗嘱处分的方式,也应适用于撤销遗嘱的方式。此外,第5条还规定了一个有关识别的条款:"在适用本公约时,任何以立遗嘱人的年龄、国籍或其他个人条件来限制被许可的遗嘱处分方式的法律条款,应视为属于方式问题。同一规则适用于遗嘱处分的有效性所要求的证人必须具有的资格问题。"据此,遗嘱人立遗嘱的能力、遗嘱有效性对证人资格的要求,同样受遗嘱方式准据法的支配。

(三)公共秩序保留

《遗嘱处分方式法律适用公约》第7条规定,依本公约应当适用的准据法,只有在其适用会明显地与公共政策相抵触时,才可以拒绝适用。

《遗嘱处分方式法律适用公约》在遗嘱方式法律适用问题上所持的宽松态度和做法,代表了当今世界各国遗嘱方式法律适用制度的发展趋势。该公约关于遗嘱方式准据法的规定,对许多国家的立法产生了很大影响,如1964年日本颁布的《关于遗嘱方式准据法的法令》,便作出了与该公约一致的规定。《瑞士联邦国际私法》第93条则规定,遗嘱的方式,适用1961年10月5日海牙《遗嘱处分方式法律适用公约》;其他的死因处分方式,类推适用该公约的规定。

二、《遗产国际管理公约》

对于被继承人遗产的管理,各国法律规定不完全相同。在普通法系国家,被继承人死亡后,一般是由被继承人生前指定或法院认许的遗产管理人出面收集死者遗产并对死者的债务和遗嘱进行清理,然后再将遗产在继承人之间进行分配。也就是说,在这些国家,被继承人死亡后,遗产并不立即归属于继承人,而是先归属于法院,再经遗产管理人分配给继承人。但在大陆法系国家,法院通常并不主动介入继承事务,被继承人死亡后,遗产直接归属于继承人。由于两大法系国家的遗产管理制度存在这样的差异,在遗产跨国管理中,普通法系国家法院指定的遗产管理人常不为大陆法系国家所承认。

为了在遗产跨国管理方面求得协调,海牙国际私法会议于 1973 年制定了《遗产国际管理公约》。该公约的主要内容是规定对遗产实行国际证书管理制度。

《遗产国际管理公约》规定了遗产管理国际证书的签发和承认问题。凡是由死者生前惯常居所地的缔约国主管机关依该公约所附格式和该国法律(或例外情况下依死者本国法)制作和签发的遗产管理国际证书,其他缔约国均应给予承认。被请求承认证书的缔约国主管机关,应依本国法律规定的简易程序对这种证书作出承认的决定,也可直接以公告方式予以承认。但是,如果证书是非正式的或未依该公约所附格式,或者死者在被请求国有惯常居所或具有被请求国的国籍的,被请求国对该证书可拒绝给予承认。

《遗产国际管理公约》规定了证书持有人(遗产管理人)的权限。证书持有人依据一定的法律,有权对死者遗留在各缔约国的所有遗产中的动产为有效的法律行为,并可以为这类遗产的利益从事相应的活动。《遗产国际管理公约》还允许将证书持有人的权限扩展到不动产,但对这种扩展,缔约国可自行决定在何种程度上给予承认。

《遗产国际管理公约》还规定,被请求国可以要求证书持有人在行使权利时服从地方当局的同样适用于其本国的遗产管理人的监督和管理,被请求国并可以占有在其领土内的财产以清偿债务。

三、《遗产继承法律适用公约》

海牙国际私法会议经过近 20 年的努力,于 1988 年在第 16 届会议上通过了《遗产继承法律适用公约》。该公约是海牙国际私法会议在统一继承法律适用规则方面取得的一项重大成果。

该公约只解决继承准据法的确定问题,但该公约不适用于遗嘱方式、遗嘱能力、夫妻财产制以及非依继承方式获得的财产权益,如属于数人所有的共有财产、退休金、保险合同以及类似问题。

《遗产继承法律适用公约》关于继承法律适用的规定,有以下几个主要特点:

第一,采用继承法律适用的同一制。该公约对死者的遗产未作动产和不动产的区分,而是将遗产当作一个整体,适用相同的准据法。

第二,采用多元连结因素确定继承准据法。该公约规定了被继承人惯常居所地、被继承人国籍国、与被继承人有最密切联系的国家等多种连结因素,并要求各缔约国根据《遗产继承法律适用公约》第 3 条规定的选择性冲突规则确定继承的准据法。

《遗产继承法律适用公约》第 3 条规定的冲突规则为:其一,继承适用被继承人死亡时惯常居所地国家的法律,如果被继承人具有该国国籍的。其二,继承也可以适用被继承人死亡时惯常居所地国家的法律,如果被继承人在临死前在该国居住过至少 5 年的期限。但是在特殊情况下,如果被继承人在死亡时与其本国有更密切的联系的,则适用其本国法律。其三,在其他情况下,继承适用被继承人死亡时的本国法。但如果被继承人在死亡时与其他国家有更密切联系的,则适用与其有更密切联系的国家的法律。

第三,采用了最密切联系原则和意思自治原则。《遗产继承法律适用公约》将最密切联系原则引入了继承领域,如根据《遗产继承法律适用公约》第 3 条的规定,尽管被继承人临死前在惯常居所地居住过 5 年以上的时间,但如果被继承人死亡时与其本国有更密切的联系的,则适用其本国法律;在应适用被继承人本国法的情况下,如果被继承人死亡时与其他国家有更密切联系的,则适用与其有更密切联系的国家的法律。

《遗产继承法律适用公约》还将意思自治原则引入了继承领域,允许被继承人生前选择适用于其遗产继承的法律。不过,《遗产继承法律适用公约》对被继承人选择法律作了严格限制:一是在选择法律的方式上,《遗产继承法律适用公约》要求必须是明示的,并且必须符合订立遗嘱的方式;二是被继承人选择的法律必须是其选择时或者死亡时的本国法或惯常居所地法;三是被继承人如果要撤销其所作出的法律选择,也必须符合撤销遗嘱的方式。

第四,允许转致和公共秩序保留。《遗产继承法律适用公约》第 4 条规定:依该公约规定的冲突规范所应适用的法律为非缔约国法律时,如果该非缔约国的冲突规范规定适用另一非缔约国的法律,而该另一非缔约国规定适用其本国法的,则适用该另一非缔约国的法律。这一规定表明,《遗产继承法律适用公约》允许各缔约国在确定继承准据法时采取转致的做法。《遗产继承法律适用公约》对待转致的这种态度,与海牙国际私法会议的传统态度截然不同,因为海牙国际私法会议以往通过的公约,对反致和转致几乎都持否定的态度。

《遗产继承法律适用公约》还允许各缔约国在继承法律适用方面实行公共秩序保留,第 18 条规定,如果依该公约指定适用的某项法律明显违反社会公共秩序的,缔约国可以拒绝适用该项法律。

此外,《遗产继承法律适用公约》还对继承协议的法律适用、区际和人际法律冲突的解决等问题作了规定。

思考题

一、选择题

1. 在下列事项中,不受 1988 年海牙《遗产继承法律适用公约》所确定的准据法调整的事项有(　　)。

A. 继承人应得的遗产份额　　B. 被继承人的遗嘱能力

C. 遗嘱方式的效力　　D. 继承权的剥夺和继承资格的取消

2. 从遗嘱方式的法律适用来看,近来各国立法的倾向是(　　)。

A. 严格依遗嘱订立地法　　　　B. 严格依遗嘱属人法

C. 严格依遗产所在地法　　　　D. 扩大遗嘱方式准据法的范围

二、简答题

1. 简述我国关于法定继承法律适用的规定。

2. 简述无人继承财产归属的法律适用。

三、论述题

试论我国现阶段关于继承法律适用的规定。

延伸阅读

1. 李浩培:《国际私法在遗产继承方面的几个新发展》,载《李浩培文选》,法律出版社 2000 年版。

2. 李双元:《国际私法(冲突法篇)》(修订版),武汉大学出版社 2001 年版。

3. [英]马丁・沃尔夫:《国际私法》,李浩培、汤宗舜译,北京大学出版社 2009 年版。

第十七章　国际民事诉讼

内容提示

通过学习本章，了解外国人在国际民事诉讼中的法律地位，了解国家在民事诉讼中享有司法豁免权的重要意义；掌握国际民事管辖权、国际司法协助、外国判决的承认和执行等重要制度的基本内容。

第一节　国际民事诉讼概述

一、国际民事诉讼与国际民事诉讼法

(一)概念

国际民事诉讼，是指涉外民事案件当事人向特定国家法院起诉，并由国家法院进行管辖并裁判的活动。在审理涉外民事案件的过程中，法院、当事人以及其他诉讼参与人进行涉外民事诉讼活动必须遵守专门程序。国际民事诉讼法，则是指规范国际民事诉讼程序的各种法律规则的总和。

就一国而言，其国际民事诉讼法主要调整的是具有涉外因素的民事案件的诉讼程序问题。这里关于涉外因素，通常包括以下几种情形：(1)诉讼主体一方或双方是外国人；(2)法院或其他权力机关(如公证机构)有责任适用外国法；(3)引用的证据具有国际因素；(4)诉讼程序涉及的是国际司法协助问题；(5)诉讼法律关系的对象是外国法院或其他机构的判决或裁决在内国的承认与执行等。最高人民法院《关于适用〈中华人民共和国民事诉讼法〉的解释》第520条规定了五种涉外民事案件，其标准与《涉外民事关系法律适用法》司法解释第1条的规定基本一致。

在民事诉讼中如果介入了国际因素，通常需要解决以下各个方面的问题：第一，内国法院或其他机构对案件有无管辖权，哪些案件属于内国法院的专属管辖权，哪些案件可由争议的双方当事人协议选择内国或外国法院管辖。第二，外国人在内国的民事诉讼地位问题，诸如起诉或应诉的能力、诉讼费用担保或免除、法律救助等，应依什么法律来确定。第三，国际民事诉讼中的域外送达、域外取证等司法协助问题。第四，外国法院判决和仲裁裁决的承认与执行问题。

（二）渊源

国际民事诉讼法的渊源可以分为国内法渊源和国际法渊源，其中，国内立法和判例是其主要渊源。

1. 国内立法

基于程序法的严格地域性，每一主权国家为了维护自己的司法主权和保障涉外民事诉讼活动的顺利进行，都必然要在其国内法中规定专门调整涉外民事诉讼活动的法律规范。综观各国法律，涉外民事诉讼程序规范或国际民事诉讼程序规范在国内立法中有以下几种表现形式：

（1）在国际私法或民事诉讼法中列入专编或专章，比较系统地规定涉外或国际民事诉讼程序规范。例如，1964 年《捷克斯洛伐克国际私法及国际民事诉讼法》、1982 年《土耳其国际私法和国际诉讼程序法》等，中国《民事诉讼法》第四编也就涉外民事诉讼程序中的一般原则、管辖、送达和期间、财产保全、仲裁以及司法协助等作了特别规定。

（2）将涉外或国际民事诉讼程序规范分散规定在国际私法的有关条款中。这当首推 1987 年《瑞士联邦国际私法》，该法规达 200 条之多，除了在第一章第一节规定了涉外民事案件的管辖原则外，在以后的各个章、节中还具体规定了各类涉外民事案件的管辖权、外国判决的承认与执行。瑞士的做法实际上是因袭了英美法系国家对冲突法内容的界定。按照英、美冲突法理论，是把冲突法体系分解为管辖权、法律适用和外国判决的承认与执行三个部分的。

（3）在个别单行法规中，就某个方面的问题规定涉外或国际民事诉讼程序规范。例如，1986 年颁布的《中华人民共和国外交特权与豁免条例》和 1990 年颁布的《中华人民共和国领事特权与豁免条例》，对外交人员和领事人员在人民法院进行民事诉讼时的地位、豁免权以及对豁免权的限制作了详细规定。1999 年颁布的《海事诉讼特别程序法》对涉外海事诉讼程序专门作了规定。

2. 国内判例

在英美法系国家，法官必须遵循先例，判例本身就是法的重要组成部分。在大陆法系国家，判例并非正式的法的渊源，仅属于间接渊源，但是，由于成文法本身的抽象性，或者过于模糊，或者不够具体，大陆法系国家的法官在审理案件的时候，也常常需要参考甚至在判决中直接引用判例。

3. 国际条约

自从 19 世纪中期开始，国际社会一直致力于通过缔结多边或双边国际条约以谋求在一定范围内的各国有关涉外民事诉讼法方面的统一，到目前为止，关于国际民事诉讼法统一的比较重要的条约包括：1954 年《海牙民事程序公约》、1965 年《海牙送达公约》、1970 年《海牙取证公约》、1971 年《海牙承认和执行外国民商事裁判公约》及其附加议定书、1980 年《海牙国际司法救助公约》、2005 年《选择法院协议公约》和 2019 年《承认与执行外国民商事判决公约》等，其中，中国分别于 1991 年、1997 年批准加入了上述《海牙送达公约》和《海牙取证公约》，并先后签署了《选择法院协议公约》和《承认与执行外国民商事判决公约》。

此外,我国目前跟法国、波兰、蒙古、比利时、罗马尼亚、意大利、西班牙、俄罗斯、土耳其、古巴、泰国、埃及、保加利亚、白俄罗斯、哈萨克斯坦、乌克兰、匈牙利、希腊、塞浦路斯、摩洛哥、吉尔吉斯斯坦、塔吉克斯坦、新加坡、乌兹别克斯坦、越南、老挝、突尼斯、立陶宛、阿根廷等多个国家签署了双边民事司法协助条约。

根据“条约必须信守”的国际法原则,我国《民事诉讼法》第267条还规定:“中华人民共和国缔结或者参加的国际条约同本法有不同规定的,适用该国际条约的规定,但中华人民共和国声明保留的条款除外。”

二、国际民事诉讼的基本原则

国际民事诉讼的基本原则,应该是作为国际民事诉讼程序具体规定或制度基础的、贯穿于国际民事诉讼程序的各个领域和环节的、并具有普遍的立法和司法指导意义的那些根本性的原则。一般认为,国际民事诉讼主要有以下基本原则。

(一)国家主权原则

这是国际公法中的首要原则,也是国际民事诉讼程序最根本的原则。主权原则要求在国际民事诉讼中保持国家享有独立而完整的司法管辖权。司法主权原则是国家主权原则在国际民事诉讼中的具体化,它主要表现在以下几个方面:(1)一国法院在遵循国际法的前提下所享有的对涉外民事案件的司法管辖权不容侵犯和剥夺。(2)除条约另有规定外,诉讼程序依法院地法。(3)一国法院审理涉外民事案件,均只使用内国通用的语言、文字进行诉讼活动。中国《民事诉讼法》第269条对此也作了明确规定。(4)主权国家及其财产享有不受他国法院管辖的特权与豁免。(5)非经内国法院承认,外国法院的判决不能在内国生效,更不能在内国强制执行。

(二)平等互惠原则

又称对等原则,指在本国公民和法人在外国享有某种民事诉讼权利的条件之下,给予外国公民和法人以同等的民事诉讼权利。如果该外国对本国公民和法人的民事诉讼权利予以限制,则本国对该外国公民和法人的民事诉讼权利作对等的限制。实行这项原则,既为了防止本国公民和法人在外国境内遭受歧视,又可防止外国公民和法人在本国境内享有特权。

(三)信守国际条约和参照国际惯例原则

一国法院在审理涉外民事案件时,应当尊重和信守国际条约的规定,即使其规定与内国法的规定不同亦是如此。只要国际惯例不危害本国主权和安全,不违背本国的公共秩序,本着增进国际交往的目的亦可考虑参照适用。

三、外国人的民事诉讼地位

外国人的民事诉讼地位是指外国人在内国进行民事诉讼享有诉讼权利和承担诉讼义务的状况。赋予外国人与本国人平等的民事诉讼地位,是现代国际民事诉讼上的一项重要原则,为国际条约和各国国内法所普遍采用和承认。外国人的民事诉讼地位跟外国人的实体民事法律地位一样,也经历了从排外到合理待遇等几个发展时期。当今,国际社会的普遍实践是给予外国人与内国人同等的民事诉讼地位,即实行国民待遇。

(一)外国人民事诉讼地位的国民待遇原则

世界各国对外国人的民事诉讼地位普遍采用国民待遇原则。它是指一国赋予在本国境内的外国人享有和本国公民同等的民事诉讼权利,承担同等的民事诉讼义务,这是调整外国人民事诉讼地位最普遍采用的一般原则。例如,1964 年《捷克斯洛伐克国际私法及国际民事诉讼法》第 48 条规定:“在诉讼过程中所有当事人享有平等地位。”我国《民事诉讼法》第 5 条第 1 款也规定:“外国人、无国籍人、外国企业和组织在人民法院起诉、应诉,同中华人民共和国公民、法人和其他组织有同等的诉讼权利义务。”

国民待遇原则也不是绝对的,各国的民事诉讼立法一般都在赋予内国的外国人享有国民待遇的同时也规定要以对等和互惠为条件,即要求其他国家赋予本国人同样的待遇,如果某国对外国人的诉讼权利进行某种限制,则其他国家也会根据对等的原则,对该国人的诉讼权利进行同样的限制。

(二)外国人的诉讼权利能力

外国人的诉讼权利能力,即外国人行使诉讼权利和承担诉讼义务的资格,是外国人作为原告提起诉讼或作为被告被诉的当事人资格。一般认为,外国人的诉讼权利能力,是外国人的民事权利能力在诉讼领域的自然延伸,然而,这又并非两个完全相同的概念:因为前者是一个诉讼法上的概念,而后者是一个实体法上的概念,有的时候一国尽管赋予某些外国人以民事实体权利能力,但却不同时赋予他们民事诉讼权利能力。解决外国人的民事诉讼权利能力问题所依据的准据法通常是外国人的属人法,这与解决外国人的民事权利能力有相似之处。这就不免会使不同国家的外国人之间的民事诉讼权利能力有所不同。

当今各国,一般会通过签订国际条约或者双边协定赋予外国人在民事诉讼地位方面以国民待遇,使外国人在内国进行国际民事诉讼时,享有与内国人同等的民事诉讼权利。例如,我国与法国签订的《关于民事、商事司法协助的协定》第 1 条第 1 款规定:“缔约一方的国民在缔约另一方领域内,享有与另一方国民同等的司法保护,有权在与另一方国民同等的条件下,在另一方法院进行民事、商事诉讼。”

(三)外国人的诉讼行为能力

外国人的诉讼行为能力,是指外国人以自己的行为行使诉讼权利和承担诉讼义务的能力。

通常外国人的民事诉讼行为能力跟其民事实体行为能力一样,是适用其属人法的。

为了维护民商事法律关系的稳定,保护善意的对方当事人,特别是本国国民的合法权益,各国在规定以属人法决定外国人民事诉讼行为能力为基本原则的同时,都以法院地法作为补充,如果依法院地法外国人具有民事诉讼行为能力,即视为有能力。例如,《德国民事诉讼法》第55条规定:“外国人,虽然依其本国法为无诉讼能力人,但依受诉法院的法律有诉讼能力时视为有诉讼能力。”

我国的《民事诉讼法》没有直接对外国人的民事诉讼权利能力和民事诉讼行为能力的法律适用问题作出明确的规定。《涉外民事关系法律适用法》关于主体权利能力和行为能力的规定,也应当及于外国人的民事诉讼行为能力。

(四)诉讼费用担保制度

诉讼费用担保,通常是指外国人或在内国未设有住所的人在内国法院提起民事诉讼时,应被告的请求或依内国法律的规定,为防止原告滥用其诉讼权利,或防止其败诉后不支付诉讼费用,而由内国法院责令原告提供的担保。对民商事案件征收一定的诉讼费用,乃是当今国际社会的通例。其立法理由则是认为民商事诉讼的直接目的是保护私人权益,理所当然应该收取一定费用以补偿胜诉的被告人在诉讼中的实际支出。当然,也有观点认为,不应使诉讼费用担保制度成为外国人行使诉讼权利的一种障碍,在实施诉讼费用担保制度的同时还要建立健全司法救助制度和通过国际合作缔结有关国际条约相互免除缔约国对方国民的诉讼费用担保。在这方面,1928年在古巴首都哈瓦那举行的有21个国家出席的第六届泛美会议上通过的《布斯达曼特法典》作了最早的有益尝试。1954年签订于海牙的《民事诉讼程序公约》和1980年的海牙《国际司法救助公约》都有这方面的规定。

对于诉讼费用担保问题,中国经历了从要求外国人提供担保到实行在互惠前提下互免担保的变迁过程。最高人民法院于1984年发布的《民事诉讼收费办法(试行)》(已失效)第14条第2款曾规定:“外国人、无国籍人、外国企业和组织在人民法院进行诉讼,应当对诉讼费用提供担保。”随着中国对外开放的全方位展开,对此问题,目前中国已经改为实行在互惠对等条件下的国民待遇原则。2007年《诉讼费用交纳办法》第5条明文规定:“外国人、无国籍人、外国企业或者组织在人民法院进行诉讼,适用本办法。外国法院对中华人民共和国公民、法人或者其他组织,与其本国公民、法人或者其他组织在诉讼费用交纳上实行差别对待的,按照对等原则处理。”

(五)诉讼代理制度

诉讼代理是指诉讼代理人基于法律的规定或法院的指定或当事人的委托以当事人的名义代为进行诉讼活动的行为。在国际民事诉讼中,诉讼代理可以分为法定代理、指定代理、委托代理、领事代理四种。由于法定代理和指定代理都是基于法律的明确规定或国家司法机关的指定而产生的,且各国在实践中又给予外国人以国民待遇,因此,这两种代理制度与国内民事诉讼中的法定代理和指定代理制度基本相同。但对国际民事诉讼中的委托代理和领事代理，不同国家往往有不同的规定和要求。

1. 委托代理

各国在立法及实践中，都允许参与国际民事诉讼的外国当事人委托律师代为参加诉讼。但是，各国又一般都规定外国当事人只能委托在内国执业的律师担任诉讼代理人。这主要基于以下考虑：(1)内国律师跟外国律师相比，更为精通内国的法律，从而能够更好地为当事人提供法律服务，使案件得到公正迅速的解决，以便更好地保护当事人的正当权益；(2)如果允许外国律师在内国法院以律师身份参与诉讼，等于变相允许外国律师干预内国司法，不利于保护内国的司法主权。在委托律师的基础上，对于当事人是否必须亲自出庭，各个国家规定也不尽相同。例如，法国、奥地利规定当事人必须聘请律师为诉讼代理人，当事人则不必亲自出庭；而英国、美国则规定无论当事人是否委托诉讼代理人，都必须亲自出庭。

我国《民事诉讼法》第270条规定："外国人、无国籍人、外国企业和组织在人民法院起诉、应诉，需要委托律师代理诉讼的，必须委托中华人民共和国的律师。"第271条规定："在中华人民共和国领域内没有住所的外国人、无国籍人、外国企业和组织委托中华人民共和国律师或者其他人代理诉讼，从中华人民共和国领域外寄交或者托交的授权委托书，应当经所在国公证机关证明，并经中华人民共和国驻该国使领馆认证，或者履行中华人民共和国与该所在国订立的有关条约中规定的证明手续后，才具有效力。"

2. 领事代理

所谓领事代理，是指一个国家的领事可以根据有关国家的诉讼立法和有关国际条约的规定，在其管辖范围内的驻在国法院依照职权代理派遣国国民或法人参与有关的诉讼，以保护派遣国国民或法人在驻在国的合法权益。领事代理有两个特点：第一，领事代理是领事的职务行为，无须当事人的委托；第二，领事代理具有临时性质，只要当事人指定了代理人或者亲自参加诉讼，领事代理即告终止。1963年《维也纳领事关系公约》就明确肯定了领事代理制度，中国作为《维也纳领事关系公约》的成员国，同美国、意大利、印度、波兰、匈牙利、朝鲜、蒙古、墨西哥、土耳其、罗马尼亚、古巴和老挝等数十个国家签订的双边领事条约中，就规定有领事代理条款。

第二节　国际民事诉讼管辖权

一、国际民事诉讼管辖权及其意义

国际民事管辖权是指一国法院受理涉外民事案件的权限范围。国际民事管辖权的核心问题是一个特定的涉外民事案件应由哪个国家的法院审理，或者说，哪个国家的法院有权对该特定的涉外民事案件进行管辖。至于涉外民事案件应由一国境内何地、何类、何级法院审理，则属于国内民事诉讼法所要解决的问题。

在国际民事诉讼中，管辖权问题具有十分重要的意义：

首先,对涉外民事案件行使管辖权,是国家主权的重要体现。根据国家主权原则,每一主权国家都具有属地管辖权和属人管辖权。根据属地管辖权,主权国家有权管辖在其领域内的一切人和物(包括外国人和外国人所有的物),以及在该国境内发生的一切行为;而所谓属人管辖权,则是指国家有权管辖在国外的本国公民。可见,国家对涉外民事案件行使管辖权是国家管辖权的一个具体表现,是国家主权在司法领域的必然延伸和表现。当今世界各国都很重视并争夺国际民事管辖权,不但规定对凡与本国有某种联系的涉外民事案件具有管辖权,而且还往往规定,即使案件跟本国没有联系,但如果争议双方当事人合意选择本国法院管辖的,本国法院也可以行使管辖权。

其次,国际民事管辖权的确定是进行国际民事诉讼程序的前提。只有先确定一国法院具有对某一涉外民事案件的管辖权之后,才能开始国际民事诉讼的其他程序,包括诉讼文书的域外送达、域外调查取证,尤其涉及判决的域外承认与执行。这是因为国际社会普遍认为,如果一国法院的民事判决需要得到外国的承认与执行,受案法院必须具有合法的管辖权。

最后,国际民事管辖权的确定,对涉外民事案件的最终审判结果有重大影响。法院在处理涉外民事案件时,通常都是依本国的国际私法规则来确定所应适用的实体法。由于各国的国际私法规则各不相同,因而同一个涉外民事案件如果由不同国家的法院行使管辖权,就会依不同的国际私法规则援引不同的实体法作为准据法,并据此对案件作出不同的判决。就此而言,管辖权的确定,也就决定了案件的最终处理结果。

正是由于国际民事管辖权具有以上重要意义,所以,国际上对国际民事管辖权的争夺一直十分激烈。一方面,不少国家总是希望尽量扩大本国法院的管辖权,并常以他国法院无管辖权为由拒绝履行他国法院的委托或拒绝承认和执行他国法院的判决。另一方面,涉外民事案件的当事人为了获得对自己有利的判决,也常常采取“挑选法院”的做法,向可能作出对其有利判决的法院提起诉讼。

二、确定国际民事诉讼管辖权的原则

由于国际民事诉讼管辖权的确定和行使直接涉及国家主权、国家利益以及当事人利益的保护,国际上还没有形成一种统一的国际民事案件管辖权制度。国际社会在这一问题上的普遍实践仍是由各国根据其确定和行使管辖权所追求的基本目的来确定内国法院对特定的国际民事案件是否具有管辖权。从各国立法和有关国际条约的规定看,国际民事管辖权通常是以案件同有关国家的特定联系为标准来确定。按照联系因素的不同,确定涉外民事案件管辖权的原则主要有以下几个。

(一)属地管辖原则

属地管辖原则,也称作地域管辖原则,主张以有关国际民事案件中的案件事实和当事人双方与有关国家的地域联系作为确定法院管辖权的标准。这是国家主权原则,特别是国家领土主权原则在国际民事案件管辖权问题上的具体体现。强调一国法院对其所属国领域内的一切人和物以及法律事件和行为具有管辖权限。从各国立法和实践看，属地管辖主要有以下几种情况：

第一，以被告住所地为标志确定管辖权。这是属地管辖原则中最常用的一种管辖制度。它源于各国民事诉讼法中“原告就被告”原则，即由原告向被告住所地法院起诉。这一管辖制度被英美法系国家以及苏联和东欧一些国家所采用。

需要指出的是，英美法系国家虽然也采用“原告就被告”原则，但英、美法院行使管辖权是以所谓“有效控制”为依据，即只要有关案件的被告在送达传票时处于内国境内，只要有关传票能有效地送达给被告人，内国法院就对该有关案件具有管辖权。至于该被告人国籍如何、住所或居所在何处、有关案件事实发生在哪里都无关紧要。

第二，以诉讼标的物或被告财产所在地为标志确定管辖权。由于以诉讼标的物所在地或被告财产所在地为标志确定并行使管辖权有利于法院判决的有效执行，所以各国普遍承认这一管辖制度。英美法系国家在对物诉讼中，只要有关财产处于内国境内或有关被告的住所处于内国境内，内国法院就对有关案件具有管辖权。

第三，以法律事实发生地为标志确定管辖权。法律事实包括行为和事件。在涉外契约纠纷案件中，各国普遍主张以合同的订立地或履行地为标志确定管辖权；在涉外侵权行为案件中，各国普遍主张以侵权行为地为标志确定管辖权。

（二）属人管辖原则

属人管辖原则主张以有关国际民事案件中的双方当事人与有关国家的法律联系作为确定法院国际管辖权的决定性标准，强调一国法院对其本国国民具有管辖权限。例如，法国就是以属人管辖原则作为确定国际民事案件管辖权的基本原则。在英国、美国等采取属地管辖权原则为主的国家也会采取属人管辖权原则作为补充。

（三）专属管辖原则

专属管辖是指根据国际条约和国内法的规定，对某些具有特别性质的涉外民事案件强制规定只能由特定国家的内国法院行使独占排他的管辖，而不承认任何其他国家的法院对此类涉外民事案件具有管辖权。

专属管辖案件的范围，一般由各国根据本国的具体情况自行决定。一般而言，世界各国均规定位于内国境内的关于不动产的纠纷，由不动产所在地国家的法院行使专属管辖权。此外，大陆法系国家通常还规定国家租赁、法人破产、涉及因内国登记而发生的诉讼和内国国民的身份关系的涉外民事案件，属于内国法院的专属管辖范围。

（四）协议管辖原则

协议管辖亦称合意管辖，它源于当事人“意思自治”原则，指的是双方当事人可以协议将他们之间可能发生或已经发生的纠纷交付给某国法院管辖和审理。协议管辖可分为明示协议管辖和默示协议管辖两类。明示协议管辖,是指当事人通过协议明确规定,他们之间的争议或如果发生争议,应由某个国家的法院来管辖。例如,最高人民法院《关于适用〈中华人民共和国民事诉讼法〉的解释》第 531 条第 1 款对此就作了规定。默示协议管辖,又称推定同意管辖,是指双方当事人没有订立选择管辖法院的协议也没有达成口头协议,只是当一方当事人在某一国法院提起诉讼时,另一方当事人对该国法院行使管辖权不表示异议,或者是应诉,或者在该国法院提起反诉,均表示当事人已默示同意受该国法院的管辖。

尽管国际社会普遍承认协议管辖,但并不意味着所有类型的涉外民事案件的当事人双方都可以通过协议选择管辖法院,而是存在诸多限制。主要包括:第一,协议管辖只适用于涉外合同和其他财产权益纠纷案件,而不适用于有关身份方面的案件;第二,协议管辖只限于选择一审法院,二审时当事人无权选择管辖法院;第三,当事人协议选择管辖法院不得违反有关国际条约和国内立法关于专属管辖的规定;第四,当事人协议选择的管辖法院应与案件有实际联系。

三、国际民事诉讼管辖权的冲突及其解决

(一)国际民事诉讼管辖权的冲突

由于各国确定国际民事管辖权的标准不同,因而在实践中可能发生国际民事管辖权的冲突问题。国家民事管辖权的冲突可表现为积极冲突和消极冲突两种情形。凡两个或两个以上国家的法院对同一涉外民事案件交叉或重复行使管辖权的,称为国际民事管辖权的积极冲突;凡对某一涉外民事案件各国均无管辖权的,称为国际民事管辖权的消极冲突。在国际民事诉讼中,常见的是管辖权的积极冲突,国际私法所要致力解决的也是管辖权的积极冲突。至于管辖权的消极冲突,各国通常是在国内立法中赋予法院一定的自由裁量权,由法院在方便当事人诉讼的情况下,例外地受理一些各国都无管辖权的案件。

国际民事管辖权的积极冲突,主要是因下列原因而引起:第一,各个国家采取不同的确立管辖权的原则和依据。英美法系国家主要依据“有效控制原则”,法国等国家主要从“属人管辖原则”出发,德国、日本等国家采取的主要是“属地主义”。第二,各国对于构成确定管辖权的原则或依据的事实理解不同。例如,法人的“住所”、侵权行为地等法律概念各国各执一端、标准不一,这种情况下管辖权的冲突就在所难免了。第三,各国对于专属管辖、协议管辖的范围规定的不同,也是导致管辖权冲突的一个主要原因。

(二)国际民事管辖权冲突的解决

同一案件由多个国家审理而形成的管辖权积极冲突,不仅危害了国际民事交往的合理秩序,也同时损害了参与对外交往的各国公民和法人的利益,国际社会迫切需要制定一整套合理、有效的关于国际民事诉讼管辖权的法律制度,为此,坚持国际协调原则成为解决国际民事管辖权冲突的有效途径。

为了解决管辖权冲突,世界各国和各个国际组织作出了大量的努力,缔结了一些国际条

约,以规范各缔约国法院行使国际民事案件管辖权的原则和依据。这些国际条约基于缔约国数量的不同可分为多边条约和双边条约;基于其内容上的差异可分为依照民商事案件的类别而制定的专门性管辖权国际公约和关于民商事案件管辖权的普遍性国际公约。

双边条约中以有关两国间司法互助协定加以规定为最常见,如中国与许多国家签订的司法协助条约均有此类规定。

多边条约中专门性的国际公约有1952年在布鲁塞尔签订的《关于船舶碰撞中民事管辖权若干规则的国际公约》、1958年在海牙签订的《国际有体动产买卖协议管辖权公约》、1965年在海牙签订的《收养管辖权、法律适用和判决承认公约》、1969年《国际油污损害民事责任公约》、欧盟理事会2000年《关于婚姻案件和亲子关系监护案件管辖权及判决承认与执行的法规》等。

目前有关国际民事案件管辖权的普遍性国际公约,由于多方面的原因难于缔结,为数较少。主要有1928年的《布斯达曼特法典》、1965年的《海牙协议选择法院公约》、1968年订于布鲁塞尔的《关于民商事管辖权及判决执行的公约》、1988年订于卢迦诺的《关于民商事管辖权及判决执行的公约》、1999年订于海牙的《关于民商事管辖权与外国判决执行公约(草案)》等。

四、我国关于国际民事诉讼管辖权的规定

我国法院确定国际民事诉讼管辖权的根据有两个方面:一是我国缔结或参加的国际条约关于管辖权的规定,二是我国国内立法或司法解释中关于涉外民事案件管辖权的规定,包括《民事诉讼法》和最高人民法院《关于适用〈中华人民共和国民事诉讼法〉的解释》。

(一)国内立法

1. 一般原则

同大多数国家一样,我国也是以被告住所地作为普通管辖的依据,采取原告就被告的做法。凡是涉外民商事案件中的被告的住所地在中国境内的,无论该被告是中国人还是外国人,中国法院都有管辖权。如果被告的住所地同经常居住地不一致,只要其经常居住地在中国境内,中国法院也有管辖权。以上所称被告包括自然人、法人或其他经济组织。但对不在中华人民共和国领域内居住的人及对下落不明或宣告失踪的人提起的关于身份关系的诉讼则可由原告住所地及原告经常居住地的中国法院管辖。

2. 管辖权

《民事诉讼法》第272条规定,因合同纠纷或者其他财产权益纠纷,对在中国境内没有住所的被告提起的诉讼,如果合同在中华人民共和国领域内签订或者履行,或者诉讼标的物在中华人民共和国领域内,或者被告在中华人民共和国领域内有可供扣押的财产,或者被告在中华人民共和国领域内设有代表机构,可以由合同签订地、合同履行地、诉讼标的物所在地、可供扣押财产所在地、侵权行为地或者代表机构住所地人民法院管辖。

3. 专属管辖

《民事诉讼法》第273条对专属管辖权作了明确的规定:“因在中华人民共和国履行中外合

资经营企业合同、中外合作经营企业合同、中外合作勘探开发自然资源合同发生纠纷提起的诉讼,由中华人民共和国人民法院管辖。”同时,根据该法第 34 条的规定,对位于我国境内的不动产纠纷提起的诉讼,在我国港口作业中发生的纠纷提起的诉讼,以及被继承人死亡时住所地或主要遗产所在地在我国的涉外继承案件,我国人民法院有专属管辖权。

4. 协议管辖

最高人民法院《关于适用〈中华人民共和国民事诉讼法〉的解释》第 529 条规定:“涉外合同或者其他财产权益纠纷的当事人,可以书面协议选择被告住所地、合同履行地、合同签订地、原告住所地、标的物所在地、侵权行为地等与争议有实际联系地点的外国法院管辖。根据民事诉讼法第三十四条和第二百七十三条规定,属于中华人民共和国法院专属管辖的案件,当事人不得协议选择外国法院管辖,但协议选择仲裁的除外。”该规定体现了当事人在选择管辖法院方面的意思自治原则。

5. 不方便法院规则

不方便法院规则,是指法院在受理某一涉外民事案件时,发现在本国法院受理该案对法院与当事人都不方便,并且又存在另一国法院可作为受理此案的替代法院,于是法院便以本院是非方便法院为由,拒绝行使管辖权,以避免平行诉讼的发生。最高人民法院《关于适用〈中华人民共和国民事诉讼〉的解释》第 530 条规定了不方便法院规则:“涉外民事案件同时符合下列情形的,人民法院可以裁定驳回原告的起诉,告知其向更方便的外国法院提起诉讼:(一)被告提出案件应由更方便外国法院管辖的请求,或者提出管辖异议;(二)当事人之间不存在选择中华人民共和国法院管辖的协议;(三)案件不属于中华人民共和国法院专属管辖;(四)案件不涉及中华人民共和国国家、公民、法人或者其他组织的利益;(五)案件争议的主要事实不是发生在中华人民共和国境内,且案件不适用中华人民共和国法律,人民法院审理案件在认定事实和适用法律方面存在重大困难;(六)外国法院对案件享有管辖权,且审理该案件更加方便。”

6. 国际商事法庭的管辖权

我国设立了最高人民法院审级和中级人民法院审级的国际商事法庭。根据最高人民法院《关于设立国际商事法庭若干问题的规定》第 2 条的规定,最高人民法院审级的国际商事法庭受理下列案件:“(一)当事人依照民事诉讼法第三十四条的规定协议选择最高人民法院管辖且标的额为人民币 3 亿元以上的第一审国际商事案件;(二)高级人民法院对其所管辖的第一审国际商事案件,认为需要由最高人民法院审理并获准许的;(三)在全国有重大影响的第一审国际商事案件;(四)依照本规定第十四条申请仲裁保全、申请撤销或者执行国际商事仲裁裁决的;(五)最高人民法院认为应当由国际商事法庭审理的其他国际商事案件。”

(二)国际条约

我国的立法和司法实践都一贯坚持国际条约优先的原则。依此原则,凡有关涉外民事诉讼管辖权的规定与我国缔结或参加的国际条约有不同规定的,应先适用国际条约的规定。

在我国缔结或参加的国际条约中,包含国际民事管辖权内容的国际公约,主要有 1953 年加入的《国际铁路货物联运协议》、1958 年加入的《统一国际航空运输某些规则的公约》、1980 年加入的《国际油污损害民事责任公约》等几个专门性的国际公约。

第三节　期间、诉讼时效和财产保全

一、国际民事诉讼中的期间

期间是指法律规定的或法院依职权决定的，法院、当事人或其他诉讼参与人为一定诉讼行为的期限。民事诉讼中的期间制度是法律为保护法院及时行使审判权，当事人及时行使诉讼权利、履行诉讼义务，在时间上的限制制度。期间可分为法定期间和指定期间。法定期间是指各国民事诉讼法直接规定的期间，不允许法院、当事人或其他诉讼参加人任意延长或缩短，因此又称为不变期间；指定期间是指法院依职权指定的进行某项诉讼行为的期间，指定期间的长短由法院根据案件的具体情况决定，因此又称为可变期间。

涉外民事诉讼中当然也涉及期间问题，不过由于涉外案件的当事人位于国外或某些诉讼行为需要在国外完成，为了保证当事人的权利，涉外民事诉讼的期间多长于国内民事诉讼的期间。

我国《民事诉讼法》就涉外民事诉讼的期间作了规定，主要有以下内容：

关于送达的期间。《民事诉讼法》第 274 条对邮寄送达和公告送达的期间作了规定。采用邮寄送达方式时，自邮寄之日起满 3 个月，送达回证没有退回，但根据各种情况足以认定已经送达的，期间届满之日视为送达；采用公告送达方式时，自公告之日起满 3 个月，即视为送达。

关于被告提交答辩状的期间。《民事诉讼法》第 275 条规定："被告在中华人民共和国领域内没有住所的，人民法院应当将起诉状副本送达被告，并通知被告在收到起诉状副本后三十日内提出答辩状。被告申请延期的，是否准许，由人民法院决定。"

关于上诉的期间。《民事诉讼法》第 276 条规定："在中华人民共和国领域内没有住所的当事人，不服第一审人民法院判决、裁定的，有权在判决书、裁定书送达之日起三十日内提起上诉。被上诉人在收到上诉状副本后，应当在三十日内提出答辩状。当事人不能在法定期间提起上诉或者提出答辩状，申请延期的，是否准许，由人民法院决定。"

关于法院审结案件的期间。由于审理涉外民事案件常常涉及一系列复杂的程序问题，且有关的环节的期间也较长，因此，《民事诉讼法》第 277 条规定，人民法院审理涉外民事案件的期间，不受审结国内民事案件的期间的限制。

二、国际民事诉讼中的诉讼时效

诉讼时效是指民事权利人请求法院依照审判和强制程序保护其合法权益而提起诉讼的法定有效期限。诉讼时效，在有些国家如德国、日本、波兰等，称为消灭时效。由于社会生活情况复杂多样，各国法院针对各种民事法律关系对时效长短的客观要求不同，通常都规定了一般诉讼时效、特殊诉讼时效、最长诉讼时效。各国法律对诉讼时效的规定是各不相同的。这些差异主要体现在诉讼时效的期间、中止或中断的事由等方面。因此,诉讼时效也涉及法律适用的问题。对于诉讼时效的准据法,各国的法律规定呈现出在国际私法领域少有的统一化趋势,即通常都规定诉讼时效适用该诉讼请求的准据法。例如,1987 年《瑞士联邦国际私法》第 148 条第 1 款规定:“适用于债权的法律,支配它的时效和消灭。”其他如匈牙利、波兰、德国等国也作了类似的规定。我国《涉外民事关系法律适用法》第 7 条也作了类似规定:“诉讼时效,适用相关涉外民事关系应当适用的法律。”

三、国际民事诉讼中的财产保全

财产保全是指法院在判决作出之前为保证将来判决的执行而应当事人的要求或者依职权对有关当事人的财产所采取的一种强制措施。涉外民事案件特别是国际经济贸易和海事、海商方面的案件,不仅事件发生突然,争议标的额大,而且有关财产的流动性也很强。在这些案件中,如不及时采取保全措施,法院日后作出的判决就可能难以实现。正因如此,在国际民事诉讼实践中,当事人申请法院采取财产保全措施的情况比较常见。

财产保全具有以下特点:第一,财产保全是一种强制措施,是应当事人申请或依职权由法院采取的措施。第二,财产保全是一项紧急措施,法院接受申请后,应当及时作出裁定,裁定采取财产保全措施的,应当立即开始执行。第三,财产保全是一项临时措施,并不是法院对案件的最终判决,对被申请人采取财产保全措施,并不意味着申请人一定胜诉而被申请人一定败诉。申请人败诉的,应当赔偿被申请人因财产保全所遭受的损失。

与诉讼有关的财产保全,包括诉讼中的财产保全(以下简称诉讼保全)和诉前财产保全两种情况。

根据有关国家的规定和实践,当事人申请法院采取诉讼保全措施时,法院可以责令申请人提供担保。申请人不提供担保的,法院可以驳回其申请。

关于财产保全的范围和方法,各国法律规定不尽相同,根据我国《民事诉讼法》的有关规定,国际民事诉讼中的财产保全,可以采取提供担保、查封、扣押、冻结或者法律规定的其他方法;在被申请人提供担保后人民法院应当解除财产保全;至于财产保全的范围则限于请求的范围,或者与该案有关的财物。

第四节　国际民商事司法协助

一、国际民商事司法协助概述

(一)国际民商事司法协助的含义

国际民商事司法协助是国家间进行涉外民事诉讼行为时有关国家机关相互提供司法帮助

的一项司法制度。它是指一国法院或其他机关应另一国法院或其他机关的请求，代为实施的某些民商事诉讼行为，如取证、文书送达以及承认与执行法院判决、仲裁机构裁决等。

基于国家主权，一国司法机关只能在本国领域内行使司法权。但是，一国司法机关在审理涉外案件中有时会发生向外国当事人送达或须在外国取证等情况。此时就需要各国在司法领域进行广泛的合作，以维护正常的国际交往的法律秩序，保护当事人的合法权益。

从民商事司法协助的范围及内容看有两种不同的主张，即所谓狭义的司法协助和广义的司法协助。狭义的司法协助是指国与国之间所发生的送达文书、代为询问当事人和证人以及收集证据等行为。1954 年《海牙民事程序公约》就规定司法协助是指文书的送达及缔约国之间的法院相互代为询问和履行其他诉讼行为。广义的司法协助除送达文书、收集证据以外，还包括向外国提供本国的民事、商事法律、法规的内容，外国法院判决和外国仲裁机构裁决的承认与执行等。在实践中我国采纳的是广义司法协助。

（二）司法协助的条件

司法协助通常是由受案国向另一国主管机关提出委托或请求而发生。按照国家主权平等原则，国家之间只能通过条约的形式确定相互提供司法协助的义务，或者在没有条约规定的情况下，以互惠关系为基础，相互提供司法协助。条约的规定和互惠关系的存在，既是国家之间进行司法协助的依据，也是国家之间进行司法协助的前提条件。

根据大多数国家的国内立法和有关国际条约的规定，在下列条件下，被请求国可以拒绝给予请求国司法协助：(1)对请求国的委托文件的真实性存有疑义；(2)根据被请求国法律规定，请求协助的事项不属于被请求国司法机关的职权范围；(3)请求协助的事项违反被请求国主权、安全或公共秩序；(4)请求协助的事项为被请求国法律所禁止。

根据我国立法规定，我国法院和外国法院之间可以依据条约或按互惠原则进行司法协助。外国法院请求我国法院提供司法协助时，其请求协助的事项不得有损于我国的主权、安全或者社会公共利益。如果外国法院请求我国法院采用特殊方式给予协助，其请求采用的特殊方式不得违反我国法律。此外，外国法院请求我国法院提供司法协助的请求书及其所附文件，还应当附有中文译本或者国际条约规定的其他文字文本。

（三）请求司法协助的途径

按照各国立法和有关国际条约的规定，一国法院向另一国请求司法协助时，应向被请求国主管机关提交委托请求书。

请求司法协助的途径，主要有以下三种：

第一，法院途径，是由请求国法院将委托请求书及有关文件直接寄交给被请求国主管机关。采用这种途径，须以条约为基础。

第二，外交途径，即请求国法院将委托请求书及有关文件交给本国外交部门，由本国外交部门交给被请求国的外交代表，再由被请求国的外交代表通过其外交部门转交给被请求国主管机关。

第三,领事途径,即请求国法院将委托请求书及有关文件送交本国驻被请求国的领事,由该领事转交被请求国主管机关。

二、诉讼文书的域外送达

域外送达,是指一国法院根据国际条约或本国法律或按照互惠原则将司法文书和司法外文书送交给居住在国外的诉讼当事人或其他诉讼参与人的行为。

司法文书的送达是一种很重要的司法行为。因为只有司法文书的合法送达,法院才能行使司法审判权。同时,许多诉讼期间也是以有关司法文书的送达而开始计算的。由于司法文书的送达体现国家的司法主权,因此而具有严格的属地性。一方面,一国的司法机关在未征得有关国家同意的情况下不能在该国境内向任何人(包括其本国国民)实施送达行为;另一方面,内国也不承认外国司法机关在没有法律规定和条约依据的情况下在内国所实施的送达。为此,各国一方面在其国内立法中对司法文书的域外送达和外国司法文书在内国的送达作了专门规定,另一方面订立了各种涉及域外送达的双边和多边条约,为各国提供了多种送达途径,逐步建立和完善了域外送达制度。

根据各国立法和有关国际条约的规定,诉讼文书域外送达的方式主要有以下几种:

第一,由指定的中央机关送达。由指定的中央机关送达是指按照条约的规定,将需要越境送达的诉讼文书递交给受送达人所在缔约国指定的中央机关,由该中央机关负责向受送达人送达。

第二,外交途径送达。外交途径送达是指法院将需要越境送达的诉讼文书交给本国外交部门,由本国外交部门转交给受送达人所在国的外交代表,再由该国外交代表通过其外交部门转送该国有关法院,由该国法院送达有关当事人。

第三,领事途径送达。领事途径送达是指由法院将需要越境送达的诉讼文书交给本国驻受送达人所在国的领事,然后由领事送交给受送达人。这一途径较外交途径方便易行,但通常以存在领事条约为前提。

第四,法院途径送达。法院途径送达是指由一国法院直接将诉讼文书寄交给另一国法院,再由该另一国法院依其国内法的规定将诉讼文书转交给有关当事人。这种送达方式须以国家间的司法协助条约为基础。

第五,直接送达。直接送达方式是指法院将诉讼文书直接邮寄给居住在国外的受送达人,或者通过受送达人的诉讼代理人代为送达。采用这种方式,通常以受送达人所在国法律许可为前提条件。

第六,公告送达。公告送达是采用登报、广播或张贴公告的方式送达诉讼文书。对于公告送达方式,各国大都有严格的限制,通常是在采用其他方式无法送达时,才采用这种送达方式。

我国《民事诉讼法》以及最高人民法院的相关司法解释,还有我国与外国签订的双边司法协助条约,都对文书送达问题作出了规定。我国向外国送达文书的主要途径有外交或领事途径送达、直接送达、公告送达，并明确和详细地规定了送达的期间和应注意的事项。至于外国法院向我国送达诉讼文书的方式，1986 年最高人民法院、外交部、司法部发布了《关于我国法院和外国法院通过外交途径相互委托送达法律文书若干问题的通知》，而后我国于 1992 年加入了 1965 年海牙《关于向国外送达民事或商事司法文书和司法外文书公约》，根据上述有关规定，外国向我国送达诉讼文书的途径主要是外交途径、领事途径和中央机关途径。

三、域外调查取证

域外调查取证，是指一国司法机关请求外国主管机关代为收集、提取在该国境内的与案件有关的证据，或者受诉法院国有关机关直接提取有关案件所需的证据。

根据现行条约和各国的国内立法，域外调查取证主要有以下几种方式：

第一，委托外国法院调查取证。委托外国法院调查取证是司法协助的一项重要内容，也是当今各国普遍采用的一种域外取证方式。它的实施通常须以两国缔结或共同参加的国际条约为依据。我国与有关国家签订的司法协助协定中就规定有相互委托调查取证的内容。

第二，领事调查取证。领事调查取证是领事的职责之一。目前，除丹麦和葡萄牙等少数国家反对这种方式外，大多数国家承认这种方式。但这种取证方式必须具备以下条件：一是须以国家间的条约或互惠关系为条件；二是此种行为不得违反领事驻在国的法律；三是只能适用于向领事所属国的国民取证，且不得采取强制措施。

第三，特派员取证。特派员亦称专员，是经受案法院授权，代表该法院在国外调查取证的人员。特派员取证制度早期主要为英、美等国所采用，但目前这一取证方式已为 1970 年《海牙取证公约》所确认。

四、外国法院判决的承认和执行

（一）外国法院判决的承认和执行的含义

承认和执行外国法院判决指一国法院依据其内国立法或有关的国际条约承认有关外国法院的民商事判决在内国的域外效力，并在必要时依法予以强制执行。

根据国家主权原则，一国法院对涉外民事案件所作出的判决，只能在该国领域内有效，而在该国领域之外并不当然具有法律效力。然而，出于保护和发展正常国际民事交往的需要，国家之间也往往在互惠的前提下互相承认和执行对方国家法院的判决。

外国法院判决的承认和执行，包括承认外国法院判决和执行外国法院判决两方面的内容。一般而言，承认外国法院判决是执行外国法院判决的先决条件，如果没有对外国法院判决的承认，执行也就失去了基础；执行外国法院判决是承认外国法院判决的结果。当然，承认外国法院判决也并非一定导致执行判决，因为有的判决只需承认而无须执行，这种情形主要是指那些对个人身份和能力方面的判决，以及对财产方面的确认判决。

在某些国家，只需承认而无需执行的外国法院判决的效力是自动产生的，而不一定要经过法院承认的程序。例如在法国，外国法院作出的允许离婚的判决无须承认即可产生以下效力：

解除双方的婚姻关系；允许当事人在法国再婚；防止被指控犯有重婚罪而受到刑事追诉。一些国际条约也持这样的态度。例如1968年欧洲经济共同体《关于民商事件管辖权及判决执行的公约》第26条规定："一个缔约国所作的判决，其他缔约国应予承认，而无需任何特殊手续。"但是，此种未经内国法院承认的外国法院判决的效力是暂时的，即使是在主张"自动生效"的国家中，任何一方当事人都可以随时请求法院进行审查而将此种判决的暂时效力予以撤销。

我国法律没有规定只需承认的外国法院判决能否在我国自动生效的问题。1991年最高人民法院发布、2020年修正的《关于中国公民申请承认外国法院离婚判决程序问题的规定》第20条规定："当事人之间的婚姻虽经外国法院判决，但未向人民法院申请承认的，不妨碍当事人一方另行向人民法院提出离婚诉讼。"该规定虽然是针对外国法院就一方是中国公民的离婚判决而言，但推而广之，似应理解为外国法院判决只有经过我国法院承认，才能在我国产生法律效力，而不是自动在我国发生效力。

（二）承认和执行外国法院判决的条件

由于承认和执行外国法院判决常常涉及当事人和有关国家的重大利益，因此，任何一个国家都不会无条件地承认和执行外国法院的判决。一般来说，外国法院的判决要在内国得到承认和执行，必须符合下述两个方面的条件：(1)内、外国之间存在互相承认和执行对方法院判决的条约或者互惠关系。(2)外国法院的判决不属于内国应拒绝予以承认和执行的情形。

由于承认与执行外国法院判决关系到本国主权利益，所以各国对此都很谨慎，各自立法冲突在所难免，为了弥合矛盾和分歧，各国缔结了大量的双边条约和国际公约，对此加以统一规定。在这方面的国际公约主要有：1958年《抚养儿童义务判决的承认和执行公约》、1968年《关于民事商事案件管辖权及判决执行的公约》、1971年《民商事案件外国法院判决的承认和执行公约》及其附加议定书等。

根据多数国家的立法和有关国际条约的规定，遇有下列情形之一时，内国对外国法院的判决通常拒绝予以承认和执行：(1)作出判决的法院对该案件无管辖权；(2)判决是以欺骗方法取得的；(3)被要求执行的当事人未得到合理的机会行使自己的辩护权；(4)判决尚未发生法律效力或已失效；(5)对同一案件，执行地国法院已作出判决并已生效，或第三国法院作出的判决已被执行地国法院承认或执行；(6)判决带有惩罚性质；(7)判决违反执行地国的公共秩序；(8)外国法院没有适用内国冲突法规定的准据法。

（三）承认和执行外国法院判决的程序

1. 请求的提出

对于由谁来提出申请，各国法律的规定各不相同。有的国家规定只能由当事人提出，有的则规定只能由原判法院提出，也有的国家规定当事人或原判法院均可提出。依中国《民事诉讼法》第287条和第288条的规定，既可由当事人直接提出，也可按双方缔结或参加的条约办理。

2. 对外国判决的审查

对请求承认与执行的外国法院判决的审查,国际上有实质性审查和形式性审查两种不同的方式。所谓实质性审查,是指对申请承认与执行的外国判决,从法律和事实两个方面进行充分的审核,只要审核国认为该判决认定事实或适用法律是不适当的,它就有权根据本国的法律部分变更或全部推翻或不予执行。所谓形式审查,则是指实行审查的国家不对原判决的事实和法律进行审查,它仅审查外国的判决是否符合本国法律规定的承认和执行外国判决的条件,不对案件判决的实质作任何变动,不改变原判决的结论。

在承认和执行外国法院判决方面,目前普遍的实践是不对外国判决做实质审查,而仅就以上提到的是否有阻碍承认和执行的情况存在进行审查,如认为该判决合法有效且符合执行的其他条件,便可以予以承认并按被请求国法所规定的执行程序交付执行。

3. 承认与执行外国判决的效力

外国法院判决如果得到内国法院承认或决定可予执行,该外国法院判决即具有内国法院判决同等的效力,该外国的当事人之间的权利义务关系在内国得以肯定,如果被执行人拒绝履行该外国判决所确认的义务,另一方当事人即有权请求内国法院强制执行。

(四)我国关于相互承认和执行法院判决的规定

我国《民事诉讼法》第 287 条就我国法院的判决在外国的承认与执行问题作了规定。该条第 1 款规定:"人民法院作出的发生法律效力的判决、裁定,如果被执行人或者其财产不在中华人民共和国领域内,当事人请求执行的,可以由当事人直接向有管辖权的外国法院申请承认和执行,也可以由人民法院依照中华人民共和国缔结或者参加的国际条约的规定,或者按照互惠原则,请求外国法院承认和执行。"

《民事诉讼法》第 288、289 条又对我国法院承认和执行外国法院判决的问题作了规定:外国法院作出的发生法律效力的判决、裁定,需要我国法院承认和执行的,可以由当事人直接向我国有管辖权的中级人民法院申请承认和执行,也可以由外国法院依照该国与我国缔结或者参加的国际条约的规定,或者按照互惠原则,请求人民法院承认和执行。我国法院在接到有关承认和执行外国法院判决、裁定的申请或请求后,应依我国缔结或参加的国际条约或者按互惠原则进行审查。经审查后认为不违反我国法律的基本原则或者国家主权、安全、社会公共利益的,以裁定方式承认其效力,需要执行的,发出执行令,依照《民事诉讼法》第三编"执行程序"的规定予以执行。如果外国法院的判决、裁定违反我国法律的基本原则或者国家主权、安全、社会公共利益的,不予承认和执行。

此外,中国与外国缔结的双边司法协助条约,大部分都规定了相互承认和执行缔约对方法院判决的条款,其内容主要包括承认和执行判决的范围及条件、请求承认和执行时应附具的文件、承认和执行的程序及效力等。

思考题

一、选择题

1. 我国积极缔结有关国际民事诉讼的国际公约,于1991年批准加入(　　)。

A.《关于向国外送达民事或商事司法文书和司法外文书公约》

B.《民商事件国外调取证据公约》

C.《民事诉讼程序法院公约》

D.《协议选择法院公约》

2. 国际上确定涉外民事案件管辖权的原则主要有(　　)。

A. 属地管辖原则　　B. 属人管辖原则

C. 专属管辖原则　　D. 协议管辖原则

E. 选择管辖原则

二、简答题

简述司法协助的概念和条件。

三、论述题

结合国际上的普遍实践,论述我国在相互承认执行法院判决方面的重要规定。

延伸阅读

1. 刘仁山:《国际民商事判决承认与执行中的司法礼让原则——对英国与加拿大相关理论及实践的考察》,载《中国法学》2010年第5期。

2. 焦燕:《涉外民事诉讼的被告财产管辖权:比较法之考察》,载《环球法律评论》2011年第2期。

3. 江伟、姜启波主编:《新民事诉讼法精解与适用指引》,人民法院出版社2012年版。

4. 李旺:《国际民事诉讼法》,清华大学出版社2011年版。

5. 何其生:《比较法视野下的国际民事诉讼》,高等教育出版社2015年版。

6. 李双元、谢石松、欧福永:《国际民事诉讼法概论》,武汉大学出版社2016年版。

第十八章　国际商事仲裁

内容提示

国际商事仲裁作为一种争议解决的方式,具有“国际性”和“商事性”的特点。当事人为将争议提交仲裁而签订的仲裁协议,是仲裁机构受案与仲裁庭作出仲裁裁决的法定根据,具有排除法院司法管辖的效力。1958 年《纽约公约》极大地提升了国际商事仲裁裁决的国际流通性,国家间还可根据国际条约或者按照互惠原则相互承认和执行对方国家的仲裁裁决。本章分别就国际商事仲裁概述、国际商事仲裁机构、国际商事仲裁协议、国际商事仲裁程序、国际商事仲裁中的法律适用与外国仲裁裁决的承认和执行进行了系统阐述。

第一节　国际商事仲裁概述

一、国际商事仲裁的含义和特点

(一)国际商事仲裁的含义

国际商事仲裁,是指仲裁机构根据双方当事人达成的仲裁协议,对当事人提交的国际商事争议进行审理并作出具有拘束力的裁决的争议解决方式。

对于国际商事仲裁的“国际性”和“商事性”,各国立法、有关的国际条约以及国际商事仲裁机构的仲裁规则通常倾向于作广义的解释。例如,2006 年修订的联合国国际贸易法委员会《国际商事仲裁示范法》第 1 条第 3 款规定:“有下列情形之一的,仲裁为国际仲裁:(a)仲裁协议的各方当事人在缔结协议时,其营业地点位于不同的国家;或(b)下列地点之一位于各方当事人营业地点所在国以外:(i)仲裁协议中确定的或根据仲裁协议而确定的仲裁地点;(ii)履行商事关系的大部分义务的任何地点或与争议事项关系最密切的地点;或(c)各方当事人明确同意,仲裁协议的标的与一个以上的国家有关。”该法还指出,“‘商事’一词应作广义解释,使其包括无论是契约性还是非契约性的一切商事性质的关系所引起的事项。商事性质的关系包括但不限于下列交易:供应或交换货物或服务的任何贸易交易;销售协议;商事代表或代理;保理;租赁,建造工厂;咨询;工程;使用许可;投资;筹资;银行;保险;开发协议或特许;合营和其他形式的工业或商业合作;空中、海上、铁路或公路的客货载运。”

(二)国际商事仲裁的特点

第一,仲裁机构的民间性。执行国际商事仲裁职能的仲裁机构,一般是民间性机构而非国家司法机关。根据大多数国家的立法,国际商事仲裁机构虽然可以对当事人提交的争议进行审理并作出裁决,但不能行使国家司法机关的某些职权,如无权对当事人采取强制措施、无权强制执行仲裁裁决等。

第二,管辖的非强制性。国际商事仲裁机构只能根据双方当事人达成的仲裁协议受理案件,其管辖权来自当事人的协议授权,而非出自法律的强制性规定。当事人未协议选择某仲裁机构解决其争议时,该仲裁机构无权受理有关的争议。

第三,高度的自治性。在国际商事仲裁中,双方当事人享有较充分的意思自治权。他们可以约定将哪些争议交付仲裁,还可以协议选择仲裁机构、仲裁员、仲裁地点、仲裁应适用的程序以及解决争议应当适用的实体法。

第四,解决争议的快捷性和灵活性。国际商事仲裁通常实行一裁终局制,仲裁裁决一经作出,即对双方当事人发生法律拘束力,当事人不得就仲裁裁决中确定的事项重提是非,其他机构也不得变更仲裁裁决。一裁终局的仲裁制度,排除了当事人提起上诉的可能,与国际民事诉讼相比,大大缩短了解决争议的时间。此外,仲裁,尤其是临时仲裁,不需严格遵守程序法的规定。仲裁过程中,可以进行调解,也可以支持双方当事人自行和解,具有显著的灵活性。

第五,保密性。为了保护当事人的商业秘密,仲裁庭审理案件原则上不公开进行。同时,仲裁机构、仲裁员和案件的当事人对仲裁案件也负有保密的责任。这与原则上公开审理案件的诉讼程序,明显不同。

第六,仲裁裁决的可执行性。仲裁机构虽是民间性质的机构,但各国法律与有关的国际条约一般都赋予仲裁裁决强制执行的法律效力。一方当事人不自觉履行仲裁裁决时,另一方当事人可以依执行地国家的法律规定申请强制执行。

二、国际商事仲裁的历史发展

仲裁这一解决纠纷的方式具有悠久的历史。据《十二铜表法》记载,古罗马时期就已经出现由德高望重者对贸易纠纷进行仲裁的做法。不过,由于当时尚无仲裁立法,法律意义上的仲裁制度还未形成。

仲裁真正成为一项法律制度,始于中世纪。英国在 1347 年的一部年鉴中就有了关于仲裁的记载。14 世纪中叶,瑞典的某些地方性法规承认了仲裁这一方式的合法性。16 ~ 17 世纪,一些从事对外贸易的公司(如当时英国的东印度公司)在其章程中规定了以仲裁方式解决公司成员之间争议的条款。在正式立法方面,英国议会于 1697 年正式承认了仲裁制度,由此产生了第一个仲裁法案,并于 1889 年制定了仲裁法。瑞典则于 1887 年正式制定了关于仲裁的法律。此后,其他国家相继通过立法的方式,承认和确立了仲裁制度。

20 世纪以后,随着国际经济贸易的迅速发展,国际商事纠纷不仅数量趋升,而且涉及的领域更加广泛,情况也更加复杂。为及时、灵活地解决国际商事纠纷,仲裁制度受到了各国的普遍重视。许多国家陆续制定和修改了有关国际商事仲裁的法律规范,并设立常设仲裁机构,专司仲裁职能。与此同时,国际统一仲裁立法活动同样成果斐然,一系列关于仲裁的国际条约相继诞生。

自20世纪以来,国际商事仲裁表现出如下的发展趋势:

第一,国际商事仲裁的范围日益扩大。国际商事仲裁最初主要针对国际贸易及海事方面的争议。20世纪60年代以后,仲裁的范围逐步扩展到了合资经营、合作开发、补偿贸易、国际借贷、技术转让、劳务合作等诸多方面。

第二,常设仲裁机构的地位日益突出。在早期,仲裁组织的形式主要是临时仲裁庭。但进入20世纪以后,国际上产生了大量的常设仲裁机构。目前,常设仲裁机构已经成为仲裁组织的主要形式。

第三,仲裁的法律性逐步增强。早期的仲裁并无严格的法定程序,仲裁人裁决争议时主要以商事习惯为依据,仲裁裁决的实现主要依靠当事人的自觉履行。但进入20世纪特别是第二次世界大战以后,仲裁的法律性明显增强。一方面,许多国家制定了仲裁法,以使仲裁程序有法可依。另一方面,各国法律赋予了法院在一定程度上对仲裁进行司法干预的权力,以保证仲裁的公正性。此外,不少国家的立法和仲裁机构的仲裁规则还规定,仲裁裁决应当说明所依据的法律或者理由。

第四,仲裁与调解的结合更加紧密。当今许多常设仲裁机构在处理仲裁案件时,都十分重视调解工作。一些提交仲裁的案件,经调解后得到了圆满的解决。有些仲裁机构不仅注重仲裁中的调解,而且还专设了独立于仲裁之外的调解程序,以加强调解工作。

第五,国际统一仲裁立法日趋完善。20世纪20年代以前,仲裁规范均由各国自行制定。由于各国的仲裁立法存在差异,国际商事仲裁程序的法律冲突时常发生。为了缓和各国仲裁立法的冲突,国际联盟于1923年和1927年在日内瓦主持签订了《仲裁条款议定书》和《关于执行外国仲裁裁决的公约》。1958年,联合国在纽约主持召开国际商事仲裁会议,通过了《承认和执行外国仲裁裁决的公约》。1985年6月,联合国国际贸易法委员会主持制定了《国际商事仲裁示范法》,同年12月,联合国大会正式通过文件,要求各国通过立法将该示范法吸收为国内的立法制度,以实现国际商事仲裁法律在国际上的协调统一。如今,该示范法已被加拿大、澳大利亚、美国的一些州、中国香港特别行政区等一些国家和地区采纳为本国或本地区的法律。此外,一些多边和双边条约也载有关于国际商事仲裁的条款。

第二节　国际商事仲裁机构

一、国际商事仲裁机构的种类

国际商事仲裁机构以组织形式为标准,可以分为临时仲裁机构和常设仲裁机构。

(一)临时仲裁机构

临时仲裁机构又称为特设仲裁机构,是指根据双方当事人达成的仲裁协议,在争议发生后,由双方当事人推选仲裁员临时组成的,负责仲裁当事人之间的争议,并在作出裁决后即行解散的仲裁机构。在19世纪中叶常设仲裁机构产生以前,临时仲裁机构是唯一的国际商事仲裁的组织形式。

临时仲裁机构对国际商事争议的仲裁具有极大的灵活性,有关临时仲裁机构的组成、活动原则、仲裁程序、仲裁地点、法律适用、裁决方式、仲裁费用的负担等,都可以由双方当事人协商决定。此外,由于临时仲裁机构不收取某些管理服务费并可以不受期间和其他手续方面的限制,所以临时仲裁还具有费用低廉、程序简便、结案迅速的优点。正因如此,即便在常设仲裁机构遍布全球的今天,临时仲裁机构这种组织形式有时仍被采用。

然而,临时仲裁机构也有其自身的缺陷。由于临时仲裁机构由双方当事人临时组建,解决争议后即告解散,故临时仲裁没有固定的程序规则,也缺乏必要的监督管理机制,其有效运作完全取决于双方当事人之间的合作。若当事人在仲裁员的指定、仲裁地点和仲裁规则的选择等某一方面不能达成合意,仲裁程序将无法进行。

(二)常设仲裁机构

常设仲裁机构是根据国际条约或一国国内立法成立的,有固定的名称、地址、组织形式、组织章程、仲裁规则和仲裁员名册,并具有较完整的办事机构和健全的行政管理制度的仲裁机构。

常设仲裁机构最早产生于19世纪中后期。1863年,英国利物浦棉花同业公会草拟了一个包含仲裁条款的格式合同,要求把可能发生的合同争议提交公会主持下的机构仲裁解决。这一做法,后来被其他同业公会所仿效。在此基础上,英国于1892年创建了第一个常设性的仲裁机构——伦敦国际仲裁院。20世纪以后,常设仲裁机构这种仲裁组织形式得到了各国的普遍认可和采用,世界上大多数国家设立了常设仲裁机构。

与临时仲裁机构相比,常设仲裁机构有许多优点。首先,常设仲裁机构拥有完备的仲裁规则、固定的仲裁员名册、专职的管理人员,能为仲裁案件的当事人提供更多的便利。其次,常设仲裁机构拥有较健全的管理和监督机制,更能保证其仲裁的公正性。再次,由于常设仲裁机构依法设立,程序透明,更能取得司法机关的信任,其仲裁裁决也更易于得到司法机关的承认和执行。最后,常设仲裁机构可以进行缺席审理并作出缺席裁决。

在当今国际社会中,各常设仲裁机构的设立情况和受案范围不完全相同。从设立的情况看,常设仲裁机构有国家性的常设仲裁机构和国际性的常设仲裁机构之分。前者根据一个国家的国内法律制度而设立,如瑞典斯德哥尔摩商会仲裁院、英国伦敦国际仲裁院等;后者根据有关国际文件设立,如国际商会仲裁院、解决投资争端国际中心等。从受案范围看,常设仲裁机构有一般性的常设仲裁机构和专业性的常设仲裁机构之分。前者受案范围比较广泛,可以受理各种不同类型的国际商事争议，如斯德哥尔摩商会仲裁院、伦敦国际仲裁院、国际商会仲裁院等；后者只能受理与某一专业领域有关的争议，通常由各种行业协会设立，如英国伦敦谷物公会、荷兰咖啡贸易仲裁协会、比利时安特卫普咖啡仲裁处等。

二、国际性常设仲裁机构

国际商会仲裁院和解决投资争端国际中心是目前两个主要的国际性常设仲裁机构。

（一）国际商会仲裁院

国际商会仲裁院（Arbitration Court of International Chamber of Commerce，ICC Court of Arbitration）成立于1923年，是附属于国际商会的一个国际性常设仲裁机构，院址在法国巴黎。该仲裁院最初主要是受理有关货物买卖合同和许可证贸易的争议，后来其受案范围扩及任何国际性的商事争议。当事人可以是来自任何国家的自然人与法人，还可以是国家、政府及其机构。我国于1994年参加国际商会。2008年年底，国际商会仲裁院秘书处在我国香港特别行政区创办了亚洲事务办公室，这是国际商会仲裁院首次在法国巴黎以外设立仲裁院。目前施行的是2021年生效的《国际商会仲裁院仲裁规则》和2014年生效的《国际商会调解规则》。

2021年《国际商会仲裁院仲裁规则》第1条第2款规定："仲裁院是唯一经授权对仲裁规则项下仲裁活动实施管理的机构，包括对按照仲裁规则所作出的裁决进行核阅、批准。"

（二）解决投资争端国际中心

解决投资争端国际中心（International Center for Settlement of Investment Disputes，ICSID）是根据1965年在华盛顿签署的《关于解决各国与他国国民之间投资争端的公约》而设立的专门处理国际投资争议的国际性常设仲裁机构。ICSID是国际复兴开发银行属下的一个独立机构，具有完全的国际法律人格，其所有官员和工作人员在执行任务时，享有政府间国际组织及其人员所享有的特权与豁免。ICSID的地址在美国华盛顿，其宗旨是依照《关于解决各国与他国国民之间投资争端的公约》的规定为各缔约国的国民之间的投资争端提供调停和仲裁的便利，促进相互信任的气氛，借以鼓励私人资本的国际流动。

ICSID设有行政理事会和秘书处，并有一个调停人小组和一个仲裁人小组。截至2022年10月，已有166个国家签署了《关于解决各国与他国国民之间投资争端的公约》。我国于1990年2月9日签署了该公约，并于1993年正式成为其成员国。

ICSID以调解和仲裁方式解决争议，并制定有调解和仲裁规则（目前为2022年版本）。提交ICSID解决的争议须符合三个条件：第一，主体一方必须是公约的缔约国，另一方必须是另一缔约国的国民；第二，争议必须是因直接投资而引起，并且具有法律性质；第三，双方订立协议，同意将争议提交"中心"解决。

根据《关于解决各国与他国国民之间投资争端的公约》的规定，当事人双方经协商同意将争议提交ICSID仲裁，即不能单独撤回。秘书长收到仲裁申请书后，经审核同意登记，即可着手组织仲裁庭。仲裁庭一般由双方当事人同意任命的独任仲裁员或非偶数的多名仲裁员组成。仲裁程序原则上适用该公约的规定,但当事人双方也可以约定适用在提交仲裁之日有效的仲裁规则。仲裁庭在解决争议时应首先适用双方当事人合意选择的法律,当事人没有选择的,应适用争端一方的缔约国的法律(包括其冲突法)以及可适用的国际法原则。经双方当事人同意,仲裁庭也可依公平和善良原则作出裁决。ICSID 仲裁庭的裁决为终局裁决,各缔约国应予承认和执行。

三、外国代表性常设仲裁机构

(一)伦敦国际仲裁院

伦敦国际仲裁院(London Court of International Arbitration, LCIA)成立于 1892 年,原名为伦敦仲裁院,1981 年改用现名。1986 年起,伦敦国际仲裁院改组成为有限责任公司,由董事会管理其活动。

作为国际上成立最早的常设仲裁机构,伦敦国际仲裁院可受理任何性质的国际商事争议,在国际上具有较高的声誉,其海事仲裁更是久负盛名。在其所受理的案件中,80% 以上的当事人不具有英国国籍,这充分反映了伦敦国际仲裁院的国际性的特征。

仲裁庭一般依《伦敦国际仲裁院仲裁规则》(目前适用的是 2020 年版)和《伦敦国际仲裁院调解规则》(目前适用的是 2012 年版)规定的程序进行仲裁,但也允许双方当事人约定按《联合国国际贸易法委员会仲裁规则》规定的程序仲裁。《伦敦国际仲裁院仲裁规则》第 6 条第 1 款规定:“当事各方国籍不同时,独任仲裁员或首席仲裁员不得与任何一方国籍相同,除非与仲裁员候选人国籍不同的当事各方均以书面形式另有约定。”

(二)斯德哥尔摩商会仲裁院

斯德哥尔摩商会仲裁院(The Arbitration Institute of the Stockholm Chamber of Commerce, SCC)成立于 1917 年,是斯德哥尔摩商会下设的一个仲裁机构。由于瑞典在政治上处于中立地位,加之该历史悠久的仲裁院拥有一套完备的仲裁规则和一大批精通国际商事仲裁的专家,在提供仲裁服务方面较为迅速及时,所以该仲裁院在国际社会享有很高的声誉。此外,瑞典参加了多个关于仲裁的国际公约,且未作任何保留,容易承认和执行其他国家作出的仲裁裁决,因而该院所作的仲裁裁决也较易得到其他国家的承认与执行。

在 2017 年修订的《斯德哥尔摩商会仲裁院仲裁规则》中,第 27 条第 1 款规定:“仲裁庭应当根据当事人约定的法律或法律规则裁决案件。如果没有约定,仲裁庭应当适用其认为最为合适的法律或法律规则。”

SCC 多年来一直在处理适用联合国贸易法委员会仲裁规则的案件,但通常只是作为委派机构。根据 2015 年起生效的《斯德哥尔摩商会仲裁院对适用联合国国际贸易法委员会(UNITRAL)仲裁规则的仲裁案件之管理规则》,SCC 将承担案件管理机构的职能,包括委派仲裁员、就对仲裁员的异议作出决定、决定及管理有关仲裁费用的事宜。

(三)美国仲裁协会

美国仲裁协会(American Arbitration Association ,AAA)成立于1926年,总部设在纽约市。AAA早期由两个组织即美国仲裁社团和仲裁基金会组成,后逐步有其他组织并入,如美国贸易协会。AAA领导机构为董事局,由有关行业和社团组织中的知名人士组成,并由从事法律和仲裁的专业人士负责管理工作。

AAA在仲裁案件中的参与度与ICC相比采用“较少干涉”的管理模式,并且还可根据《联合国国际贸易法委员会仲裁规则》担任仲裁员的委任机构,为临时仲裁提供支持。其现行规则是2022年9月1日生效的《商事仲裁规则与调解程序》(Commercial Arbitration Rules and Mediation Procedures)。自1926年以来,其管理的案件数量达到七百多万件。

AAA具有独立、非政府和非营利的性质,是一个公众服务机构,旨在法律许可的范围内,通过仲裁、调解、协商、民主选择等方式解决商事争议。作为AAA的国际业务部,国际争议解决中心(International Centre for Dispute Resolution, ICDR)成立于1996年,并全权管理美国仲裁协会所有国际仲裁案件,其工作包括仲裁案件的日常管理、接收当事人提交的文件、就当事人对仲裁员的异议作出裁定以及要求当事人支付预付金。

值得一提的是,除了上文介绍的各个常设仲裁机构以外,在亚洲地区,新加坡国际仲裁中心(Singapore International Arbitration Centre,SIAC)已经受到了广泛的欢迎。成立于1991年的SIAC是一个独立的非营利组织,董事会负责监督SIAC的运营、业务战略和发展以及公司治理事务。2021年,在SIAC提起的新案件中,超过90%是国际性的。目前,其适用的是《2016年新加坡国际仲裁中心规则》和《2017年新加坡国际仲裁中心投资规则》。

四、中国代表性常设仲裁机构

中国设立的仲裁机构在受理案件方面已经突破了当地与涉外案件的区分,各仲裁机构均可受理涉外案件。具有代表性的常设仲裁机构主要包括以下几个。

(一)中国国际经济贸易仲裁委员会

中国国际经济贸易仲裁委员会(China International Economic and Trade Arbitration Commission,CIETAC,中文简称贸仲委)的前身是成立于1956年的中国对外贸易仲裁委员会,是设在中国国际贸易促进委员会(中国国际商会)内的一个常设仲裁机构,1988年更名为中国国际经济贸易仲裁委员会。2000年,中国国际经济贸易仲裁委员会同时启用中国国际商会仲裁院的名称。现行的仲裁规则是2015年1月1日起正式实施的《中国国际经济贸易仲裁委员会仲裁规则》。

贸仲委设在北京,并在全国各地开设有分会。贸仲委还在我国香港特别行政区设立香港仲裁中心,在加拿大温哥华设立北美仲裁中心,在奥地利维也纳设立欧洲仲裁中心。贸仲委及其分会/仲裁中心是一个统一的仲裁委员会,适用相同的仲裁规则和仲裁员名册。贸仲委章程规定,分会/仲裁中心是贸仲委的派出机构,根据贸仲委的授权接受并管理仲裁案件。

贸仲委由主任一人、副主任若干人和委员若干人组成。截至2021年年底,贸仲委的仲裁员名册中有仲裁员1698名,包括中国内地仲裁员1215名;外籍及港澳台仲裁员483名,来自85个国家和地区,包括47个"一带一路"沿线国家和地区。在英国伦敦玛丽女王大学和美国伟凯律师事务所共同发布的《2021年国际仲裁调查报告》中,贸仲委被评为全球最受欢迎的五大仲裁机构之一。

2012年、2017年,贸仲委被分别指定为《海峡两岸投资保护和促进协议》,内地与香港、澳门《〈关于建立更紧密经贸关系的安排〉投资协议》项下的投资争端解决机构之一,负责以调解方式解决台港澳投资者与大陆(内地)方的投资争端。

(二)中国海事仲裁委员会

中国海事仲裁委员会(China Maritime Arbitration Commission, CMAC)的前身是成立于1959年的中国国际贸易促进委员会海事仲裁委员会,是设在中国国际贸易促进委员会(中国国际商会)内的一个常设仲裁机构,1988年经国务院批准更为现名。其现行的仲裁规则是2021年修订的《中国海事仲裁委员会仲裁规则》。仲裁委员会设名誉主任一人、顾问若干人。仲裁委员会由主任一人、副主任若干人和委员若干人组成。主任履行仲裁委员会的有关职责,副主任受主任的委托可以履行主任的职责。

中国海事仲裁委员会位于北京,设有上海总部,在内地相关地方设立有分会/仲裁中心和办事处,在我国香港特别行政区设有香港仲裁中心。为满足行业仲裁和多元化服务需要,中国海事仲裁委员会下设航空争议仲裁中心、计量争议仲裁中心、建设工程争议仲裁中心、海事调解中心、航空争议调解中心、救助打捞争议调解中心、物流争议解决中心、渔业争议解决中心等业务中心。分会可以受理和管理仲裁案件,并与中国海事仲裁委员会北京总会适用统一的仲裁规则和仲裁员名册。在2021年启用的新一届仲裁员名册中,826名仲裁员来自36个国家和地区,国别分布更加广泛,专业领域更加齐全。

2021年《中国海事仲裁委员会仲裁规则》第3条规定:"受案范围 (一)仲裁委员会根据当事人的约定受理下列争议案件:1. 海事、海商争议案件;2. 航空、铁路、公路等交通运输争议案件;3. 贸易、投资、金融、保险、建设工程争议案件;4. 当事人协议由仲裁委员会仲裁的其他争议案件。(二)前述案件包括:1. 国际或涉外案件;2. 涉及香港特别行政区、澳门特别行政区及台湾地区的案件;3. 国内案件。"

除了上文介绍的各常设仲裁机构以外,香港国际仲裁中心(The Hong Kong International Arbitration Centre,HKIAC)已经赢得业界普遍认可。成立于1985年的HKIAC,是一家担保有限公司,是根据香港法律成立的非营利组织,并在2014年和2021年获得《全球仲裁评论》颁发的"个人或组织最佳创新奖"。HKIAC在成立之初,得益于香港商界和香港政府的慷慨资助。如今,其已在财政上自给自足,且完全独立,不受其他机构和人士的任何影响和控制。目前适用的是2018年生效的《香港国际仲裁中心机构仲裁规则》。

第三节　国际商事仲裁协议

一、国际商事仲裁协议的含义和种类

国际商事仲裁协议（以下简称仲裁协议），是指双方当事人同意将他们之间可能发生或者业已发生的国际商事争议交付仲裁机构仲裁的共同意思表示。由于仲裁必须以仲裁协议为依据，因此，当事人之间存在有效的仲裁协议，是仲裁程序得以启动的前提。

根据大多数国家的仲裁规范，仲裁协议必须以书面形式订立，方能有效。书面形式的仲裁协议按其载体不同，可表现为仲裁条款、仲裁协议书、包含仲裁意思表示的往来文件。

（一）仲裁条款

仲裁条款是指双方当事人在其订立的合同中以合同条款形式达成的，约定将可能发生的有关该合同的争议提交仲裁并受仲裁裁决约束的一种仲裁协议。当事人在订立合同时，由于合同争议尚未发生，以何种方式解决以后可能发生的合同争议，并不威胁当事人的现实利益，因而仲裁条款比较容易达成。实践中，仲裁条款是最为常见的一种仲裁协议。

目前，不少常设仲裁机构都制定有"示范仲裁条款"（格式仲裁条款），供当事人在订立合同时采用。例如中国国际经济贸易仲裁委员会的示范仲裁条款为："凡因本合同引起的或与本合同有关的任何争议，均应提交中国国际经济贸易仲裁委员会，按照申请仲裁时该会现行有效的仲裁规则进行仲裁。仲裁裁决是终局的，对双方均有约束力。"

（二）仲裁协议书

仲裁协议书是指双方当事人之间签订的约定将已经发生或可能发生的争议提交仲裁的单独的书面文件。仲裁协议书不是表现为合同中的一个条款，而是合同文本以外的一个单独文件。

仲裁协议书的订立，通常有以下几种情形：(1)合同中未订立仲裁条款时，当事人可以订立仲裁协议书，规定将有关该合同的争议提交仲裁；(2)合同中订立的仲裁条款无效，而双方当事人仍愿意通过仲裁解决该合同的争议时，可以订立仲裁协议书，规定将该合同的争议提交仲裁；(3)双方当事人协商一致对合同中的仲裁条款进行补充或修订时，可以订立仲裁协议书，对原仲裁条款予以补充或修订；(4)发生非合同性质的商事争议时，如果双方当事人同意提交仲裁的，可以订立仲裁协议书，规定将该争议提交仲裁。

（三）包含仲裁意思表示的往来文件

这种仲裁协议，是指双方当事人通过相互往来的信函、电报、电传、传真和其他书面文件达成的仲裁协议。其主要特点是：双方当事人同意仲裁的共同意思表示并不集中表现在一个文件中,而是分散在相互往来的多份文件中,只有把这些多份文件综合起来,才能确定当事人之间存在仲裁协议。

二、仲裁协议的主要内容

仲裁协议的内容原则上由双方当事人协商确定。一般而言,一项完整的仲裁协议,应当包括以下几个方面的内容:

第一,提交仲裁的争议事项。任何一项仲裁协议,都必须明确约定提交仲裁的争议事项。仲裁协议中对提交仲裁的争议事项的规定,应当符合以下要求:一是提交仲裁的争议事项具有可仲裁性,即该争议事项可以通过仲裁方法解决;二是提交仲裁的争议事项属于仲裁协议中选择的仲裁机构的受案范围;三是提交仲裁的争议事项必须明确、具体、特定化。

第二,仲裁地点。仲裁地点不仅关系到当事人是否方便参加仲裁,而且常常关系到仲裁适用的程序规范和实体法,因此,当事人一般都要在仲裁协议中对仲裁地点作出明确约定。实践中,大多数仲裁协议都规定仲裁活动应在仲裁机构所在地进行,但也有一些仲裁协议规定的仲裁地点与仲裁机构所在地不一致。

第三,仲裁机构。关于选择仲裁机构的问题,国际商事仲裁的习惯做法有两种:一种是将争议提交给某个常设仲裁机构仲裁;另一种是组织临时仲裁机构进行仲裁。如果双方当事人约定将争议提交给某一常设仲裁机构仲裁,就应当在仲裁协议中写明该常设仲裁机构的名称。如果约定由临时仲裁庭进行仲裁,则应当在仲裁协议中对仲裁庭的组成人数以及如何指定仲裁员等问题作出明确约定。

第四,仲裁适用的规则。通常当事人约定将争议提交给某常设仲裁机构仲裁,便在仲裁协议中规定适用该常设仲裁机构的仲裁规则。但如果双方当事人希望按照其他仲裁规则进行仲裁的,也可以选择其他仲裁规则。组织临时仲裁机构进行仲裁时,双方当事人可以在仲裁协议中自己制定仲裁规则,也可以约定适用某常设仲裁机构的仲裁规则。

第五,仲裁裁决的效力。仲裁裁决的效力主要是指裁决是否为终局,对当事人有无约束力。大多数国家的仲裁立法规定仲裁裁决是终局的,当事人不得向法院起诉要求变更。但有些国家对此的规定并不严格,如2011年《法国民事诉讼法典》第1489条规定:"除当事人另有约定,对仲裁裁决不得提出上诉。"鉴于此,仲裁协议中有必要对仲裁裁决的效力作出明确规定。

除以上几个主要方面外,仲裁协议中还可以规定双方当事人协商一致的其他内容,如仲裁使用的语言、仲裁庭的人数、仲裁适用的实体法等。

三、仲裁协议的有效条件

仲裁协议要产生法律上的效力,其本身必须有效。仲裁协议有效的基本条件包括:

第一,订立仲裁协议的人必须具有合法资格。订立仲裁协议的合法资格,主要包括两个方面:一是订立仲裁协议的人必须是该协议的当事人或其合法代理人。仲裁协议在性质上是当事人之间的契约,这种契约只能由当事人自己订立,或者由当事人的合法代理人以当事人的名义订立,否则,仲裁协议无效。二是订立仲裁协议的人必须具有完全行为能力。如果订立仲裁协议的人根据对其适用的法律为无行为能力或者限制行为能力,同样会产生仲裁协议无效的后果。

第二,仲裁协议的双方当事人意思表示真实。合同法上的"双方当事人意思表示必须真实"原则同样适用于仲裁协议。如果一方当事人采取欺诈、胁迫等手段,使对方不能为真实意思表示而订立仲裁协议的,则仲裁协议无效。

第三,仲裁协议的内容必须合法。仲裁协议和其他契约一样,其内容必须合法,才能发生法律效力。仲裁协议内容的合法性,至少应当符合两方面的要求:一是约定提交仲裁的事项必须是有关国家的法律允许通过仲裁方式处理的事项,即必须具有可仲裁性;二是仲裁协议的内容不得违反仲裁地国的强制性规定,不得与仲裁地国的公共秩序相违背。

第四,仲裁协议的形式必须合法。大多数国家规定,仲裁协议必须以书面形式订立。有些国家的国内法对仲裁协议的形式的要求更为严格,它们要求仲裁协议必须用公证的形式作成。凡是不符合法定形式的仲裁协议,都属于无效仲裁协议。

四、仲裁协议的效力

仲裁协议作为一种特殊的契约,其效力不仅及于双方当事人,而且及于仲裁机构、仲裁员和有关国家的法院。仲裁协议的效力主要表现在以下几个方面。

(一)对双方当事人的效力

仲裁协议一经合法成立,即对双方当事人产生法律上的约束力。首先,就仲裁协议中规定提交仲裁的事项,当事人必须承担不向法院起诉的义务。发生纠纷时,当事人之间不能协商解决的,只能依仲裁协议向仲裁机构申请仲裁。其次,仲裁协议中的各项约定,双方当事人必须严格遵守,不得违反。

(二)对仲裁机构的效力

仲裁协议对仲裁机构的效力主要表现在:

第一,仲裁协议赋予了仲裁机构对争议的仲裁权。一旦双方当事人在仲裁协议中约定将争议提交某仲裁机构仲裁,争议发生后只要一方当事人提出仲裁申请,该仲裁机构便有权对争议进行仲裁。

第二,仲裁协议的各项规定对仲裁机构具有约束力。仲裁机构只能对仲裁协议中约定提交仲裁的事项进行仲裁,而不能对仲裁协议约定范围以外的事项进行仲裁;如果仲裁协议中对仲裁应当适用的仲裁规则和实体法作了规定,仲裁庭应依仲裁协议中规定的仲裁规则和实体法进行仲裁;对双方当事人在仲裁协议中所作的其他约定,仲裁机构也不得违反。

(三)对法院的效力

有效的仲裁协议具有排除法院司法管辖权的效力,即对于双方当事人在仲裁协议中约定提交仲裁的事项，法院不得受理。如果一方当事人违反仲裁协议向法院起诉，另一方当事人有权根据有效的仲裁协议请求法院不予受理或者停止诉讼程序。

仲裁协议对法院的效力，还表现为仲裁协议是法院承认和执行仲裁裁决的依据。仲裁机构根据有效仲裁协议作出的仲裁裁决，符合承认和执行的条件的，法院应当予以承认和执行。

五、仲裁协议的独立性

如前所述，双方当事人在有关合同中订立的仲裁条款是最为常见的一种仲裁协议。仲裁条款作为合同的条款之一，客观上构成了该合同的组成部分，并依附于该合同而存在。仲裁协议书虽然是一个单独的书面文件，但约定将有关合同的争议提交仲裁的仲裁协议书，其实也是依附于该合同而存在的。换言之，如果不存在有关的合同，便不会有关于将该合同的争议提交仲裁的仲裁协议。

既然仲裁协议对有关的合同具有依附性，那么，仲裁的理论和实践就必须解决这样一个问题：仲裁协议的效力是否也依附于有关合同的效力。或者说，如果有关的合同无效，仲裁协议是否必然无效。如果有关的合同有效，仲裁协议是否必然有效。

传统观念认为，依附于有关合同（主合同）的任何协议，都只有在主合同存在的前提下才能存在，如果主合同无效，则依附于该主合同的协议也应当归于无效。1942 年英国上诉法院在“海曼诉达尔文有限公司”一案的判决中便认为，如果根本不存在一项合同，就完全不存在作为该合同一部分的仲裁协议。

如今，受到广泛认可的观点是“仲裁协议独立性原则”，又称为“仲裁协议自治权理论”。依此观点，仲裁协议虽然对有关的合同具有依附性，但仲裁协议的效力应当独立于有关合同的效力。有关合同的变更、解除、失效、无效或不可执行，并不影响当事人之间订立的有关该合同的仲裁协议的效力。

仲裁协议之所以具有独立性，主要有以下理由：

第一，仲裁协议的内容和有关合同的内容不相同。有关合同规定的是双方当事人的实体权利义务，而仲裁协议规定的则是程序方面的权利义务，即将争议交付仲裁并服从仲裁裁决的义务。不同内容的合同，应当各自保持其相对的独立性。

第二，仲裁协议的有效性和有关合同的有效性判断标准不相同。有关合同是否有效，应当依实体法加以判断，而仲裁协议是否有效，应当依程序法（仲裁法或民事诉讼法）加以判断。依实体法上的标准对程序法上的问题进行判断显然是不恰当的。

第三，仲裁协议是否有效，应当依仲裁协议自身的有效条件加以认定。仲裁协议只要符合其有效的条件，便具有法律上的约束力，其效力不应受到有关合同是否有效的影响。反之，如果仲裁协议不符合有效条件，即便有关的合同有效，该仲裁协议也属于无效仲裁协议。

第四节　国际商事仲裁程序

一、仲裁的申请和受理

仲裁的申请是指约定提交仲裁的事项发生争议后,一方当事人根据仲裁协议将争议提请仲裁机构解决的意思表示。各国仲裁立法以及各常设仲裁机构的仲裁规则几乎都规定,仲裁申请必须以书面方式提出,即提交仲裁申请书。根据《中国国际经济贸易仲裁委员会仲裁规则》第12条的规定,仲裁申请书应由申请人或申请人授权的代理人签名及/或盖章。仲裁申请书应写明:申请人和被申请人的名称和住所,包括邮政编码、电话、传真、电子邮件或其他电子通讯方式;申请仲裁所依据的仲裁协议;案情和争议要点;申请人的仲裁请求;仲裁请求所依据的事实和理由。申请人在提交仲裁申请书时,应附具申请人请求所依据的证据材料以及其他证明文件,并按规定预缴仲裁费。

仲裁的受理是指仲裁机构对仲裁申请书及其他有关材料进行初步审查后,认为当事人的仲裁申请符合条件,同意立案仲裁的行为。仲裁机构的初步审查主要是形式审查,即审查当事人之间有无仲裁协议、申请仲裁的事项是否属于仲裁协议的范围、申请仲裁的文件是否齐备、申请仲裁的争议是否已过仲裁时效、仲裁申请书中申请人和被申请人的名称与仲裁协议当事人的名称是否一致等。仲裁机构经初步审查决定受理案件之后,应向被申请人发出仲裁通知,并将仲裁申请书副本及其附件、仲裁规则、仲裁员名册和仲裁费用表等材料发送给被申请人。被申请人收到仲裁通知后,应在规定的期限内指定仲裁员和提交答辩书,并可向申请人提出反请求。被申请人不提交书面答辩的,不影响仲裁程序的进行。

二、仲裁员的指定和仲裁庭的组成

根据各国仲裁立法和常设仲裁机构的仲裁规则,双方当事人可以约定由1名仲裁员组成独任仲裁庭,或者由多名仲裁员组成合议仲裁庭审理案件。

独任仲裁员方式在安排会议、庭审等方面较为容易,符合仲裁追求程序便捷与效率的特点。并且,当事人仅需承担1名仲裁员的报酬与费用,也符合仲裁的经济性特点。不过,在实践中,争议双方往往难以达成指定独任仲裁员的合意,最终还需借助于仲裁机构等的指定。例如,《斯德哥尔摩商会仲裁院仲裁规则》第17条第3款规定:“如果仲裁庭由一名独任仲裁员组成,当事人应当在10日内共同指定一名独任仲裁员。如果当事人未能在该时限内做出指定,理事会应当指定仲裁员。”

双方当事人约定由多名单数仲裁员(通常为3人)组成合议仲裁庭审理案件时,一般由双方当事人在仲裁员名册中各自指定1名仲裁员,然后由双方指定的仲裁员共同推选或者由仲裁机构指定第三名仲裁员,该第三名仲裁员为首席仲裁员。被指定的仲裁员组成仲裁庭之后,案件即移送仲裁庭进行审理。不过,关于第三名仲裁员的产生办法,各常设仲裁机构的规定仍有差异。《斯德哥尔摩商会仲裁院规则》第 17 条第 4 款规定,首席仲裁员(第三名仲裁员)由仲裁院理事会指定。《国际商会仲裁院仲裁规则》第 12 条第 5 款规定:“如果争议由三人仲裁审理,担任首席仲裁员的第三名仲裁员由仲裁院任命,除非当事人约定另一种任命程序。”《中国海事仲裁委员会仲裁规则》第 31 条第 2 项规定:“第三名仲裁员由双方当事人在最后一方当事人收到仲裁通知后 15 日内共同选定或共同委托仲裁委员会主任指定。第三名仲裁员为仲裁庭的首席仲裁员。”第 3 项规定:“双方当事人可以各自推荐一至五名候选人作为首席仲裁员人选,并按照上述第(二)款规定的期限提交推荐名单。双方当事人的推荐名单中有一名人选相同的,该人选为双方当事人共同选定的首席仲裁员;有一名以上人选相同的,仲裁委员会主任根据案件的具体情况在相同人选中确定一名首席仲裁员,该名首席仲裁员仍为双方共同选定的首席仲裁员。”

三、仲裁审理

仲裁审理是仲裁庭以一定的程序和方式对当事人之间的争议事项所进行的实质性审查活动。其目的是核实证据,查明案件事实,从而正确裁决。

仲裁审理可以采用口头审理(开庭审理)和书面审理(不开庭审理)两种方式。在口头审理的方式下,当事人或其代理人必须出庭,如果一方当事人拒不到庭,仲裁庭有权作出缺席裁决;在书面审理方式下,仲裁庭并不要求当事人出庭陈述、辩论,而只是根据双方当事人提交的书面材料对案件进行审理。各国仲裁立法和各常设仲裁机构的仲裁规则原则上允许双方当事人协商选定审理的方式。当事人没有选定审理方式时,原则上采用口头审理方式。

证据的收集和审查是仲裁审理的重要环节。在仲裁审理过程中,仲裁庭有权要求当事人对其主张提供相应的证据,必要时也可以自行调查收集证据。为了保证证据的真实性,仲裁庭可以根据当事人的请求或在自己认为必要时,指定专家对某些技术性问题进行鉴定或者提供咨询意见,并且可以要求证人作证。大多数国家都规定,仲裁庭不得对拒绝作证或拒绝提供证据材料的人采取强制措施,如果确有必要强令证人作证或强令证据持有人提供证据材料,必须由当事人或仲裁机构向法院提出申请,经法院同意后按照司法程序办理。但 2000 年《美国统一仲裁法》第 7 条规定,仲裁庭在调查收集证据时可以采取强制措施。

关于仲裁庭在审理案件过程中能否采取保全措施的问题,各国的规定亦有所不同。有的国家规定,仲裁庭在必要时可以独立地对仲裁的有关标的物采取保全措施,如美国;有的国家规定仲裁庭无权对有关财产直接采取保全措施,而只能请求法院按司法程序采取保全措施,如中国、澳大利亚等;有的国家却规定,对于当事人控制之下的有关财产,仲裁庭可以直接决定采取保全措施,但对于善意第三人控制之下的有关财产,仲裁庭无权作出采取保全措施的决定,而只能通过法院为之,如英国。

四、仲裁中的调解

仲裁中的调解是指在仲裁审理过程中,仲裁庭向双方当事人提出适当的建议或者方案,设法使双方当事人达成和解的行为。仲裁庭可以根据当事人的请求而进行调解,也可以在征得双方当事人同意后进行调解。如果双方当事人在仲裁庭调解下达成了和解的，仲裁庭一般应根据双方当事人签订的书面和解协议的内容作成裁决书结案，此种裁决书与在其他情况下作成的裁决书具有同等效力；如果双方当事人不能达成和解，仲裁庭应当继续仲裁。

仲裁中的调解与独立于仲裁程序之外的调解有所不同。独立于仲裁程序之外的调解，是由双方当事人选定的调解员按照专门的调解规则进行调解。双方当事人经调解员的调解达成协议时，即签订一项调解协议书以终止调解程序，但这种调解协议书一般不具有法律上的强制力，如果再次发生争议，当事人还可以向法院起诉或者根据仲裁协议提请仲裁。独立于仲裁程序之外的调解如果不能使双方当事人达成协议，调解员只需提交一项关于调解不能成功的报告，调解程序即告终止，但调解员无权对争议进行仲裁。

五、仲裁裁决

仲裁裁决是仲裁庭在案件审理过程中或案件审理终结后，根据已查明的事实和认定的证据，对当事人提交的争议事项作出决断的行为。

各国立法及常设仲裁机构的仲裁规则大都规定，仲裁裁决必须以书面方式作出，即作成裁决书。独任仲裁员仲裁案件时，裁决依独任仲裁员的意见作成；合议仲裁庭仲裁案件时，裁决原则上依多数仲裁员的意见作成，如果不能形成多数意见，各国的处理方法有所不同，归纳起来大致有三种做法：(1)依首席仲裁员的意见作出裁决。这是大多数国家的做法。我国的国际商事仲裁机构也采取这种做法。(2)必须经磋商和妥协取得多数票，才能作出裁决。西班牙、奥地利、韩国等采取这种做法。(3)从仲裁协议的规定，即如果仲裁协议中规定了此种情况下作出裁决的方式，仲裁庭便依仲裁协议中规定的方式裁决。德国、比利时等国便采取这种做法。

仲裁裁决是否必须说明理由，有关仲裁规范的规定不尽相同。有些仲裁规范要求裁决必须说明理由，如 2011 年《法国民事诉讼法典》第 1482 条规定："裁决书应说明裁决依据的理由。"有些仲裁规范规定裁决书原则上应当写明裁决理由，但当事人协议不必或不愿写明理由或者裁决书是按照双方当事人和解协议的内容作成时，则可以不写明裁决理由，如《联合国国际贸易法委员会仲裁规则》第 32 条第 3 款规定："除当事人各方同意无须说明理由外，仲裁庭应阐明裁决所依据的理由。"其第 34 条还规定，仲裁庭依双方当事人和解协议的内容作成的裁决无须说明理由。我国《仲裁法》第 54 条也规定，裁决书应当写明裁决理由，但当事人协议不愿写明裁决理由的，可以不写。

对于作成仲裁裁决的期限，相关规定的差异较大。《日本商事仲裁协会仲裁规则》第 43 条规定，仲裁庭应尽可能在组庭后 9 个月内作出裁决；《斯德哥尔摩商会仲裁院规则》规定，最终裁决应当在不迟于案件根据第 22 条规定移交仲裁庭之日起 6 个月内作出。《中国国际经济贸易仲裁委员会仲裁规则》第 48 条规定，仲裁庭应在组庭后 6 个月内作出裁决书。

大多数国家的仲裁立法规定，仲裁裁决是终局的，对双方当事人都有约束力，当事人应当无条件地善意地履行裁决所确定的义务。如果一方当事人拒不履行仲裁裁决，另一方当事人可以申请强制执行。

第五节 国际商事仲裁中的法律适用

一、仲裁协议的法律适用

当事人之间存在有效的仲裁协议,是国际商事仲裁的必要前提。但一项仲裁协议是否有效,却可能因为有关国家具体规定的不同而产生法律冲突。因此,在国际商事仲裁中,必须解决适用何国法律确定仲裁协议的有效性的问题。

仲裁协议作为双方当事人签订的一种特殊契约,其法律适用规则与其他合同的法律适用规则有许多相同之处。下面就订立仲裁协议的能力、仲裁协议的形式、仲裁协议的实质有效性几个方面,分别确定其应当适用的法律。

(一)订立仲裁协议的能力的法律适用

各国大都规定,订立仲裁协议的人(当事人或其合法代理人)必须具有完全行为能力,仲裁协议方能有效。

由于订立仲裁协议的能力归根结底属于行为能力问题,因此,订立仲裁协议的能力与行为能力的法律适用规则应具有一致性,即订立仲裁协议的人有无订立仲裁协议的能力,原则上应当依其属人法,但如果依其属人法无订立仲裁协议的能力,而依仲裁协议订立地法具有订立仲裁协议的能力的,则依仲裁协议订立地法。此外,如果双方合意选择了仲裁协议的准据法的,订立仲裁协议的能力也可以受该准据法的支配。

(二)仲裁协议形式的法律适用

对仲裁协议形式的法律冲突,一般可依照适用于合同形式的冲突原则加以解决。需要说明的是,由于世界上大多数国家规定仲裁协议必须采用书面形式,因而在大多数情况下,仲裁协议的形式无论适用哪个国家的法律,都必须表现为书面形式才被认为有效。

(三)仲裁协议实质有效性的法律适用

关于仲裁协议实质有效性的法律适用,国际上比较普遍的做法是实行当事人意思自治,即允许双方当事人合意选择仲裁协议的准据法。在当事人没有选择的情况下,各国倾向于适用仲裁地法。1958 年《承认和执行外国仲裁裁决的公约》第 5 条第 1 款第 1 项将"根据双方当事人选定适用的法律,或在没有这种选定的时候,根据仲裁地国的法律"仲裁协议无效,作为拒绝承认和执行外国仲裁裁决的条件之一,实际上间接地表述了仲裁协议实质有效性的法律适用规则,即仲裁协议的实质有效性适用当事人协议选择的法律;当事人没有选择时,适用仲裁地法。

二、仲裁程序规则的适用

国际商事仲裁所适用的程序规则，主要依以下原则确定：

（一）适用当事人选择的程序规则

在国际商事仲裁中，当事人享有较为充分的意思自治权。如果双方当事人在仲裁协议中对仲裁所应适用的程序规则进行了约定，仲裁机构原则上应当适用当事人协议选择的程序规则。实践中，当事人将争议交付给某个常设仲裁机构仲裁时，往往就在仲裁协议中规定适用该仲裁机构的仲裁规则。

（二）由仲裁庭决定应适用的程序规则

当事人没有选择仲裁所适用的程序规则时，应当适用的仲裁程序规则，由仲裁庭决定。此时，常设仲裁庭往往适用受理案件的常设仲裁机构的程序规则，临时仲裁庭则有权适用其认为合适的程序规则。

需要说明的是，尽管世界上许多国家都规定国际商事仲裁所适用的程序规则可以由当事人约定或者由仲裁庭自行决定，但当事人的约定和仲裁庭的决定往往要受到仲裁地国程序法中强制性规定的限制，即仲裁地国程序法中的强制性规定必须适用，当事人不得作出与之相抵触的约定，仲裁庭也不得作出与之相抵触的决定。

三、仲裁中的实体问题的法律适用

仲裁中的实体问题，是指当事人根据仲裁协议交付仲裁解决的争议事项。仲裁中的实体问题所适用的法律，主要依以下原则确定：

（一）适用双方当事人协议选择的法律

这一规则已经得到国际社会的普遍认可，如《斯德哥尔摩商会仲裁院仲裁规则》第 27 条第 1 款规定："仲裁庭应当根据当事人约定的法律或法律规则裁决案件。如果没有约定，仲裁庭应当适用其认为最为合适的法律或法律规则。"

（二）适用仲裁庭依有关冲突规范确定的法律

在双方当事人没有协议选择处理其争议所应适用的实体法时，仲裁庭可以根据有关冲突规范来确定实体问题的准据法，如《联合国国际商事仲裁示范法》第 28 条第 2 款规定："如当事人各方未选定适用的法律时，仲裁庭应适用它认为可以适用的冲突规则所确定的法律。"实践中，仲裁庭所适用的冲突规范，通常是仲裁地国的冲突规范。

（三）适用有关的国际条约和国际惯例

目前，国际上存在大量的调整国际商事关系的国际条约和国际惯例。如果仲裁案件中的实体问题应当受到有关国际条约的支配,则仲裁庭应当依国际条约的规定作出裁决。当国际条约和国内实体法(当事人选择的或仲裁庭依冲突规范确定的国内实体法)对有关问题均无明确规定的情况下,仲裁庭可以依照有关的国际惯例作出裁决。

此外,有些国家与仲裁机构还允许仲裁庭依“公平”或者“公允善良”原则进行裁决,如《瑞士联邦国际私法》第187条第2款规定:“仲裁庭得依公平原则解决争议。”《国际商会国际仲裁院仲裁规则》第21条第3款规定:“只有当事人同意授权仲裁庭担当友好调解人或以公平合理原则作出裁决时,仲裁庭才有此权力。”

我国《涉外民事关系法律适用法》第18条规定:“当事人可以协议选择仲裁协议适用的法律。当事人没有选择的,适用仲裁机构所在地法律或者仲裁地法律。”《涉外民事关系法律适用法》司法解释第12条进一步明确:“当事人没有选择涉外仲裁协议适用的法律,也没有约定仲裁机构或者仲裁地,或者约定不明的,人民法院可以适用中华人民共和国法律认定该仲裁协议的效力。”

第六节 外国仲裁裁决的承认和执行

一、承认和执行外国仲裁裁决的概念

对于外国仲裁裁决和内国仲裁裁决的划分标准,国际上有不同的主张。有的主张以仲裁机构设立地为标准,有的主张以仲裁适用的法律为标准,还有的主张以仲裁地点为标准。按照1958年《承认和执行外国仲裁裁决公约》第1条第1款的规定,两者主要是以仲裁地点为标准进行区分,但该公约同时也将被申请承认和执行地国认为不是本国裁决的仲裁裁决列入了外国仲裁裁决范围。

承认外国仲裁裁决,是指法院依法确认某一外国仲裁裁决在内国有可予执行的法律效力。承认的直接后果是依该外国仲裁裁决确定双方当事人的权利义务,如果当事人就仲裁裁决中已经确定的事项重提是非,承认该仲裁裁决的国家的法院或其他机关应当不予受理。执行外国仲裁裁决,是指法院在承认外国仲裁裁决的基础上,依照法律规定的执行程序,强制被申请人履行裁决书确定的义务。

二、《承认和执行外国仲裁裁决公约》的相关规定

各国基于主权、安全和社会经济利益的考虑,对外国仲裁裁决的承认和执行都规定了必要的限制。承认和执行外国仲裁裁决,通常须以国家之间存在互相承认和执行仲裁裁决的条约或互惠关系为前提。若国家之间不存在这类条约或互惠关系,仲裁裁决便往往难以得到他国的承认和执行。

为了清除外国仲裁裁决的承认和执行的障碍,早在20世纪20年代,国际联盟就主持缔结了两项有关承认和执行外国仲裁裁决的国际条约,即1923年《仲裁条款议定书》和1927年《关

于执行外国仲裁裁决的公约》。联合国成立后，又于 1958 年 6 月 10 日在纽约主持通过了《承认和执行外国仲裁裁决的公约》（以下简称 1958 年《纽约公约》）。由于前两项公约的成员国都参加了 1958 年《纽约公约》，故 1958 年《纽约公约》事实上已取代前两项公约，成为目前国际上关于承认和执行外国仲裁裁决的最主要的公约。我国已于 1986 年加入该公约。

（一）1958 年《纽约公约》的适用范围

根据 1958 年《纽约公约》第 1 条，由于自然人或法人之间的争执而引起的仲裁裁决，在一个国家的领土内作成，而在另一个国家请求承认和执行时，适用该公约。在一个国家请求承认和执行这个国家不认为是本国裁决的仲裁裁决时，也适用该公约。该公约既适用于临时仲裁机构作出的裁决，也适用于常设仲裁机构作出的裁决。

1958 年《纽约公约》允许缔约国在该公约的适用范围方面作两项保留：一是"互惠保留"，即任何缔约国都可以在互惠基础上声明，本国只对在另一缔约国领土内作成的仲裁裁决的承认和执行，适用该公约；二是"商事保留"，即任何缔约国都可以声明，本国只对根据本国法律属于商事的法律关系——契约或非契约的——所引起的争执适用该公约。

（二）承认和执行外国仲裁裁决的程序

1958 年《纽约公约》第 3 条规定，缔约国间应当相互承认仲裁裁决具有约束力，并依照被请求承认和执行地的程序规则以及该公约所规定的条件予以承认和执行。在承认和执行该公约所适用的外国仲裁裁决时，不应比承认和执行本国仲裁裁决规定实质上较为麻烦的条件或较高的费用。

1958 年《纽约公约》第 4 条还规定，请求承认和执行仲裁裁决的一方当事人，应当提供裁决书的正本或经正式证明的副本，以及仲裁协议的正本或经正式证明的副本。如果裁决书或仲裁协议不是用被请求承认和执行地国的正式文字作成，请求承认和执行的当事人还应当为这些文件提供该国正式文字的译本，译本应由官员或经过宣誓的翻译人员或由外交或领事代表证明。

（三）承认和执行外国仲裁裁决的条件

1958 年《纽约公约》没有规定外国仲裁裁决必须符合哪些条件才能得到承认和执行，而只规定了被请求承认和执行地国的主管机关在哪些条件下可以拒绝承认和执行外国仲裁裁决。

1958 年《纽约公约》第 5 条第 1 款规定，作为裁决执行对象的当事人提出证据证明有下列情形之一时，被请求承认和执行地国的主管机关可以根据该当事人的请求，拒绝承认和执行外国仲裁裁决：(1) 仲裁协议的双方当事人，根据对他们适用的法律，当时处于某种无行为能力的情况之下；或者根据双方当事人选定适用的法律，或在没有这种选定的时候，根据仲裁地国的法律，仲裁协议无效。(2) 作为裁决执行对象的当事人没有被给予指定仲裁员或者进行仲裁程序的适当的通知，或者由于其他情况而未能对案件提出意见。(3) 裁决涉及仲裁协议所没有提到的,或者不包括在仲裁协议规定之内的争执;或者裁决内含有对仲裁协议范围以外事项的决定。(4)仲裁庭的组成或仲裁程序与当事人之间的协议不符,或者当事人之间没有这种协议时,与仲裁地国的法律不符。(5)裁决对当事人还没有拘束力,或者裁决已被裁决地所在国或据其法律作出裁决的国家的主管机关撤销或停止执行。

1958 年《纽约公约》第 5 条第 2 款还规定,被请求承认和执行地国的主管机关查明有下列情形之一时,也可以拒绝承认和执行外国仲裁裁决:(1)争执的事项,依照这个国家的法律,不可以用仲裁的方式解决;(2)承认和执行该项裁决将和这个国家的公共秩序相抵触。

三、我国的相关立法与实践

(一)我国仲裁机构的国际商事仲裁裁决的执行

在我国,早先只有中国国际经济贸易仲裁委员会和中国海事仲裁委员会可以受理国际商事仲裁案件,因此这两个仲裁机构习惯上被称为"涉外仲裁机构",国际商事仲裁裁决也仅仅是指这两个仲裁机构作出的裁决。国内各地设立的仲裁机构,则被称为"国内仲裁机构",这些仲裁机构的仲裁裁决也被称为"国内仲裁裁决"。但如今,中国国际经济贸易仲裁委员会和中国海事仲裁委员会可以受理国内的商事仲裁案件,国内各地的仲裁机构也有资格受理国际商事仲裁(涉外仲裁)案件。所以,某一仲裁裁决是国际商事仲裁裁决还是国内仲裁裁决,已经不能依作出裁决的机构而定,而应当依仲裁解决的争议的性质而定,即我国各仲裁机构对国际商事争议作出的裁决,均属于国际商事仲裁裁决。

我国仲裁机构的国际商事仲裁裁决的执行,可以分为在我国执行和在外国执行两种情形。

1. 我国仲裁机构的国际商事仲裁裁决在我国执行

我国仲裁机构的国际商事仲裁裁决均为终局裁决,当事人应当自觉履行。如果一方当事人不自觉履行,只要其在我国境内有住所或者有可供执行的财产,另一方当事人可以向被申请人住所地或者财产所在地的中级人民法院申请执行。

当事人向人民法院申请执行我国仲裁机构的国际商事仲裁裁决,应当提出书面申请,并附裁决书正本。如申请人为外国一方当事人,其申请书须用中文本提出。人民法院对我国仲裁机构的裁决进行审查后,认为符合执行条件的,即采取强制措施予以执行。经审查认为不符合执行条件的,应裁定不予执行。

根据我国《民事诉讼法》第 281 条的规定,对我国涉外仲裁机构作出的裁决,被申请人提出证据证明仲裁裁决有下列情形之一的,经人民法院组成合议庭审查核实,裁定不予执行:(1)当事人在合同中没有订有仲裁条款或者事后没有达成书面仲裁协议的;(2)被申请人没有得到指定仲裁员或者进行仲裁程序的通知,或者由于其他不属于被申请人负责的原因未能陈述意见的;(3)仲裁庭的组成或者仲裁的程序与仲裁规则不符的;(4)裁决的事项不属于仲裁协议的范围或者仲裁机构无权仲裁的。此外,如果人民法院认定执行该裁决违背社会公共利益的,也将裁定不予执行。我国《仲裁法》第 70 条也规定:当事人提出证据证明涉外仲裁裁决有《民事诉讼法》规定的上述情形之一的,经人民法院组成合议庭审查核实,裁定撤销。我国仲裁机构的国际商事仲裁裁决被人民法院裁定不予执行的,当事人可以根据双方达成的书面仲裁协议重新申请仲裁,也可以向人民法院起诉。

2. 我国仲裁机构的国际商事仲裁裁决在外国执行

我国仲裁机构作出的发生法律效力的国际商事仲裁裁决,当事人请求执行的,如果被执行人或其财产不在我国境内,应当由当事人直接向有管辖权的外国法院申请承认和执行。由于我国已参加1958年《纽约公约》,因此,当事人向其他缔约国的法院申请承认和执行我国仲裁机构的国际商事仲裁裁决时,可以按照1958年《纽约公约》的规定办理。当事人向非1958年《纽约公约》缔约国的法院申请承认和执行我国仲裁机构的国际商事仲裁裁决时,如果我国与对方国家存在相互承认和执行仲裁裁决的双边条约或者互惠关系,我国仲裁机构的国际商事仲裁裁决也可以得到对方国家法院的承认和执行。

(二)外国仲裁裁决在我国执行

我国《民事诉讼法》第290条规定:"国外仲裁机构的裁决,需要中华人民共和国人民法院承认和执行的,应当由当事人直接向被执行人住所地或者其财产所在地的中级人民法院申请,人民法院应当依照中华人民共和国缔结或者参加的国际条约,或者按照互惠原则办理。"根据该规定并结合我国缔结和参加的国际条约,国外仲裁机构的裁决在我国的执行大致可以分为以下两种情况:

第一,在1958年《纽约公约》其他缔约国领土内作出的仲裁裁决,当事人申请我国法院承认和执行时,我国法院应按1958年《纽约公约》的规定办理。我国在加入1958年《纽约公约》时,对该公约的适用提出了"互惠保留"和"商事保留"两项保留声明,因此,当事人申请我国法院承认和执行的外国仲裁裁决,必须是在1958年《纽约公约》其他缔约国领土内作出,并且该仲裁裁决所解决的争议必须是根据我国法律属于商事法律关系所引起的争议,我国法院才依照1958年《纽约公约》的规定予以承认和执行。

第二,在非1958年《纽约公约》缔约国领土内作出的仲裁裁决,当事人申请我国法院承认和执行时,我国法院可以根据有关外国与我国缔结的关于承认和执行仲裁裁决的双边条约的规定办理。在没有这种双边条约的情况下,我国法院可以按照互惠原则办理。

思考题

一、选择题

书面的国际商事仲裁协议的表现形式有(　　)。

A. 仲裁条款　　B. 仲裁协议书　　C. 包含仲裁意思表示的往来文件　　D. 君子协定

二、简答题

简述国际商事仲裁的发展趋势。

三、论述题

何谓仲裁协议的独立性。

延伸阅读

1. 刘想树:《中国涉外仲裁裁决制度与学理研究》,法律出版社 2001 年版。

2. [英]艾伦·雷德芬、马丁·亨特等:《国际商事仲裁法律与实践》,林一飞、宋连斌译,北京大学出版社 2005 年版。

3. 杨良宜等:《仲裁法:从 1996 年英国仲裁法到国际商务仲裁》,法律出版社 2006 年版。

4. 张春良等:《中国涉外商事仲裁法律实务》,厦门大学出版社 2019 年版。